科学与社会译丛·主编

刘　东（清华大学）

薛　凤 Dagmar Schäfer（〔德〕马克斯·普朗克学会）

柯安哲 Angela N. H. Creager（〔美〕普林斯顿大学）

启真馆 出品

科学与社会译丛 ● 刘 东 薛 凤 柯安哲 主编

Picturing the Book of Nature

Image, Text, and Argument in
Sixteenth-Century Human Anatomy
and Medical Botany

[日] 楠川幸子 著 王彦之 译

为自然书籍制图

16世纪人体解剖和医用植物书籍中的图像、文本和论证

ZHEJIANG UNIVERSITY PRESS
浙江大学出版社

献给基思·M. 鲍尔

致　谢

　　亲手翻阅古籍善本所带来的体验与知识是无可比拟的。若不是这些　ix
图书馆及图书管理员慷慨地给予我接触这些书的机会，这本书便不会存
在。我在剑桥大学图书馆的芒比善本阅览室度过了无数欢快的时光，过
去的二十年里，这里一直是一处绝佳的工作场所，因为工作人员们始终
可靠、耐心，欣然地帮助着这里的读者。我要感谢布赖恩·詹金斯、
尼古拉·斯威特、吉尔·怀洛克博士、尼克·史密斯、J. J. 霍尔博
士、克莱尔·韦尔福德、艾米莉·杜瑞什博士、海伦·希尔斯、斯
特拉·克拉克、威尔·黑尔、奥内西姆斯·恩贡笃、桑尼娅·莫尔
西略-加西亚和苏菲·康纳。在我的另一处基地，三一学院的莱恩图
书馆，我从乔安娜·鲍尔、桑迪·保罗、乔纳森·史密斯、约翰·
马拉斯、安德鲁·兰伯特、萨拉·纳尔逊、亚当·格林、弗朗西
斯·威瑟尔和伯纳德特·斯库里那里得到了他们友善且有益的帮助。
我还要感谢苏黎世中央图书馆的乌尔斯·勒乌博士，埃尔朗根大学图
书馆的西格里德·科尔曼，巴塞尔大学图书馆的乌厄利·迪尔，布利
克林庄园的让·布鲁克斯、乔·派普和约翰·格兰迪，英国国家信
托图书馆的马克·珀塞尔，惠康图书馆善本特藏部的工作人员。

　　剑桥大学图书馆的莱斯·古迪多年来为我提供了大学图书馆和　x

三一学院所藏书籍的幻灯片、照片与数字图像。其他图像的收集得益于惠康图像部的蕾切尔·约翰逊、奥地利国家图书馆的爱娃·法恩伯格、巴伐利亚州立图书馆的赫尔加·蒂希以及彼得·霍格尔教授。

我要感谢安德鲁·坎宁安、尼克·贾丁、大卫·迈克特里科和伊恩·麦克林、利巴·陶布阅读了本书完整或部分的书稿，并给出了他们的评论与指正。从本书后续内容中可以看到，我的作品从马丁·坎普、薇薇安·努顿、理查德·帕尔默、卡伦·里德斯与南希·西拉伊西的学术成就中获益良多。我对手稿的进一步改进还得力于芝加哥大学出版社的匿名读者为我提供的大量有益评论。书中遗留的错误均由本人负责。

我与安娜贝尔·布雷特和亚历山德拉·沃尔沙姆在过去十五年间的情谊对于本书的写作起到了关键性的作用。至于这本书到底有关什么内容，克劳迪娅·斯坦因和尤林卡·罗布莱克的直觉比我更为强烈，而克莉丝汀·F. 萨拉扎则在所有的古典内容上给予了我帮助。此外，我还受益于莫妮卡·阿佐利尼、尼科·贝托罗尼·梅利、丹妮拉·布莱歇玛尔、史蒂文·克拉卡斯、斯温·迪普雷、阿利奇·伊科诺米季斯、瑞维卡·费尔德曼、保拉·芬德伦、约翰·P. 弗罗斯特、玛丽娜·弗拉斯卡·斯帕达、罗杰·盖斯克尔、安东尼·格拉夫敦、桥本兵彦、迈克尔·亨特、彼得·默里·琼斯、伊丽莎白·利达姆－格林、西斯·莱金霍斯特、吉利安·李维斯、克里斯托弗·鲁斯、艾米·迈尔斯、斯科特·曼德尔布罗特、卡拉·玛吉欧、薇薇安·努顿、莱亚·瓦西安、艾琳娜·佩恩、劳伦·皮农、卡伦·里兹、艾伦·里夫斯、威廉·圣卡莱尔、南希·西拉伊西、帕莫拉·H. 史密斯、海因里希·冯·施塔登、凯蒂·泰勒、汉斯·蒂森、安德鲁·威尔、弗朗西斯·威尔莫斯和凯瑟琳·威尔逊的提问与鼓励。特拉维夫大学、威斯康星大学密尔沃基分校、洪堡大学、斯坦福大学、伦敦大学伯贝克学院、耶鲁大学、华威大学和伦敦大学学院惠康中心的各位读者帮助了我重新审视并表达我的想法。

在我职业生涯的关键阶段，我有幸成为多个毫无保留地对学术研究的内在价值表示理解的机构的一员。首先，作为剑桥基督学院的研究员，我学到了许多优秀的原则，且得到了苏珊·贝利、开尔文·鲍克特、玛丽亚·马厄、艾兰·蒙罗、卢西恩·勒维特（已故）、杰克·珀拉姆（已故）、大卫·雷纳兹、大卫·塞德利与昆廷·斯金纳的激励。其次，我作为梅隆访问教授于1993—1994年在普林斯顿高等研究院倾听克里斯蒂安·哈比赫特、欧文·拉尔文、杰弗里·汉伯格、阿莱松朵·诺瓦与多罗西娅·弗雷德的讲课，并与他们交谈，度过了难忘的一年。自那时起，我便一直享受着丹·谢尔曼与菲尔·索尔格尔的不懈支持与友谊。再者，我于2004年在洛琳·达斯顿的盛情邀请下，在柏林马克斯·普朗克科学史研究所度过了圆满的三个月，并在这段时间里撰写了第七章至第十章的大部分内容。在那里与费尔南多·维达尔、安克·特海森、梅希蒂尔德·芬德、艾希礼·韦斯特、苏珊娜·皮克特、琼·理查兹以及卡特琳·穆勒之间的讨论让我受益匪浅。最后，剑桥大学三一学院，我如今的家，是给予我坚定不移的支持与慰藉的源泉。我要感谢菲利普·阿勒特、马克·钦卡、尼克·丹耶、林恩·格莱登、伊恩·格林、丹尼斯·格林、凯文·格雷、加雷斯·琼斯、道格拉斯·肯尼迪、杰里米·莫尔、阿瑟·诺尔曼、马尔科姆·派瑞、迈克·普罗克特、阿丽莎·兰金、约翰·拉利森、吉塞拉·斯崔克和特蕾莎·韦伯的智趣、学识与陪伴。

我还要感谢卡瑞娜·美利坎格斯·达令在整个出版过程中对我的指导。雷纳多·米伽迪机智巧妙地把我的文本转换成了可读性更强的语言，我十分感激他的帮助。试图出版一部附有丰富图画的书籍的经历，清楚地说明了五百年前的作者们所面临的部分情形至今依然存在。除图像及复制费用以外，本书的出版仍需一笔经费。对于剑桥三一学院的慷慨支持，我不胜感激。

xi

我的家人——楠川彻和楠川宽子、楠川义子、卡尔·维特，尤其是托里·维特·楠川——一如既往地为我的生活带来见解、慰藉与喜悦。谨以此书献给我的丈夫基思·M.鲍尔，略表对他的耐心与支持的感谢。

目　录

为自然书籍制图

导　言

自 16 世纪起，在夏季学习植物、在冬季参与解剖成了全欧洲医学 1
生们普遍遵循的惯例。尽管今天的我们将植物学与解剖学视为不同的学
科，但它们在过去都属于医学的范畴。正如一些历史学家已指出的那
样，随着描述性研究对一手经验的重视，药用植物学与人体解剖学于 16
世纪起备受瞩目。[①] 全新的学习地点的设立（植物园及解剖室）即可证
实这两个领域在大学里的地位。[②] 此外，像莱昂哈特·富克斯（Leonhart
Fuchs）的《植物史论》（*De Historia Stirpium*，1542）和安德烈·维萨里
（Andreas Vesalius）的《人体的构造》（*De Humani Corporis Fabrica*，1543）
这般附有精美插图的书籍更是为植物学和解剖学研究带来了可观的名望。
以这两本标志性的书籍与部分其他印刷书籍为基础，本研究旨在了解印刷
书籍中的图画在新的自然知识的形成和确立中所起到的作用。

人们或许会想当然地认为，药用植物学和人体解剖学书籍中的图画
会与该领域的描述性和观察性的特征有关。然而，在科学知识的发展和
生产中，观察性、描述性与图绘的实践之间的关联却一点也不显而易 2

[①] 我尤其感激 Redds 1991，Arber 1990，Palmer 1984 与 1985，Cunningham 1997 的研究；
较近期的重要研究有 Park 2006 和 Ogilvie 2006。
[②] Findlen，2006。

见。[3] 比如，考虑到该时期印刷商们的复印实践，我们无法论证 16 世纪的药用植物学或解剖学领域中附图书籍数量的上升是否标志着观察数量的上涨。图画自然是视觉的，但若想理解它们与观察或描述究竟有着何种关联，则需要我们的谨慎研究。

我于此的目标并不是全面的：一些研究"植物学""解剖学"，甚至"科学"体裁的插图汇编和图录已经存在。[4] 但尽管那些图录大有益处，其编撰目的既不在于拷问图像、文本和物体在原出版物中有何等关联，也不在于试图查明图画对于一名怀有科学和学术志向的 16 世纪自然学学生起到了何种帮助。而以上正是我在本书中所探讨的问题。

我在本研究中重点关注的是印刷书籍。尽管书籍并非 16 世纪获取或传播知识的唯一途径，它们却是知识渊博的医师们学习相关学科的主要媒介，因而也表达了这些医师的观点。这些印刷书籍不仅成为了他们教育和地位的象征，更是他们展现自己在药用植物学和人体解剖学上的观点的必要途径，即使他们有过直接观察植物和被解剖尸体的经历也不例外。在本书的第一部分中，我探讨了支配印刷书籍的物质生产的多个因素。在领悟任意一本书得以成功印刷的基本前提之前，很难充分意识到像富克斯或维萨里这样的作家将其项目实现所需的决心和努力。不仅如此，正如我在第二和第三部分中所论述的那样，学问精深的学者们对于他们的知识将以何种方式在印刷书籍中呈现的想象，影响着他们对图文关系的设计，更为关键的是，它影响着他们建立论证乃至研究方法的方式。书籍不应只被视作思想的容器而已。

在理想的情况下，一场对科学图像的全面讨论应当采用出自一系列媒介、资料与学科的图像。而我在此提供的是从一个人群（拥有大学教

---

[3] 在科学史领域中提倡要严肃对待图像的开创性论文有 Rudwick 1976。参见 Daston and Galison 2007（55–113），Elkins 1995，Lefèvre 等人 2003，Kusukawa and Maclean 2006，Hashimoto，2008，Kuriyama 1995，Baldasso 2006，Lüthy and Smets 2009。

[4] Murdoch 1984，Wolf-Heidegger and Cetto 1967，Blunt and Stearn 2000 等文章对我极有帮助。我还查阅了 Roberts and Tomlinson 1992，Rutkow 1993，Nissen 1951，Saunders 1995。

育背景的医师）的视角出发，通过一种媒介（印刷书籍），针对自然世界一个相对狭小的部分（植物和人体解剖学）的研究。但即使在这样的范畴内，我依然无法对每一本于16世纪出版的有关药用植物学或人体解剖学的附图书籍做出讨论。我也没有谈及每一位接受了大学教育且善于绘图的医师或是每一名不认可图画的医学著者。[5] 相反，我选择的是那些清晰阐述了（因此可以为我们所用）图画对于知识的有效性的看法的作者，这些观点始终在辩论与争议中发声，也因此突出了16世纪与自然相关的学术书籍在其功能和实用性上的多样性。对个别例著的专注，能够使我更细致地研究图画构成16世纪自然学术知识的研究对象、方法和权威中不可或缺的部分的具体方式。

第二、三部分分别围绕的是于一年内相继出版的富克斯的《植物史论》和维萨里的《人体的构造》。我选择这两本书不仅因其为同时期最负盛名的附图书籍，更因为它们的著者是据我所知第一批明确记述了图画对构成自然知识的实用性，并且实实在在地将图画与知识进行整合的作者。这当然不是药用植物学或人体解剖学的印刷书籍第一次纳入图画，但与众不同的是，这两位作者将图画视为理解自然的核心，在没有插图的情况下，他们对知识的主张便没有意义。同样的，图像本身也并非一目了然。正是文本与图像的巧妙结合引出了一般化的研究对象；它反映了作者们的研究方法，也为他们的观点增添了权威性。我认为，富克斯和维萨里在追求学问的过程中发展出了一种"视觉论证"。

第二部分讨论的是有关药用植物的著作，而第三部分主要讨论的是人体解剖学方面的书籍。不过这样的划分不应被视为植物学和解剖学这两门学科互不相交的标志。毕竟维萨里对阐述土茯苓（China root）的

---

⑤ 画画不错的医师有 Johannes Kentmann（见 Kusukawa 2009）、Gerardo Cibo（见 Tongiorgi Tomasi 1989）和 Johannes Moibanus（见 Dioscorides 1565，biijr）。对画画的使用表达了反对意见的有 Hieronymus Bock（Reeds 1976，531n52）和 Alessandro Benedetti（Ferrari 1996，53-57）。关于针对图像的其他人文主义异议，参见 Zorach 2008，66。

医学价值颇感兴趣，还给富克斯送去了一份 *rha ponticum*［祁州漏芦属］的样本（见图 6.3）；富克斯也在很大程度上凭借着维萨里的《人体的构造》编撰了一本解剖学的教科书。[⑥] 药用植物学和人体解剖学是一名受过大学教育的医师必须掌握的无数课题中的一部分。[⑦]

事实上，富克斯和维萨里的著作之间有着惊人的相似之处。两者皆源自其作者早先与其他学识渊博的医师之间的争论——富克斯的书来源于他与塞巴斯蒂安·德蒙特（Sébastien de Monteux，1518—1559 年）在如何对待被称为"偶性"的外部特征的问题上引发的争议（见本书第五章），而维萨里的作品则是源自由皮埃尔·布里索（Pierre Brissot，1478—1525 年左右）挑起的有关放血疗法的争辩（见第九章）。富克斯与维萨里还都利用图画进行一般化的论证，对完整或理想化的物体进行讨论，在知识的问题上宣称权威（见第五与第十章）。他们对图画的使用均受到了其他接受过大学教育的医师的批判，例如杰纳斯·科尔纳瑞斯（Janus Cornarius，1500—1558 年）和雅克·迪布瓦（Jacques Dubois，1478—1555 年）（分别详见第六和第十一章）。这些相似之处说明了药用植物学和人体解剖学经历了相似的发展历程——这一现象也不算出人意料，毕竟它们都是医学知识中的一部分，也都被拥有大学背景的医师议论着。

为了与富克斯作对比，我在第二部分讨论了康拉德·格斯纳（Conrad Gessner，1516—1565 年）的作品，他为其未能出版的《植物史》（*Historia Plantarum*）所绘的图画，让我们得以窥探图画在书籍出版前植物知识的形成过程中是如何被使用的（见第七与第八章）。格斯纳也不例外，印刷书籍对他而言始终是一个重要的知识单元，它塑造了他使用、整理图画的方式。在第三部分中，巴尔托洛梅奥·欧斯塔基（Bartolomeo Eustachi，1514—1574 年）提供了一个与维萨里图画中的理想身体有趣的反差，他那描绘个别器官的雕版画所表现的是一般的

---

⑥ Vesalius 1546（Farrington 1934 中有部分译文），Fuchs 1551。

⑦ 关于该时期医学研究所涵盖的论题，见 Maclean 2001b。

"自然法则"下的个例（见第十一章）。在学术书籍中使用图画也可能是被其他原因驱使，譬如彼得罗·安德烈亚·马蒂奥利（Pietro Andrea Mattioli，1500—1577 年）渴望成为"植物共和国"（botanical republic）里最具权威的评判者，而费利克斯·普拉特（Felix Platter，1536—1614 年）试图在《人体的构造和功能》（De Corporis Humani Structura et Usu）中对维萨里的解剖学进行表格式的解读（分别见第六、八、十一章）。人们看待图画对于自然知识的价值的不同态度，以及为此目的对图画的各种各样且时而巧妙的用法，揭示了与自然相关的科学研究在当时尚不存在一个单一的视觉体系（visual regime）。相反，这是一个试验性且多元化的时期。

正如 16 世纪的药用植物学和人体解剖学有着诸多相同点，一些警示和假设对两者也同样适用。我认为有必要在此将它们一一列出：关于图像本身、该时期与自然图画相关的历史范畴，以及接受过大学教育的大部分医师所承认的学问和知识点，我们都应谨慎做出各种推断。我们应当在最初就谨记这些要点，因为它们说明了为何——尽管我接触了大量图像且其中大部分为自然主义图像——我讨论的核心并不在于艺术风格、被观察的实际物体或与过往相比产生的剧变。[8]

艺术中的"自然主义"

这个时期因其轰动一时的"自然主义"艺术作品而著名。自然主义声称以透视法为基础，与视觉体验的表现手法相一致，具有视点和阴影等特征。[9] 其历史根源饱受各种争议，但艺术史学家们普遍认同一点，那

---

⑧ 关于"观察"一词的历史语境，Pomata 2011 会有所帮助。我要感谢 Gianna Pomata 让我看了这篇论文的草稿。
⑨ 对自然主义的这番定义出自 Summers 1987，3。

就是在从采用自然主义技法的图画和素描中得出推论时需谨慎而行。[⑩]我们不妨以列奥纳多·达·芬奇（Leonardo da Vinci, 1452—1519 年）所绘的一幅被解剖的女人躯体（约 1508 年，图 0.1）为例。[⑪]一项现代研究如此评鉴这幅素描在解剖结构上的准确性：

> 列奥纳多在执行或观摩解剖时画下此图的可能性极低，甚至连凭借回忆进行绘画的可能性也不高。这里的大部分人体结构是假想的，还有一些无疑是从动物的身体中推断出的，例如上腔静脉属支、肾脏的大致位置和形状、心室条束，以及主动脉弓分支的分布……髂骨处的血管描绘得很蹩脚，实在不像人类……或许这幅插图中最让人百思不得其解的就是从子宫两侧相同的附着物中延伸出的两个被清晰绘出的组织。这是幻想或信条战胜了现实的结果。它们太过突出，不可能是圆韧带，当然圆韧带无论如何也不可能分叉。[⑫]

尽管这幅草图确实极具自然主义表现，但就列奥纳多是否接触过这样一具被解剖的女人躯体而言，图中所绘的解剖细节不可能是"真实的"。纸上展现的内容由他所认为的孕妇身体内部应有的样子所引导；这是一幅试图想象这个微观世界的内部构造的解剖图。[⑬]虽然我们无法明确知道他具体指的是哪几幅画，但曾见过一些列奥纳多解剖素描的同代医师吉罗拉莫·卡尔达诺（Girolamo Cardano, 1501—1576 年）如此形容那些画："它们非常美丽，不愧出于如此显赫的画家之手，不过用

---

⑩ 关于这一文艺复兴风格的起源和特征，见 Summers 1987, Snyder 1980, Edgerton 1991, Fowler 2003。关于对"自然主义"保持谨慎，见 Kemp 1990；Harbison 1995, 25–61；Ackerman 1985a；Givens 2005, 5–36。

⑪ Clark and Pedretti 1968, 1: 7–8。

⑫ Roberts and Tomlinson 1992, 120, 122。

⑬ Kemp 1981, 91–151。

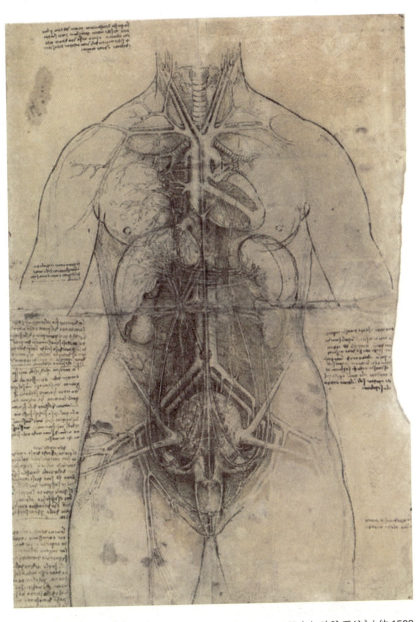

图 0.1　列奥纳多·达·芬奇，《解剖一具女人躯体的主要器官与动脉系统》（约 1508 年）。RL 12281r，温莎城堡皇家图书馆 ⓒ 2011 伊丽莎白女王二世保留所有权利。16 世纪医师吉罗拉莫·卡尔达诺称列奥纳多的解剖图画："非常美丽，不愧出于如此显赫的画家之手，不过用处实在不大。"

5

处实在不大。他连人有几根肠子都不知道。他是一位纯画家，而不是一名医师或哲学家。"[14] 当然，卡尔达诺不会了解列奥纳多对几何的比例与和谐的兴趣，对自然的机械原理的追求，抑或他为将（自己理解的）自然原理用于艺术之中所付出的努力。[15] 此外，列奥纳多还曾用各种方式将他的透视法和自然主义技巧结合在一起，并将之用于想象游戏、知识生产，以及视觉记录。[16] 因此，即便它的作者是当时最伟大的艺术家之一，我们也应该谨慎推断"自然主义"图画表现的是什么。

与列奥纳多的解剖素描约作于同一时期的还有阿尔布雷希特·丢勒（Albrecht Dürer，1471—1528 年）的一幅通常被称为《青草地》（*Large Piece of Turf*，1503 年）的水彩画（图 0.2）。[17] 正如卡伦·雷兹所观察到的：

> 该画是从接近地面的视点，犹如野兔仰视最高的那根青草一般，对植物进行观察的。场景中植物的清晰度由于某些东西的缺失而得到了提升：丢勒清除了枯草、叶子和苔藓这类寻常的凋落物。植物生长的泥地渲染随意，凸显了克制的毛笔和钢笔下的植物线条。凭借自己在木刻和蚀刻版画中习得的技巧，丢勒利用植物各自的阴影对它们进行塑造——没有任何植物在其他植物上投射阴影，即使当微弱的阳光落在了展开的宽叶车前的莲座丛上也不例外。构图的清晰度以及图中每一株植物的完美程度都支持着这个论点……新柏拉图派哲学深深地影响着丢勒的视野。[18]

---

[14] 引语译自 Siraisi 1997，110。

[15] 关于列奥纳多的机械兴趣与相关背景，见 Galluzzi 1991；关于他图画的各种用途，见 Kemp 2006。

[16] 关于列奥纳多的草图作为一种知识的生产方式而非精确描述，见 Nova 2005；Veltman 1986，113–152；Rosand 2002，97–111。

[17] Koreny 1988，176–179。

[18] Reeds 1990，767。

为自然书籍制图

图 0.2　阿尔布雷希特·丢勒,《青草地》(1503 年),水彩画,40.8 cm ×31.5 cm,库存号 7 3075。阿尔贝蒂娜博物馆,维也纳。

丢勒的画与列奥纳多的一样，采用了"超现实主义"的技法，突出关键特征，剔除了有可能造成视觉混乱的部分。[19] 就丢勒而言，他的选择受一种超越自然迹象的东西所引导，因为他认为一名优秀的画家应当将潜在于脑中的柏拉图思想形象地描绘出来。[20] 丢勒同样对参悟自然运作背后的模式感兴趣：他研究了人体的比例关系，并且试图将艺术家的技艺建立在更确定的几何基础之上。[21]

列奥纳多和丢勒都是精通于用途广泛的"自然主义"技法的杰出大师，他们对自然原理感到好奇，设法将艺术扎根于一个更具普遍意义的立足点。简言之，他们是技艺高超且学识广博的自然制图员，但无论是他们的技法或题材（人体和植物）都无法保证所描绘的物体经过直接观察后被如实表现，或者所画物体确实存在。认为透过"自然主义"图画这扇透明的窗户就能看到过去的自然或自然物体实在是不明智的。它们并不等同于拍摄下实实在在的个体样本的照片的古代版，不可能无修正、无遗漏地记录下具体时刻，或是破损的叶子、弯曲的茎干和沙砾尘土这样偶然的细节。[22]

"仿造品"

然而，画家的技艺与技法未必是对观察或真实物体的可靠记录这一点，并不意味着当时没有人描绘个别物体，或者各类表现形式之间没有高低之分。温琴佐·丹蒂（Vincenzo Danti，1530—1576 年）在 16 世纪后期指出，对自然的描绘有两种方式："……模仿和单纯复制（*il ritrarre*）的区别在于后者完全按照他所看到的样子来表现，

---

[19] 关于列奥纳多的"超现实主义"，我遵循 Kemp 2004，71。

[20] Dürer 1956—1969，2：109 中的章节 "Das Lehrbuch der Malerei"，亦见于 Anzelewsky 1983，95。关于对丢勒的自然研究及其接受度的调查，见 Koreny 1988。

[21] Smith 2004，Peiffer 2004。

[22] 确实，想要寻找摄影镜头在过去的同等物这一想法需要谨慎对待；见 Cole，即将出版。

而前者完美地表现出人们应当看到的样子。"[23] 呈现出单一物体的种种细节 "被看到时的样子" 的那类图画往往被称为 "仿造品"。彼得·帕歇尔认为，仿造品是一种 1500 年左右盛行于北欧的肖像画，且常常在单面印刷的海报（broadside）中出现。[24] 定义此类描绘的 9 方法最好是通过它的功能，而非风格或对象：它声称要传递在空间和 / 或时间上与观看者分离的个人或事件的真相。伴随图像的题字通常会给出时间、地点等详情以及所描绘的对象或事件的具体细节。像这般提供细节的作用在某种意义上好比古典修辞学中全面而生动的叙述（enargeia），其生动且详尽的细节给观众以身临其境的感受。[25] 尽管有关单一事件或稀有事物的印刷海报于 16 世纪愈发流行，受到热烈追捧，但那些 "真实" 的个体与事件对自然研究的影响有一定的局限。[26]

在富克斯和维萨里的书籍之前，曾有两份人体解剖学和药用植物学的出版物因其中自然主义图像而出名，而这些图像均属于 "仿造品" 的范畴。其一是一幅单面海报——最早期的印刷图像之一，它描绘的是 1517 年由文德林·霍克（Wendelin Hock）完成的一场解剖；其二是由奥托·布伦费尔斯（Otto Brunfels）所作的《活植物图谱》（*Vivae Eicones Herbarum*），此书德文版的标题为 *Contrafrayt Kreütterbuch*。[27] 较为详细地研究这两本出版物是有价值的，因为它们有益地突出了 "仿造品" 图像所造成的些许限制，以及富克斯和维萨里为何选择了另一条路径。

描绘 1517 年被解剖的人体的海报（图 0.3）上有如下说明文字："描绘了一位来自布拉肯海姆的博学医师兼医学博士文德林·霍克在

---

[23] Danti 1567，60，译文出自 Ackerman 2002，134。

[24] 我在此处依据的是 Parshall 1933。

[25] 例如 Quintilian, *Institutio Oratoria*（8.3.63）；Ginzburg 1985；Vickers 1983；Preston 2007。

[26] 关于单面海报的研究，见 Honemann 等人 2000，Harms 等人 1985。关于个例与异常现象对自然研究的影响，见 Daston and Park 1998，Swan 1995。

[27] 见于，如 Roberts and Tomlinson 1992，44（霍克）；Blunt and Stearn 2000，61-63（布伦费尔斯）。

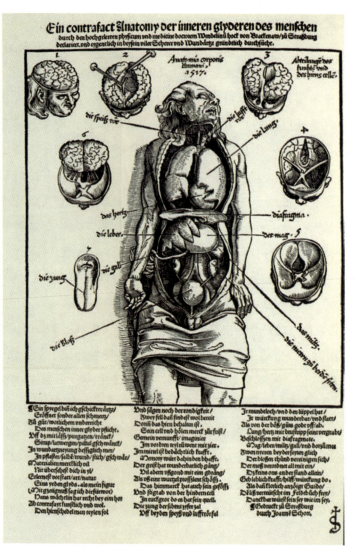

图 0.3　海报，印于 1517 年，标题为"解剖仿造品"，下方附有德语文本与肖特的姓名首字母。肢体、器官的轮廓与腰布褶皱处的阴影增强了它们外表的立体感，且人体左侧轮廓上的阴影与来自图像右方的光源相一致。向一侧倾斜的头部、呆滞的面部表情与伸展不自然的右臂这些附加的细节使得这幅死尸图像生动具体。围绕着人体的多个图形描绘了脑部解剖的不同阶段，暗示着艺术家在现场观摩了解剖过程。来自汉斯·冯·格斯多夫，《手术手册》（斯特拉斯堡：约翰内斯·肖特，1517）；a1r 前，利奥波德·索费恩图书馆，于伯林根，书架号 06*。

　　　　　　　　　　　　　　　　　　　　　　　　　　为自然书籍制图

在斯特拉斯堡众多理发师和外科医生的面前解释男人体内构造的仿造品。"[28] 霍克极有可能是一位外科医生，先在博洛尼亚学习医学，在罗马从业后，于1513年左右来到斯特拉斯堡。[29] 在1514年约翰内斯·肖特（Johannes Schott）出版的名为《须疮》（*Mentagra*）的短论中，霍克认为当时肆虐德意志地区的"法国病"实为一种复合疾病，其中一种可以确定为老普林尼（Pliny the Elder）口中所唤的"须疮"。[30] 这是典型的拥有大学背景的医学人士会选择的课题，因为"法国病"自1490年代起就是有学问的医生笔下常见的话题。如果霍克期于提出一个全新的治疗方式能带领他通往晋升之路，就像他献书给符腾堡公爵乌尔里希（Duke Ulrich of Württemberg，1487—1550年）所暗示的那样，他的梦想似乎已然破灭。那么霍克的下一步，或许即为通过操作、演示那些他在博洛尼亚可能到场过的公开解剖来吸引更多注意力。[31] 当时的斯特拉斯堡没有大学，所以学生观众无疑是不存在的。[32] 于是取而代之的则如海报记录的那样，解剖是在理发师和外科医生们的观摩下进行的，而这一群体更适应的是本地语言而非拉丁语。这一图像是德意志地区最早将公开解剖记录在案的案例之一。头部与手臂的位置和明暗处理构成了一幅描绘解剖场景的自然主义画作，该图除去表现了脑部解剖的六个不同阶段之外，还

11

㉘ "Ein contrafact Anatomy der inneren glyderen des menschen durch den hochgelerten physicum und medicine doctorem Wendelinum hock von Brackenaw, zu Straszburg declariert, und eygentlich in beysein viler Scherer und Wundärtzt gründtlich durchsucht." Gersdorff（1967），a1r 之前。

㉙ 霍克在 Pagel 1958，18 中被视作一名外科医生。关于霍克在博洛尼亚的研究，见 Hock 1514，1v，但他的名字没有出现在 Knod 1899 或 Friedländer and Malagola 1887 中。他于1513年在斯特拉斯堡获得了他的公民权利与政治权利（*Burgerrecht*），并加入了 Zur Lutzerne 行会——主要的理发师与外科医生行会；Wittmer and Meyer 1948—1961，2：611。

㉚ Pliny, *Natural History*, 26.1.2；霍克对"法国病"的治疗方法，见 Arrizabalaga 等人 1997，259-260，270。

㉛ 参加解剖演示的相关规定，见 Friedländer 与 Malagola 1887，289。

㉜ 一所高级中学在1538年被建于斯特拉斯堡，后于1566年变身为一所学院，1621年又成了一所大学。关于1538年前斯特拉斯堡有限的学校教育，见 Schang and Livet 1988，19-23。

为食管、气管、肺、心、肝、膈、胃、胆囊、脾、肾、膀胱和舌头添加了德语名称。通过将作为欧洲最顶尖的医学技能之一的解剖法引进德意志地区，霍克利用这幅海报宣传自己的成就，"博学（*hochgelehrte*）医生"这样的说明文字即可证实这一点。[33]

这幅印刷品还和一张名为"死亡仿造品"（图 0.4）的骨骼海报图凑成了一对。后者并非依照真实的骸骨所作：图说解释称，图画取自斯特拉斯堡主教阿尔布雷希特王子（Prince Albrecht）在萨韦尔讷的纪念碑上由尼古拉斯·哈格瑙尔（Nicolas Hagenauer）所作的石雕。[34] 在他 1478 年至 1506 年的主教任期内，阿尔布雷希特或曾委托哈格瑙尔完成此石雕，哈格瑙尔更为出名的作品有其雕刻的伊萨海姆祭坛（Isenheim altar）。[35] 这张海报给出了人体骨骼各块骨头的德语名称和相应数量，它极有可能基于一张更早期的与里夏尔·埃兰（Richard Helain）有关的海报，埃兰曾是 15 世纪末巴黎大学的医学系主任兼查理八世（Charles Ⅷ）的医师。[36] 这是个很好的例子，它告诉我们，一幅"仿造品"无须直接对着原始物体作画，大可复制其他画作。[37] 这幅骨骼"仿造品"相较霍克的解剖场景而言，其图像更为传统。骨骼图下方的文本通过思忖死亡的突然性与必然性，对人生如白驹过隙的本质进行了道德沉思。以"死亡之舞"（dance of death）这一艺术母题为代表，骸骨往往是死亡的象征，所

---

[33] 原版单面海报下方的诗句让被解剖者声称自己是一面"镜子"，由有天赋的医师为了公共利益、为了能准确地教授内脏器官的位置与特征而进行揭露，如此能使治疗创伤疡肿的药物和外科疗法更加可靠。

[34] 文本写道："这幅有骨头、有关节、有器官的死亡仿造品，奉值得称颂的斯特拉斯堡主教阿尔布雷特王子之命，被萨韦尔讷的名匠尼古拉斯·哈格瑙尔真实地刻于石上，它展现了正确的人体结构，可由其拉丁文名称证实。"Gersdorff 1967，a1r 之前。

[35] 哈格瑙尔在斯特拉斯堡的公民身份，见 Wittmer and Meyer 1948—1961，2：469；为伊萨海姆祭坛所作的木雕，见 Baxandall 1980，20–21，280。阿尔布雷希特在萨韦尔讷圣母教堂的坟墓似乎没能保存下来，Vöge 1931，81–85。

[36] 关于这幅单面海报，见 Parshall 等人 2005，216–218，与 Sudhoff 1908b，58–61。关于埃兰，见 Wickersheimer 1979，701。

[37] 更多示例可见 Parshall 1933，556–562。

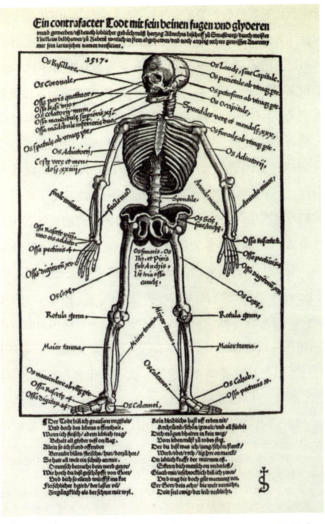

图 0.4　标题为"死亡仿造品"的海报，与"解剖仿造品"（见图 0.3）组成一对。文本　　12
与印刷工的姓名首字母出现在木版画的下方，其中包括了骨骼的传统名称，如 *focilia*
［桡骨与尺骨］，*rasceta*［腕骨］与 *os cahab*［距骨］。骨头上的阴影表现了它们的立体
性与肋骨的曲度。盆骨上的浓阴影似乎表示着两处空腔，但很难看出骨头精确的整体
形状与它们之间的关联；肋骨背面如何与脊椎相连也不清晰。这样的视觉混淆暗示我
们，这幅图像可能复制自另一幅（低劣的）图绘。来自汉斯·冯·格斯多夫（Hans von
Gersdorff，卒于 1529 年），《手术手册》（*Feldtbuch der Wundartzney*）（斯特拉斯堡：约
翰内斯·肖特，1517），a1r 前，利奥波德·索费恩图书馆，于伯林根，书架号 O6*。

以众人对于死亡遽然降临的警示并不陌生。[38]或许是为了与最近当地的死亡图像保持同步，这种传统的死亡图像通过其与阿尔布雷希特在附近的萨韦尔讷的坟墓的雕刻之间的联系，更显亲近，也更具体。

印于霍克的解剖图下方的诗句亦在为印刷商肖特即将出版的《手术手册》做宣传。[39]此书由 1470 年代斯特拉斯堡军队的一名医疗助理汉斯·冯·格斯多夫所撰，主要以居伊·德肖利亚克（Guy de Chauliac，约 1300—1368 年）的著作为基础，涉及伤口处理、麻风病及人体结构方面的内容。[40]这本书的直接受众无疑是那些可能观摩了霍克解剖的当地理发师和外科医生，且部分书中夹带了两张霍克的"解剖仿造品"和骨骼"仿造品"。[41]鲜有迹象表明霍克的解剖为人体解剖学带来了任何新的认识。事实上，霍克解剖场景的版画作为一张被收入印刷书籍中的图片，与肖特之前在格雷戈尔·赖施（Gregor Reisch）的《哲学珍宝》（*Margarita Philosophica*，1503 年）中收录的一幅图像颇为相似（图0.5）。[42]两幅图像皆通过标示主要器官的大致位置和形状，对人体构造作了粗略的展示，而且两者都（错误地）画了一个紧扣着胃的多叶肝脏，用蒙迪诺·德柳齐（Mondino de'Liuzzi，卒于 1326 年）的话说，就像手和手指头一般。[43]作为一张被夹在书中的人体解剖插图，霍克的版画在

---

[38] 关于"死亡之舞"，见 Nigel Palmer 1993，Kiening 2003。我要感谢 Mark Chinca 在死亡之舞（*Totentanz*）的相关文学方面的指点。

[39] "通过这种方式，我的身体（我作为见证人来告诉你真相）被汉斯·韦希特勒画成了一幅仿造品，直至最后一根发丝都准确无误、精巧绝伦……心肺藏于肋骨之下，被横膈膜围裹。再接下来是胃、肝、脾、胆囊和两边相同的两个肾。一无所有的人若想整装待发，就必须让所有这些回归原位，因为没有哪个在摆脱彼此之后，仍能独立运作，给予生命力量，还有益有效。居伊已对此作了清晰阐述，译文可见于《手术手册》；你们应当感谢他。"Gersdorff 1967，a1r 前。参见 Etienne Dolet 为被 François Rabelais 解剖的尸体所作的诗；Cunningham 1997，xii–xiii。

[40] 关于格斯多夫，见 *NDB* 6：322–333。《手术手册》，见 Stannard 1999，第十一章。

[41] Gersdorff 1967；Gersdorff 1528，美国国家医学图书馆；Gersdorff 1517，［a6］v and［bi］r，大英图书馆，C.31.c.12。

[42] 此书的部分翻译可见于新近出版的 Cunningham and Kusukawa 2010。

[43] "...a dextra［stomachus］habet epar: a quo apprehenditur, vero suis penulis: sicut manus, quod apprehendit et capit vero digitis." Mondino 1494［bbijr］，括号内为本人添加的内容。

内容和功能上都呈现出了一种对早期图像的延续，相对于过去并无显著突破。

霍克的解剖场景成了《手术手册》中"清晰可见的解剖"（*Augenschinliche Anatomy*）章节里一幅较小尺寸的全身人体版画（图 0.6）的模板。[44] 该章节还对霍克的解剖进行了报道：

> 耶稣死后的 1517 年，在斯特拉斯堡这座被祝福的小镇，几位学识渊博且受人爱戴的内科医师、知识分子、外科医生和理发师纷纷到场，通过解剖一名被处以绞刑且已得到祈祷的死者的遗体，对人体之构造进行研究学习。经由经验丰富且富有学识的医学博士文德林·霍克·冯·布拉肯瑙（Wendelinus Hock von Brackenaw）专业的解析，此人的身体构造立刻被绘制成了一幅"仿造品"（*contrafact*）。你会在下图中发现，所有的形状、颜色都是准确无误的呈现（*wahrer Anzeige*）。[45]

这幅图画没有给出四肢或器官的名称，但它标示出了全身上下的放血点，画中的题字"放血人仿造品 1517"（*Contrafacter Lasßman 1517*）便可证实这一点。[46] 除了以上对于霍克解剖的报道，书中再无他处谈及霍克或许实施了的放血操作。此外，这幅"放血人仿造品"似乎与一幅标示放血点的早期图片（图 0.7）作用相似。

"仿造品"图像的重点在于它表现的是个别物体或事件。而每当海 15

---

[44] "Augenschinlich anatomy zu erklerung der obgemelten capitem oder berschribungen fuglicher wyss hyenoch volgt."

[45] "Solich anatomy ist in der jorzal Christi. M.CCCCC.xvij. in der loblichen statt Straßburg, in beysein ettlicher der gelerten und bewerten physicis, doctoribus, chirurgicis, und schereren noch art ersucht und durchgründt, an eim erbetten todten man mit dem strang gericht. Künstlich declariert durch den erfarnen und hochgelerthen medicine doctorem Wendelinum Hock von Brackenaw, und als bald ab contrafact verzeychnet mit aller gestalt, farben, und worer anzoeige wie du es in nochgon der guren ndest." Gersdorff 1517, XIIIv。

[46] Gersdorff 1517, XIIIIr，在 LIVv 中亦有重复。

14   图 0.5   这幅木版画展示了如心脏、横膈膜、肺、肝、胃、脾、肾等内部器官，以及手臂骨骼的名称，在很多方面与格斯多夫的木版画（图 0.3 及 0.4）大同小异。来自格雷戈尔·赖施，《哲学珍宝》，亦印于肖特，1503，Fiiv. 巴伐利亚国立图书馆，慕尼黑，Res/4Ph.u.114。

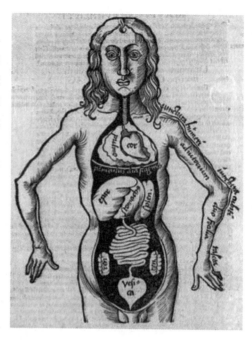

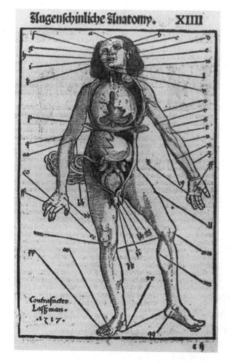

图 0.6   基于文德林·霍克的解剖插图创作的"放血人仿造品"（对照图 0.3），此图为展示所有的放血点扩大了范围，将腿也囊括其中。严格来说，内部器官的描绘对于放血点的展示没有必要，但它提供了一个用来宣传霍克解剖的时机。来自汉斯·冯·格斯多夫，《手术手册》（1517），XIIIIr. 木版画 19.7 cm × 12.8 cm. 版权归大英图书馆董事会所有，C.31，c.12。

图 0.7　描绘了放血点以及放血位置所对应疾病的图表。红色与棕色油墨的交替使用是为了方便阅读。来自一册附有日历的15 世纪杂论集。页面尺寸 17.3 cm × 13.5 cm。剑桥三一学院，MS O.1.57，16v。

图 0.8　茎已断裂、叶已枯萎的 *Lappa*。来自奥托·布伦费尔斯，《活植物图谱二》（1531），61。木版画 25.5 cm × 15.5 cm。剑桥大学图书馆，CCA.47.26。

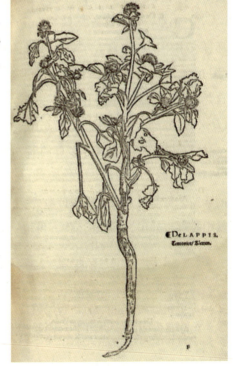

报被转移至书籍里的时候，"仿造品"所绘对象的个体特征不会对图画的传统功能或书籍内容有什么作用。当然，用自然主义风格对被解剖人体所作的描绘，或许可以被观摩了解剖并且正在阅读《手术手册》的当地外科医生和理发师们当作一种记忆辅助。如此一来，"仿造品"图像不仅能实现创伤医生的本土手术手册的相对标准的功能，同时还具备了一种亲切感和生动感。这种生动性或许还能帮助读者记忆解剖术语或放血位置。霍克解剖的"仿造品"海报作为同类海报的首次尝试，其古物价值或许还值得关注，但它对于解剖知识或操作而言并未起到显著的推动作用。

自然主义风格的"仿造品"对药用植物研究所造成的影响也同样有限。1530年，肖特出版了第一本收录有丰富的自然主义风格的植物图像的书籍，即奥托·布伦费尔斯的《活植物图谱》（1530—1536年）。图像由汉斯·魏迪茨（Hans Weiditz）等人绘刻而成。[47]

正如这本书的德语标题 Contrafayt Kreütterbuch（1532）所暗示的那样，书中的图像包含了每个样本的每一处细节，连破损枯萎的叶子（图 0.8）也不例外。[48] 我们应该很难否认这样一种感受，即魏迪茨笔下自然主义风格的水仙（图 0.9）相较于近四十年前印刷的《健康花园》（Hortus Sanitatis，1491年；图 0.10）中的水仙版画显得更为高明。[49] 不过《健康花园》这本 450 多页的对开本图书，含有有关天然药用物质（植物、动物、鸟、鱼及矿物质）和通过尿液与其他指标进行医疗诊断的章节，可能它从未被试图打造成一份户外工作指南，或在药草采集之旅中被携带外出。[50] 它被用作一份植物药用价值上的参考的可能性较大。

---

[47] 关于其他画家和雕刻师的参考文献，见 Brunfels 1530—1536, 1: 181, 217; Brunfels 1532, C [v] r。Sprague 1928 亦论及该内容。关于魏迪茨的作品，见 Landau and Parshall 1994, 252, 以及 Séguenny 等人 2001, 197–227。

[48] Arber 1990, 206; Ogilvie 2006, 193–194。

[49] 关于《健康花园》，见 Arber 1990, 28–37, 197–201; Blunt and Stearn 2000, 58–59。

[50] Stannard 1978, 447; Ogilvie 2006, 70–75（16 世纪采药之旅）; Reeds 1976, 538–539（机构旅行）。

为自然书籍制图

水仙上的人物轮廓让人联想起炼金植物志中的人物图像，但它的作用很可能是以图绘的方式帮助读者记忆附文中对该植物名称起源的说明。[51] 文本用圣伊西多禄（Isidore of Seville）的话解释道，narcissus［水仙］这个名字源于一位同名的少年，他在爱上了自己水中的倒影后化成了一株水仙。[52] 尽管《健康花园》的其他插图中不乏将真实植物描绘得合理可信的图像，但对于某些独特特征的鲜明描绘——比如在 incensaria（图0.11）的心形叶子上画上爱心——说明它作为一幅令人记忆深刻的图画（mnemonic picture）或"积极的图像"（imago agens）有着帮助读者召唤记忆的功能。[53] 这种令人记忆深刻的图画无须读者带着一大本书去户外冒险，便能轻松地帮助他们识别植物的名称、起源、形态以及用途。

虽然魏迪茨的全部图画都极具自然主义风格，但它们并没能总是帮到文本的作者布伦费尔斯。布伦费尔斯在《活植物图谱》中宣称的目标是在原始作者坚实可靠的描述的基础上，配之以重新绘制的生动准确的图片，从而复兴古老的植物学知识。[54] 他引用了许多著者的观点，其中有古代的，也有中世纪的，但他的选择并非毫无顾忌，因为他明白某些作者没有那么可靠，须对其观点进行仔细评估。然而，他在即使最"粗野"的作者身上也看到了价值，还承认了来自画家和老妇人（vetulae）的植物信息。[55] 他将自己无法确定其古典名称的植物称为"裸"的植物（nuda herba），但他仍对它们当中一些药效得到公认的植物作了讨论，例如能防止瘘管蔓延的 Sanct Jacobs Blum。[56] 布伦费尔斯的初衷是将无法确立拉丁文名称的植物集中放在书的末尾，但由于负责

---

[51] 与例如炼金植物志中 "Herba Torogas" 叶子上的脸部作比较，Segre Rutz 2000, 10。

[52] Hortus Sanitatis（1.307），V3v。文本逐字引自 Isidore 2006, 350–351（17.9）。

[53] Hortus Sanitatis（1.233），P8r。关于令人记忆深刻的图画，见 Bolzoni 1989 和 Yates 1992, 1–26。

[54] Brunfels 1530—1536, 1: A2v。

[55] 出处同上，1: A3r（"粗野"作者）；2: 55, 59（从画家那里得到的植物）；1: 68（老妇人）。Reeds 1991, 152–154 亦有提及。

[56] Brunfels 1530—1536, 1: 217–218（"裸"的植物），2: 60。

图 0.9 水仙。来自奥托·布伦费尔斯,《活植物图谱一》(1530),129,局部,木版画 14.2 cm × 14 cm。剑桥大学图书馆,CCA.47. 26。这幅自然主义风格的描绘与图 0.10 形成了鲜明的对比。

图 0.10 便于记忆的水仙图画。来自《健康花园》(1491),Viiir,局部,木版画 10.5 cm × 7 cm。剑桥大学图书馆,Inc.3.A.1.8 [37]。

图 0.11 这幅在叶子里嵌入心形图案的 *incensaria* 图像很可能是为了提醒读者该植物叶子的最初形状是心形的。来自《健康花园》(1491),P8r,局部,木版画 10.5 cm × 7 cm。剑桥大学图书馆,Inc.3.A.1.8 [37]。

为自然书籍制图

作画（*deliniatores formarum*）和雕刻（*sculptores*）的人员相对落后，他不得不在木版准备好的时候就把它们放到文本中去，以便出版社有事可做。[57] 布伦费尔斯在德语版本中抱怨他在画家完成作画时才拿到植物图画，这不仅造成了文本排序和描述上的混乱，还遗留了许多植物没有得到描绘。[58] 布伦费尔斯于此处的角色似乎是在迁就出版社，帮助肖特编纂《活植物图谱》，而不是一名拥有自主权的作者。[59] 他对肖特的依赖也不足为奇，毕竟是肖特这位马丁·路德（Martin Luther）的早期支持者，使得布伦费尔斯在离开加尔都西会修道院转而支持路德主张后能以一名作者和编辑维持生计。[60] 在霍克海报的案例中，"仿造品"图像的生动性或许是一个巩固读者记忆的绝佳方式，但布伦费尔斯的例子揭示了出版社为收录自然主义风格的植物图像，如何妨碍了作者自己想要重振古老的药用植物知识的计划以及他原本在脑海中构思的文本顺序。作者们在掌控他们附带插图的学术出版物时经历的难题，并不只存在于附有"仿造品"图像的印刷书籍中（见第三、第四章），但布伦费尔斯的案例与富克斯和维萨里的情况形成了强烈对比，因为他们二位成功地在书中引入了能够支撑他们论点的明确的图文关系。

"观看"与"学问"

因此，在有关外科或药用植物的印刷书籍中收录自然主义风格的"仿造品"既不意味着解剖学或植物学中的新进展，也不必然反映作者任何在观察上的新见解。不过我并不是说 16 世纪的人们拒绝观看或不

---

[57] Brunfels 1530—1536，1：217。

[58] Brunfels 1532，C［ⅴ］v。关于图画与描述的不匹配，见 Sprague 1928，82。

[59] Arber 1990，52–55；Ganzinger 1959，212；Landau and Parshall 1994，252；Ogilvie 2006，184 中也有同样的论点。

[60] *DSB* 2：535–538（布伦费尔斯）；*CoE* 3：230–231（肖特）；Chrisman 1982，29。亦见 Brunfels 1535，2v 中对肖特的引用。

重视体验。毫无疑问，霍克、布伦费尔斯、富克斯、维萨里、格斯纳及同时期的许多人都看了他们遇到的人体和植物。然而，如恩斯特·H.贡布里希（E. H. Gombrich）在各种艺术解析中所呈现的那样，"观看"是一个复杂的动作，它包含了某些根据已知或预期的东西进行选择和图案匹配的积极过程。[61]图画是把"观看"这个过程变得具体可见的一种方式。物体通过图画被形象化、被理解，而我在本研究中的一大课题，则是揭示16世纪拥有大学教育背景的医师对这种图绘理解有着哪些假设和预期。

正如卢德维克·弗莱克（Ludwik Fleck）曾写的那样："我们用自己的眼睛观看（look），用集体的眼睛观察（see）。"[62]而把本书论及的医师们捆绑在一个集体中的是他们接受的大学教育。他们用同一种语言拉丁文读写，并且对权威和知识的等级有相同的假设。他们一致认为古典著者是知识中的权威。尽管他们基本都认可研究古人作品的价值，但是在遵循哪些权威人士，如何诠释、理解他们的文本，以及谁有资格来做这些等等问题上却可能存在分歧，事实也确实如此。我们正是应该以这样的方式去理解富克斯与蒙特、科尔纳瑞斯的不合以及维萨里和迪布瓦、欧斯塔基的争论。而且这每一位人文主义医师都对应该如何化解古人与古人之间以及古人与他们同辈之间的矛盾，有着各自不同的理念：维萨里和富克斯凭借的是图画，而他们的对手则诉诸语文学、历史或道德观。

人文主义医师们对两段看似在质疑图像有效性的古人名言很熟悉。盖伦（Galen）在《论药用植物的功能》（*De Simplicium Medicamentum Facultatibus*）中论及 *abrotanum*［青蒿］（6.1）时曾说过："我们无须追

⑥① Gombrich 1982 和 2000。
⑥② Fleck 1986，134。

为自然书籍制图

逐潮流去描述植物的形态。"⑥ 老普林尼在《自然史》(*Historia Naturalis*,
25.4) 中写道,克拉泰富阿斯(Crateuas)、狄奥尼修斯(Dionysius)和
麦特罗多鲁斯(Metrodorus)在植物图画下方标注植物特性的做法很吸
引人,但也问题重重:

> 尤其当图画的目的是复制自然时,图画不仅会在色彩繁多的时
> 候具有误导性,而且临摹员的精确度会导致多方面的风险,许多不
> 完美会萌生于其中。此外,只描绘每种植物生命中的某一阶段是不
> 够的,因为伴随着四季变换,它的外形也会改变。⑥

据老普林尼所说,继克拉泰富阿斯时期之后,作者们只对植物进行
文字记述的原因,正是复制有色图像的不易以及植物外形上的变数。这
其实是老普林尼对图像表现出负面态度的唯一段落,因为其余的时候他
都将与自然相像这一点珍视为优质艺术的标志。⑥

老普林尼这段文字中的最后一句话与迪奥科里斯(Dioscorides)为 21
《药物论》(*De Materia Medica*)所写的序言意旨相同,后者在序言中阐
述了为何对植物的正确认识必须建立在熟悉其所有阶段的基础之上:

> 无论是谁,只要想从中得到经验体会,都必须在植物发芽时在
> 场,目睹它们从土地中探出头来,经历其旺盛期,直至枯萎。仅仅

---

⑥ "太多人已写过这个,没必要再去描述名为 *abrotonus* 的植物的外形和形状,或它们常
被提及的医学功效了,尽管那些人从没有把疗效写清楚过。" *De Simplicium Medicamentum
Facultatibus* (6.1), Galen 1542, 5: 154。关于盖伦作品在文艺复兴时期的反响,见 Durling
1961。

⑥ Pliny the Elder 1938—1963, 7: 140–141。现代版本用短语*多重危害*(*fors varia*)取代
了*种种祸福*(*sors varia*),后者在例如 Pliny the Elder 1511(clxxviir)和 1539(453)这样的
16 世纪版本中更为常见。关于《自然史》的反响,见 Nauert 1980。

⑥ Isager 1991, 136–140。相关段落在 Jex-Blake and Sellers 1896 中被译出并合宜地整理在
了一起。

是碰巧遇到植物萌芽期的人们不会了解成熟后的它们；反之，只见过植物成熟期的人们也认不出它们的幼芽。因为植物的叶子形状会发生改变，根茎、花朵、果子以及其他特征的大小也会有所变化，所以那些没有妥善观察的人们不时便会酿成大错。[66]

不过迪奥科里斯没有明确反对图画的使用。捕捉植物各个时期的形态的确成了富克斯和格斯纳等人的任务之一。在此值得一提的是，那些想要在自然研究中使用图画的 16 世纪学者们不得不应对由盖伦、老普林尼或迪奥科里斯这些权威人士表达出的种种疑虑。

在《药物论》的序言中，迪奥科里斯在对一位早期作者尼格尔（Niger）提出批评时使用了著名的亲眼看（autopsia）一词，他称尼格尔采纳的"证据没有来自他的眼睛（autopsia）"，并自称"在学习大部分研究对象的过程中通过直接观察（autopsia）的方式贯彻了最高的准确性"。[67]Autopsia 还是希腊历史学家们之间常用的术语，他们的作品——例如修昔底德（Thucydides）对雅典鼠疫的记录——被文艺复兴时期的医师们熟知。[68]然而，这个术语在盖伦的作品中却并不多见。盖伦在《论宗派》（De Sectis）中形容医学的"经验主义"（empirical）学派实则依赖于一种"效仿性"的经验，换言之，是对过去多次产生有益结果的东西的效仿；此学派的拥护者将此类经验的积累称为 autopsia。[69]盖伦对经验主义学派持批判态度的主要原因在于该学派对因果研究或解剖研究的抵制，这或许也是盖伦不太常用 autopsia 一词的原因，不过他在《论解剖程序》（De Anatomicis Administrationibus）中确实拥护

㊋ 译文出自 Scarborough and Nutton 1982。关于《药物论》的反响，见 Riddle 1980。

㊌ Scarborough and Nutton 1982，196；Dioscorides 1829–1830，1：3–7。

㊍ 例如，Siraisi 2007，102–105。关于特奥多尔·茨温格认为 autopsia 是历史上最重要的感觉，见 Blair 2005，275。

㊎ Galen 1985，4–5。Autopsia 被 Giorgio Valla 在 Galen 1518，3v 中译为"仔细地调查"（perspectio），被 Johannes Guinther von Andernach 在 Galen 1528，50 中译为"检查"（inspectio；同时给出了希腊文 autopsia）。

为自然书籍制图

了频繁进行亲手解剖的重要性。[70] 尽管这对于我们来说可能有些违反直觉，但一手经验或观察的概念有着著名的经典根源，正是像富克斯和维萨里这样严肃对待古代权威的学者满腔热忱地在 16 世纪开始推崇一手经验。[71]

本书研究的医师们还都有着另一个相同的假设，即根据亚里士多德对知识的定义，知识可分为三类——创制性的（为制造东西）、实践性的（引导道德品行）以及理论性的，而理论知识可再被细分为形而上学、物理和数学。[72] 理论知识或科学（*scientia*）是有关因（cause）的知识，是必然的、断言的、共相的（universal）。[73] 因此，"偶然的科学显然是不存在的，科学只有始终如此或大都如此的"。[74] 富克斯的对手蒙特对这一点显然深信不疑。

相反，医用植物学或人体解剖学研究往往会落在志（*historia*）这个叙述性学科的范畴。在亚里士多德的知识体系中，*historia* 被视为一种叙述性的知识，和科学这种断言的、有关因果的知识相比是初步且次等的。[75] 这也是草药学和外科知识的传统在大学高墙外的治病术士之间生气勃勃，而解剖学和植物学研究却在中世纪的大学中受限的原因之一。[76] 在中世纪的大学里，植物被当作自然哲学中"植物"灵魂的化身进行研究或作为药物疗法的组成部分进行引述。[77] 尽管大学为了造福医学生，自蒙迪诺时期起就开展了对罪犯进行的公开解剖，但只是不定期举办，且这似乎和拥有大学教育背景的医师这一身份几乎无甚关系。[78] 药用植物学和人体解剖学都有着 *historia* 这一属性，但它们于

22

---

⑩ Nutton 2004a，147–150，231–232。

⑪ 有关经验与观察的古典观念的反响，见 Pomata 2011。

⑫ 对于医学学问的共有假设，见 Maclean 2001a，第一、三和七章。

⑬ 相关背景可见 Weisheipl 1978。

⑭ *Metaphysics*（6.2），Aristotle 1984，2：1622。

⑮ 关于 *scientia* 和 *historia* 之间的差异，我遵循的是 Pomata and Siraisi 2005。

⑯ Stannard 1999，McVaugh 2006。

⑰ Reeds 1980；Ogilvie 2006，96–99；Siraisi 1990，141–152。

⑱ Siraisi 1981，110–114。

16 世纪逐渐成为了医学学术知识中的重要组成部分。富克斯、维萨里和格斯纳非常清楚他们研究的课题在传统上属于 *historia* 的范畴，而非 *scientia*，而且他们也都想要把各自的知识变得更具一般性、因果性和"科学性"（scientific）。这解释了为何他们避免关注具体实例（即"仿造品"所描绘的对象）所附带的细枝末节。他们想要突破对个别事物纯粹进行描述，其付出的努力可体现于他们修饰图像时所用的形容词完整（*absolutus*），我会在第二和第三部分中具体讨论。富克斯、维萨里和格斯纳所面临的种种分歧来源于何为复兴古人的最佳方式这一古典传统，与此同时，一些古典概念——偶性（accident）、形式（form）、规范（canon）——赋予了他们展开各自视觉论证的灵感。

　　医师们的渊博学识意味着他们对图画的运用几乎没有起到那种往往和大额我略（Gregory the Great，540—604 年）联系在一起的教导作用，即利用图像教学，或使文盲联想到他们通过文字无法读懂的东西。[79] 富克斯、格斯纳、维萨里及其他学问精深的医师们完全相信，他们的读者能够读懂图画旁的拉丁语文本。确实，如若从未接受过拉丁文、少量希腊语、大学艺术课程以及医疗课程的相关培训，他们的那些图画将失去意义。约翰·迪伊（John Dee，1527—1608 年）曾提出过一个中肯的想法，他认为新手很难根据页面上的几何图形想象出三维形体，并且建议书籍应包含剪纸和立体纸雕等"视觉辅助"（见图 0.12）。[80] 人们需要学着去"阅读"图画，因而文本在人们对图画的理解中便是必不可少的。所以，视觉论证是以读者有一定学问为前提的。

　　16 世纪的博学医师们没有达成一致的一点是由谁来为他们制图的问题。当然，尽管老普林尼有个众所周知的说法，即自欧波姆帕斯（Eupompus）时期起绘画就成了一门应当教给出身自由的孩子的文科，

24

---

⑲ 对大额我略的箴言的研究，见 Duggan 1989，Chazelle 1990 和更宽泛的 Camille 1985。
⑳ 关于约翰·迪伊，见 Euclid 1570，340r（标页有误）。关于此作的印刷情况，见 Evenden 2008，147–151。

图 0.12 "不过读者或许可以更清楚地看到椎体的形体,我已经在［页面底部］装置了两
个不同的立体的棱锥体……你可以在［上面］的立体角例子中看到三角锥的形体。你可以
通过它们想象各种其他棱锥体。"约翰·迪伊指导读者如何在立体纸雕的辅助下,通过书
页上的图像理解棱锥体的形体。来自欧几里得,《几何原本》(1570),314r。剑桥大学图
书馆,Syn.3.57.4。

但人们从未在凡是有学问的作者或医师就必须得擅长绘画这件事上达成
共识。[81]亚里士多德把绘画视为与阅读、写作、体操并肩的传统教育分支
(《政治学》8.3)。巴尔达萨雷·卡斯蒂里奥内(Baldassare Castiglione,
1478—1529 年)曾在他的《廷臣论》(*Il Cortegiano*)中谈及这些古典先

---

[81] Pliny the Elder 1938—1963,9:317–319(35.36)。

例时颂扬绘画的美德，但这离绘画成为一项被人认可的绅士消遣活动还差了一段时间。[82]德西德里乌斯·伊拉斯谟（Desiderius Erasmus，1536年卒）在他的《说话之道》（De Recta Pronunciatione）中赞扬了绘画在教育上的用处，称其为提高孩子写作技巧的一种方式。[83]在格奥尔格·维克兰（Georg Wickram）的《年轻男孩的镜子》（Der Jungen Knaben Spiegel，1555年）中，绘画同样是德育的一个组成部分，书中讲述了一名贵族的养子弗里德贝特（与他放荡不羁的亲生子维利巴尔德截然不同）的故事，弗里德贝特去户外向他的老师询问植物名称，在老师告诉他拉丁语的名称后，他便把名称记在书写板上，勤奋地为植物绘图。[84]尽管16世纪有不少文本提倡将绘画当作一项与写作能力同样可取的技能，更有一些绘画指南出版物，但绘画教学对于那些不打算以绘图为生的人们来说仿佛并不必要。

关于富克斯是否画画，我们拥有的证据极少；我们虽知道维萨里和格斯纳会画画，但也并不知道他们是怎么学的。奥龙斯·菲内（Oronce Finé，1494—1555年）是极少数被记录下来负责设计乃至刻制了各种几何图形的作者，不过我们对他的艺术培训依然知之甚少。[85]虽然我们公认伽利略·伽利莱（Galileo Galilei，1564—1642年）在佛罗伦萨学得的艺术技艺帮助了他对通过望远镜观察到的月面轮廓以及太阳黑子做出解释，但是伽利略的例子实在不具备代表性。[86]上述种种告诉我们，绘画技艺并非自然科研的绝对要求。因此对艺术家们的监督工作，成了那些想要把图画融入自己自然知识的作者们的一项重要任务，且成功延续至18世纪。[87]

---

[82] Bermingham 2000，尤其是 3–14。

[83] Erasmus 1974，26：398。关于写作与画画的关联，见 Rosand 2002，139–144。

[84] Wickram 1968，15。Chrisman 1982，209–213 亦作了概述。

[85] Johnson 1928 中传为菲内的作品可能是由 Master of François de Rohan 所作；见 Orth 1998，82。关于菲内画的他自己的几何图形，见 Bouelles 1542，aijr。

[86] Edgerton 1984；Bredekamp 2007，131–148，217–282。参见 Reeds 2004。

[87] Daston and Glison 2007，84–98。

　　本研究将图画视为自然知识书籍的一部分来进行考察，而不是把书中的图画当作一种观察的证明或昔日被观察的对象。我探讨的是由接受了大学教育并有意光大古典医学知识的医师们所写的拉丁文书籍内，文本旁的图画的角色和功能。为追求受古典思想启发的自然知识，一些博学的医师们结合图画来诠释自身经历，呈现个人发现，提升他们主张其普遍性和共相性的研究的地位。在这个过程中，他们通过富有技巧且时而新颖的图文结合，发展出了一种视觉论证法。当作者论点已通过文本被完整表达出来，图画对"说明"已通过文本阐明的观点有一定帮助，但却是不必要的附加品时，则不属于我所说的这个范畴。[88] 图像和文本在他们自然知识的塑造和呈现上都构成了其论证中不可或缺的部分，而印刷书籍的存在是这些视觉论证的前提。我稍后便会对主宰这一媒介的生产的诸多条件进行探讨。

---

[88] 关于对医学中图文关系的分析的复杂性，中世纪时期的见 Jones 2006，较后期的见 Nutton 2001。关于建筑学印刷品中图像的作用，亦参见 Zorach 2008。

印 刷 图 画

16世纪时，大多数接受过大学教育的医师们都坚信印刷书籍的重
要性：这是他们学习各自的科目以及古人主张的主要媒介，也是他们表
达与自己学科相关的观点或者评注古典著者们的方式。一些医师开始坚
决主张自己的书籍必须包括图画。虽然当时带有图画的印刷书籍并不罕
见，但这样的书就像任何人工制品一样不可能凭空出现。不仅有作者的
辛劳、愿望和期盼被注入作品之中，出版商、艺术家和刻工们的技术、
支持及其之间的合作也功不可没。[①]因此，这一部分讨论的是书籍的生
产技术（第一章）和经济（第二章）层面、它们带来的复制与上色实
践（第三章）以及出版商和作者为保护他们的劳动成果诉诸的掌控途径
（第四章）。这些皆是书籍作为物质生产的背后，富克斯和维萨里等试图
发展图文之间特定关系的著者们必须处理、克服的情境。

---

① John 1999，475亦论及此内容。

第一章 技术与工匠

在约翰内斯·古腾堡（Johannes Gutenberg）首次用活字印刷术印出《圣经》之前，西方人已知两种复制图像的方法：木刻以及金属凹版印刷。[1]用机械复制文本的新艺术很快对两者进行了结合，并取得了不同程度上的成功。

木版

根据琴尼诺·琴尼尼（Cennino Cennini，1370—1440 年）的《艺术之书》（*Il Libro Dell'arte*）中的经典描述，利用木刻法在布料上印刷图案的技术似乎始于 14 世纪。[2]自 15 世纪早期起，木刻法被用来在纸张上印制虔修图像（图 1.1）。[3]一些手抄本会有木版画粘贴其中，或附有用木版

---

[1] 关于早期印刷图像，见 Parshall 等人 2005。Hind 1935 和 Ott 1999 对木刻的历史作了有益的介绍。关于凹版印刷，Hind 1923 和 Hofer 1934 依旧大有帮助。关于印刷品，见 Landau and Parshall 1944，260–358。Hellinga 1991 对摇篮时期的插图作了有益的介绍。
[2] Cennini 1960，115–116（chap. 173）；Field 2005，21。关于印有图案的纺织品，King 1962 证明了 Forrer 1898 中所举的许多例子为伪造品。
[3] Parshall 等人 2005，118–161，212–214，264–273，298–302。亦见 Schmidt 2005，40–41 中的警告。关于题词的虔修实践，见 Areford 2010，69–70。

图 1.1 圣哲罗姆的手绘图像，源于德国，约 1425—1435 年。圣人名字的题写出自四人之
手，极有可能反映了某种虔修实践。木版画，197 mm ×130 mm。版权归伦敦大英博物馆
董事会所有，1872，0608.315。

盖印而成的装饰性首字母。[④] 罗伯托·瓦尔图里奥（Roberto Valturio）的《军事论》（*De re Militari*）于 1472 年印刷发行，其中军用装置的大尺寸版画是在文本印刷完成后再进行盖印的，这导致了不同印本的同一页会看起来不尽相同（图 1.2）。[⑤]

这些印刷本采用木版画的最大益处在于，木版印刷和活字印刷都是凸版印刷，即印出的是由未被剔除的凸起部分组成的线条和字母，所以两者可以被放入同一版面之中。[⑥] 这使得印刷工能够同时印刷图像和文本，还能把图形与图像设置在文本内（图 1.3）。即使到了 17 世纪，埃德蒙·哈雷（Edmund Halley）仍建议艾萨克·牛顿用木刻法印刷《自然哲学的数学原理》（*Mathematical Principles of Natural Philosophy*）中的几何图形，以便把它们安插在文本之中。[⑦]

32　金属印版

印刷图画的另一种方式采用的是凹陷的金属版，通常为铜质，自 1430 年代起便存在于欧洲。[⑧] 当时的人们知道两种雕刻金属版的方式：使用錾刀的雕版术（engraving）及使用腐蚀酸的蚀刻术（etching）。尽管蚀刻术比雕版术便宜，却只在相对后期才偶尔被用于书籍印刷。[⑨] 正如鲍恩和英霍夫所说，这一现象的背后有着诸多原因，其中就包括了美观和寿命的问题：1600 年左右，一块雕版经过加工可以印超过 4000 次，而一块蚀

[④] 附有印刷图像的手抄本的"历史过渡期形式"成功延续至 16 世纪。见 McKitterick 2003，53–64；Schmidt 2003；Dicke and Grubmüller 2003。根据 Lilian Armstrong 1991，195–200，为加快彩饰员的工作而采用的盖印装饰性首字母的实践延续至 1473 年左右。亦见 Alexander 1985；Goff 1962；Hindman and Farquhar 1977，101–156；以及 Hirsch 1967，27–28。

[⑤] 关于被盖印在意大利摇篮本（incunable）中的装饰性木版画，见 Donati 1872—1873 和 1978。

[⑥] 将木版画放置在页边空白处能让排字工人的工作更简单。

[⑦] 哈雷致牛顿，29 June 1986 和 Newton 1959—1977，2：443，如 Cohen 1971，134n20 所述。

[⑧] Gascoigne 1986，9a。Parshall 等人 2005，83–84。

[⑨] Bowen and Imhof 2008，192。关于雕版法与蚀刻法的成本比较，见 Bury 2001，44。关于雕版术相较蚀刻术而言在地图制作上的优势，见 Woodward 1996，27–32。

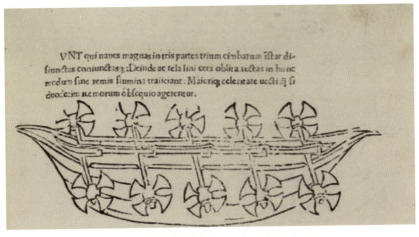

（a）

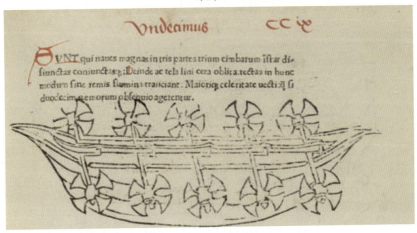

（b）

图 1.2　船只的木刻图像被盖印在书页之上，导致了文本与图像之间距离上的不同。在上方的例子里，文本的最后一行与前两支桨的桨叶之间显然有一定距离；而在下面的例子中，相同的桨叶与 "remorum" 和 "obsequio" 两个词语发生了重叠。来自罗伯托·瓦尔图里奥，《军事论》（1472），215r and CCIXr。剑桥大学图书馆，（a）SSS.4.14［2159］and（b）Inc.2.b.19.1［2158］。

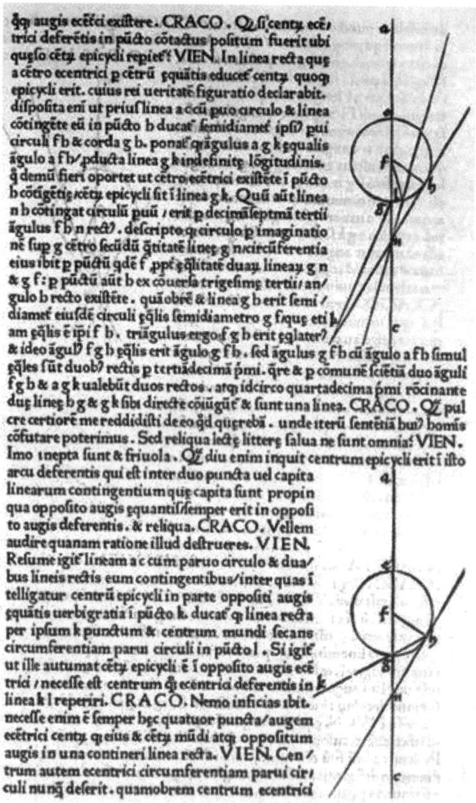

q̄ꝗ augis ecēci existere. CRACO. Quasi centꝫ ecē/
trici deferētis in pūcto cōtactus positum fuerit ubi
quæso cētꝫ epicycli repiet? VIEN. In linea recta quę
a cētro ecentrici p cētrū ęquātis educet centꝫ quoq;
epicycli erit. cuius rei ueritatē figuratio declarabit.
dispoſita enī ut prius linea a c cū puo circulo & linea
cōtingēte eū in pūcto b ducat semidiamet ipsi9 pui
circuli f b & corda g b. ponat āgulus a g k ęqualis
āgulo a f b, pducta linea g k indefinitę lōgitudinis.
q̄ demū fieri oportet ut cētro ecētrici existēte i pūcto
b cōtigētię, cētꝫ epicycli sit i linea g k. Quū aūt linea
n b cōtingat circulū puū, erit p decimāseptmā tertii
āgulus f b n rect9. descripto q; circulo p imaginatio
nē sup g cētro secūdū ątitatē lineę g n, circūferentia
eius ibit p pūctū qdē f ppt ęqlitatē duaꝶ lineaꝶ g n
& g f: p pūctū aūt b ex cōuersa trigesimę tertii, an/
gulo b recto existēte. quāobrē & linea g b erit semi/
diamet eiusdē circuli ęqlis semidiametro g f, q; ę eti
am ęqlis ē ipi f b. triāgulus ergo f g b erit ęqlater9
& ideo āgul9 f g b ęqlis erit āgulo g f b. sed āgulus g f b cū āgulo a f b simul
ęqles sūt duob9 rectis p tertiādecimā pmi. qre & p cōmunē sciētiā duo āguli
f g b & a g k ualebūt duos rectos. atq; idcirco quartadecima pmi rōcinante
duę lineę b g & g k sibi directe cōiūgūt & sunt una linea. CRACO. Quā pul
cre certiorē me reddidisti de eo qd quęrebā. unde iterū sentētiā hui9 bonis
cōfutare poterimus. Sed reliqua lectę litterę salua ne sunt omnia? VIEN.
Imo inepta sunt & friuola. Quā diu enim inquit centrum epicycli erit i isto
arcu deferentis qui est inter duo puncta uel capita
linearum contingentium quę capita sunt propin
qua opposito augis ęquantis semper erit in opposi
to augis deferentis. & reliqua. CRACO. Vellem
audire quanam ratione illud destrueres. VIEN.
Resume igit lineam a c cum paruo circulo & dua/
bus lineis rectis eum contingentibus, inter quas i
telligatur centrū epicycli in parte oppositi augis
ęquātis uerbigratia i pūcto k. ducat q; linea recta
per ipsum k punctum & centrum mundi secans
circumferentiam parui circuli in pūcto l. Si igit
ut ille autumat cētꝫ epicycli ē i opposito augis ecē
trici, necesse est centrum q̄ ecentrici deferentis in
linea k l reperiri. CRACO. Nemo inficias ibit.
necesse enim ē semper hęc quatuor puncta, augem
ecētrici centꝫ q; eius & cētꝫ mūdi atq; oppositum
augis in una contineri linea recta. VIEN. Cen/
trum autem ecentrici circumferentiam parui cir/
culi nunq̄ deserit. quamobrem centrum ecentrici

图 1.3　被放置在文本内的木刻天文学图形。来自约翰内斯 · 雷格蒙塔努斯，《反驳杰勒德的胡言乱语》(1475)，[7] r，剑桥三一学院，VI.15.80。

33 刻印版只能印大约 3000 次。[⑩] 但是根据大卫 · 伍德沃德针对地图所作的计算，一幅雕版印刷品的成本相当于一幅同尺寸木版画的十至十二倍。[⑪]

金属图版也可被制成凸版形式，用于所谓的“打点印刷”(dotted print)，部分早期的虔修图像正是用此法印刷的。[⑫] 金属印刷中更为常见的还是凹版制作法——印版上被雕刻的也就是凹陷的部分形成了被印刷

⑩ 对蚀刻术和雕版术进行了最好的比较分析的是 Bowen and Imhof 2008，191–207，234–244 (寿命)。Woodward 2007，598 中的估计要低得多，雕版术和蚀刻术分别可印最多 2000 和 1000 次。

⑪ Woodward 1996，33。

⑫ Hind 1935，1：175–197 和 Dodgson 1937。

的线条，凹版印刷印制精细线条和细节的能力，或许是其早期被用于需要精细刻度的作品的原因，例如天文学上的日月升落潮汐仪（图 1.4）或地图（图 1.5）。[13] 不过凹版版画并不适用于印刷书籍，因为它们不得不和凸版印刷的文本分开印刷。叠印雕版画的技术难题频频导致了印本之间不一致的情况。[14]

凹版雕刻的图像作为独立图像、地图或封面图，被单面印刷后插入或粘贴在印刷本中的情况更为常见。[15]1556 年，安东尼奥·萨拉曼卡（Antonio Salamanca）和安东尼奥·拉弗雷利（Antonio Lafrery）在罗马出版了胡安·德巴尔韦德（Juan de Valverde，1525—1588 年）的西班牙语解剖学短论《人体构造介绍》（*Historia de la Composicion del Cuerpo Humano*），作品中的雕版解剖插图（图 1.6）出自维萨里的《人体的构造》（1543 年），而文本则是印于雕版画的背面。[16] 这意味着同一页纸被放入了印刷机两次。这两位出版商于 1560 年发行了此书的意大利语版本《人体构造》（*Anatomia del Corpo Humano*），其文本印于维也纳，而雕版插图则叠印于罗马。这很可能与可用的印刷机数量及其品质有关，不过纸张的比价也有可能是因素之一。[17] 我们不知道萨拉曼卡和拉弗雷利这对合伙人耗费了多少资金来印刷巴尔韦德的作品，但安特卫普印刷商克里斯托弗·普朗坦（Christopher Plantin，1520—1589 年）发行拉丁语版本（见图 2.2）的时候，同样将文本印在了雕版画的背面，他总共花费

---

⑬ 关于 Götz 所作的日月升落潮汐仪雕版画，见 Bradshaw 1889，237–247；参见 Bury 2001，no. 20。在七本含有雕版插图的摇篮本中，有四本为地理学出版物；Fahy 1993，91。

⑭ McKitterick 2003，81–83，88。

⑮ 把装饰性雕版画贴在手抄本中的范例，见 Dackerman 2002，no.4，93。我要感谢 David McKitterick 将我的注意力引向了这部作品。关于把雕版及木版画插图粘贴在手抄本或印刷书籍中的示例，亦见 Erler 1992。

⑯ 雕版画为 Nicolas Beatrizet 所作，这个项目很可能是由一直在出版西班牙书籍的萨拉曼卡发起的。Witcombe 2004，131–134。关于巴尔韦德对维萨里图像的使用，见 San Juan 2008 和 Klestinec 2005。

⑰ 根据 Bury 2001，41n3。

第一章 技术与工匠

039

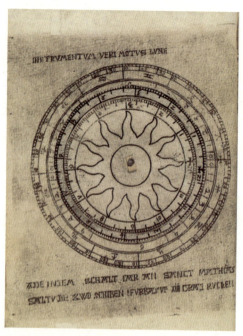

图 1.4　雕版印刷而成的纸质工具。将两个轮图（纸盘）与一条线绳（已丢失）和印于书中其他位置的图表结合，可计算出月亮的准确位置。这种工具有精密度的要求；圆形外边缘上的每个标记代表了弧的两度。来自拉扎鲁斯·贝哈姆，《双日历》（1476），45v。剑桥大学图书馆，Inc.5a.4.9［514］。

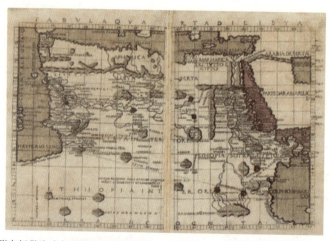

图 1.5　附有托勒密坐标的利比亚雕版地图。手绘上色。来自弗朗切斯科·贝林杰里，《地理志》（1482），117–118。雕版画 33 cm × 49.8 cm。剑桥三一学院，Grylls 2.199。

为自然书籍制图

（a） （b）

图 1.6　胡安·德巴尔韦德的书中的雕版画（a）模仿了安德烈·维萨里的木版画（b），图像左右颠倒，在腿的姿势与背景上作了修改。加斯帕·贝切拉（Gaspar Becerra）为巴尔韦德所作的图像由尼古拉斯·必亚翠（Nicolas Beatrizet）雕刻，他的名字首字母出现在左下角。（a）来自《人体构造介绍》（1556），tab. V。图版 22.8 cm × 14.5 cm。伦敦惠康图书馆。（b）来自安德烈·维萨里，《人体的构造》（1543），184。木版画，34 cm × 20.8 cm。剑桥大学图书馆，K.7.3。

了 606 个弗罗林在铜版、雕版和印刷上，比纸张成本的六倍还多，这通常也是印刷书籍中最昂贵的部分。[18] 可见在 16 世纪下半叶想要把雕版画收入印刷书籍还是开销不菲的。

　　因而鉴于技术和经济上的原因，木刻而非雕版，成了 16 世纪在印刷书籍中复制图像的主要方法。[19] 富克斯和维萨里选择采用木刻法或许也是出于同样的原因，他们书中的若干细节表明，当时木刻版画的先进程度已推进至工艺的极限（见图 4.4）。克里斯托弗·普朗坦出版《生动图像》（*Vivae Imagines*，1566 年）时，木刻仍是印刷图像的惯用方法，所

---

⑱ Voet 1969—1972，2：226，384；Bowen and Imhof 2008，47–49，342–345。
⑲ 关于图像印刷的一些技术难题，见 McKitterick 2003，87–88。

Dens canis flore rubro.

Denscanis flore albo.

Squammata seu dentaria maior

Primula Veris sylvestris flore pallido.

Pulmonaria maculosa.

图 1.7 描绘了 *dens canis*、*dentaria* 与其他春季花卉的雕版画。来自巴西利乌斯·贝斯莱尔,《艾希施泰特花园》(1613),[p] v。图版约 47.5 cm × 39 cm。剑桥大学图书馆,Tab.b.51。

以在刻制一张同等尺寸的图像时，有名望的木版刻工可以比不那么受尊敬的雕版刻工提出同等或更高的要价。[20]

临近 16 世纪末，或许是对逐渐增大的印刷品市场的一种映射，在书中使用雕版画变得更有吸引力，木版刻工的报酬相比雕版刻工也在实际价值上开始下滑。[21]到了 17 世纪，例如《艾希施泰特花园》(*Hortus Eystettensis*，图 1.7) 等附有雕版画的精装本为书籍的插图素材设下了标准。[22]然而成本仍然可能失控。一份想要在《牛津大学植物通志之二》(*Plantarum Historiae Universalis Oxoniensis Pars Secunda*) 中附上铜版雕刻插图的宏大出版计划，使得它的作者牛津大学植物学教授罗伯特·莫里森 (Robert Morison，1620—1683 年)，即使在收取了订阅费以负担成本的情况下，依旧难逃破产的结局 (见图 2.3)。[23]

自然之媒介

尽管木刻与金属雕刻是印刷书籍中制作图形和图像的主要方式，但当时还有另一种被称为"自然印刷法"的"印刷"手段。[24]把涂抹了油墨的自然物体直接按压在纸张上的技法至少在 15 世纪下半叶起就开始为人所用。吉罗拉莫·卡尔达诺 (Girolamo Cardano) 在 1554 年版的《事物之精妙》(*De Subtilitate*) 中解释道，若想把植物栩栩如生 (*ad vivum*) 地描绘出来，完全可以效仿书商采用案板压印法制作浮凸封皮的方式——先将一块湿润的皮革按压到金属框内，再在凹

---

[20] Bowen and Imhof 2003。

[21] Landau and Parshall 1994，260–368；Bowen and Imhof 2003。

[22] 关于这部作品，见 Barker 1994。

[23] 见 Mandelbrote 2004 (莫里森的《植物通志》的第一部分从未出版)。

[24] 关于"自然印刷法"，我遵循的是 Reeds 2006，Cave and Wakeman 1967，和现今的 Cave 2010。装饰性的范例可见于 Bartrum 1995，287，no.245。

槽中装满蜡，最后为图案上色。[25]同样，把植物按压在纸上，使其留

下像平面图（*ichnographia*）一样的印记，便能把植物描绘得栩栩如
生。[26]有些人使用铜绿和碳的混合物给叶子着色，再在茎和梗上个更
浅的颜色；也有些人使用植物或花的汁液，榨出水分后加入胶水进行
调色。[27]卡尔达诺还把 *ad vivum* 这个直接接触物体的概念用于人像，
并举例说可以用石膏制作死者面具模型，上色后再用死者原本的头发
和胡子装扮面具。[28]他还称曾在图尔农枢机主教弗朗索瓦（François，
1489—1562 年）家中见到过弗朗索瓦一世（Francis I）的面具被用于
皇家丧葬仪式。[29]*Ad vivum* 图像的概念无疑建立在自然物体的直接印
记或接触之上，这类版画的实例在 16 世纪实属罕见，也绝无可能成
为一种生产大量复制品的方式。[30]

　　自然印刷法也时常用于私人收藏、记录和研究，例如特奥菲卢
斯·肯特曼（Theophilus Kentmann，1552—1610 年）的手稿《植物的压

印图像》（*Icones Stirpium Impressae*）。[31]特奥菲卢斯的父亲约翰尼斯·肯
特曼（Johannes Kentmann，1518—1574 年）曾在去意大利的途中编撰了
一本植物和鱼类的图画集，后来被康拉德·格斯纳采用。[32]特奥菲卢斯
可能是从父亲那里学到了这门技能，因为依手稿看来，他应该是将叶子
在颜料中浸湿后压印在了纸上，他还时不时地为叶脉涂色，但同时保留
了叶中的破损等瑕疵（图 1.8）。[33]伦敦惠康图书馆所藏的一本富克斯《植

---

[25] Cardano 1554，517。我要感谢 Ian Maclean 将我的注意力引向这段话。关于案板压印法，
见 Marks 1988，55。

[26] 关于平面图，见 Pinto 1976 和 Bartoli 1978。

[27] Cardano 1554，517。

[28] 见于 Siraisi 1997，99；Cardano 1554，609。

[29] 关于弗朗索瓦·克卢埃（François Clouet）为弗朗索瓦一世所作的死亡面具，见 Giesey
1960，4。关于使用了这些蜡模的丧葬仪式，见 Kantorowicz 1957。

[30] 关于 *ad vivum*，另见第八章。

[31] 作于 1583 年 9 月 10 日。*Codex Kentmanus*，210r。

[32] 对于 *Codex Kentmanus* 的研究，见 Kusukawa 2009。关于 Kentmann，另见 Helm 1971。

[33] 图画集着手于 1583 年，但很明显，这项工作至少持续至 1604 年。*Codex Kentmanus*，286r。

图 1.8 特奥菲卢斯·肯特曼用自然印刷法制成的 *mercurialis* 图像，叶片上有破损。来自肯特曼，《植物的压印图像》，安娜·阿玛利亚公爵夫人图书馆，Fol.323，281v。

图 1.9 莱昂哈特·富克斯的《植物史论》（1542 年）中空白页上的自然印刷图像；极可能是由后来的一位名为"I. Newton"的 18 世纪书主所绘。伦敦惠康图书馆。

物史论》含有自然印刷的叶子图像，且附有 18 世纪名为"I. Newton"的某人的评注（图 1.9）。虽说富克斯对开本中的空白页可能确实很适合做自然印刷，但我好奇的是这些自然印刷作品是否帮到了人们学习、阅读此书，以及它们是如何做到的。自然印刷品还可以作为另一种媒介的图像的模型（图 1.10），例如法比奥·科隆纳（Fabio Colonna）在《艺格敷词》（*Ekphrasis*）中的植物蚀刻版画。[34]

---

[34] 关于 Blickling Hall 的自然印刷图集被作为《艺格敷词》的模板，见 Tognoni 2005。我要感谢 Mark Purcell 提供给我关于国家地产信托珍藏的善本方面的信息。关于自然印刷术在 19 世纪时的有限使用，见 Daston and Galison 2007，105，109。

（a）

（b）

40　图 1.10　叶子的自然印刷图像（a），辅以一幅描绘植物主体并额外经过上色的水墨画。来自法比奥·科隆纳，"Icones Ipsis Plantis ad Vivum Expressae," vol. 2, 91r，局部。国民托管组织，布利克林庄园，诺维奇。这幅图画为科隆纳在《艺格敷词》（1616 年）中的一幅蚀刻版画（b，为方便对比已将图画横置）中的两种植物图像（中间与［原］左边）提供了模型。《艺格敷词》（1616），221. 剑桥大学图书馆，N*.9.38（D）。

　　　　　　　　　　　　　　　　　　　　　　　为自然书籍制图

工匠

　　正如第一批用活字印刷术印刷的书籍所示，古腾堡的这项技艺起初只是迅速翻印手抄本的一种手段。早期印刷本中的字体、后加的红字标题和手作泥金装饰首字母以及上等牛皮纸的使用，皆显示了一种对手抄本的外观和质地的根本延续。[35]《古腾堡圣经》旨在抓住手抄本的高端市场，且《圣经》毕竟是《圣经》，销量自然有所保障。[36] 精美的泥金装饰《古腾堡圣经》印刷本被装订成两册，要价 100 基尔德；据霍夫曼所说，这和 1458 年至 1460 年间在梅明根要价 121 基尔德的泥金装饰《圣经》手抄本不相上下。[37] 图像也同样从手抄本被带到了摇篮本中，比如阿普列尤斯·普拉托尼克斯（Apuleius Platonicus）的《草本植物志》（Herbarium，1481）便复制了来自卡西诺山的一本 9 世纪手抄本中的植物示意图。[38]

　　尽管早期被印刷在纸张上的书籍保留了手抄本视觉上的美感，但人们认为它们不够持久。[39] 哈特曼·舍德尔（Hartmann Schedel，1440—1514 年）等 15 世纪末眼光独到的收藏家有时会不厌其烦地请抄写员将印刷文本照抄一遍，再把手抄本放置在他们的书房内。[40] 手抄印刷文本的风尚一直延续至 18 世纪。[41] 尽管此类案例看似罕见，但也不是全然不为人知，瓦尔图里奥的《军事论》、弗朗切斯科·彼特拉克（Francesco Petrarca）的《凯歌集》（Trionfi）以及维尔纳·罗莱温克（Werner Rolewinck）的《古代史全集》（Fasciculus Temporum Omnes Antiquorum Cronicas Complectens）等

---

[35] Bühler 1960，多处。

[36]《古腾堡圣经》于该时期的广泛使用，见 Jensen 2003。

[37] Hoffmann 1996，6。

[38] 印刷本和手抄本之间的比对，见 Hunger 1953；关于其插图，见 Blunt and Stearn 2000，54–56。

[39] Trithemius 1974，34。

[40] 关于舍德尔的藏书，见 Stauber 1969。关于其他案例，亦见 Elizabeth Armstrong 1979，270；Reeve 1983。

[41] 关于这一实践，见 Bühler 1952，29–39；17 世纪英国的情况，见 Love 1993。

都曾被制作成手抄本。[42] 印刷本中的图画往往会被剪下上色后再放入手抄本中。[43] 这一实践表明，手抄本和印刷本的图像之间存在大量重复。富克斯和维萨里书中的版画也曾被复制到了一部有趣的威尼斯医学画集之中（图 1.11）。

手抄本和印刷本书籍在外观上的延续性，暗示着书籍或图像生产过程中的工匠们也具有某些连续性。[44] 如彼得·舍费尔（Peter Schoeffer）和约翰·巴姆勒（Johann Bämler）这些昔日担任抄写员的印刷工们仍旧用装饰性首字母或红字标题来点缀书籍。[45] 还有部分抄写员成了编辑、校正员或字体设计师，但这未必是抄写工作无利可图的结果。[46] 红字书写员和彩饰员也通过给印刷商或私人客户装饰印刷书籍延续着他们的工作。[47]

制作游戏卡牌及相关图像的工匠被称为 *Kartenmacher*、*Kartenmaler*、*Heiligenmaler* 或 *Briefmaler*，他们常常会转去印刷单面海报和木版薄书。[48] 作为对印刷品的着色最为熟悉的工匠，*Briefmaler* 拓展业务范围，开始装饰起印刷书籍。[49] 汉斯·古尔登蒙德（Hans Guldenmund）就是这样一名印刷各类主题单面海报的 *Briefmaler*，同时他还在 1518 年或 1519 年间收取了纽伦堡贵族安东·图赫尔（Anton Tucher）4 个半弗罗林的报酬为其《骑士托伊尔丹克》（*Theuerdank*，1517）制图 118 幅，以及收取 4 个弗罗林为汉斯·科贝格（Hans Koberger）出版的一本祷

[42] Rodakiewicz 1940，Trapp 1999，Bühler 1952，更多范例见于 182n29。关于康拉德·格斯纳的《动物史》里的图画被复制在 16 世纪末的 Pier Candido Decembrio 的手抄本（原作著于 1450 年）中的案例，见 Pyle 1996。

[43] Kaufmann 1976。关于舍德尔的例子，见 Hernad 1990。这一实践绝非罕见；McKitterick 2003，53–58。

[44] 例如 Andry le Musnier 的例子，见 Rouse and Rouse 2000，1：303–327。

[45] Lehmann-Haupt 1950，40–45。巴姆勒的装饰，见 Klemperer 1927 和 Edmunds 1993，32–33。

[46] Edmunds 1991；Bühler 1960，44–45。

[47] Hindman and Farquhar 1977，101–156；Lilian Armstrong 1994，38–41；Alexander 1985。

[48] Hind 1935，1：79–82；Field 2005，23–24。

[49] Dackerman 2002，15–26。*Briefmaler* 的描绘，见 Schopper 1568，[c6] r。然而，*Briefmaler* 的具体任务和身份地位很难被确定，见 Schreiber 1932，Lange 1948，Sporhan-Krempel 1966，Adhémar 1954。

图 1.11　莱昂哈特·富克斯的 *polygonatum latifolium* 图画（见图 3.14）在一本 1560 年左 　　**42**
右的威尼斯医学画集中的手绘版本。底部的英文字迹（"The greater Solomons Seale"）是
较后期的某位书主所留下的。三片叶子被粘贴在了图上。Ms Sloane 5281，161r。版权归伦
敦大英博物馆董事会所有。

告书作装饰。(50)

尽管从事图像制作与装饰的各种工匠们能够以这样的方式参与印刷书籍的出版，但出版商们的面前仍是困难重重。印刷本问世后的早年间，部分地区缺少技巧熟练的工匠。彼得·肖特（Peter Schott）便曾于1482年抱怨过无人能为他翻版的维吉尔作品绘图，他既寻不着“阿佩莱斯”，也觅不来“留西波斯”（分别为亚历山大大帝的画家和雕塑家）。(51) 彼特拉克
44 的《名人列传》（*Libro degli Uomini Famosi*，1476）里留给书主自行补充肖像的边框（图1.12）很可能就是没有合适工匠的结果。(52) 出版商埃哈德·拉特多尔特（Erhard Ratdolt）在欧几里得《几何原本》（1482）的初版序言中强调，几何图形（*geometrica schemata*）的制作是个艰巨的任务，同时也暗示着技术困难阻碍了以往的印刷商们出版数学著作的道路。(53) 事实上，拉特多尔特似乎运用了一种金属铸造法以达到欧几里得图形所需的精细线条（图1.13）。(54) 依梨树木板的纹理将其锯断，置于热亚麻籽油中煮沸或打磨以削弱其脆度后制得的厚木板，在一名能工巧匠的手中所能达到的最佳效果在维萨里《人体的构造》（1543）版画中的精美线条上被完美展现出来，这继而也说明了艺术家和维萨里自己之间的紧密合作（第十章会继续对此进行讨论）。(55)

行会的规章制度同样会带来问题。据范德施托克（Van der Stock）所说，位于安特卫普的圣路加行会曾在1494年或1495年埋怨印刷工阿
45 德里安·范利斯费尔特（Adriaan Van Liesvelt）为书籍绘制图像和插图，

---

(50) 数据出自 Loose 1877，98n2，155n3；关于图赫尔在书籍上的花销，亦见 Rostenberg 1943，25–28。古尔登蒙德的活动范围，见 Landau and Parshall 1994，223–31。

(51) 彼得·肖特致 Adolph Rusch（1489年），Schott 1963—1975，1：150。亦见 Driver 2004，8中提及的 William Caxton 对工匠短缺的埋怨，以及 Mattioli 1558，β4r 中关于优秀刻工的短缺的议论。关于移民工人为英国插图带来的改良，见 Evenden 2008，16–18，95–117。

(52) Clough 1993，196。关于肖像书籍的体裁，见 Pelc 2002。

(53) Euclid 1482，［1v］。拉特多尔特，见 Redgrave 1894 和 Schwarz 1924。

(54) 该信息来自 Paul Needham。

(55) 关于木版，见 Wiegand 1952，32–34。

图 1.12　马尔科·瓦莱里奥·科尔博（Marco Valerio Corbo）的肖像被手动插入到了一个空白的边框中。来自弗朗切斯科·彼特拉克，《名人列传》（1476），civ。木刻边框 24.5 cm × 17.5 cm。剑桥大学图书馆，Inc.3.B.37.1［4571］。

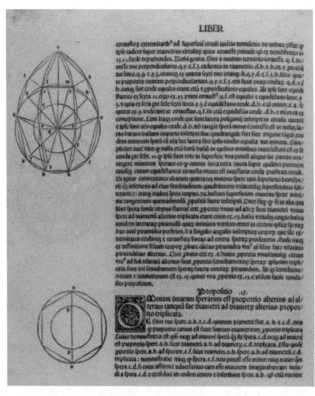

图 1.13　金属铸造而成的欧几里得图形。印刷商拉特多尔特在欧几里得《几何原本》初印版的序言中表示，他对印刷这些图形感到自豪。他将印刷这些图画的艰巨归为威尼斯印刷商对数学书籍的印刷避而远之的原因。插图出现在页边空白处。来自欧几里得，《几何原本》(1482) 114v。剑桥大学图书馆，Inc.3.B.3.23C [1458]。

认为他应该加入画家行会，但范利斯费尔特却反驳说自己只用纸墨而不用颜料或画笔。[56] 在斯特拉斯堡，印刷工特奥多修斯·里尔（Theodosius Rihel）在 1572 年被施特尔茨行会（Zunft zur Steltz）谴责以学徒身份刻制木版，而雕工伯恩哈特·若班（Bernhart Jobin）也被要求放弃为印刷商工作。[57]

　　印刷商们发现在为书籍制图的过程中需要雇用不同种类的工匠。如

[56]　Van der Stock 1998，28–29。
[57]　Kirchhoff 1880，96–106，参见 Grivel 1989。

为自然书籍制图

同手抄本的手绘师不一定设计了他们所画的插图一样，为印刷本的图画刻制木版或铜版的人也不一定亲自设计了原版图画。[58] 不过这并不是说设计和雕刻是互不相通的两种技术，两者都精通的工匠并非不存在，著名的就有阿尔布雷希特·丢勒和彼得·保罗·鲁本斯（Peter Paul Rubens，1577—1640 年），但他们也十分乐于交由他人来雕刻自己的设计。[59] 有时候，设计师和雕刻工之间关系紧密：莱奥纳尔多·帕罗索莱（Leonardo Parasole）为卡斯托雷·杜兰特（Castore Durante）的《新植物标本集》（*Herbario Nuovo*，1585）雕刻的版画是他妻子的设计作品，而迪亚娜·斯库托里（Diana Scultori，1547—1612 年）在年鉴上雕刻的则是她丈夫的设计。[60]

木版刻工的收入通常是绘图员的一点五至五倍。[61] 佩特·范德博尔赫特（Peeter van der Borcht）每为蓝伯特·多东斯（Rembert Dodoens）的著作《谷物、豆类、沼泽、水生植物的历史》（*Frumentorum, Leguminum, Palustrium et Aquatilium Herbarum…Historia*，1566 年）画一幅图画，可得到 5 斯图弗，而刻制该图的人则得到了每幅版画 8 斯图弗的报酬。[62] 一个更为惊人的案例可见于 15 世纪末来自纽伦堡的泽巴尔德·施赖尔（Sebald Schreyer）企图出版附图书《罗马凯旋》（*Archetypus Triumphantis Romae*）的失败尝试中：在纸上设计图像的画家得到了 9 弗罗林 3 芬德

---

[58] Hindman 1983；Alexander 1992。

[59] 我们知道 Hieronymus Andrea 曾雕刻过丢勒的部分设计，Hans Lützelburger（1526 年卒）刻制了小汉斯·霍尔拜因的《死亡之舞》（*Pictures of Death*）的木版画；Landau and Parshall 1994，212–218。关于鲁本斯的雕刻师 Cornelis Galle，见 Judson and Van de Velde 1978，1：34–36。

[60] 关于 *Herbario Nuovo*，见 Witcombe 2004，209；Diana Mantuana，见 Lincoln 1997 和 Kusukawa 2000，32，172–173。关于该时期的其他女性艺术家，见 Sutherland Harris and Nochlin 1978，102–124。

[61] 见 Voet 1969—1972，2：224 中对绘图员、木版刻工和金属雕工的费用的比较。关于金属雕工和制图员，见 Bury 2001，45 和 Woodward 1996，26。

[62] Depauw 1993，49–50。此处所用的单位为 1 弗罗林（fl.）= 20 斯图弗（st.）。关于范德博尔赫特的成果，见 Mielke 等人 2004。关于其他为普朗坦工作过的工匠，见 Bowen and Imhof 2008，附录 1。

4 芬尼的报酬；将图画绘至木版上的收到了 37 弗罗林 1 芬德 16 芬尼；而木版刻工泽博尔特·加仑斯多费尔（Sebolt Gallensdorfer）则得到了 148 弗罗林 1 芬德 28 芬尼。[63] 换言之，木版刻工的报酬比绘图员的十五倍还多，而在木板上描摹图像的报酬则约为绘图员的四倍。

点缀富克斯《植物史论》（1542 年）最后一页的肖像画（图 1.14）极好地记录下了分工方式。有两名工匠被称为画家（*pictores*）——画中的阿尔布雷希特·迈尔（Albrecht Meyer）正在为一株植物绘图，而海因里希·菲尔毛尔（Heinrich Füllmaurer）正在将图画转绘至木版上；刻制版画的法伊特·鲁道夫·施佩克林（Veit Rudolf Specklin）以刻工（*sculptor*）的身份出现在下图中。[64] 不过我们也不应该完全依照画面的意思去解读，因为我们从现存于奥地利国家图书馆的《植物史论》图画中得知，迈尔和菲尔毛尔二人都曾拟过原始画稿，也很有可能都做过描摹画稿的工作。[65] 但刻制版画是二人均未做过的。木版刻工施佩克林（卒于 1550 年）活跃于斯特拉斯堡，或曾为其他书籍刻制过版画，例如苏黎世印刷商克里斯托夫·弗罗绍尔（Christoph Froschauer）出版的《圣经》（1531 年）。[66] 然而施佩克林究竟在何时何地为富克斯刻制了版画，仍不得而知。[67]

富克斯在书的前言中写道："斯特拉斯堡现今最好的刻工法伊特·鲁道夫·施佩克林出色地效仿了画家们值得赞美的辛勤成果：他用精湛的刻工技艺勾画出每一幅图画的轮廓，仿佛要与画家一较高下，

---

[63] 此处所用的单位为 1 弗罗林（fl.）= 250 芬尼（d.）；1 芬德（lb.）= 30 芬尼（d.）。

[64] 关于这些工匠，另见第二章。

[65] Baumann 等人 2001，30–35。

[66] 施佩克林于 1530 年获得了斯特拉斯堡的公民身份。Rott 1933—1938，vol.3 Der Oberrhein. Quellen I，276。Michael 1992，37（《苏黎世圣经》）。法伊特·施佩克林有三个儿子，Daniel、Josias 和 Zacharias，他们分别在建筑、书本装订和雕版行业发展事业。Thieme and Becker 1907—1950，31：345–346。

[67] Baumann 等人 2001，39。

图 1.14　参与制作木版画的工匠。在上图中，阿尔布雷希特·迈尔正为一株植物绘图，而海因里希·菲尔毛尔正将图画转移至木板上；二人皆被标记为画家。刻制木板的法伊特·鲁道夫·施佩克林以刻工的身份出现在下方。来自富克斯，《植物史论》（1542），897。剑桥大学图书馆，N*.1.24（A）；印本曾归维尔茨堡主教尤里乌斯·埃希特（Julius Echter）所有。

争夺荣誉与胜利。"[68] 画家和雕塑家之间的较量是文艺复兴时期"比较论"(*paragone*) 流派中最流行的话题;达·芬奇、米开朗基罗·博纳罗蒂(Michelangelo Buonarroti, 1475—1564 年)和伽利略·伽利莱均在各自的论文中探讨过不同的模仿艺术(mimetic arts)所蕴含的价值。[69] 然而富克斯对于施佩克林的评价,与建立在模仿技巧之上的各艺术之间的理论比拼有着细微差别:施佩克林值得赞美的地方在于他利用刻工的雕刻专长制作了一幅图画,而这通常是画家的领域。其表达的是对制作印刷图画所需的特定技巧的赏识。富克斯此处的所思所想断然是在印刷书籍的世界中的。当然,他并非意识到可复制图像的重要性的第一人;伊拉斯谟早先就曾赞扬过丢勒作为版画家的非凡本领。[70] 当富克斯的《植物史论》图画被复制在由瓦尔特·赫尔曼·里夫(Walter Hermann Ryff)编辑、克里斯蒂安·埃格诺尔夫(Christian Egenolff, 图 4.1)出版的迪奥科里斯的著作《药物论》(1543 年)中时,富克斯也是向施佩克林公开承认了他的愤慨。富克斯在他的辩解书(*Apologia*, 1544 年)中宣称埃格诺尔夫违反皇家特权,剽窃了 200 余幅图画,使得他的声誉岌岌可危,印刷商伊桑格兰也因为埃格诺尔夫廉价出售书籍而生意惨淡。[71] 富克斯写辩解书的目的是向施佩克林证明自己没有忽略他的反复告诫,同时宽慰他无人能超越他在木刻上的勤奋与辛劳。[72] 因此,尽管一些图画是几乎照原样临摹到木版上去的,对富克斯来说,他的植物志的图像创造者是施佩克林,而并非如今世人理解的画出了初始图稿的迈尔或菲尔毛尔。[73] 这与当时出版商们用可

47

---

[68] Ruchs 1542, [α6] v–β [1] r。我对 Ackerman 1985b, 113 中的译文作了修改。

[69] 见 Ferrago 1992(列奥纳多)、Panofsky 1956(伽利莱)、Dundas 1990(米开朗基罗)和 Peter Hecht 1984 中的更多其他例子。

[70] 伊拉斯谟对丢勒的赞扬被 Panofsky 1951 译出。Hayum 1985 中强调了可复制性的语境。亦见第八章。

[71] Fuchs 1544, a2r。

[72] Fuchs 1544, a4v。

[73] Baumann 等人 2001, 25。

复制图画的木版和铜版而非初始设计来确定资金投入的方法相吻合。[74]也就是说，只有铜版和木版的所有者才能要求自己的投资受到法律手段的保护，第四章会更详细地讨论此问题。[75]

印刷书籍在装饰和图像上对已有的技术、工匠和分工方式的利用，意味着手抄本和印刷本在外观上的延续性。这也足以警示我们不要指望书籍文化在欧洲引进印刷机之后就会有翻天覆地的骤变。出于技术和经济原因，木版才是 16 世纪印刷本的图像制作中最受欢迎的媒介。撇开在《古腾堡圣经》之前的图像制作文化的各种延续性不谈，印刷机制作的木刻图像和手抄本确有一点不同：尽管每次手抄或复制一幅图像产生的费用差不多，但一块木版能够更频繁地用于图像印刷，导致每一幅被印刷的版画成本递减。[76]我即将要展开讨论的便是印刷本中图像制作的经济层面。

---

[74] 这可能是为何（除了图画在转移过程中可能受到毁坏，而印刷书籍代表了最终成品以外）普朗坦的公司，相较图画而言，保留了多得多的木版和图版，Voet 1969—1972, 2: 228-229。

[75] Witcombe 2004, 58。

[76] Voet 1969—1972, 2: 381。

第二章　出版商的精打细算

　　富克斯的《植物史论》由迈克尔·伊桑格兰（Michael Isengrin）出版，而维萨里的《人体的构造》则由约翰内斯·奥波里努斯（Johannes Oporinus）出版。[1] 在此之前，这两位出版商都不曾在含有大量插图的学术书籍中投机，他们不这样做也有着很好的理由。除了上一章讨论过的能工巧匠是否有空的问题，一本带有图画的印刷本需要满足特定的经济条件，或者出版商的经济预期，不论该出版商有否做过印刷商。资助并销售印刷书籍的生意与印刷贸易渐行渐远，尽管来自纽伦堡的安东·科贝格（Anton Koberger）和巴黎的让·珀蒂（Jean Petit）等部分印刷商成为了相当成功的出版商。[2] 还有一部分出版商虽不亲自印刷书籍，但有着庞大的销售网络，例如约翰·沙布勒（Johann Schabler，约卒于 1540 年）不仅在巴黎有一间名为"巴塞尔克朗"（L'Écu de Bâle）的商铺，在里昂还有另一家店面由出版商米歇尔·帕尔芒捷（Michel Parmentier）打理，而且他在博尔德、图卢兹和阿维尼翁均有代理商。[3]

---

[1] 伊桑格兰自 1530 年起便是园丁行会中的一员，他直到 1554 年才加入了更大的商人行会 zum Schlüssel（这意味着他在此之前持有的资产十分有限）；Koelner 1953，328。奥波里努斯在插图方面的节省方针，见 Steinmann 1967，42。
[2] Febvre and Martin 1990，114–125。
[3] *CoE*，3：215–216；Grimm 1966，1366–1372。

为自然书籍制图

出版商作为投资者可以影响选印何种书籍的决定。因此约翰内斯·弗罗本（Johannes Froben）直到他的岳父兼资助人沃尔夫冈·拉赫纳（Wolfgang Lachner，1518 年卒）逝世都从未出版过人文主义作品，拉赫纳专注进口意大利书籍，尤其是维也纳出版商奥尔德斯·马努蒂尔乌斯（Aldus Manutius）的印刷作品。[4] 马努蒂尔乌斯的个例提醒我们，有一些 50出版商是欣赏学术的：他对古典学问的热衷能够在他的出版物中反映出来，在书籍普遍降价时依旧将自己的书价保持在相对高的位置的策略，暗示着他对优良品质和学术水平的坚持与专注。[5] 但即使是奥尔德斯，也得运营生意。[6]

另一位学者兼印刷商约翰内斯·雷格蒙塔努斯（Johannes Regiomontanus，1436—1476 年，图 1.3）发布了一份他认为值得印刷的古典科学著作书目。[7] 他还强调了学术与印刷在精确度上的重要性："还有谁没意识到，由我们的同胞最近设计出的绝妙的印刷艺术在印刷出准确无误的版本时多么有益，在复制出错误的作品时对人类就有多致命。"[8] 学术相关的印刷书籍本来就需要专注谨慎。那些附有图画的书籍就给出版商带来了更大的挑战。如果出版商们认为这在经济上不可行，那么我在本书的第二和第三部分中所分析的图像便不会存在了。我将于本章探讨书籍的制作如何受到资助人的兴趣的影响。

印刷附图书籍的材料成本

在制作一本印刷书的过程中，通常纸张是最贵的部分，它或可占据

---

④ *CoE*，2：60–63（弗罗本）；279–280（拉赫纳）。关于早期印刷厂的多种经济来源，见 Lowry1992。

⑤ Lowry 1979，180–207；同前 1991，13–15。

⑥ Lowry 1979，109–179。

⑦ 关于雷格蒙塔努斯，见 Wingen–Trennhaus 1991 和 Zinner 1990。

⑧ 译文出自 Pedersen 1978，177。

出版商全部开支的一半左右。⑨想要确定同等级别的附图与无图的印刷书籍的相关成本并非易事，但就英文书而言，附图书籍的价格似乎要高于同级别无图书籍 75% 至 100%。⑩ 在克里斯托弗·普朗坦的记录中可以找到最能提供附图书籍印刷材料成本信息的案例。⑪1564 年，普朗坦出版了约安内斯·萨姆布库斯（Joannes Sambucus）的《寓意画集》（*Emblemata*），一本附有 139 幅木版画的八开本，次年又出版了荷兰语版的吉安巴蒂斯塔·德拉·波尔塔（Giambattista della Porta）的著作《自然的魔法》（*Magia Naturalis*），同样是八开本，但不带有任何插图（表 2.1）。如果我们比较这两本在连续两年中出版的八开本图书，我们便会发现德拉·波尔塔的书所用的纸张成本大于总成本的 50%，每张纸的花费大约为 1 芬尼。⑫为制作萨姆布库斯的《寓意画集》，普朗坦在图像（包括绘画和刻板等）上支出了 260 弗罗林 5 斯图弗，约为纸张总花费 88 弗罗林 8 斯图弗的三倍。⑬每页的成本即为 4 芬尼左右，是《自然的魔法》所用纸张的四倍。因此即使考虑到纸张在质量上，也就是基础成本上的差别（约为萨姆布库斯的书的两倍），附图与无图书籍的成本差距并非微不足道。⑭因此，印刷附有木刻版画的书籍仍是相对昂贵的，只不过用于版画的起始花费仅仅占据了出版商总花费的一小部分。⑮

51　　当然，减少开支的办法总是有的，彼特拉克《名人列传》里的空白

⑨ 见例如希罗尼穆斯·弗罗本（Hieronymus Froben）和尼古拉斯·埃皮斯科皮厄斯（Nicholas Episcopius）1562 年的记录；Rudolf Wackernagel 1881，24–25。

⑩ 计算出自 Francis Johnson 1950，90。

⑪ Voet 1969—1972，2：382–384。

⑫ 出处同上，2：382，384。

⑬ 关于萨姆布库斯，见 Siraisi 2007，217–224。

⑭ 德拉·波尔塔的中等纸张成本为每令 1 弗罗林 1 斯图弗（原文如此，与表 2.1 不同。——中译者注），《寓意画集》的优质纸张成本为每令 2 弗罗林，巴尔韦德的翻版所用的极优质的纸张成本为每令 3 弗罗林。见 Voet 1969—1972，2：382，384。表 2.1 中每一页的成本仍大于纸张成本之间的差距。

⑮ 例如，希罗尼穆斯·弗罗本于 1560 年共支付了刻工 52 芬德 17 先令，作为刻制两本书的木版画的费用（盖伦的《作品》和 George Pachymeres 的亚里士多德《摘要》）。Rudolf Wackernagel 1881，18–19。

表 2.1 克里斯托弗·普朗坦档案中的图像成本之比较[1]

项目	德拉·波尔塔《自然的魔法》（1565 年）	约安内斯·萨姆布库斯《寓意画集》（1564 年）	巴尔韦德《生动图像》（1566 年）
尺寸	八开本	八开本	对开本
纸张质量	中等（每令 1fl. 2st.）	优质（每令 2fl.）	非常优质（每令 3fl.）
使用的纸张总数	48 令 10 刀	44 令	32 令
纸张总成本	53 fl. 7st.（52%）	88 fl. 8st.（25%）	96 fl. 8st.（12%）
图画数量	无	139 幅木版画	42 幅铜版画
图画总成本	无	260 fl. 5 st. 绘画与刻印（254 fl. 16st.）运费（5 fl. 9 st.）（70%）	606 fl. 制作图版（474 fl.）印刷图版（132 fl.）（76%）
印刷工与排字工的报酬成本	33 fl. 15 st.（33%）	23 fl. 14 st.（6%）	45 fl. 8 st.（6%）
作者、翻译等费用	15 fl.（15%）	无	47 fl.（6%）
总成本	102 fl. 2 st.	372 fl. 7st.	794 fl. 8 st.
总印数	1250	1250	600
每份印本的成本	约 1.7 st.	约 6 st.	约 1 fl. 6 ½ st.
每一页的成本（即 1/500 令）[2]	约 1 d.	约 4 d.	约 12 d.

[1] 数字基于 Voet 1969—1972, 2: 382–384；经修订后的 Voet 1980—1983, 4: 1934 和 5: 2026–2030, 2331–2333。括号内的百分比为占总成本的比例。

[2] 通过总成本除以所用纸张总量计算而成。

肖像框（图 1.12）就是一个范例。或者附上部分而非所有需要的图画也是一个办法，比如泰奥多尔·德贝兹（Théodore de Bèze）的《肖像，教义杰出的虔诚人士的真实图像》（*Icones, id est Verae Imagines Virorum Doctrina Simul et Pietate Illustrium*）只包含了部分改革者们的肖像，对于找不到真实肖像的人们，德贝兹采用了放置标有名字的空白边框（图 2.1）的办法。[16] 对于无法确定肖像是否真的像书名号称的那样为"真实"图像的读者，空白边框的存在会加大那些已有肖像的可信度。[17]

52 而至于制作一本附有雕版画的大型科学著作的相关成本，普朗坦的记录又一次提供了一则有价值的案例。[18]1566 年，普朗坦以拉弗雷利和萨拉曼卡的意大利语版本的《人体构造介绍》（*Anatomia del Corpo Humano*，1560 年）为基础，出版了巴尔韦德的《人体部位的生动铜版图像》（*Vivae Imagines Partium Corporis Humani Aereis Formis Expressae*）。[19]普朗坦的版本是一本拥有 42 幅铜版画的对开本（图 2.2）。[20]

54 与他出版的部分其他附图科学著作一样，普朗坦在选择作品时遵循着一个相对保守的策略，即在国际市场用拉丁文重新出版一本用本地语言书写过且已知大卖的作品。[21]

为出版《人体部位的生动铜版图像》，普朗坦在铜版的制作上花费了 474 弗罗林，铜版的单独印刷 132 弗罗林，三本意大利语版本的印本 12 弗罗林，将意大利语译成拉丁语 35 弗罗林，以及纸张 96 弗罗林。[22]

---

[16] 如 Clough 1993，193 所指出。关于 Pierre Eskrich 可能是插图的刻工，见 Finney 1999。亦参见 Goltzius 1557，其中 Charlemagne（CXIII），Otto III（CXXVI）和 Lothar III（CXXXIIII）的肖像处为空白的。这种留白在当时的肖像书籍中是常见的。Pelc 2002，76。

[17] 关于德贝兹对新教徒肖像的使用，见 de Bèze 1580，*ijrf。

[18] 我在此处很大程度上依赖于 Voet 1969—1972；但亦见现今的 Bowen and Imhof 2008，67–84 中所作的分析。

[19] Mortimer 1974，2：709–711。

[20] 拉丁版的文本还利用了 Grevin 版本的维萨里《人体的构造之摘要》。Voet 1980—1983，5：2330。关于普朗坦左右颠倒了巴尔韦德的插图，亦见 Bowen and Imhof 2008，80–81。

[21] 见 Kusukawa 2007，224–226。

[22] Voet 1969—1972，2：384，经修订后的 Voet 1980—1983，5：2331–2333。

062   为自然书籍制图

（a） （b）

图 2.1 约翰·加尔文的肖像（a）与路易·德贝尔坎的"空白"肖像（b），两者边框相同。来自泰奥多尔·德贝兹，《肖像》（1580），Rijv，Ziijv。木版画画框 13 cm × 10.1 cm。剑桥大学图书馆，SSS.36.23。

（a） （b）

图 2.2 胡安·德巴尔韦德的《人体构造介绍》（1560 年）第 136 页上的一幅描绘大脑血管、门静脉与肺动脉的雕版画（a）被镜像复制（b）在了克里斯托弗·普朗坦的拉丁语版本中。胡安·德巴尔韦德，《人体部位的生动铜版图像》（1566），131。剑桥大学图书馆，（a）Keynes T.7.11 and（b）Keynes P.7.6。

也就是说，铜版图像的成本约为纸张的六倍，构成总花费的 12%。就年度营运成本而言（以普朗坦为例，他的支出超过了 10000 弗罗林），出版巴尔韦德著作的总成本算下来并不高，约占 7%，但这仍比出版一本无图的八开本的七倍还多，是一本附有木版插图的八开本的两倍。[23]

普朗坦制作 600 本《人体部位的生动铜版图像》的总花费为 794 弗罗林 8 斯图弗，经计算，每一本的成本为 1 弗罗林 6.5 斯图弗。销售价格 2 弗罗林 10 斯图弗，约为成本的两倍，略高于当时一名安特卫普木匠的周薪。[24] 尽管将售价设置为印刷成本的两倍，普朗坦只在销售的第三年才有所赢利。[25] 事实上，这比普朗坦各书的平均回报还稍快一些；其三分之二的书在起售三年后仍未回本。[26]

在个别出版物上的缓慢收益往往引导出版商们开始多元化他们的商品，与其他出版商和书商共享库存，确保制作好销售额有保障的重要出版物（例如日课经 [breviary]）。普朗坦于 1566 年卖出的三分之二的书皆由他人印刷。[27] 不过销售额也不一定意味着现金收入：同年，普朗坦的书籍销售额在纸上的记录为 16340 弗罗林，但现金收据的总额只有 5523 弗罗林，约为销售额的三分之一，而且这还包括了前几年的付款。[28] 这是因为在法兰克福书展（Frankfurt Book Fair）产生的交易通常到次年才进行结算，许多书商和出版商都是如此。[29] 普朗坦还与许多其他出版商一样，定期发行自己的书籍目录作为宣传。[30] 除去如第一本阿尔丁（Aldine）目录和西蒙·科里纳（Simon Colines）的目录这样的特例，目录中极少

---

[23] 数据来自 Voet 1969—1972，2：227，467。
[24] Verlinden 1959，418。这与 Bowen and Imhof 2008，79 中的价格比较一致。
[25] Voet 1969—1972，2：525。
[26] 出处同上，2：459；de Roover 1968。
[27] Voet 1969—1972，2：420。关于多元化的策略，参见 Davis 1966，77–86。
[28] Voet 1969—1972，2：391。
[29] 出处同上，2：442，410。关于法兰克福书展，见 Flood 2007。
[30] Voet 1969—1972，2：422–425。关于出版商的宣传，见 Pollard and Ehrman 1965；Richter 1965，1874，1985；Coppens 1992。

印上书价，不过这也很容易理解，因为出版商会根据书籍是批发或零售、是否经过额外装饰装订以及是否包含运费来调整要价。[31]

1566 年普朗坦对巴尔韦德《人体部位的生动铜版图像》的印刷，揭示了出版商对于附图学术著作的出版的一些重要经济考量。虽然这本书并没有一夜畅销，它在普朗坦的商业运作里也不算是一场彻头彻尾的灾难。类似的经济核算对其他出版商来说也很平常，不过出版商们在学术著作上仍需面对其他问题。

学术书籍的成本与难题

一本针对大学教授和杰出学者的大型学术书籍，即使不带插图，对于出版商而言都所费不菲。这些书籍在特殊字体（希腊语或希伯来语）上产生了额外费用，还得在校正者、索引编制人员或作者身上耗费更多成本。为制作由埃皮斯科皮厄斯和弗罗本于 1558 年印刷的克里索斯托的《作品》（*Opera*），文本校对花费了至少 16 弗罗林，而编制索引则花了大约 21 弗罗林。[32]他们还为希波克拉底（Hippocrates）文集的修正版支付了一名校正者 58 英镑，给了格斯纳 15 弗罗林让他为盖伦的作品写序，以及 22 弗罗林给其他三位博士，让他们制作索引。[33]即使出版商支出了此类的额外花销，作者伊拉斯谟仍认为自己应当出现在修正版《新约圣经》（New Testament）的印刷现场，并且将自己的不在场归结为印刷错误的原因。[34]维萨里也同样为监督他《人体的构造》的印刷专程去了

---

[31] 1498 年的阿尔丁目录上印的是最低价格，Orlandi 1975，图版 9。关于科里纳图录，见 Fred Schreiber 1995，lxxii–lxxvi，213–229。关于早期印刷书籍的大致固定价格，见 Davies 1997。

[32] Rudolf Wackernagel 1881，6–11。

[33] 出处同上，6，30，57，42（作为比较，埃皮斯科皮厄斯和弗罗本常以每包 8 弗罗林的价格购买中等纸张）。这些账目中所用的单位有：1 芬德（lb.）= 20 先令（s.）；1 弗罗林（fl.）= 25 先令（s.）。

[34] Erasmus 1974，5：815；Erasmus 1992，5：1482。关于伊拉斯谟参与修正出版物文本，见 Shaw 1986，84–92 和 Allen 1934，109–137。

巴塞尔。㉟

　　鉴于许多出版商面临着现金流的问题，学术书籍的作者常常收到分期付款，或得到实物作为报酬，即他们自己作品的印本。㊱所以蓝伯特·多东斯得到了 50 本（800 册印数的 6.25%）他自己的《谷物、豆类、沼泽、水生植物的历史》作为报酬，而马蒂亚斯·德洛贝尔（Mathias de L'Obel，1538—1616 年）则收到了 8 本（印数的 10%）他自己的《植物书》（Kruydtboeck，1581 年）。㊲这表明普朗坦 47 弗罗林的花费，包括三本巴尔韦德解剖学著作的意大利语版的售价（12 弗罗林）以及将其从意大利语译成拉丁语的费用（35 弗罗林）——等同于 35 本书或总印数 6% 的成本——和一名普通作者的佣金相当。因此，算上作者的费用，出版一本译作并不一定能节约成本。在出版商看来，部分作者似乎期望太高：当编辑托马斯·纳奥格奥尔吉乌斯（Thomas Naogeorgius）索要 25 基尔德作为酬劳时，出版商约翰内斯·奥波里努斯退回了他修订的洛伦佐·瓦拉（Lorenzo Valla）对修昔底德的评论手稿。㊳1557 年，杰纳斯·科尔纳瑞斯分别为自己用拉丁语翻译的柏拉图和西内修斯（Synesius）的译著，向出版商小约翰内斯·赫韦根（Johannes Herwagen the Younger）要价 170 和 50 基尔德，在法兰克福书展的十八个月内分四次付清，外加每部书 20 册的赠送本。㊴而科尔纳瑞斯于 1538 年至 1540 年间作为法兰克福市级医师的年薪为 70 基尔德，这说明他的要求或许也太乐观了。㊵

　　像费利克斯·普拉特如此成功的医师，出版商安布罗修斯·弗罗本（Ambrosius Froben）支付他《人体的构造和功能三卷》（De Corporis Humani Structura et Usu Libri III，1583 年）的报酬为 75 芬德 18 先令，

㉟ O'Malley 1964，136–139。

㊱ Krieg 1953，57–59。

㊲ Voet 1969—1972，2：288。

㊳ Steinmann 1967，49。关于作者酬劳，另见 Krieg 1953，39–59。

㊴ 这一开价很可能遭到了拒绝，不过弗罗本和埃皮斯科皮厄斯在他死后出版了这两部作品；Hieronymus 1995，101。

㊵ Elsas 1936—1940，2A：623。

其中包括实物与货币，只略高于他平均年收入（约为 1417 芬德）的 5%，而他的收入主要来源于其作为城市医师以及在巴塞尔大学做教授的酬薪（约每年 405 芬德）、行医的利润（约每年 821 芬德）以及利息收益（每年 191 芬德）。[41] 对于伊拉斯谟这样没有其他有报酬的工作的作者来说，酬金或许就更重要了。众所周知，他曾抱怨自己作为著者的工作没有得到出版商足够的认可："当弗罗本看到印刷机下的一册册副本一切就绪的时候，他不会思考有多少工作被投入其中，而只是关注有多少纸张被印刷完毕。"[42] 学术出版物极少为作者带来可观的收益，出版商则更不消说。

不过一些作者倒是有幸能将自己的印刷作品献给潜在的资助人。当彼得鲁斯·阿皮亚努斯（Peter Apian）为神圣罗马帝国皇帝查理五世（Emperor Charles V）奉上自己带有着色精美的日月升落潮汐仪和珍珠线绳的《御用天文学》（*Astronomicum Caesareum*）时，他收获了三千金之多的丰厚奖赏。[43] 1559 年，科尔纳瑞斯的继承人向萨克森选侯约翰·腓特烈（John Frederick）献上科尔纳瑞斯版本的迪奥科里斯的著作《药物论》后，得到了 100 基尔德。[44] 不过在上述的相互赠礼中还需要一些技巧：尽管格斯纳向苏黎世市议会献上《动物史》（*Historia Animalium*，1551 年）卷一后被赠予了整年供应的黑麦威士忌和葡萄酒，他不得不为未经准许向伊丽莎白一世进献他的《图谱》（*Icones*）而道歉。[45] 同样地，出版商也曾向当下或潜在的资助人献上书籍，期望能获得金钱或精神上的回报。[46] 然

㊶ Lötscher 1975，523，535。关于普拉特的《人体的构造和功能三卷》，另见第十一章。

㊷ 伊拉斯谟致拉赫那和弗罗本，1517 年 8 月 23 日，no. 629，Erasmus 1974，5：78；亦见 nos.704A，885，1507。

㊸ Wattenberg 1967，61。关于 Tycho Brahe 作为献礼的作品 *Pistolae Astronomicae*（1596 年）和 *Astronomiae Instauratae Mechanica*（1598 年），参见 Mosley 2007，124–137。

㊹ Buchwald 1993，97。科尔纳瑞斯的献词，见 Dioscorides 1557，a2r–β［1］r.

㊺ Kapp 1886–1923，1：319。关于格斯纳的过失，见 Nutton 1985，96。

㊻ Schottenloher 1953，197–208，Krieg 1953，59–64 和 Davis 1983。关于摇篮本出版商献给宗教场所的礼物，见 Kyriss 1953。

而，并非每一次献礼都能保证经济上的回报。

学术书籍的主要问题在于其市场远不及日课经、弥撒用书、时祷书或日历的市场那么大。盖伦所写的《治愈方法》（*Methodus Medendi*）的希腊语版使得出版商扎卡利亚斯·卡列加里斯（Zacharias Callierges）和尼古拉斯·弗拉斯托斯（Nicolas Vlastos）惨遭破产，这反映了 1500 年左右希腊语书籍市场的局限性。[47] 即使拥有像琼蒂商行（Giunti firm）这样有效的销售网络，枢机主教马塞勒斯·切尔维尼（Cardinal Marcello Cervini）都不得不在出版欧斯塔修斯（Eustathius）用希腊语撰写的荷马史诗评论（1551 年）六年后以半价出售 1275 册印数中的 771 册。[48] 奥波里努斯即使能够筹得资金，也不愿意出版希腊语书籍，尤其是销售缓慢的神学研究。[49] 这与日历和礼拜仪式类书籍的市场形成了鲜明的对比。

普朗坦在出版礼拜仪式书时往往会超过他平时的印数上限——每版 3000 至 5000 册，而格奥尔格·维勒（Georg Willer，因其制作的法兰克福书展目录而出名）每年会订购 22000 册日历。[50] 学术书籍的处境则大相径庭，部分存货可滞销多年。尼古拉·哥白尼（Nicolaus Copernicus）撰写的《天体运行论》（*De Revolutionibus*，1543）首版发售了足足十年，而于 1525 年出版的奥尔德斯·马努蒂尔乌斯版本的盖伦《作品》直到 1586 年都还有存货。[51] 因此，部分出版商会在印刷一本书之前试图获得一些经济保障，比如订阅系统。马丁·路德的《诗篇注释第二版》（*Second Lectures on the Psalms*）采用的是分册出版的形式，购买了第一

58

---

[47] Nutton 1997a，162。

[48] Pettas 1980，137。出版这一作品的成本为 991 达克特，而每份印本以 1.2 达克特的价格出售（出处同上，149），这意味着琼蒂需要卖出 825 份印本才能收支相抵。

[49] 奥波里努斯致 Kaspar Nidbruck，1555 年 4 月 13 日，Steinmann 1969，144。

[50] Voet 1969—1972，1：171。普朗坦设定的单一版本上限通常为 2500 份印本；Schottenloher 1920，18–19（维勒的订购）。

[51] Gingerich 1986，64–65。Hirsch 1948，90。Lowry 1991，25。关于 1525 年版的希腊文本的问题，见 Mani 1956。

为自然书籍制图

册便意味着其余各册的订购。[52]17世纪时，订阅系统往往被用来补贴科学著作中的图像成本（图2.3）。[53]

因此，当出版商投身于出版附有精美插图的拉丁语学术巨著时，他 59 们争取用各种方式来收回他们的成本投入也不足为奇。其中一种策略是制作一个文本最少、用本地语言书写且/或带有绘图的版本，这样一来，不仅能很好地利用木版画，又能优化市场吸引力。富克斯的《植物史论》于次年迎来了它的德语版本；维萨里的《人体的构造》和它的绘图版本《人体的构造之摘要》（*Epitome*）同时出版；夏尔·艾蒂尔（Charles Estienne）的论著《人体结构解剖三部》（*De Dissectione Partium Corporis Humani Libri Tres*，1545年）被译成了法语（*La Dissection des Parties du Corps Humain Divisee en Trois Livres*，1546年）；格斯纳的《动物史》（1551—1558年）在出版后迎来了它的图绘版本《动物史图谱》（1553年及1560年）；纪尧姆·龙德莱（Guillaume Rondelet）的《海洋鱼类志》（*De Piscibus Marinis*，1554年）被弗朗索瓦·布须埃（François Boussuet）编成了《水生动物诗集》（*De Natura Aquatilium Carmen*，1558年）；[54]巴尔韦德的《人体部位的生动铜版图像》也随即被译成了荷兰语（1568年）。[55]然而，这些本地语言的版本或图绘版本未必保存了拉丁语原著的功能与论证，我将会在第六章中对此进行详述。

另一种策略是在装饰和着色上稍加投入，使得印刷书籍更吸引人。例如奥波里努斯曾用高级纸张印刷了一两份印本后将其上色，把它们作为宣传范本来吸引学生和其他书商。[56]关于彩色印本的价格，我们在一封撒迦利亚·乌尔西努（Zacharias Ursinus，1534—1583年）的信件中

---

52 路德致 Johannes Lang，1540年1月26日；Luther 1955—1986，48：150n8。
53 采用订阅系统的出版物，见 Robinson and Wallis 1975。
54 Meyer 等人 1999，1：669—670；Cushing 1943，109—115；Fred Schreiber 1995，lxvii–lxix；Serrai and Cocetti 1990，303—322。布须埃在作品特许中阐明，此作是龙德莱的《水生动物诗集》的"摘要"，Boussuet 1558，aijr，这份特许是龙德莱1554年特许的延续。
55 Voet 1980—1983，5：2335—2336。
56 奥波里努斯致 Konrad Hubert 的信，1544年8月12日；Steinmann 1969，119。

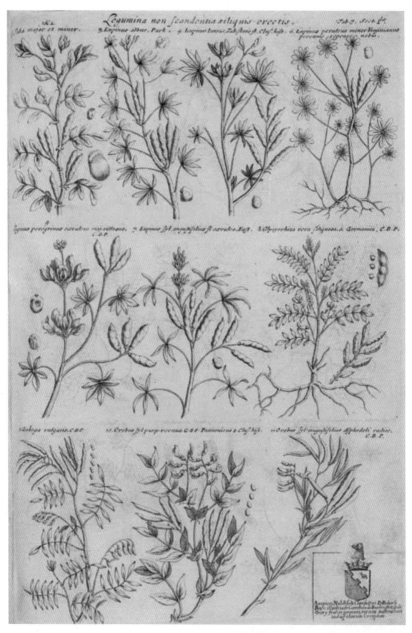

图 2.3 　由罗伯特·玻意耳订阅的植物雕版图版，右下角为其盾徽。来自罗伯特·莫里森，《牛津大学植物通志之二》（1680），tab. 7-2，局部，图版 36.7 cm × 24.6 cm。剑桥三一学院，Q.18.17。

　　　　　　　　　　　　　　　　　　　　　　为自然书籍制图

找到了异常详细的记录，他于 1561 年向皇室医师兼藏书家约翰内斯·克拉图·冯·克拉夫蒂姆（Johannes Crato von Krafftheim，1519—1585 年）转达了出版商克里斯托夫·弗罗绍尔告知他的格斯纳《动物史》彩色印本的报价（图 2.4）。[57] 大有益处的是乌尔西努还在此处给出了"白色"（white，即未着色的）印本的报价（表 2.2）。[58]

未着色印本的价格似乎和各卷所用的纸张数成正比，即每页约半芬尼，但彩色印本则是另外一回事。尽管我们在其他个别案例中所掌握的着色成本明细暗示其通常是通过图画的数量进行计算，但《动物史》中为图画上色所产生的附加成本并不是根据这个单位直接计算得出的。不过这也并不多么令人惊讶，毕竟《动物史》中的图画大小各异，从 25 cm×19 cm 左右至 1.5 cm×1.5 cm 左右不等。[59] 若是为《动物史》中最大及最小的版画上色要收取同样的费用，那自然是不合理的。确实，第四卷中的小型图画比前三卷多了很多，弗罗绍尔也一定找到了调整为较小尺寸图画着色的成本的办法，或许他忽略了最小的那些，抑或改为根据画家的工作时间计算价格。不过我们基本可以确定，一份彩色印本

60

---

[57] "印刷商弗罗绍尔在法兰克福有《动物史》和《图谱》的"白色"和着色印本。他草草写给我的报价如下：

未着色印本		着色印本
2 弗罗林	格斯纳的《动物史》	4 弗罗林
7 先令	卵生动物篇	1 弗罗林 10 先令
1 弗罗林 10 先令	鸟类篇	6 弗罗林
3 弗罗林	鱼类篇	7 弗罗林
7 先令	《动物史图谱》	彩色印本价格如上
10 先令	《鸟类图谱》	1 先令可以理解为 3 个十字硬币
1 弗罗林	《鱼类图谱》	

……格斯纳说那版的《动物史》还未计划面世。他告诉我《图谱》已经印刷了两次，第二版比第一版更大，也更有助益。彩色印本很漂亮，描述和图像也都清晰。这些印本是格斯纳指示了该如何上色的，在别处想要正确的着色几乎不可能。"乌尔西努致克拉图·冯·克拉夫蒂姆，1561 年 7 月 12 日；Becker 1892，85。亦见于 Weber 1981，22。

[58] 在中世纪纺织品术语里，"white scarlet"这一短语中的"white"表示"未经染色"，参见 Munro 1983，53。

[59] 数字通过测量 Gessner 1551—1558，3：510，4：571 得出。

（a）　　　　　　　　　　　　　（b）

图 2.4　格斯纳的 *psittacus erythrocianus* 插图的水彩画原稿（a），现藏于费利克斯·普拉特收藏馆，巴塞尔大学图书馆，MScr. K. I. 1，50r，局部。印刷版本（b）的着色看起来与原稿颇为接近。来自康拉德·格斯纳，《动物史》（1551—1558），3：690，局部，大主教马修·帕克（Matthew Parker，1504—1575）捐赠。剑桥大学图书馆，N*.1.20（A）。

的价格约为未着色印本的二至四倍。

　　1564 年 1 月，格斯纳的朋友阿基莱斯·普里米努斯·加塞尔（Achilles Priminus Gasser，1505—1577 年）求购一本《图谱》的彩色印本。[60]弗罗绍尔的回复由格斯纳转告：他的画家正忙于为其他大型书卷着色，剩余的所有彩色印本都储存于法兰克福，等到接下来的春季书展再将印本寄出会更为方便。[61]3 月，格斯纳传达了弗罗绍尔如今到了法兰克福，且想把《图谱》的彩色印本交于加塞尔的消息。[62]然而到了次月，格斯纳不得不转述

---

[60] 关于加塞尔与格斯纳的通信，见 Burmeister 1970–1975，3：196–312。

[61] 致加塞尔，1564 年 1 月 21 日，Gessner 1577，32r。

[62] 致加塞尔，1564 年 3 月 19 日，Gessner 1577，34r–v。

　　　　　　　　　　　　　　　　　　　　　　为自然书籍制图

表 2.2　康拉德·格斯纳的《动物史》之着色与未着色印本的价格 [1]

卷数	"白色"印本的价格	"白色"印本每张对开页的价格	彩色印本的价格	彩色印本每张对开页的价格	每份印本的额外着色费用	每幅插图的额外着色费用
卷一: 1153 张双开页与 82 幅插图	2 fl.	0.42 d.	4 fl.	0.83 d.	2 fl.	5.85 d.
卷二: 143 张双开页与 43 幅插图	7 s.	0.59 d.	1 fl. 10 s.	2.51 d.	1 fl. 3 s.	6.42 d.
卷三: 813 张双开页与 217 幅插图	1 fl. 10 s.	0.44 d.	6 fl.	1.77 d.	4 fl. 10 s.	4.98 d.
卷四: 1337 张双开页与 737 幅插图	3 fl.	0.54 d.	7 fl. 10 s.	1.35 d.	4 fl. 10 s.	1.47 d.

1. 每一页与每幅插图的价格根据 Wellisch 1975, 194-197 中的书目数据计算。更多着色相关案例, 见第三章。

一则令人失望的消息，那就是彩色印本已经全部售罄。[63]而且那时的弗罗绍尔似乎不愿意承索制作新的彩色印本。[64]8月，格斯纳又被弗罗绍尔告知，尽管他之前做出了承诺，可他的画家仍忙于其他项目，所以目前无法安排彩色印本的制作。[65]1564年11月6日，格斯纳终于可以宽慰地给加塞尔写信，希望他已经收到《动物史图谱》和《鸟类图谱》（*Icones Avium*）的彩色印本。[66]加塞尔的这些印本至今仍保存在梵蒂冈图书馆。[67]加塞尔曾于1565年1月在他《动物史图谱》的印本中记录下6个半金币的价格；这很可能还包括了《鸟类图谱》的费用，该印本上有加塞尔的签名但并没有单独的价格。[68]加塞尔的案例有效地为我们指出了以下重点：弗罗绍尔似乎雇用了一名由他监管其工作模式的画家，他略微低估了他所能售出的《图谱》彩印本数量，以及他不愿意承接需求制作彩色印本。我们既不清楚格斯纳的《动物史》或《图谱》的精确印数，也不知道弗罗绍尔投机性地制作了多少彩色印本，或者着色的原始成本（与价格相比）。因此我们无从得知弗罗绍尔通过为书籍上色所得的附加利润，不过这似乎是他认为值得小批生产来扩展市场的东西。我将会在下一章中对书籍着色的实践及其相关问题进行更深入的探讨。在此需要注意的是，一本印刷书的式样即使在其出版之后仍可能受到出版商核算的影响。

关于印刷本中是否应该包含图画，要放多少，用什么类型的图画，

---

[63] 致加塞尔，1564年4月28日，Gessner 1577，39v。

[64] 这可能与弗罗绍尔的画家习惯于每次上色一打印本有关。格斯纳致约翰·凯厄斯，1561年8月29；Gessner 1577，135r。

[65] 致加塞尔，1564年8月29日，Gessner 1577，37r。

[66] 致加塞尔，1564年11月6日；Gessner 1577，36r。格斯纳可能是在1564年10月20日将它们寄出的；出处同前，35v–36r。

[67] 记录于 Mazzini 1953，nos. 2670，2671。

[68] Mazzini 1953，2。关于加塞尔的藏书，见 Burmeister 1970—1975，1：121–129。从乌尔西努 1561年的信件中我们得知，对均印于1560年的《动物史图谱》和《鸟类图谱》的未上色印本，弗罗绍尔分别要价7先令和10先令。也就是说，加塞尔额外付了5弗罗林13先令。对加塞尔来说，这是一笔好买卖，因为《动物史图谱》和《鸟类图谱》合起来囊括了《动物史》卷一到卷三的图画，而购买《动物史》需要多付8弗罗林1先令。

皆取决于作为商人的出版商的各种计算与预期。事实上，我们难以彻底了解像《人体的构造》和《植物史论》这样附有华丽插图的自然学术书籍对于它们的出版商而言究竟怎样才切实可行。这些作品得以成功印刷的关键在于富克斯和维萨里都为出版做出了经济上的贡献。我们知道，富克斯因为他的出版物从图宾根大学获得了补充报酬。[69]维萨里也为《人体的构造》支付了纸张和木版的费用。[70]但这还不是全部。富克斯和维萨里还不得不克服诸多由复印及着色等实践带来的问题，下一章会对此进行探讨；他们还得设法掌控、保护他们的书籍，我将在第四章中对此进行详述。

---

[69] 这笔报酬为每年 15 弗罗林。Meyer 等人 1999，1：283–284。
[70] Vesalius 1998，1：lxii 的序言明确声明，图画是用维萨里自己的经费筹备的。普拉特的评价（1583 年）也暗示了图画归维萨里的后人所有，不过奥波里努斯的遗嘱表明，印刷商认为自己在图画上也应享有某些权利；Steinmann 1969，200–201。

第三章　复印与着色

63　　在上一章中，我论述了印刷图像的制作者为何极少是出版商或作者，以及出版商的成本核算如何影响着印刷本中图像的存在与否和质量高低。这些计算从而又对复印及着色等实践产生了影响，导致了两个看似相悖的趋势：复印引向的是印刷本之间图像的一致，而着色却给它们视觉上的外观带来了差异。复印意味着印刷本中的版画可能只是和其伴随的文本大致相关，着色实践暗示着印刷本中的木版画并不总是被期待为黑白两色。富克斯强烈反对通过对木版的反复使用制作而成的功能笼统的图像。他和维萨里的图像始终和伴随文本有着特定关联。不仅如此，对富克斯（某种程度上也对格斯纳）而言，着色对区分物种至关重要，因此他们是心里一边想着彩色图像，一边撰写文本的。这一章将会评估维萨里和富克斯对复印与着色的笼统实践的反对立场。

64　**复印**

　　鉴于印刷图像的制作工序和成本，尽可能地节省开支不失为明智之举。一个众所周知的方法是从其他书籍中复制图画。图画可从书中被剪下，贴至木版之上，再由木版切工进行刻制。这自然就节省了一幅原创图画以及将图画临摹至木版上的费用。这个做法同样适用于铜版，可形成一幅与原始图画反向的印记（图2.2），不过除非是左右位置会有所区别的个别情况，通常并无大碍。[1] 因此我们不必惊讶直至17世纪共有17部其他作品含有富克斯《植物史论》中的图像，维萨里的《人体的构造》（1543）和《人体的构造之摘要》（1543）里的图像也遭受了同样的命运，还一直流传至18世纪的日本。[2]

一旦木版被刻制完毕，便可以把它用在书中的不同位置，把它和其他木刻一起合并，或替换其中的一部分，做出变化，还可以用于不同的出版物。以上的所有策略均来源于15世纪。[3] 铜版亦可通过更换部分图像，并将其放置在新背景中的方式来延长寿命——比如把奥利弗·克伦威尔（Oliver Cromwell）人像的头部换成查理一世（Charles I）的。[4] 木版或铜版还可以被租借或售卖给其他印刷商，拉弗雷利和萨拉曼卡曾通过购买用于商业用途的二手印版积累了许多存货。[5] 此类交易的动机未必是想廉价地扩充存货，也可能是出于想要剔除竞争对手的目的，譬如普朗坦买下了威廉·西尔维厄斯（Willem Silvius）版本的弗朗切斯科·圭恰迪尼（Francesco Guicciardini）的著作《低地诸国全志》（*Descrittione di tutti I Paesi Bassi*）中的全部木版画，因为他正筹划着自己的版本。[6] 15或16世纪制作的木版和木版画也因此得以留存至17世纪。[7] 的确，用于富克斯的《植物史论》和维萨里的《人体的构造》的木版分别在18世纪的萨洛蒙·申茨（Salomon Schinz）的《植物知识指南》（*Anleitung zu*

---

① 维萨里的奇静脉案例是左右方向有着重要影响的一个案例。见 Cushign 1943，61，图45。
② Baumann 等人 2001，66（富克斯）；Cushing 1943，119–531（维萨里）；Sugita 1969。
③ Seelig 1995；Conway 1884，197–319（为此我要感谢 David McKitterick）；Driver 2004，35–75；Schmidt 2005，47–50。采用了所有这些策略的印刷商有 Johannes Grüninger，见 Kunze 1975，1：401–409；Herrlinger 1970，50–51；及 Hug 1504，XLv，XLIr，XLIv。
④ 关于此图版背后的极其复杂的故事，见 Layard 1922。其他范例，见同前 1907，39，46，图版 XII，XVI。
⑤ Witcombe 2004 17；Landau and Parshall 1994，304–305。
⑥ Bowen and Imhof 2008，196–205。
⑦ 对 Grüninger 的木版的精彩记述，见 Geeraedts 1980。

der *Pflanzenkenntniss*）和一本名为《首本最佳人体结构画谱》（*Des ersten, besten, Anatomici*）的艺术家手册中被再次使用。两组木版均保留至 20 世纪后才不幸佚失。[8]

所以说，同一位出版商将木版重复使用于不同书籍，租借或售卖给其他出版商，以及未经授权地从其他书籍中复制图画的行为都是十分普遍的。同时这也意味着，16 世纪时有很大比例的附图印刷本是共享图像的。在露丝·莫蒂默列出的书单中，16 世纪出版的 559 本意大利语附图书中约有四成与其他书籍共享图像，而 556 本法语书中则有三成左右。[9] 由此可见，在一般情况下，来自该时期的印刷本中的图画不一定是专为那本书特意设计制作的。

断定这些复制实践为印刷本独有且前所未有的行为，那就不免轻率了。线画在中世纪后期作为一种模型和母题被复制、重复用于不同的背景中。[10] 临摹早期绘画杰作也被视为画家训练的核心形式。[11] 诸如蒂托·乔瓦尼（Tito Giovanni，1518—1582 年）的一些作者通过援引维特鲁威为此实践辩护，后者曾提及工匠们复制建筑装饰早期模范（《建筑十书》[*De Architectura*]，4.2.2）的情况。[12] 这些临摹实践导致了绘画形式上的趋同，随之也暗示了印刷本中的图画在大多数时候和它们相邻的文本（图 3.1）只是在大体上相关，其间的关联并没有特殊性。[13] 尽管这些重复的图像在经过上色之后会看起来不太一样，但对于木版画的反复使用是富克斯强烈反对的，第五章将对此进行详述。

---

[8] 富克斯的木版，见 Baumann 等人 2001，162–165，及 Schinz 1774，7–8；关于《人体的构造》所用的木版，见 Cushing 1943，97–109。维萨里的木版在二战时期被毁。用于马蒂奥利的植物志的现存（近期售出）木版，见 *The Mattioli Woodblocks*。

[9] 数据整理自 Mortimer 1964 和 1974 中尤为有益的索引。

[10] Rothstein 1990，111–117；Ott 1999，192；Kathleen Scott 1989；Alexander 1992，52–71，121–149。关于模板书籍的各种功能，见 Scheller1995。

[11] Martin Wackernagel 1981，317，335–336。

[12] Giovanni 1556，128–129，亦见于 Mortimer 1974，1：303。

[13] 亦见于 Rothstein 1990；Luborsky 1987。

图 3.1 对特洛伊城与拉文纳城的描绘使用的是相同的木版画。来自哈特曼·舍德尔，《编年史》(1493)，fols. XXVIr and CXLIIr，局部。剑桥三一学院，VI.17.6。

不过富克斯并非第一位坚持主张印刷本中的图文之间应当具备特殊关联的作者。将泰伦提乌斯（Terence）的《阉奴》（*Eunuchus*）译成德语的译者汉斯·奈德哈特（Hans Neidhart），似乎成功说服了本有倾向重复使用他的木版画的印刷商康拉德·丁克穆特（Conrad Dinckmut）在每一幕前都添加了剧场场景，使得所有的剧中人物（有台词的角色排在前列）都得到了呈现，且每个角色在整本书中都可以通过专门的特征和服装被辨认出来。[14] 在一个稍晚的案例中，出版商成了意识到图文关系需具备特殊性的那一方。约翰内斯·奥波里努斯在印刷了维萨里的《人体的构造》之后，称他宁愿推迟出版、产生更多费用，也不愿重复尼古劳斯·格贝柳思（Nicolaus Gerbelius）版本的索菲亚诺思（Sophianos）的《论述希腊》（*In Descriptionem Graecae*）中的希腊城市插图，他认为学生更愿意相信没有被重复用过的插图为"真实的"（versa），也就更有可能会买这本书。[15] 与舍德尔在《编年史》（*Liber Cronicarum*；图 3.1）中重复使用相同的城市木版画不同，五十年后的奥波里努斯在对希腊城市的历史性描述上，认为插图必须针对其所讨论的事物。尽管木版画的重复使用多出于节省费用的动机，但就维萨里而言，他特意对同一幅木版画进行了再利用，以便指出所呈现结构中的不同部分——而不是在展现不同物体时重复使用同一幅木版画。[16]

逆行于复制的潮流，部分出版商意识到，若想要让附图书籍吸引消费者，图画的质量必须得到保证，或至少得宣称在图画上尽心尽力、花费不菲。将马蒂奥利的《药物论》评注译成法语的译者让·德穆兰（Jean de Moulins）称出版商纪尧姆·鲁耶（Guillaume Rouillé）没有为追逐利益而仓促

---

[14] "Du vindest auch ain yede person in ainer yeden gur. Wa si in disem buch gebraucht wirt. glych ain mal als das annder. Vnd an ainem end als der anndern. mit gewand vnd gestalt. da mit ain yede person vnderschaidenlich aus den anndern erkennt mag werden." Terence 1970—1972, 1：［avij］v。关于奈德哈特在图像内容的引导中扮演的角色，出处同前，2：34–35。

[15] 1545 年 1 月 2 日，约翰内斯·奥波里努斯致 Konrad Hubert，见 Steinmann 1969，119-120。关于作者在插图上向奥波里努斯的致谢，见 Gerbelius 1545，A4r。

[16] Vesalius 1543a，23，38 和 48；24 与 48；36 与 47；14 与 67；277 与 369。

为自然书籍制图

出版，为制作出美观自然（*naïf*）的图片来展现自然事物而无所保留地投入了财力、人力与时间，从而深深打动了读者。[17] 出版商究竟是否劳心费钱不是重点，重点在于出版商认为有必要做出这些声明来吸引消费者。[18]

将该时期的图像复制视为令人失望且缺乏新意的实践则是误入歧途了。正如中世纪的手抄本装饰可以借鉴镶板绘画或其他装饰一样，印刷本中的图画同样能够从图案书、草稿、当地教堂的木雕，甚至其他印刷本等可利用的本地图像中汲取灵感。[19] 反之，印刷本的图画还曾为其他艺术作品提供了模型：众所周知，苏格兰女王玛丽一世（Mary Queen of Scots，1542—1587 年）拥有以格斯纳木版画（图 3.2）为原型的一些动物图案的刺绣。[20] 哈德威克的伯爵夫人贝丝（Bess of Hardwick，1527—1608 年）以马蒂奥利的《药物论》评注中的图画为原型制作了植物刺绣。[21] 根据雕版画提供的图案绣出自然物件，直到 17 世纪都是一种流行的消遣。[22] 部分带有图画的玻璃制品、挂毯、金属制品和油画也是以印刷书籍中的图像为模型的。[23] 雕版画还被用来散播名画的模型与设计。[24] 可见，印刷图像是相对主流的视觉文化中的一部分。即使在富克斯的《植物史论》中，大多数植物木版画看似都是被全新创作出来的，我们仍可注意到其中一幅插图和布伦费尔斯的《活植物图谱》中的一幅木版画（图 3.3）惊人地相似[25]。我们应当认识到，

69

---

[17] Mattioli（1572），†4r。参见常被归为 Jacques Dalechamps 作品的鲁耶的 *Historia Generalis Plantarum*，以及书中木版画的修改部分。

[18] 这种"信用积累"不仅限于图绘内容，见 Pabel 2005 中伊拉斯谟和弗罗本的例子。

[19] Alexander 1992，121–149；Lilli Fischel 1963，52–62；Lehmann–Haupt 1929，128–148。

[20] Bath 2008，69–112，111（猫）；关于格斯纳图像的传播，另见 Acheson 2010。我要感谢 Michael Hunter 让我注意到了后者。

[21] Nevinson 1975。关于欧洲大陆印刷品作为哈德威克厅的装饰品，见 Wells–Cole 1997，247–296；我要感谢 David McKitterick 让我注意到了这一作品。

[22] Griffiths 1998，133–143；关于中世纪时期的范例，见 Scheller 1995，267–271。

[23] 关于使用 *Biblia Pauperum* 图案的彩绘玻璃窗，见 Henry 1987，36–37；以及使用 *Hortulus Animae* 中图案的玻璃窗，Massing 1984，232–233。亦见图 7.7。

[24] Landau and Parshall 1994，120–146；Pon 2004，86–94，113–118；Riggs and Silver 1993，1–45。

[25] 见于 Church 1919，238–239。

（a）   （b）

图 3.2 （a）猫刺绣，苏格兰女王玛丽一世作，约 1569—1584 年，29.5 cm × 29.5 cm。这只猫以格斯纳的《动物史》或《动物史图谱》中的木版画为原型，不过猫的尾巴被一定程度地加长了，旁边还多了一只老鼠。RCIN 28224，皇家收藏 ©2011 伊丽莎白女王二世保留所有权利。（b）来自康拉德·格斯纳，《动物史图谱》（1560），28，局部。剑桥大学图书馆，M.13.31；曾由某位 Francis Wythens 收藏，可能是生于 1704 年的法官兼政治家。

（a）   （b）

68   图 3.3 尽管图像左右颠倒且茎的部分变粗了，但是花、花蕾、叶子的大致位置，互相缠绕的茎，以及富克斯版画左下角的短茎等细节说明，富克斯《植物史论》中的 *Nymphea candida*（a）无疑是建立在汉斯·魏迪茨为布伦费尔斯的《活植物图谱》所作的图像（b）之上的。（a）来自莱昂哈特·富克斯，《植物史论》（1542），535，木版画 30.1 cm × 19.5 cm；（b）来自奥托·布伦费尔斯，《活植物图谱》，1（1530），d3r，木版画 25.8 cm × 16.5 cm。剑桥大学图书馆（a）N*.1.24（A）；（b）CCA.47.26。

这个时期的印刷本图画不必每次都从对实际物体的直接观察出发重新创作。[26] 尽管他们自己的木版画很快成为了更广泛的视觉文化的一部分，但维萨里和富克斯试图反抗图像滥用的趋势，发展出图像与自然研究之间的特殊关系，这也迫使他们不得不承担起额外的开支。

着色

据艾文斯所说，图画印刷的重要性，在于它史无前例地使得"完全重复的绘画陈述"成为可能。[27] 不过这一看法需要被谨慎对待，因为并非所有出自同一版本或书刊的印本都会看上去完全一样。部分出版商以及附图书籍的购买者想要改变，且通常会通过彩纸、彩色印刷油墨或手绘上色的途径达到这个目的。[28] 1572 年版费德里科·科曼迪诺（Federico Commandino，1509—1575 年）为欧几里得《几何原本》所作的评注的部分印本就是印刷在蓝色纸张（图 3.4）上的，马蒂奥利的《药物论》评注的部分印本也是如此。[29] 在蓝纸上印刷似乎一直以来都是意大利特有的做法，在希伯来语书籍中较为常见。[30] 红色油墨常用于印刷法律书籍、年鉴、礼拜仪式类或其他书籍（图 3.5）中的文本或符号。[31] 较为特殊的是，埃哈德·拉特多尔特在他翻版的欧几里得《几何原本》的献词部分（已知至少有七册印本）使用了金色油墨（图 3.6）。[32] 孔版印刷（stenciling）是拉特多尔特等人（图 3.7）使用的另一种技术，它很可能加快了简易色彩的上色过程，不过这或许也反映了印刷商们想要将着色

---

[26] 关于印刷书籍图像的折中主义，见 McKitterick 2003，53–66 和 Kusukawa 2010。

[27] Ivins 1953，2。对印刷商"固定了"文本的看法的持续攻击，见 Johns 1999。

[28] Wendland 1980，13–16。

[29] Mortimer 1974，1：247–248；马蒂奥利的印本被记录于 Weiss 1959，31 和 Seipel 2006，58–59。

[30] Weiss 1959 和 Hill 1995。我要感谢 Liba Taub 让我关注到了 Hill 的作品。

[31] 关于红色油墨印刷，见 Scholderer 1958 和 1959。

[32] Carter 等人 1982。关于彩色印本的信息来自 ISTC：http://www.bl.uk/catalogues/istc/。

图 3.4　印刷在蓝色纸张上的几何图形：科曼迪诺对欧几里得《几何原本》（1572 年）的评注，27v。剑桥大学图书馆，F.157.a.2.1。

图 3.5　用红色与黑色油墨印刷的养生主题的书籍，此处对红酒的价值作了阐述。来自伊本·巴特兰，《健康全书》（1531），92–93，由约翰内斯·肖特印刷。剑桥大学图书馆，N*.7。

为自然书籍制图

图 3.6 欧几里得《几何原本》（1482 年）的序言，由埃哈德·拉特多尔特用金色油墨印刷。版权归大英图书馆董事会所有，C.2.c.1。

图 3.7 约翰内斯·德萨克罗博思科（Johannes de Sacrobosco）的著作《天球论》（*Sphaera Mundi*）的拉特多尔特版本（1485 年），S3r，局部，孔版上色，伦敦惠康图书馆。

标准化的想法。[33] 彩色木版（图 3.8）偶尔也会被使用，不过较之于手绘上色，它的竞争力十分有限。[34] 明暗印刷法（chiaroscuro printing），即将带有不同色调和轮廓的木版进行叠印的技术，发明于 16 世纪初期，不过除了胡贝特·霍尔齐厄斯（Hubertus Goltzius）的《真实皇帝画像集》（*Vivae Imperatorum Imagines*；图 3.9）以外，极少被用于书籍图画之中。[35] 事实上，彩色印刷直至 19 世纪才真正普及。[36] 近世的印刷商们最常用的着色方式为手绘上色。来自 15 世纪的出版商兼彩饰员安托万·韦拉尔德（Antoine Vérard）制作了附有华丽彩绘插图的牛皮纸印刷本。[37] 此类印本的初衷就是要在视觉和触感上能和彩绘手抄本差不多，而它们同时也印证了手抄本经久不衰的美学价值。[38] 维萨里献给查理五世的《人体的构造》印本拥有极为丰富的彩绘插图，而剑桥大学图书馆现藏的一册《人体的构造之摘要》的彩色印本很有可能也曾是一份献礼（图 3.10）。[39]

然而，着色华丽的学术书籍的市场在 15 世纪时无疑是局限的，印刷商林哈特·霍莱（Lienhart Holle）在出版托勒密的《宇宙志》（*Cosmographia*，1482 年）时便意识到了这一点，他出版的每一册都着色精美（图 3.11），导致他很快便负债，并于次年停止了印刷。[40] 单次印刷的所有印本都为全彩的情况于近世从未成为主流，不过一些出版商

---

[33] Dackerman 2002，66–68；König 1991，158。关于 16 世纪早期巴黎人在 *Cronica Cronicarum*（1521 年）和 *Registre des Ans*（1532 年）的部分印本中对孔版的使用，可见于 Levis 1917，215。

[34] 关于肖特的 *Geographia* 的更多例子，见 Woodward 2007，594 以及图版 15。

[35] Bialler 1992，30–34；Dackerman 2002，68–72；Pelc 2002，73–75，no.77；Bowen and Imhof 2008，193；Voet 1969—1972，2，图版 45–47。胡贝特的某位同辈表亲的儿子是 Hendrick Goltzius，关于此人，见 Leeflant 等人 2003。我要感谢 David McKitterick 把我的注意力引向了这部作品。

[36] Gascoigne 1997，21–73。关于后期发展，见 Rodari 1996。

[37] 范例见 Winn 1997。

[38] 见 Alexander 1994，163–208 中的范例。关于印刷在牛皮纸上的书籍目录，见 Alston and Hill 1996 和 Praet 1822—1828。

[39] 给查理五世的献本，见 Hook and Norman 1991，1：208–214。

[40] 关于霍莱的资金崩溃，见 Tedeschi 1991。

图 3.8　用木版上色的洛林地区地图。来自托勒密，《地理学》(1531)。在这份印本中，红色的木版没有对准黑色的轮廓。巴伐利亚国立图书馆，慕尼黑，Rar. 881。

图 3.9　用明暗印刷法印刷的查理五世肖像。蚀刻版画，部分细节为手绘上色。来自胡贝特·霍尔齐厄斯，《真实皇帝画像集》(1557)，Cc2r，局部，木版画，直径 17.8 cm。剑桥大学图书馆，Q.8.29。

十分清楚，购书市场中的部分买家会为彩本所吸引。威尼斯出版商温琴佐·瓦尔格里西（Vincenzo Valgrisi）在特殊纸张上印刷了 25 册马蒂奥利于 1585 年对迪奥科里斯的评注并为它们上了色，不过我们不知道这占据了总印量的多大比例。[41] 这恐怕是个很难判断的市场，就像上一章中所讨论的弗罗绍尔，他就略微低估了自己所能卖出的《动物史》彩色印本。

　　该时期的书籍着色是由出版商或购买者安排的。出版商既为个别买家定制彩色印本，也为未确定的买家制作"推测性"印本。[42] 对韦拉尔德而言，初始木版画在定制的彩绘面前就显得无关紧要了，因为它们会被适合特定赞助人的绘画覆盖。[43] 这种出版物往往价格不菲，不过一些针对高端市场的推测性印本也可能同等昂贵。例如勃兰登堡选帝侯的医

---

④ Mortimer 1974，2：434。本人未见过 1585 年的版本。

② Lilian Armstrong 1991，200–201。

④ Winn 2009。

师塞韦林努斯·格贝柳思（Severinus Gobelius）曾向普朗坦寻购一本由洛贝尔撰写的《灌木植物图谱》（*Plantarum seu Stirpium Icones*）的彩色印本。[44] 普朗坦回复道，这本图谱的彩印本暂时没货，制作一本需要至少三个月的时间。不过，他提出愿意出售三本已完成上色的洛贝尔《植物书》中的其中一本，这本荷兰语植物志包含的图画与《灌木植物图谱》相同。普朗坦对为 2100 幅插图着色的要价为每幅 1 斯图弗，总花费比原书 8 弗罗林（未装订）的价格多了 105 弗罗林，超出原价十倍有余。[45] 针对没那么富有的潜在购书者的彩印本则略便宜些：弗罗绍尔为格斯纳《动物史》的彩色印本定价为未着色印本价格的二至四倍（彩本四卷套的价格为 19 弗罗林，而未着色的是 6 弗罗林 17 先令）。[46] 为迎合购买能力不同的买家，装饰和着色也可有所变化：西格蒙德·法伊尔阿本德（Sigmund Feyerabend）出售的《圣经》彩印本的价格从 8 到 10 弗罗林不等（未着色印本的售价为 3 弗罗林）。[47]

在 16 世纪由出版商安排着色的情况下，会有一本原始本（master copy）被用来指导，或许监管着色工序。格斯纳曾在《动物史》的首卷序言中提到，有意愿出价更高的买家，可以考虑购买印刷商弗罗绍尔那儿的几本由画家依照原始本（*ad archetypum*）上色的印本。[48] 据格斯纳所述，这位常驻画家（我们不知道他的名字）会漫不经心地一次性给一打

---

[44] Voet 1980—1983, 3: 1415–1416。

[45] Nave and Imhof 193, 122；Voet 1969—1972, 2: 243。洛贝尔的《植物书》彩色印本现存于帕拉丁 - 莫瑞图斯博物馆；Nave and Imhof 1993, 64–65。一本《艾希施泰特花园》（1613 年）的彩色印本的价格为 500 弗罗林，而一本未着色印本的价格为 38 或 48 弗罗林，不过彩色印本是否为定制，尚不清楚，参见 Barker 1994, 17。

[46] 见第二章。该价格与我们对舍德尔《编年史》的了解相一致：在 595 本未售出的印本中，14 本为经过上色与装订的，它们的价值被定在至少每本 6 基尔德；一本经装订却未上色的版本为 3 基尔德左右，装订的价格约为 1 基尔德。Wilson 1976, 237。

[47] 关于装饰的"等级"，见 Lilian Armstrong 1991, 180–189 和 Winn 1997, 31–32。关于法伊尔阿本德的《圣经》，见 Pallmann 1884, 7, 17–31。

[48] Gessner 1551—1518, 1: γ1 v。亦见他出售的一本类似的关于宝石和矿物的书籍印本，Gessner 1565, Aa7v。

图 3.10　安德烈·维萨里《人体的构造之摘要》（1543 年）的着色版封面图，纸本。剑桥
大学图书馆，CCF.46.36。

图 3.11　来自托勒密《宇宙志》（1482 年）的一幅着色华丽的意大利地图，造成了印刷商林哈特·霍莱的财政崩溃。原地图为 36.6 cm × 56.2 cm，被缩至 52 cm 宽。三一学院图书馆，Grylls 2.195。

或更多的印本上色，这似乎暗示了我们原始本的作用本就是为了加快着色工作。[49] 费利克斯·普拉特拥有格斯纳《动物史》中的部分鸟类图原画（图 2.4），它们很可能来自弗罗绍尔手中为其他彩色印本提供参照的原始本。[50] 尽管色彩在物种的叙述中是一个重要组成部分，但格斯纳的态度很悲观，他认为彩色印本没法起到多大作用，因为在利欲熏心的印刷商手中，上色既马虎又敷衍。[51] 除非是知名彩绘师，我们难以确定究竟

---

[49] Gessner 1577，135r。

[50] 汉斯·魏迪茨所绘的水彩画原稿，除构成了普拉特植物史的一部分以外，还很可能是基尤皇家植物园图书馆所藏的奥托·布伦费尔斯的《活植物图谱》（1530 年）印本在着色方面所效仿的对象。Sprague 1928，36 和附在基尤图书馆所藏的布伦费尔斯书籍印本上的 Sprague 的信（致 Agnes Arber），Pre–Linn–B。参见 Arber 1990，317–318。

[51] 格斯纳致约翰内斯·克拉图·冯·克拉夫蒂姆，1564 年 3 月 26 日。Gessner 1577，22r。

为自然书籍制图

是谁为出版商完成了印刷本的着色。[52]彼得·德拉克斯（Peter Draeckx）和米因肯·莱夫林克（Mijncken Liefrinck；安特卫普书商汉斯·利夫林克一世［Hans Liefrinck I］之女）都为普朗坦的地图上过色。[53]我们还知道普朗坦曾雇用另外两位女性为他的植物集上色。[54]

书籍的着色还可由购买者自行安排（图 3.12）。许多威尼斯贵族在购买阿尔丁的书籍时，用类似他们法律文书上的彩绘风格来装饰自己的书籍。[55]这些手绘印刷本的出版无疑受到了当地手抄本彩绘传统的优势和特点的影响。[56]事实也确实如此，装饰上的变化帮助了历史学家们理解《古腾堡圣经》等早期印刷本的传播，因为这些印本往往到了目的地后才进行装饰。[57]在纽伦堡，贵族学者维利巴尔德·皮克海默（Willibald Pirckheimer，1470—1530 年）在装饰自己的书籍时，从当地艺术家中汲取的灵感不下于丢勒。[58]而另一位贵族安东·图赫尔请了汉斯·施普林金克莱（Hans Springinklee，约 1495—1540 年）为科贝格出版的《灵魂花园》（*Hortulus Animae*）中的 61 幅插图上色，并支付了其 5 弗罗林作为报酬（原书价格为 2 弗罗林），施普林金克莱还和埃哈德·朔恩（Erhard Schön）一同设计了这本书的木版画原图。[59]部分作者考虑到潜在读者自行上色的可能性，还试图给出提示：斯特凡·弗里多林（Stephan Fridolin）的《救赎的财富》（*Schatzbehalter der wahren Reichtümer des*

---

52 部分早期印刷品的手绘着色很可能是一种交易，参见 McKitterick 2003，63。

53 我们不清楚米因肯是否自己完成了上色工作；Voet 1969—1972，2：242。关于莱夫林克家族的印刷出版生意，见 Landau and Parshall 1994，220-223

54 Arber 1990，317-318。

55 Szépe 1998。

56 Lilian Armstrong 1994，38-41。

57 König 1983。关于此研究方法大体上的有效性，另见 König 1987。利用光谱学得到的最新发现，见 Chaplin 等人 2005。

58 Rosenthal 1928 和 1930。

59 Loose 1877，155n3。关于施普林金克莱为《灵魂花园》所作的图像，见 Oldenbourg 1972，121-129。

图 3.12　这本由彼得·舍费尔于 1470 年在美因茨印刷的哲罗姆《书信集》(*Epistolae*) 五年后才被装饰，如 49v 所示："Laszarus de Andlou，彩绘师 1475 年。"剑桥三一学院，Grylls 2.183。

Heils，1491 年）为读者提供了上色指南；[60] 乌尔里希·鲁莱茵·冯·卡尔贝（Ulrich Rülein von Kalbe）的《矿山手册》(*Bergbüchlein*) 在图画上印出了用于引导上色的首字母——比如"b"代表蓝色（*blau*）。[61] 不过根据这些书籍的现存印本来看，并非所有买家都遵循了指示。

　　在某些特定情况下，颜色不是按照喜好便可随意添加的，还须配合原始构图。例如在一些早期的祈祷类版画中，只有在血流被填色后，图像才得以完整。[62] 早期印刷本中的首字母和段落标记需要手绘添加，[63] 人们认为其木版画的简易轮廓也是为了方便上色。[64] 相比多东斯的《五乘以

[60] Fridolin 1491, hiiir, 亦见于 Kunze 1975，1：367。我要感谢 Kristian Jensen 在《救赎的财富》的彩色印本方面的指教。

[61] Kunze 1993，1：128。我已查阅了大英图书馆所藏的 1533 年版本，1506/670，Bergbuchlein，25v–26r（上色指南）。

[62] Dackerman 2002，87–89。Field 2005，21。

[63] Bühler 1960，74；Klemperer 1927，tab.1。

[64] 轮廓简易以便上色的早期木版画，见 Parshall 等人 2005，20。

六：三十本植物史》（*Stirpium historiae pemptades sex sive libri XXX*；图 3.13）中的木版画，富克斯《植物史论》中的植物木版画明暗差异极少，这暗示着它们本就需要被着色——查尔斯·帕鲁密尔（Charles Plumier） 78 后来也指出了这一点（他曾以富克斯的名字将一种南美植物"倒挂金钟"命名为"fuchsia"）。[65]

在医药领域中，颜色自古以来就是诊断中不可或缺的一部分；希波克拉底派的著者们和盖伦等人都曾利用颜色的不同来判断各种人体状况。[66] 颜色对于分类而言同样不可或缺。富克斯常常提及植物的色彩变化，他的"三种 *lamium*［野芝麻属］"木版画（图 6.2）只有在着色之后才有意义。再就《动物史》而言，色彩可以把通用的图像变得有针对 79 性，因为颜色可以消除物种之间的歧义（图 5.8）。

然而正如艺术史家们所指出的那样，色彩感知的历史进程被种种问题困扰。[67] 首先，由于颜料和原料的不稳定性，想要从得以幸存的人工制品中测定颜色并非易事。[68] 留存至今的 162 本富克斯《植物史论》（1542年）印本中，有 54 本为彩本，但经鉴定，目前只有寥寥几本是按照现存于维也纳的原始绘画的方案上色的。[69] 书籍还可能是在出版后由后期的书主上的色（例如热衷于植物书籍的收藏家约瑟夫·班克斯［Joseph Banks，1743—1820 年］就曾给书籍上色），想要在这种情况下为着色断代则是难上加难。[70] 想要鉴别经过部分着色的印本是否为当时的产物也很困难，且如果是这样的话，它们是否代表了书主等人未完成的着色尝试

---

[65] Plumier 1693，ãiij v。

[66] Bradley 2009，130–137。

[67] Gage 1993 对颜色在历史和文化上的理解的复杂性，作了具有决定性的论证。

[68] 关于文艺复兴时期的绘画，见 Hall 1992。

[69] Meyer 等人 1999，1：120，633。

[70] 参见班克斯藏（大英图书馆，450.h.2）的富克斯著作 *Neu Kreutterbuch*（1543 年）。关于《艾希施泰特花园》的后期上色，见 Barker 1994，43–48。科学色素分析可帮助确定着色的年代。

（a）　　　　　　　　　　　　　（b）

图 3.13　蓝伯特·多东斯的 *polygonatum* 木版画（a）有许多阴影，而富克斯的 *polygonatum latifolium* 的图像（b）没有一点阴影。（a）来自蓝伯特·多东斯，《五乘以六：三十本植物史》（1583），343，局部，木版画 13 cm × 7 cm；（b）来自莱昂哈特·富克斯，《植物史论》（1542），585，木版画，约 33 cm × 21 cm。剑桥大学图书馆，（a）Adams.3.58 and（b）N*.1.24（A）。

也不得而知。[71]形式多变的着色实践为给彩色印本断代或归类增加了难度。这意味着我们如今若想从现存的彩色印本中判断出当时读者对色彩的领会力，可发挥的余地实在有限。

　　第二点，也是更为重要的一点，由于色彩感知中的主观因素、对颜色定义的困难以及古典文学中令人眼花缭乱的色彩词汇，色彩术语远远

---

⑦ 部分经过上色的马蒂奥利著作印本，见 Cambridge University Library，N*.7.（B）；Mckitterick 2003，68。

　　　　　　　　　　　　　　　　　　　　　　为自然书籍制图

没有被标准化。[72]尽管富克斯认为他有必要解释他描述植物部位时所用的"高深"词汇，例如在《植物史论》开头解释了 *acus*［谷壳］、*corymbus*［伞房花序］和 *scapus*［花葶］，他似乎不觉得有必要定义他提及的颜色。[73]就好像他预期他的读者们能够读懂拉丁文和希腊文，且接受过大学教育一样，他很可能还认为他们会知道 *flavus*［黄色］和 *rubeus*［红色］之间的区别。[74]这或许也不算过分，尤其对医学生们而言，他们可能早已学过古代医学中的色彩词汇，其中绝大部分还和日常物品有关，例如"小扁豆色"。[75]他们可能还得益于某些教科书，例如在约多库斯·维利希（Jodocus Willich，1501—1552 年）撰写的《尿液检查》（*Urinarum Probationes*）中，尿液的不同颜色对于不同疾病的诊断起到了重要作用。[76]维利希相信他的学生读者们能够把正确的颜色填入教科书中的尿液烧瓶里，但他仍旧为明确各色彩术语付出了努力。在形容表示人体状态基本健康的尿色时，他用了几个拉丁文词汇——*aurea*［金黄色］、*rufa*［黄褐色］、*fulva*［暗黄色］，并且用德语补充道："最漂亮的金色；匈牙利达克特币上的黄色。"[77]尽管很大程度上取决于患者的年龄、面色以及尿液中沉淀物的种类，较深的黄色尿液也可能是好迹象，维利希形容这种颜色为 *subrufa*［深黄褐色］、*subfulva*［深黄色］、*subaurea*［暗金黄色］，以及"莱茵金币（Rhenish gold）的黄色"。[78]为区分黄色的深浅，维利希提及了匈牙利

---

[72] 此处我遵循的是 Gage 1993，29–36、79–96。关于布伦费尔斯、博克和富克斯的著作的德语版本中的色彩术语究竟代表了哪种颜色，人们极少达成共识，见 Seidensticker 2010。我要感谢 Christine Salazar 让我关注到了这部作品。

[73] Fuchs 1542，β3r–β4v，译文出自 Meyer 等人 1999，1：220–259。富克斯的色彩术语相对标准，例如 *rubrus*，*purpureus*，*puniceus*，*rosaceus*，*croceus*，*luteus*，*caeruleus*，*albus*，*candidus*，*virides*。

[74] Gage 1993，80。熟悉 Aulus Gellius 的 *Attic Nights*（2.26）可能也对文艺复兴时期的读者起到了帮助。关于此文本，见 Bradley 2009，229–233。

[75] Bradley 2009，132。

[76] Willich 1582，8。

[77] 出处同上，104。

[78] 出处同上，103。

达克特币或莱茵金币等即便不是每个学生都见过，但至少是流通广泛的物品。虽然这样的参照物或许有些随意，对于现代鉴赏而言比较特别，但它们无疑为医学生们掌握专业必需的色彩术语起到了帮助，而像富克斯这样的作者大概很有把握他的读者曾接受过大量这方面的培训。

由出版商提供的手绘上色的印刷本不仅价格昂贵而且缺乏准确性，而由读者自行想象补充的色彩也同样冒着不可靠的风险。不过在那些色彩对其作品非常重要的 16 世纪作者中，极少有人有过全然放弃着色的想法。似乎这些作者都认为读者们能够像理解拉丁语和希腊语一样明白这些色彩术语的含义。

在印刷书籍中标示色彩的另一种方式直至 17 世纪初期才得以浮现，当时开始有了用黑白色标示纹章色彩（heraldic colour）的惯例，但即便是与纹章学相关的文献作品也没有系统地运用过这个方法。[79] 法国科学院的德尼·多达尔（Denis Dodart，1634—1707 年）称他的《植物史记》（*Mémoires pour servir à l'Histoire des Plantes*，1676 年）中的铜版画所实现的层次变化可以成为彩色印刷的替代品。[80] 他的 *polygonatum vulgare* 图像和富克斯的 *polygonatum latifolium* 形成了鲜明的对比（图 3.14），但这是否为读者带来了等同的体验尚无定论。其实阿尔布雷希特·丢勒早就萌生了这样一种想法，即版画无须上色便可成为独立自足的艺术品，而不仅仅是名画的廉价复制品，我们只要想到这一点，便会感到用黑白代替色彩的手段的姗姗来迟实在令人震惊。[81] 虽然丢勒胸怀此般抱负，但我们知道他的版画在 16 世纪仍常常经过着色，且很有可能是由书主补充的。[82] 这暗示着丢勒的观众们仍未准备好让黑白的印刷惯例取代鲜艳的色彩。确实，弗罗绍尔用"白色"一词来形容未被上色的《动物史》印本

---

[79] Gage 1993，80–82。关于用雕刻的线条来代表颜色的惯例，见 Petrasancta 1634，313–314。这一惯例直到 Gullim 的 *A Display of Heraldrie* 的 1679 年版本才出现。

[80] Dodart 1676，7。

[81] Landau and Parshall 1994，310–315。

[82] Hahn 等人 2004。

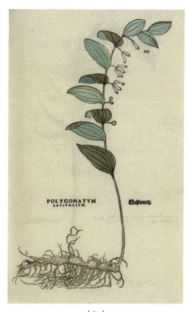

（a）　　　　　　　　　　　　　　（b）

图 3.14　德尼·多达尔的 *polygonatum vulgare* 雕版画（a，右株）阴影很深。莱昂哈特·富克斯的 *polygonatum latifolium* 彩色木版画（b）所带来的视觉体验无疑与前者不同。（a）来自德尼·多达尔，《植物史记》（1676），114，40.5 cm × 30.5 cm；（b）来自富克斯，《植物史论》（1542），585，木版画，约 33 cm × 21 cm。剑桥大学图书馆，（a）Rel.Aa.67.4，（b）Sel.2.81。

（如上一章所述），或许暗示了印刷商、作者及读者对印刷本中的黑白图像能更艳丽的期待。

　　尽管手绘上色向来需要额外的财力和精力，但它在 16 世纪似乎仍不失为给印刷书籍的图像上色的一种可行选择。这也许也说明了为何除去进献印本以外，维萨里到头来仍对自己作品的上色问题保持乐观："如果能将所有印本中的图表都一一用颜色作上标记就太好了，那样就能轻松地把膜和肉的部分区分开来，只是部分人会觉得成本过高。"[83]

　　我将在第二和第三部分中讨论富克斯和维萨里如何在各自的自然研

---

[83]　Vesalius 1998—，2：22。

究中利用图像进行详细论证，从这层意义上来说，他们对图像的使用是与当时从别处复制图画的潮流背道而驰的。这解释了为何他们需要负担新木版画制作的费用。而着色又是必要的——相比维萨里，对富克斯和格斯纳或许更甚——它维系着图像在物种描述上的特定功能。他们期待读者能利用其教育资源或手绘为印本上色，他们的作品也正是为这样的读者而写的。因此，作为作者的富克斯和维萨里认为更有必要在图像特定功能的创作上加大精力和金钱的投入，于是这也成为了他们与自然相关的视觉论证中的关键。鉴于自己的投入，他们感到应该把各自的著作成果保护起来，让其免遭印刷机接连不断的复印，下一章将对此进行探讨。

为自然书籍制图

第四章 管控

富克斯在《植物史论》的封面页底部洋洋得意地附上了以下声明：

此外，如此前公布于众的特许所示，由战无不胜的查理皇帝规定并警告，任何人在其他地方印刷本书关于植物史的评论都必将受到惩罚。[1]

在《人体的构造》封面页的相似位置，维萨里如此写道：

承蒙法兰克国王陛下和威尼斯元老院颁布的文件所载的恩典与特许。[2]

以上文字表示，这两本书受到某种特许，或者说法律文书的保护。如前文所述，附有图画的印刷书籍需要大量的资金投入，其市场及分销部署既复杂又不稳定，利润回报可能来得很慢，而普遍的复印行为又对

---

[1] Meyer 等人 1999，1：665。

[2] "Cum Caesareae Maiest. Galliarum Regis, ac Senatus Veneti gratia et privilegio ut in diplomatis eorundem continetur." Vesalius 1543a，封面页。

出版商、编辑、作者、画家和雕工的投入造成了威胁，使得他们不得不廉价出售作品。因此他们试图通过某种特许来保护他们的产品和利益，一种可以成为诉讼根据的特许。尽管关于该时期附图科学书籍的此类诉讼和相关细节，我们所知甚少，但是出版商埃格诺尔夫和肖特、富克斯之间的争论，说明了当时的人们对于自然图像与复印抱有不同的态度。这一章探讨的便是这些特许及诉讼，以及另一种管控书籍印刷的方式——审查制度。它们是各位当事人寻求对自己的印刷书籍的控制权的手段。没有哪个群体在管控的实施上比另一方更为成功，其主要原因在于当时的执行手段实属有限。作者们最终不得不诉诸私下谈判、财务投资以及监管，来维护对自己书籍内容的那么一点点掌控。

特许

特许是一种被公认的法律文书。[③]立法机关可特别优待地授予某个个体一种特许，即给予受许人某种优于无特许人士的有利条件。这些有利条件通常以豁免义务、垄断特定活动或产品以及对侵犯特许者处以罚款的形式存在。不过特许只有在立法机关的管辖区域内才有效。

马克西米利安皇帝（Emperor Maximilian）给他宫廷内的文学人士发放印刷特许，教宗利奥十世（Pope Leo X）则把特许用作一种赞助学者的形式。[④]皇家和帝国大法官法院接受人们提交特许申请，因为申请费能带来额外收入，书记员和公证员还能因为成功的申请而得到赏金。[⑤]虽然任何人都能向皇家或帝国大法官法院申请特许，但由于特许的许可权只掌握于皇帝或国王一人手中，许多出版商和作者们都会恳请帝王的

---

③ 在这一章中，我受益于 Elizabeth Armstrong 1990，Witcombe 2004 和 Richardson 1999。
④ 马克西米安对印刷的兴趣，见 Kunze 1993（1：224–244）和 Tennant 1989；利奥十世，见 Elizabeth Armstrong 1990，12。关于 1527 年前的罗马教皇特许列表，见 Blasio 1988，79–98。
⑤ Elizabeth Armstrong 1990，27–28。

门客或亲信来替他们美言一番。相继三任皇帝（斐迪南一世 [Ferdinand I]、马克西米利安二世 [Maximilian II] 和鲁道夫二世 [Rudolf II]）的宫廷医师约翰内斯·克拉图·冯·克拉夫蒂姆，就因扮演此角色而被人熟知。[6] 普朗坦通过枢机主教安托万·佩尔诺特·德格朗韦勒（Cardinal Antoine Perrenot de Granvelle，1517—1586 年）的帮忙得到了罗马教皇的特许。[7] 格斯纳在向帝国副大法官格奥尔格·西吉斯蒙德·赛尔德（Georg Sigismund Seld，1516—1565 年）呈献了《动物史》的彩印本后，由后者为其谋得了一份特许。[8] 不少作者将他们的印刷书籍献给那些帮助他们获得特许的人，且中间人往往会在序言中被明确提及并致以感谢。[9] 尽管并非每本印刷书都需要特许的保护，但出版商等显然认为这会对他们当下或未来的作品起到保护作用。更有甚者诉诸伪造的方式：1544 年，印刷商巴尔塔萨·贝克（Balthasaar Beck）和作者瓦尔特·赫尔曼·里夫因假借塔勒银币"假冒帝王徽章"在牛皮纸上盖章伪造帝王特许，受到了斯特拉斯堡市的起诉。[10]

　　依惯例，一份特许会公式化地对受许人、书名名称、特许时长以及侵害受许人相应权利应得的具体处罚加以详细说明。这些处罚通常会明文规定罚款金额，并指明会对违反条规的印本予以没收，不过由罗马教皇授予的特许还可对违规者施行开除教籍的处罚，米德尔堡的主教保罗（Paul of Middelburg）的薄书《历法改革手册》（*Compendium Correctionis*

⑥ 关于克拉图，见 Evans 1975，22–23，Louthan 1994。
⑦ Witcombe 1991。
⑧ Gessner 1577，18v。关于赛尔德的知识兴趣，见 Georg Vogel 1933，63–66。
⑨ 更多范例，见 Schottenloher 1953，197–208。
⑩ 如 Schottenloher 1933，92 所述。参见 Kirchhoff 1880，93–95。

Calendarii）就是其中一个案例。[11]

受特许保护的文本应是第一次出版，包括译文或经大量修改后的版本。[12]这很可能怂恿了在封面页上自称"新"作的做法——"前所未有""新近修订"等等，但经比对，部分作品的变化并不大。富克斯和他的仇敌杰纳斯·科尔纳瑞斯就曾控诉对方只凭微小变化便声称自己"推陈出新"的行为。[13]出版商们设法得到特许，有时是为了将其用作一种先发制人的手段来阻止他人印刷特定的书籍。[14]特许保护的内容还可延伸至版面式样，如字体、音符字形、地图和图画。[15]就印刷图像和地图而言，受保护的通常是投入木版和图版（而非原始设计）制作的精力和资金，所以侵权处罚还包括了对木版或图版予以没收。[16]丢勒声称保护他的版画作品《圣母玛利亚》（*Little Virgin*）的帝国特许涵盖了他的劳动与才能（*ingenium*），但这恐怕只是特例。[17]在富克斯看来，一份公式化的特许未必包括印刷书籍中的图像。他从斐迪南国王（King Ferdinand）那里为自己的《珍贵草本图像全集》（*Läbliche*［sic］*Abbildung und Contrafaytung aller Kräuter*，1545 年）谋得了一份标准特许（1544 年 5 月 27 日），其中明令禁止复印或销售复印本，然而当他发现埃格诺尔夫复印了自己的 1542 年版著作时，他设法更新了手中的特许（1545 年 3 月 28 日），且这次专门

---

⑪ "代表了我们神圣的主的天意，教宗利奥十世将他的命令亲述于我——圣十字萨比纳枢机主教：所有人都应当知道以下规定，若没有得到受人敬仰的福松布罗内主教保罗和我们最神圣的教宗秘书雅各布·沙杜里多的准许，任何人胆敢自己印刷、帮助他人印刷《历法改革手册》，或出售该书的简短版，都将受到开除教籍，以及使徒金库做出的 200 杜卡特的罚款的惨痛代价，无一例外。"Paul of Middelburg 1514/1515，［div］r（楷体为我所加）。关于其他拥有开除教籍的处罚条款的书籍，见 Blasio 1988，88–97。

⑫ Martin Vogel 1978，33。对于"新"文本的定义，见 Elizabeth Armstrong 1990，92–99。

⑬ Meyer 等人 1999，1：802。

⑭ Hirsch 1967，84–85。Woodward 1996，68–69。

⑮ Witcombe 2004，22–23，80，245–251；Hirsch 1967，86；Woodward 1996，67–69。

⑯ Witcombe 2004，58。

⑰ Koerner 1993，213；Hindman and Farquhar 1977，189。

提及了书中较小尺寸的图画（图 4.1）。[⑱]

地域差异也有存在：于罗马发行的特许倾向于覆盖印本的印刷和销售，而不包括书中的设计，但威尼斯的特许似乎还将样式和结构归入了"新近"出版的考量范围。[⑲]特许的期限为三年至十年不等，或根据卖出印本的一定数量决定。[⑳]鉴于存货或许会滞留一段时间，这些条款也算是合乎情理。教宗保禄四世（Paul Ⅳ）授予巴尔韦德《人体构造介绍》（1556 年）的特许没有期限，若无作者或出版商安东尼奥·萨拉曼卡的雕版许可证，一律不可复印或在别处销售此书。[㉑]

由于特许只在授予者的管辖权内才受保护，所以瞄准不同管辖区域的市场的出版商们会设法争取多个特许。尽管罗马教皇的特许声称自己在整个天主教世界均具效力，但巴塞尔的出版商们因近德、法市场，往往会争取神圣罗马帝国皇帝以及法国国王颁发的特许。[㉒]马蒂奥利对迪奥科里斯《药物论》的评注（1565 年）拥有多份特许，且把他的新插图全部纳入了保护范围：庇护四世（Pope Pius Ⅳ）的十年特许（含威尼斯宗教法庭庭长的许可），斐迪南皇帝（Emperor Ferdinand）的二十年特许，斐迪南皇帝的儿子斐迪南大公（Archduke Ferdinand，马蒂奥利是他的私人医师）的二十年特许，法国国王查理九世（Charles Ⅸ）的十年特许，以及托斯卡纳大公科西莫一世（Cosimo I，Grand Duke of Tuscany）的特许。[㉓]鉴于特许往往没能起到威慑作用，马蒂奥利列出如此多特许的行为必然还包含了炫耀的成分。[㉔]不是每一本书都会再现特许原件上的全文和

---

⑱ 紧随第一份特许之后的是在 Fuchs 1545d，A2r–A3r 中的第二份特许。埃格诺尔夫和里夫的抄袭在 A4r 中被提及。Schottenloher 1993，101 论及了此案例。

⑲ Bury 2001，128，175–177。

⑳ Elizabeth Armstrong 1990，205。

㉑ Valverde 1556，封面页的反面。

㉒ Schottenloher 1933。关于巴塞尔和法国的关联，见 Bietenholz 1971，尤其是第 25–54 页。关于早期的罗马教皇特许，见 Blasio 1988。

㉓ Mattioli 1565，**6r–**yv。

㉔ 弗罗本版的伊拉斯谟著作的部分封面页，参见 Pabel 2005。

签名后的花笔。㉕ 常见的有在封面页附上特许摘要，或简单鸣谢书籍受特许保护的做法，本章开头部分提到的富克斯和维萨里的著作就是如此。

出版商复制其他书籍的行为并不全然受到特许的约束，比如在特许的特定期限或管辖范围外操作便是正当合法的。里昂的一位出版商巴尔塔扎尔·阿尔努莱（Balthazar Arnoullet）与雕刻师克莱芒·布西（Clément Boussy）订立合约，让他在 1547 年开始复制富克斯《植物史论》中的插图，并预备在《植物史论》原始特许期满，即 1549 年时，进行印刷。㉖

公然侵犯特许条约的也大有人在，有一部分还被受到不公正对待的出版商送上法庭。㉗ 我们很难评定这些诉讼成效如何，而且特许似乎极少起到威慑作用，维萨里就曾这样向奥波里努斯慨叹道：

> 我……将会带来一份威尼斯元老院授予我的书面法令，法令禁止任何人在没有我许可的情况下印刷任何插图。尽管你有通用于所有第一次由你出版的书籍的许可证，我的母亲将会寄给你一份布鲁塞尔的帝国许可。我在多年前被授予这份许可，但我还没有提交书面申请予以更新，使其有效性再延续几年。威尼斯演说家蒙彼利埃主教已经应允帮我从法国国王那里获得一份特许。我没有为此太过烦心，也决定不在公文上占用一整个页面。因为事实是，如今正涌现于这片土地各个角落的书商和出版商们压根很少理会帝国法令。㉘

87　　由此看来，维萨里本人也申请了特许，这也再度证实了他在自己书

㉕ 印刷版花笔的范例，见 Elizabeth Armstrong 1990，41。

㉖ 这些插图被用于阿尔努莱版的富克斯著作 *Plantarum Effigies*（1551 年）以及迪奥科里斯的《药物论》（1552 年）。Baudrier 1895—1921，10：102–103；Mortimer 1964，1：289；Meyer 等人 1999，1：698–700。关于图像在特许期满后立即得到复制的案例，见 Elizabeth Armstrong 1990，199–202。

㉗ Elizabeth Armstrong 1990，194–199；Witcombe 2004，81–86。

㉘ Vesalius 1998—，1：lx–lxi。

籍上的资金投入。[29]此处值得注意的是，维萨里对特许效力的有限是有认识的。

涉及自然的诉讼案

涉及科学学科的图画的诉讼记载相对罕见，而广为人知的斯特拉斯堡出版商约翰内斯·肖特和法兰克福出版商克里斯蒂安·埃格诺尔夫之间的案件则是个例外。[30]1533 年，埃格诺尔夫发行了由奥伊夏留斯·勒斯林（Eucharius Rösslin，约 1470—1526 年）编辑的《植物书》（Kreuterbuch），该书以较小的版式复制了由肖特印刷的布伦费尔斯的著作《活植物图谱》中的图画。[31]肖特的书籍受帝国特许保护，六年内不得被他人复制，所以他以埃格诺尔夫侵犯特许为由，将其送上了帝国枢密法院。[32]埃格诺尔夫通过以下几点为自己辩护。[33]其一，《植物书》基于的是法拉克福前城市医师约翰内斯·冯·库贝（Dr. Johannes von Cube）编纂的旧书，复制一本存在了三十年至四十年之久的书中的内容不受禁止。[34]其二，埃格诺尔夫的书中有 50 幅图画不在肖特的书中，肖特的书中也有 50 幅图画没有在埃格诺尔夫的书中。因此有 100 幅图画并不相似，从而埃格诺尔夫的书也不能被视为肖特出版物的复制品。其三，植物的图画之间很可能会相互相像，因为人们不能把迷迭香、黄水仙或琉璃苣画成它们本身以外的任何形态。[35]仅仅因为肖特出版了一本植物志，人们现在就只能给本来拥有细短叶子的植物画上长而宽的叶子，如此去

㉙ "每一位著作权的恳求者都可被视为一名出版商。"Witcombe 2004，27。
㉚ Altona 1892 转录了原始文件，Grotefend 1881 对此进行了概述。关于该案件的讨论，亦可见于 Parshall 1993，568–70，Landau and Parshall 1994，253 和 Koerner 1993，215–218。
㉛ 这部在《活植物图谱》之前出版的《植物书》被认为是约翰内斯·冯·库贝的作品。
㉜ Altona 1892，899–900。
㉝ Grotefend 1881，16–17。
㉞ 库贝于 1504 年左右离世；见 NDB 3：435–36。
㉟ Altona 1892，901。

理解帝国特许的话就太荒唐了。其四，埃格诺尔夫认为，授予丢勒或雅各布·德巴尔巴里（Jacopo de' Barbari）的特许并不代表其他画家不能和他们画同样的题材，譬如亚当和夏娃。[36] 最末的两个论点尤其清晰地阐释了一个出版商在复制自然物体的图画时所处的境地。对于埃格诺尔夫，只有图画的外形才受到对绘画的特许保护，而图画的题材不在范围之内。但在植物图画中，即使是对这些外形的模仿也是不可避免的，因为人们必须依照植物本身的样子对其进行描绘。一株黄水仙势必和另一株黄水仙看起来大同小异，所以植物的描绘之间也必定相像。埃格诺尔夫似乎一直在坚定地论证一点，即禁止植物图画之间的相似，就等同于禁止了对此题材本身的描绘。可见，埃格诺尔夫认为在对自然物体的描绘中，不存在我们所谓的"艺术特许"。至于肖特诉讼的结果如何，我们不得而知。

如果说埃格诺尔夫多少有些虚伪，至少他在 1543 年出版由瓦尔特·赫尔曼·里夫编辑的拉丁语版迪奥科里斯的著作《药物论》时，他的观点仍保持了一致，这本书复制了前一年问世的富克斯《植物史论》中的图画（图 4.1）。为反驳富克斯指控的偷窃罪，埃格诺尔夫做出了以下辩解：富克斯不应对埃格诺尔夫的图画（在富克斯书籍出版的八年前已经超过了 600 幅）和自己的相像而愤愤不平，因为画家们正是通过互相仿效来竞争的；再者，除了自然赋予的样子以外，若还有任何魅力无法或不应被描绘，荣光必须首先归于造物主，然后是艺术家，而不是像富克斯试图把自己的肖像大图放进自己的书里那样。[37] 埃格诺尔夫早些时候的观点再次在我们耳边回响：自然，当然也就是上帝，以某种特定的方式创造了植物，迫使图画在形与形之间相似，因此同一种植物的图画彼此相像在所难免。他还进一步补充道，图画应该被归功于画家，而不是作者，并且指责富克斯在书中附上自己图画的行为极为自负。富克

---

[36] Altona 1892，901。Parshall 1993，569 认为 "Jacob Meller" 即为巴尔巴里。
[37] Egenoloff 1544，b4v。

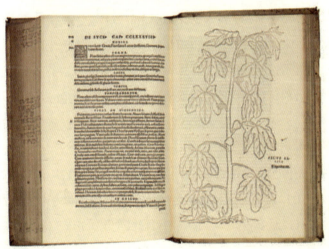

图 4.1　书籍尺寸对比。最下面的是富克斯的双开本《植物史论》（1542 年）第 754–755
页上的无花果树图像。中间的是埃格诺尔夫四开本版本的迪奥科里斯《药物论》（1543
年）的第 90–91 页。作为回应，富克斯为他的八开版本《植物史首论》（1545 年）制
作了更小的木版画，最上为该书的第 440–441 页。剑桥大学图书馆，N*.1.24（A）（下）；
K.3.29（中）；Rel.d.54.36（上）。

斯在《回应不配做基督徒的法兰克福基督徒出版商埃格诺尔夫的诽谤》（*Adversus Mendaces et Christiano homine indignas，Christiani Egenolphi typographi Francoforti*）中回应称，埃格诺尔夫的立场很荒谬，因为两株中亚苦蒿不可能拥有完全相同的形态，如果两个人在两个不同的地方画中亚苦蒿，其轮廓或构图不会一样。[38]

　　如此一来，我们便有了两种完全对立的假设支撑着对于剽窃自然物体图画的不同态度。第一种主张来源于自然界的相同物种在本质上有着相同形态的设想。于是就可以说，由于大自然的力量，对自然界物体外形上的描绘皆会趋同；此外，它还意味着，由不同匠人画出的同一自然物种之间存在相似之处是无法避免的，所以这些图画不应被视为蓄意复制或"偷窃"的结果。另一种主张称，没有任何物种的任意样本会和同物种的另一样本拥有完全相同的形态，所以同一植物种类的两幅图画如果画自不同的样本，就必定会在外形上有所区别。如若同一物种的两幅图画的线条轮廓和结构布局完全一致，那便是故意抄袭。这两种立场自不待言，毕竟一种来自一位靠抄袭出版廉价图画书籍获利的出版商，而另一种来自一名有意保护法伊特·鲁道夫·施佩克林的木刻劳动和自己资金投入的渊博医师。富克斯的境况似乎有些矛盾，因为他一心想要把图画创作得尽量"完整"，从而支撑他具有普遍性的论证，而不是把注意力集中于样本个例的特殊性。这种一般化的图像必然会看起来相似，但富克斯对轮廓和构图的强调表明，他相信艺术家们在表现一般化的图像时，仍有一定的自由度。这与他对艺术家所抱有的敬佩之情是相吻合的，他甚至在自己的书中收录了他们的肖像（见图1.14）。无论如何，富克斯和埃格诺尔夫之间的纠纷告诉我们，不论是出版商还是作者，都不认为特许包含被描绘的自然题材或物体。争论的焦点在于对自然物体的描绘是否被法律保护，而答案则归结于艺术家们在描绘由大自然决定

---

[38] Fuchs 1545a, D1r。

的物体形态的同时被认为还拥有多少自由度。

出版商埃格诺尔夫没有受到诉讼或争议的约束。事实上，他总能很快发现商机，通过复制由他人印刷的书籍里的图画，并把图画放于相似或不同的文本旁，以小幅版式翻版获利。他的做法惹恼了肖特、富克斯、施佩克林，无疑还有不少其他人，但他确实能挣到钱。埃格诺尔夫离世时给遗孀留下了价值 16000 弗罗林的遗产，使得她成为当时在美因河畔法兰克福缴税最多的纳税人。[39]

审查制度

当出版商和作者们仍在想方设法不让自己的作品被印刷机那冷酷的复制力量侵害时，部分团体开始意识到从一开始就需要对什么能够被印刷出来进行管控。[40] 早在活字印刷被发明之前，教皇和议会便开始禁止出版他们认为具有异端性质的书籍，且这一实践一直持续至印刷本时代早期，乔瓦尼·皮科·德拉·米兰多拉（Giovanni Pico della Mirandola）1487 年的论著《900 论题》（*Conclusiones Nonagentae*）以及 1517 年的《蒙昧者书简》（*Epistolae Obscurorum Virorum*）则是当时的两个案例。[41] 尼科洛·佩罗蒂（Niccolò Perotti，1429/1430—1480 年）等个人曾请求保罗二世（Pope Paul II）保护古典著者，避免重蹈 1470 年版老普林尼《自然史》被乔瓦尼·安德烈亚·布西（Giovanni Andrea Bussi）这样能力不足的编辑糟蹋的覆辙，不过此类案例较为罕见。[42] 审查之风于宗教改革运动的开端愈演愈烈。在判决马丁·路德为异端的沃木斯议会上，查理五世于 1521 年颁布了沃木斯勒令（Edict of Worms），其中有一节的主题为印刷。

㊴ Grotefend 1881，22。

㊵ 关于大学作为审查机关，见 Hirsch 1955，101–103；索邦神学院，见 Higman 1979。神圣罗马帝国，见 Eisenhardt 1970，24–34。

㊶ Hirsch 1955，103。

㊷ Monfasani 1988。

其目的在于将路德的书籍定为异端，而颇为重要的是，图画因被认为也可传播异端邪说而列于其中，若有违反则将受到严厉处罚。[43]1551 年，沙托布里昂勒令（Edict of Chateaubriant）禁止出版对圣徒及神职要员不敬的图画，其中有一项条约直接针对享有有限豁免的里昂出版商，不过这条勒令的执行力度有多强，我们仍不清楚。[44]尽管马丁·路德支持《古兰经》的出版是众所周知的，但他继而请求萨克森选侯禁止印刷安德烈亚斯·卡尔施塔特（Andreas Karlstadt）的书籍，并且也应为 1530 年罗斯托克共生兄弟会出版社的关闭负责。[45]路德和菲利普·梅兰希通（Philip Melanchthon）似乎都未曾系统地尝试过对绘画素材进行监管。相反，它们被大量用于反教皇的大众宣传海报倒是人尽皆知。[46]

在特伦托会议上，保禄四世指派宗教裁判所编制一份全面的禁书列表《禁书目录》（*Index Librorum Prohibitorum*）。这份目录于 1554/1555 年编订而成，1559 年扩充，又于 1564 年加以修订，列入了禁令细节上的规定。1564 年版的规定同意在异端分子所有著作的全面禁止和异端作者非宗教类作品或可被准许的部分禁令之间有所区分。然而大多数新教徒作者是被归入第一类的。[47]格斯纳和富克斯的名字皆出现在了《禁书目录》的第一类别中，他们过去、当下、未来的作品均被一律禁止。[48]以斯坦福大学图书馆所藏的一本富克斯的《植物史论》印本为例，封面页上富克斯的名字被划去，且一旁写有"*damnato*"（意为"有罪"）一词。[49]当时的威尼斯书商们对针对格斯纳等新教徒作者的全面禁令表示不满，

---

[43] Fredericq 1899—1903，4：56；Kapp 1886—1923，1：536–538。

[44] Grivel 1989，15。

[45] Hirsch 1967，96（关于奥格斯堡的亲福音派审查制度，亦见 Costa 1916，16–17）；Clark 1984。

[46] Scribner 1981、Edwards 1994、Köhler 1981。关于新教徒印刷商 John Day 对图像的自我审查，亦见 Williams 2010。

[47] Grendler 1977，147–148。

[48] Bujanda 等人 1990，758，771。

[49] 排架号 KB 1555. F8T。关于梅兰希通的名字在书中受到的相似待遇，见 Plantin 1987。

毕竟格斯纳还著有书目和医学主题的作品以及《动物史》。[50]

禁书审定院（Congregation of Index）成立于 1588 年，其职能为搜查有伤信仰和伦理的书籍并把它们列入目录。《禁书目录》于 1596 年补充的指南对如何删改文本进行了详述。一旦根据指南进行了删改，拥有、阅读以格斯纳的著作《世界书目》（*Bibliotheca Universalis*）为例的书籍便得以准许。[51] 哥白尼的《天体运行论》被列入了 1616 年版的《禁书目录》，必须修订的内容在 1620 年被一一指出（图 4.2）。[52] 似乎有六成意大利的印刷本受到了由《禁书目录》引导的审查，但几乎没有任何书籍在西班牙或葡萄牙受到审查。[53] 这暗示着此类禁令在执行上的局限。不仅如此，胡安·德洪塔（Juan de Junta，佛罗伦萨出版商费利波·迪詹塔［Filippo di Giunta］之子）在布尔戈斯的书店持有 82 本被 1559 年西班牙版本的《禁书目录》收录的图书。[54] 枢机主教米凯莱·吉斯莱乌里（Michele Ghislieri，即后来的庇护五世［Pius V］）同意斯巴拉多主教马尔科·科尔纳罗（Marco Corner）保留富克斯的《植物史论》六个月；设立了禁书审定院的教皇西克斯图斯五世（Pope Sixtus V）自己就拥有十几本禁书，其中还包括了格斯纳的《世界书目》。[55] 这些事例表明，富克斯作为一名路德宗的作者，似乎还没能为其著作在天主教地区寻得一个合适的市场，但与此同时，书籍印本也并非完全接触不到。

约翰内斯·莫拉内斯（Johannes Molanus，1533—1585 年）和加布里埃尔·帕莱奥蒂（Gabriele Paleotti，1522—1597 年）曾试图建立一个"禁图目录"，一份专列图画的目录，但是无果而终。[56] 事实上，图像被视

---

50 Grendler 1977, 99, 297。

51 Bujanda 等人 1994, 929。

52 关于需要修订的内容，见 Gingerich 2002, 367–368。

53 Gingerich 1981。

54 Pettas 1995, 19。

55 Grendler 1977, 119n150, 290。

56 Christian Hecht 1997, 178–186。

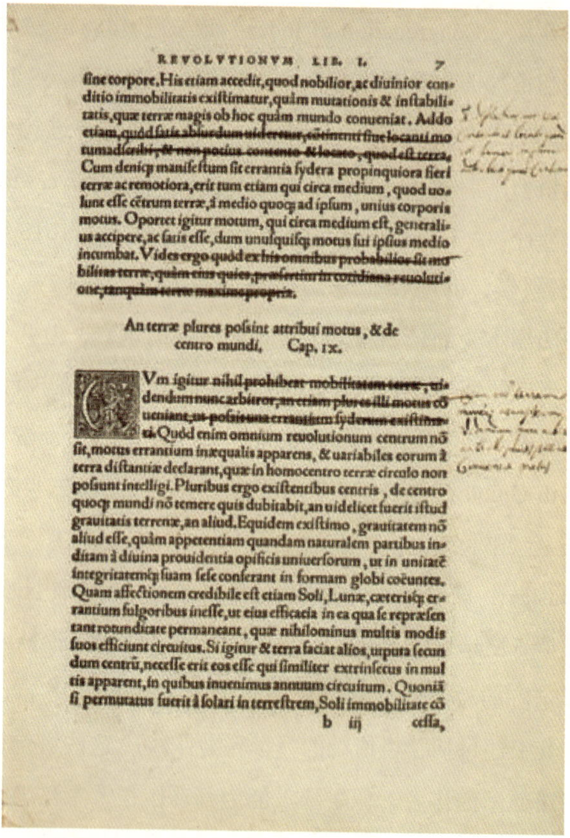

图 4.2　根据《禁书目录》（1620 年）的规定，此页的三个段落被删改（见页边空白处），删改后的段落内容视地球的运动为一种假设，而不是事实。来自尼古拉·哥白尼，《天体运行论》（1543），7r。剑桥三一学院，T.3.75。

作不学无术之人的"书籍"，被对待的方式同印刷书籍并无二致。[57]1590年，一项禁止败坏道德观念的"无声书籍"（"淫秽"图片图像）的规定被制定而成（但从未正式颁布），而禁止了"淫秽"木版画的 1596 年版的指南则是那项禁令的缓和版。[58]同样于 1590 年，宗教裁判所逮捕并监

[57]　见 Molanus 1570，14v，第二章，标题为 "Quod in libris prohibetur，prohibendum etiam esse in picturis，quae sunt idiotarum libri"。这里引述的是大额我略的箴言，关于此，见 Chazelle 1990。
[58]　Bury 2001，129。

禁了雕刻师菲利普·托马森（Philippe Thomassin），因为他为法国新教徒国王亨利四世（Henry IV）雕刻肖像，这幅展示于罗马的肖像旁还附有赞颂他虔诚的文字。[59] 即使没有明确描绘出新教徒人像的图画也可能被怀疑与新教文本有关，由小汉斯·霍尔拜因（Hans Holbein the Younger，约 1497—1543 年）设计的一组木版画就是其中一个例子。这组版画原先被放在由天主教徒印刷商梅尔基奥尔·特雷施泽尔和加斯帕德·特雷施泽尔印刷的书籍中，且一旁附有由温和派天主教徒作者让·沃泽勒（Jean Vauzelles）和吉勒斯·科罗泽特（Gilles Corrozet）撰写的文本。[60] 当木版画被传递至新教兄弟让·弗雷隆和弗朗索瓦·弗雷隆处时，他们将版画印在了带有较明确的新教主张的段落旁。[61] 后来的版本在受到巴黎大学神学院的审查后，被录入了 1559 年版《禁书目录》。[62] 这说明，部分图像的含义是由其伴随的文本所决定的。

富克斯和维萨里都不可能通过诉诸审查制度来保护他们的学术成功，抑或压制他们的对手，倒很可能受制于审查制度。作为新教作者，富克斯和格斯纳受到天主教审查制度的管制，自然无法解除禁令。然而，有证据显示，被收录于《禁书目录》并没有妨碍他们的作品在天主教地区传播。不仅如此，自然这一图画主题，其本身不会招致责难。这并不是说，自然研究与宗教无关。事实上，格斯纳正是出于深刻的宗教原因（于第八章详述）感到有必要在绘画层面研究自然。但是认为天主教会的审查制度对自然研究普遍造成不利，则是夸大其词了。

无论是特许，还是审查制度，这两种手段在印刷书籍的管控实践上的效果皆不尽如人意。对印刷成品——文本及图像——的掌控合乎自己

93

---

[59] Bury 2001，131。关于托马森在罗马的活动，另见 Witcombe 2004，200-206。

[60] 关于霍尔拜因的图画来源及反响，见 Michael 1992。让·沃泽勒被认为很可能是法语版《圣经》（1538 年）的作者，而吉勒斯·科罗泽特很可能是《圣经》的拉丁语文本（1539年）的著者。

[61] Bible（1542）。

[62] 我在此处遵循的是 Davis 1956 中的发现。

心意的作者极少依靠以上方法。考虑到作者在图像上依赖于身怀技艺的艺术家，出版商又在书籍出版的过程中占据上风（详见第一、二章），那么究竟是否有作者在自己的书籍上实现了理想成果呢？

作者的掌控力

路德曾哀叹道，"我知道我的愿望不作数，因为结果终究是出版社想要的，而不是我想要的"，且他既不是第一位也不是最后一位埋怨出版商的精打细算有损印刷品的学术水准和精确性的作者。[63] 相较于学术性的医学书籍，苏黎世出版商克里斯托夫·弗罗绍尔更喜欢印刷神学类作品，格斯纳为此十分失望。[64] 弗罗本曾为节省开支，仅在书中附了一份格斯纳为迁就未受过良好教育之人制作的索引，这也使得格斯纳大为恼怒。[65]

哥白尼的《天体运行论》是作者对文本和图像两者皆缺乏掌控的一个典型范例，后果十分惨重：图表切割有误，标题受到窜改，编辑安德烈亚斯·奥西安德尔（Andreas Osiander，1498—1552 年）还给书加了一篇序言，此举的意图人尽皆知，把哥白尼的日心主张理解为一种假说，而非对宇宙的真实描述。[66] 夏尔·莱克吕兹（Charles L'Ecluse，1526—1609 年）严格监督了佩特·范德博尔赫特依照干样本绘制植物图画的过程，竟发现版画最先出现在了普朗坦出版的多东斯著作《拥有解毒、催泄或相似效果的植物根茎志》（*Purgantium Aliarumque Eo Facientium*,

94

---

[63] 路德致 Georg Spalatin，1521 年 8 月 12 日。Luther 1955—1986，48：296；亦参见 54：141。关于路德与他的印刷商之间的关系，见 Richard Cole 1984。

[64] 致 Melchior Guilandino Borussus，5 月 27 日；Gessner 1577，139v。在弗罗绍尔印刷的 900 余部书中，560 部为宗教题材，35 部为医学和科学相关。Leemann-van-Elck 1952，128–130。神学类作品在弗罗绍尔的出版物中占据的主导地位在他 1555 年的广告中有所体现；Richter 1965，图版 19。

[65] 致让·博安，1562 年 11 月 5 日。Bauhin 1591，111。

[66] Westman 1980。

Tum Et Radicum，Convolvulorum ac deleteriarum herbarum historiae Libri I，1574 年）中。[67]格斯纳埋怨画家奉弗罗绍尔之命，每次只给一幅图像样张，安插于出版商印本中的正确位置，而弗罗绍尔失当的过分讲究反而导致了图画被放错位置。[68]伊波利托·萨尔维亚尼（Ippolito Salviani，1514—1572 年）自行其是，试图在家用上等铜版印刷自己的鱼类研究作品《水生动物历史书》（*Aquatilium Animalium Historiae Liber*），然因赞助资金耗尽，项目只能以失败而告终。[69]可见，能完全掌控图像与文本两方面制作的作者，是少之又少的。[70]

尽管出版商们倾向于节省成本，但仍有部分作者成功说服他们修订失配之处。这只需在出版过程后期插入一张正误表即可。[71]想要修正图像旁的名称可谓毫不费事，比如富克斯曾如此订正错误，将"第 148 页图画旁的'Bellis Minor'改为'Bellis Maior'"，维萨里也曾用同样的方法纠正图像的说明文字，将肌肉图表"一"换成图表"五"。[72]修改图画则较为棘手，需要用手将修正后的图画粘贴至每一份印本。[73]

夏尔·艾蒂尔的案例人尽皆知，尽管他有继父西蒙·科里纳和一名出版商为自己撑腰，但仍然在争取对一部解剖学作品的木版画的控制中

---

[67] Nave and Imhof 1993，112。
[68] 致让·博安，1562 年 11 月 5 日；Bauhin 1591，117。格斯纳致约翰·凯厄斯，1561 年 8 月 29 日；Gessner 1577，135v。亦见于 Reeds 1983，266–267。
[69] 因他资金状况的不稳定所导致的许多不同版本的修正贴条以及添加和更改的内容，见 Salviani 1554。见 Mortimer 1974，2：628–629。关于萨尔维亚尼，另见 Pinon 2002。
[70] 乌利塞·阿尔德罗万迪及他出版的 *Ornithologiae* 是一个例外，让我们期待 Laurent Pinon 有关这一内容的权威研究；亦见 Pinon 2003。
[71] 但请注意，以《天体运行论》的首版印刷为例，仅有 25% 包含了（不完全的）正误表。Gingerich 2002，362–366。
[72] Fuchs 1542，898。另外两处图像中名称的修改为已知内容。见 Vesalius 1543a［664］，第 181 页上的订正。参见图画旁的文本上的贴条：Salviani 1554，112v，130r，156v，192v，剑桥大学图书馆排架号：M.13.5。
[73] L'Obel and Pena 1571 中有多处修正后的木版画纸片被额外地粘贴在页面上或加插在页与页之间。见 Voet 1980—1983，3：1407–1408。

95　图 4.3　这幅木版画描绘了人脑的组成部分，例如画面中进行了具体说明的硬脑膜（A、

B）和脑膜（C）。手臂和肩膀处阴影部分的中断表示，一块独立的描绘大脑的长方形木版

画（约 4.5 cm × 3.2 cm）被加插了进来。靠近膝盖的头骨的上半部分也是以相似的方式

被插入的，此处阴影中的缺口更为明显。木版画全图为 28 cm × 18 cm，也就是说大脑结

构的部分不足整幅图面积的百分之三。来自夏尔·艾蒂尔，《人体结构解剖三部》（1545），

239。剑桥大学图书馆，N*.3.12（B）。

举步维艰。[74]1530 年代，艾蒂尔于巴黎学医期间，在一名负责绘图的外科学生艾蒂安·德拉里维埃（Etienne de la Rivière）的帮助下，着手撰写一本关于人体解剖学的书。[75]后来，后者控告前者剽窃，这一案件的关键似乎在于是否能将德拉里维埃视为此书著者这一点。科里纳把案件提呈给巴黎医学院，尽管他们对一部拉丁文作品出版在一个小小的外科医生名下心存不满，仍将案件移交至最高法院。[76]1541 年，一个由两名外科医师和两名医学博士组成的委员会被任命对此问题做出裁定，然而最高法院直到 1545 年 3 月才确认艾蒂尔为此书的唯一作者，并且要求德拉里维埃交出剩余的图画。[77]这一冲突或许应当被视作一名外科医生试图在智性上得到与一名医师平分秋色的认可所作的斗争；德拉里维埃后又大肆鼓吹外科医生的权利，于 1552 年受到医学院的遏止。[78]最后的成书多少有些令人困扰，因为就版画的尺寸而言，每一幅的"解剖学内容极少"（图 4.3），好几幅插图明显经过调换，其目的估计是为了修正，而非重组或再利用。[79]我们不清楚插页是出自艾蒂尔还是德拉里维埃之手，但这部书可谓是作者与图像制作者之间合作不快的例子中十分突出的了。 96

作者们对各自的印刷书籍缺乏掌控的例证还很多。富克斯和维萨里是在图书出版上异常成功的两位，他们坚守图文之间的特殊关系，而这也对他们的自然研究至关重要（我将于第二、三部分进行讨论）。他们为图像筹备工作的花销做好了准备，并且寻觅到了技艺高超、能够将他们想要的东西转译至纸张上的艺术家，也因此得以成功。但是，我们不应对他们的成就过誉，毕竟他们的书也并非毫无差错，正误表便可证实

---

[74] Fred Schreiber 1995, lxvii–lxix；Kellett 1957；Herrlinger 1967；Roberts and Tomlinson 1992, 168–187。

[75] 部分插图以意大利情色版画为基础。Kellett 1957。

[76] Concasty 1964, 304。

[77] Fred Schreiber 1995, lxvii–viii。

[78] Concasty 1964, lxxxiii, 500。

[79] "解剖学内容极少"是 Roberts and Tomlinson 1992, 182 做出的定论。

这一点。以维萨里为例，尽管他赴巴塞尔亲自监督了书籍的印刷，差错依旧没能避免。[80]譬如他补充了一幅插图（图 4.4a），用来标示在哪里添加脊椎骨神经大图（图 4.4b）遗漏了的图解符号，并附上了以下说明：

> 我不慎在原图中遗漏了符号 *l* 和 *m*；我或许是在指定各个符号的时候出了纰漏，因为我以为我已经把它们放在了左边，也可能我确实用了这两个符号，但刻工没有注意。无论如何，你可以按自己的意愿把 *l* 添加至 *e* 的左边，用来标记向 *n*（隔膜神经）行进的第六对前支。和我相比，此处增添的插图可以更容易地帮你完成补缺；若是我在刻工已经完成雕刻并准备将版画送往印刷厂的时候，把 *l* 和 *m* 加到其他符号中，我就得承担插图尽付东流的风险。[81]

在本书的这一部分中，我交代了想要对富克斯、维萨里、格斯纳和其他作者们身处的印刷书籍世界有所认识所需了解的背景。富克斯和维萨里选择了木版画这一当时在图像印刷中深受喜爱的媒介。他们支付了图像制作的费用，这使得他们能够圆满地且近距离地与艺术家合作；他们也因此得以通过发展图文之间的紧密联系来抵抗通用图像的风气。他们相信读者们能读懂包括颜色术语在内的拉丁文，并设法保护自己的图像免遭他人复制。

尽管在印刷书籍中加入优质图画几乎从未成为该时期印刷商或出版商的首要任务，但是以拉特多尔特和肖特为代表的部分人即使利用自身条件进行实验、投资绘画素材也无所畏惧。诸如富克斯、格斯纳和维萨里这样的作者们也因此看到了图画对于他们的论证乃至学术事业的潜力。为了成功印刷图画以支撑他们的论证，这些作者不得不和主导印刷书籍出版的材料、资金和法律条件斗智斗勇。想要在关于自然的印刷书

---

[80] 维萨里对《人体的构造》的印刷的监督，见 O'Malley 1964，129，136。

[81] Vesalius 1998—，3：210。关于作者与特许，另见 Richardson 1999，69–76。

为自然书籍制图

（a）   （b）

图 4.4　维萨里补充了插图（a），用来说明在什么位置加上原图（b）遗漏的图解符号。请注意，想要在原图中是找到 e 或者 n 是极为困难的。来自安德烈·维萨里，《人体的构造》［435］，局部和［432］，局部。剑桥大学图书馆，K.7.3。

籍中运用图画，以上只是必要却不始终充分的条件。正如我即将在第二和第三部分中讨论的，无论那些才识过人的作者们相信或不相信图画会对他们的研究有用，其背后皆存在着智性的原因。

第二部分

为药用植物绘图

　　我在这一部分中重点关注的是莱昂哈特·富克斯和康拉德·格斯纳 99
的著作。我讨论了为何富克斯的《植物史论》应当被视为一桩旨在让原
始植物知识重获新生的文艺复兴大业，以及图画为何对于此项目而言不
可或缺（第五章）。富克斯在《植物史论》中对图画的运用不应被当作
人文主义医学中的一个普遍特征，因为另一名人文主义医师杰纳斯·科
尔纳瑞斯反对他绘画论证的形式；富克斯在《植物史论》中对图画的使
用方式也不是他脑海中想象到的唯一路径，他的著作的其他版本可以说明
这一点（第六章）。虽然计划中的第二和第三卷终究未见天日，但富克斯
成功出版了他的植物志。相反，格斯纳没能成功出版他的"植物史"，但
存世的图绘为我们提供了一个深入了解他工作方式的机会（第七章）。格
斯纳同样也遭到了他人的批判，彼得罗·安德烈亚·马蒂奥利就是其中
之一，但他坚信图像的作用——一份受到文策尔·雅姆尼策（Wenzel
Jamnitzer）的"自然铸件"（nature cast）启发的信念（第八章）。富克
斯和格斯纳均将图画视作各自对医用植物的研究中的核心部分，因为他

们二人都对植物的形态学（morphology）十分重视——富克斯理解其为"偶性"（accidents），而格斯纳则认为它是"形式"（forms）（第八章）。这些事例强调了一些智性上的问题，即关于是否并且如何在自然知识的塑造过程中使用图画的抉择。

为自然书籍制图

第五章 偶性与论证：富克斯的《植物史论》

大部分活跃于 16 世纪且拥有大学教育背景的医师们对复兴古典医学怀有兴趣，但具体如何最好地去实现它则是众说纷纭。[①]在这一点上，莱昂哈特·富克斯与他的同行们别无二致，不过他发现了一个尤其强大的方法来应用"偶性"的概念——一个在传统知识体系中不被看好的范畴，却逐渐得到了一些人文主义者积极的看法。本章论述的内容是富克斯对这个被对手抨击为图绘的"偶性"的关注，如何引导他创造出了被他吹捧为有完整无缺的（*absolutissima*）图像的书籍，之后又如何让他酝酿出了自己对古代植物功效的解读。

医师的谬误

1530 年，即肖特出版布伦费尔斯《活植物图谱》的那一年，一名拥有大学背景的野心勃勃的医师试图通过对医学知识现状的批判让自己声名鹊起。这本书的书名为《首次出版的六十个近期医师所犯的谬误，出于对学生的考虑，已附上他们的反驳》（*Errata Recentiorum*

[①] 关于他们的贡献，见 Wear 等人 1985。

Medicorum, LX numero, adjectis eorundem confutationibus in studiosorum gratiam, iam primum aedita）（以下简称《谬误》），而其作者正是莱昂哈特·富克斯。富克斯生于 1501 年，先后毕业于埃尔福特大学（学士学位，1517 年）和英戈尔施塔特大学（硕士学位，1521 年；医学博士学位，1524 年）。[②] 先于慕尼黑行医，后又在英戈尔施塔特教授医学，之后他作为路德教友勃兰登堡-安斯巴赫藩侯格奥尔格（Margrave Goerg of Brandenburg-Ansbach）的医师搬去了安斯巴赫，后者计划要在那里建立一所大学。在藩侯的资助下，富克斯开始出版书籍，这些作品格外重视希腊医学，且对阿拉伯评注者表示不屑。[③]《谬误》便是上述作品中最先问世的那部，其书名让人联想起出自著名希腊医学研究者尼科洛·莱奥尼切诺（Niccolo Leoniceno）之手、初版于 1492 年的著作《论普林尼和其他医学实践者的错误》（*De Plinii et aliorum medicorum erroribus*）。在安斯巴赫建立大学的计划最终未能实现，但自 1534 年符腾堡公爵乌尔里希回归起，富克斯便开始在图宾根大学担任医学教授。他在那里度过余生，且一直在医学课程的改革中扮演了积极的角色。

在《谬误》一书中，富克斯试图展现阿拉伯人以及较近期的医师们在何处犯了怎样的错误，并且设法将对希腊医学的正确认识引入治愈疗法、药用植物和人体结构——富克斯后期作品的研究领域中。[④] 关于药用植物学，富克斯指出被他的同行们认作 *buglossum* 的植物和古代的同名植物并不吻合，因此不应把它用在古代作者流传下来的药方中。富克斯引用了迪奥科里斯对 *buglossum* 的描述（《药物论》，4.127），这是一种每年都会落下形似牛舌的粗糙黑叶的植物，当它被投入红酒，会"使人飘飘欲仙"。富克斯认为，与其更为相符的是当时的 *borago* 而不是叶子

---

② 富克斯的传记，见 Meyer 等人 1999，1：16–44。本章与下一章为 Kusukawa 1997 的进一步扩展。

③ 见富克斯翻译的希波克拉底的《流行病学之六》（1532 年）和《箴言》（1537 年）的拉丁语译本。

④ 见 Fuchs 1539，1542，1551。

会变白的当时的 *buglossum*。富克斯还称，当时的 *buglossum* 其实对应的是古代的 *crission*（《药物论》，4.118）。[5] 可见，富克斯在鉴别古老植物时所用的依据是它们在形态上的相似。

尼科洛·莱奥尼切诺（1428—1524 年）早前也曾提出过这一点，即迪奥科里斯笔下的 *buglossum* 其实是当时的 *borago*，而当时的 *buglossum* 应该被鉴定为古代的 *crission*（拉丁文拼法为 *cirsion*）。[6] 他引述了迪奥科里斯对 *crission* 的叶子大于 *buglossum* 的描述，并且在老普林尼的《自然史》（27.39.61）中找到了混淆的根源，老普林尼在书中称 *cirsion* 有着比 *buglossum* 更小的叶子。[7] 莱奥尼切诺解释了该错误发生的原因，是普林尼使用的手稿有误，希腊语中的 *macrotera*（较大）和 *microtera*（较小）这两个词汇过于相似，只有一个字母之差。莱奥尼切诺后又开始讲道理：当时的 *buglossum*（迪奥科里斯的 *crission*）的叶子要长于当时的 *borago*（迪奥科里斯的 *buglossum*），这一点显而易见。而且迪奥科里斯的 *crission* 有着紫色的头状花序，和当时的 *buglossum* 一样，可当时的 *borago* 不同，其头状花序为蓝色。[8] 接着莱奥尼切诺又指出了例如潘代克塔留斯（Pandectarius）、阿维森纳（Avicenna）和赛拉皮翁（Serapion）这样较后期的医学作者们混淆了的植物。

莱奥尼切诺撰写《论普林尼和其他医学人士的错误》的初衷是对安杰洛·波里齐亚诺（Angelo Poliziano，1454—1494 年）做出回应，后者认为语文学家（*Grammaticus*）的语文学是包括了哲学和医学的所有学识的基石，且"雄辩王子"西塞罗（Cicero）是希腊学说的第一译者。[9] 莱奥尼切诺同样相信语文学的用处，不过只是将其视为帮助人们理解希腊

103

---

⑤ Fuchs 1530，Xv–XIv。
⑥ 关于莱奥尼切诺，见 Nutton 1997b，1–8 和 Ogilvie 2006，126–133。我在此处总结了 Leoniceno 1529，239–242。
⑦ Dioscorides 1543，344；Pliny the Elder 1532，490。
⑧ Leoniceno 1529，241。
⑨ 在这一段落上，我要感谢 Godman 1998，88–104。

医学的一个工具。不仅如此，他还曾质疑纯语言学家在医学问题上的能力。因此，《论普林尼和其他医学人士的错误》这部由合格的医学教授呈现的作品，旨在重树古希腊医学知识，并谴责那些因个人过失而糟蹋了希腊传统的人们，即（被莱奥尼切诺和波里齐亚诺共同批判的）阿拉伯译者和（波里齐亚诺认可的）以老普林尼为首的拉丁语作者们。争议中的这些错误涉及对古人的正确解读，但至于哪些古代权威最有价值，谁拥有修正这些错误的权利，以及如何去做都十分关键。视希腊医学高于阿拉伯和罗马评注者的这一立场后由莱奥尼切诺的学生们承袭，如乔瓦尼·马纳尔迪（Giovanni Manardi，1462—1536 年）和安东尼奥·穆萨·布拉萨沃拉（Antonio Musa Brasavola，1500—1555 年）就是其中二人。⑩

富克斯在《谬误》一书中和莱奥尼切诺一样，试图复兴希腊医学，但他并没有劳心劳力地像莱奥尼切诺那样谨慎地进行语言学研究，抑或查阅希腊手稿，更不用说去留意一个个字母之间的细微差别。不过，构成莱奥尼切诺部分鉴定过程的形态特征匹配，倒是为富克斯自己的鉴别工作提供了坚实的基础。判定富克斯只是肤浅地追随莱奥尼切诺未免不太公平，因为他对形态匹配的强调似乎是有充分的理由的，他后来在和一位同有人文主义倾向的医师的一场争议中澄清了这一点。

利用偶性：富克斯 vs. 蒙特

富克斯鉴别古老植物的方法受到了法国医师塞巴斯蒂安·德蒙特的质疑，继之而来的是一场来回于小册子上的争斗。蒙特最先在 1533 年发表的《有关近来医师所犯错误的小评论》(*Annotatiunculae...Errata recentiorum mediucorum*) 中提出了批评，而富克斯也于 1535 年在他的《三本自相矛盾的医学书》(*Paradoxorum Medicinae libri tres*) 中做出

---

⑩ 关于"费拉拉派"，见 Futton 1997b。

　　　　　　　　　　　　　　　　　　　　　为自然书籍制图

回应。1537 年，蒙特发表《论医学的两本书》（*Dialexeon medicinalium libri duo*）进行还击，其中包含了富克斯在《谬误》一书中的观点、蒙特自己在《有关近来医师所犯错误的小评论》中对它们的批评、富克斯在《三本自相矛盾的医学书》中的回应以及自己的最新回复。1538 年，富克斯在《三份辩解书》（*Apologiae tres*）中回复了蒙特，此作经修订后又于 1540 年以《关于某些难题的四本书》（*Libri IIII...difficilium aliquot quaestionum*）为名出版。[⑪]

对蒙特而言，药用植物知识由两个部分组成：对它们药用效能的认识以及对它们名称的了解。前者对医生来说无疑是必不可少的，但富克斯试图从植物的"偶性"而非本质上的不同来推断后一种（较次要的）名称的知识。偶性是一种无关对象状态、可有可无的特征。[⑫]富克斯指出，正如石头的坚硬或火焰的炙热，根、茎、叶、花的形状和颜色是存在于植物实体中"不可分离的"偶性，所以说，它们是"天生"的偶性，可以反过来被用于定义未知的实体，就好像我们可以区分天鹅和乌鸦一样。[⑬]蒙特反驳道，像乌鸦或埃塞俄比亚人的黑这样不可分离的偶性，在人的脑海中仍然是可以分离的，亚里士多德甚至记录过乌鸦变白的例子（《动物史》，3.12）。[⑭]蒙特的论点在于，即使人们预期乌鸦是黑色的，黑色也不是乌鸦自身的特质，因为白色的乌鸦偶尔会出现。黑色不能成为乌鸦在本质上的定义，因为这种特征必须奏效于该物种的每一个例子。不仅如此，偶性还可通用于不同植物：如迪奥科里斯所说，*iberis*［屈曲花属］有着 *nasturtium*［豆瓣菜属］那样的叶子，但这无法推断出 *iberis* 因此就是 *nasturtium*。确实，像 *apium*［芹属］这样的植物，其外形会随着时间变化

---

⑪ 见 Meyer 等人 1999，1：658，660，799–800。其他挑战富克斯作品的医师有 Symphorien Champier（1472—1537 年）及 Michael Servetus（1511—1553 年）；见 Meyer 等人 1999，1：798–816。

⑫ Monteux 1537，42–43。

⑬ Fuchs 1535，9v。

⑭ Monteux 1537，44。

而发生改变，但其药用效能却不会。[15]

　　这种交换以主谓关系的标准分类为基础，是所有受过大学教育的人最先在文科课程中的波菲利（Porphyry）的著作《亚里士多德范畴篇导论》（*Isagoge*）里学到的。[16] 波菲利讨论了五类"谓项"（predicable）（用于表述事物的词）：分别为"属"（genus）（例如：动物）、"种"（species）（例如：人类）、"种差"（difference）（例如：理性）、"属性"（property）（例如：能笑）以及"偶性"（例如：白色的）。波菲利的这些区分确立了谓项与其述说的主项之间关系的类别。因此，尽管"理性的动物"（属以及种差）一词可以和"人类"这一物种转换，"能笑的动物"（属和属性）一词也是如此，但"白色的动物"则不能。正如《后分析篇》所阐述的那样，这些是亚里士多德的科学知识体系中的重要考量因素，因为科学（*scientia*）的必要前提，必须通过谓项利用"属"搭配"种差"或"属性"构筑而成，而不能通过偶性。确实，亚里士多德曾声称偶性的 *scientia* 是不存在的。[17]

105　　波菲利曾分辨出两类偶性："偶性是基底未被破坏时来去变化的东西。它可被分为两类。一类偶性是可分离的，而另一类偶性是不可分离的。譬如睡觉是可分离的偶性，而黑色是乌鸦和埃塞俄比亚人不可分离的偶性。"[18] 富克斯和蒙特提及的"不可分离的偶性"皆出自此处。但波菲利告诉我们，即使是这些"不可分离"的偶性也不能互逆地去述说它们的主项，因为它们还被其他实体共享。[19] 此外，蒙特向富克斯提出的不可分离的偶性在"人的脑海"中仍可分离的观点，是波伊提乌（Boethius）对波菲利的评论中一个被人熟知的论点。[20] 因而，在亚里士

[15] Monteux 1537，45。
[16] Porphyry 1994，1–11。
[17] Aristotle，*Metaphysics*，6.2。
[18] Porphyry 1994，11。
[19] 出处同上，19。
[20] *Commentary on the Isagoge*，Boethius 1847，col.133。

多德的传统中建立有关主体本质的东西时，偶性是最薄弱的一环，因为它既没有因果性也没有断言性。[21]偶性虽无法在这一传统的知识体系中建立本质上的定义，但可被用于由主体的一系列特征或偶性组成的"分类"定义，每一个偶性都可被其他物种共享，但它们的总体会与主体拥有同样的范畴。[22]从传统上讲，这一定义在修辞学中被称为"描述"。[23]当蒙特把对植物表面特征的使用戏称为无法产生本质特性的"'属'与'偶性'构成的定义"时，他事实上是想说这更符合修辞学，而不符合逻辑上合理且必然成立的论点。[24]蒙特利用与偶性相关的标准、老套的论点，论证了植物的外表和本质之间不存在能保证牢靠地从前者推断出后者的固有关系。

为捍卫植物偶性的不可分离性，富克斯援引了在欧洲越来越受欢迎的辩证法指南的作者鲁道夫·阿格里科拉（Rudolf Agricola，1443—1485年）。[25]阿格里科拉讨论了"天生的偶性"（native adiacentia）的概念。[26]天生的偶性是一样东西与生俱来的特点，但这不取决于它的实体：加图是"智慧"的，但"智慧"不陈说它的实体——"人"。同样地，火的热、水的湿、地的干皆为"偶性"的例子（因为这些特质可以在其他实体中找到，例如：热水、湿地），但这些特质是在同一个实体保存完好的情况下持续存在的。[27]"天生的偶性"是源自事物本身的东西，就"好像"是与生俱来的。[28]富克斯补充道，自然事物在不受阻碍的情况下，会遵循寻常或普通的自然进程，实现自己的目标。在这自然的寻常进程

㉑ 对波伊提乌对《亚里士多德范畴篇导论》评论的评鉴，见 Marenbon 2003，23–31。

㉒ 相关背景见 Maclean 2001b，228–235。

㉓ 参见 Aristotle, Rhetoric, 3.6。

㉔ Monteux 1533, vr。

㉕ 对阿格里科拉的"天生的偶性"的援引，见 Fuchs 1540，95。关于阿格里科拉的 De Dialectica 的版本，见 Huisman 1985，17–87；其传播情况，见 Mack 1993，257–279。

㉖ Agricola 1515, Biii r。

㉗ 出处同上，Biii r–v。

㉘ "Nativa adiacentia sunt, quae intrinsecus ex ipsa oriuntur, velutique innata sunt." Agricola 1538，103。

下，这些"天生"的偶性实际上可以被视为内在固有的特质。富克斯由此认为，植物的这些"天生"的偶性在"自然法则"（leges naturae）下与其实体不可分离。[29]这些"自然法则"赋予了富克斯一个强大的理由来将某些偶性视为"固有"的东西，并且将"描述"用于鉴定。一贯被用来表明乌鸦的黑和天鹅的白不能成为实质性特质的白乌鸦或黑天鹅的情况，超出了平常的自然进程的范围。

阿格里科拉还曾指出，鉴于"属性"和"种差"不易找到，我们可以通过叠加偶性直至同属的其他种全被排除在外的办法来描述主项。[30]运用偶性进行定义的有效性还得到了一名路德派教育改革者菲利普·梅兰希通（Philip Melanchthon，1497—1560 年）的肯定，他与富克斯有过通信交流。[31]梅兰希通就富克斯和蒙特的争执对富克斯表示同情，并称蒙特是个无能又傲慢的人。[32]在他撰写的辩证法教科书中，梅兰希通用对植物的描述为"由偶性构成的定义"（definitio ex accidentibus）举例，后者可以让我们区分天鹅和乌鸦，还可以用来描述人，例如把瑟赛蒂兹（Thersites，《伊利亚特》[Iliad]，2，惹怒了阿基里斯和奥德修斯的粗野士兵）描述为"斜视、驼背且粗鄙无礼的"人。[33]据梅兰希通所说，这些定义是有效的，因为我们难以获得包含"种差"的定义。[34]他还补充道，描述对于帮助人们领会未知的实体是有效的。准确地说，他是这样写的，在人类已然堕落了的情况下，人们只可通过这些偶性来理解实体。[35]通过引用荷马对瑟赛蒂兹的描述，富克斯同样指出从众多偶性中获取一些关于实体的模糊观念是人类学习知识的方式。他带有修辞色彩地问道："当我们几乎在任何地方都通过提及偶性来谈及事物的'差异'

㉙ Fuchs 1540，94–95。

㉚ Agricola 1515，A5v；亦见于 Mack 1883，153。

㉛ 梅兰希通对富克斯的夸赞见于 Melanchthon 1977—，no.1430，T6：79–81。

㉜ 致富克斯，1537。Melanchthon 1834—1860，3：411。

㉝ Melanchthon 1531，E2v。

㉞ *Erotemata Dialectices*（1547），Melanchthon 1834—1860，13：522。

㉟ 出处同上，528–529。

时，一个从由偶性构成的定义中得到的论点还是无用的吗？"[36]

蒙特引述了盖伦和老普林尼对使用图画的反对意见，用来作为偶性定义不可被接受的证据。[37]富克斯回应道，盖伦在《论药用植物的功能》中所表达的意思其实是，继迪奥科里斯之后，我们再也无须描绘植物，因为他对草本植物的描绘如此精湛，无人能找到丁点瑕疵，[38]而老普林尼的原意是色彩丰富的图画难以与自然媲美。[39]蒙特和富克斯自认为对这些古代陈述的正确理解，与其说是提供信息，倒不如说是反映了他们对图画的个人态度。

富克斯在他的《谬误》一书中对同代及阿拉伯人对药用植物的理解的批判，于1531年在布伦费尔斯的植物志《活植物图谱》卷二中再版，一同呈现的还有莱奥尼切诺和潘多尔福·科莱努乔（Pandolfo Collenuccio）所写的关于普林尼的争议的短文。[40]布伦费尔斯的《活植物图谱》卷三在不同的植物上使用了重复的图像。[41]图像的重复可以说是为蒙特谋得了便利，因为蒙特对图像的反对态度正是建立于外表特征可被多种植物共享，从而无法充分地被用来区分不同物种的论点。即使某些植物确实共享部分特征，一幅植物图画若是一幅完整的描绘，仍应与任意其他植物的图画看起来不同。值得一提的是，最初是蒙特把富克斯对偶性及描述的运用和图

107

㊱ "就像荷马笔下所写的那样，如果瑟赛蒂兹有着斜视、尖脑袋和驼背，那他就是个粗鄙无礼的话痨，人们总是通过众多偶性来获取一些关于实体的模糊图像，以此方法来进行认知。所以说，当我们几乎在任何地方都通过提及偶性来谈及事物的'差异'时，一个从由偶性构成的定义中得到的论点还是无用的吗？而且也没有那么多正式的名字能用来表达这些差异。"Fuchs 1535，9v–10r。

㊲ Monteux 1533，vv。

㊳ Fuchs 1533，vv。

㊴ 出处同上。关于波伊提乌把修辞上的描述与色彩上的描绘相比拟，参见 Maclean 2005b，169n11。

㊵ "莱昂哈特·富克斯对一些没有被医师正确理解的植物和药用植物的评注。"Brunfels 1530—1536，2：129-155；莱奥尼切诺的 *De falsa quarundam herbarum inscriptione a Plino* 以及科莱努乔的 *Adversus Nic. Leonicenum Pliniomastigen defensio* 也被包括其中。关于布伦费尔斯在这些意大利观念的传播中所扮演的角色，见 Dilg 1975，247-249。

㊶ 例如 Brunfels 1530—1536，2：20（*foeniculum*）和 3：174（*antheum*）。更多例子另见 Sprague 1928，80。

画联系在一起的。[42] 很可能正是与蒙特的这场争论激发了富克斯思考出属于自己的以偶性为中心的匹配图画与植物的方法。

《植物史评论》

1536 年，画家海因里希·菲尔毛尔和阿尔布雷希特·迈尔的名字出现在了符腾堡公爵乌尔里希的记述中，这很可能与他们为公爵在图宾根和斯图加特附近的城堡作画有关。[43] 二位画家一定是在公爵的这次委托后不久开始为富克斯工作，因为截至 1538 年 10 月，富克斯报告称他的植物志已包含了 350 余幅植物图画，只是它们还未准备好被印刷。[44] 虽然我们不知道施佩克林于何时何地为富克斯刻制了版画，这本书于 1542 年准备就绪了。

这本由迈克尔·伊桑格兰出版于巴塞尔的书名为《植物史评论》（*De Historia Stirpium Commentarii Insignes*）。这是一部拥有将近 900 张纸（37.8 cm × 24.5 cm）和 500 多幅全尺寸植物图画的大本图书。赠给勃兰登堡藩侯约阿希姆二世（Joachim II, Margrave of Brandenburg, 1505—1571 年）的献本想必是经过上色的，但没有封皮，价值 15 弗罗林。[45] 这相当于富克斯在大学的月收入（稍高于 16 弗罗林 / 月），尽管他一定和普拉特一样，能通过行医得到额外收入。[46]

书一打开，映入眼帘的便是作者 41 岁时的全身画像（图 5.1）。该

---

[42] 蒙特的反对声明题为 "Quod picturae simplicium medicamentorum sint fallaces, et inde ducta argumenta sint fallacia", Monteux 1533, vr。

[43] Rott 1933—1938, vol.1 *Bodenseegebiet Text*, 160; vol. 1 *Bodenseegebiet—Quellen*, 167; vol. 2 *Alt-Schwaben und die Reichsstädte*, LVI。

[44] Meyer 等人 1999, 1: 48。亦见梅兰希通致富克斯, 1538 年 11 月 12 日。Melanchthon 1977—, no. 2117, T8: 251。

[45] Fichtner 1968, 78。

[46] 他 1535 年和 1537 年的薪资为 160 弗罗林，因 "出版了自己的书籍" 获得了额外的 15 弗罗林以及 "住宿费" 15 弗罗林。他 1540 年的薪资为 200 弗罗林，其中包括了住宿用的 5 弗罗林。见 Meyer 等人 1999, 1: 283–284。

时期在印刷书籍中呈现作者的方式有好几种：圣徒学者（saint-scholar）、某研究领域的学者、在教室为学生授课的教师、献书给权贵的捐赠人、被圆形装饰或其他古典图案包围的古典人像。[47] 这些肖像往往不大，倾向于把关注点集中于头部，并通过书、笔等象征强调著者的身份。相较之下，富克斯的肖像则显得与众不同：这是一幅没有背景、环境设定、装饰图案或将他与传统版式相连的全身人像。他手中没有捧着书，取而代之的是一枝石蚕叶婆婆纳。[48] 这与他对 *autopsia* 概念的重视巧妙地结合在了一起，他在序言中也表露出了这一点：

> 在获取这些知识的时候，仅仅观察这些草药的个体特征一次、两次、三次是不够的，而是需要反反复复许多次，盖伦也是如此提醒我们的。既然除了古代的哲学家以外，医师们同样认为**亲眼目睹**（*autopsia*）以及全面观察在获取精确的植物知识的过程中必不可少，我们不能将这些调查任务交到粗野拙劣的药贩、与他们一样无知或更加粗鄙的助手或愚笨无能的大众手里。[49]

108

选用 *autopsia* 一词极可能是深思熟虑后的决定，因为它与迪奥科里斯的《药物论》遥相呼应。尽管这幅肖像确实突出了亲眼观察以及亲自接触植物的重要性，但由此推断富克斯完全无视书本只凭观察则过于鲁莽。毕竟，这是一本书——他自己的书——中的一幅版画。

我们之前已在《植物史论》的末尾见到了工匠的肖像（图 1.14）。收 **109**
录了他们的画像这一点是格外重要的，因为富克斯几乎不曾提及对此书做出了贡献的其他人。尽管他在序言中列出了在总体上对他的植物研究做出过贡献的同代著者（埃尔莫劳·巴尔巴罗 [Ermolao Barbaro]、

㊼ 关于该时期著者肖像的有益概述，见 Mortimer 1996。
㊽ 对这一植物的鉴定出自 Baumann 等人 2001，143。
㊾ Meyer 等人 1999，1：204（译文稍有修改）。序言原文使用的是希腊词语；Fuchs 1542，4r。

图 5.1　莱昂哈特·富克斯的《植物史论》（1542 年）里的作者肖像，α1v。24 cm × 11.5 cm 的木版画被印刷在 37 cm × 23 cm 的纸张上，这说明原纸张的尺寸是书写用纸的大小，而不是绘图纸的大小。剑桥大学图书馆，Sel.2.81。

奥托·布伦费尔斯、希罗尼穆斯·博克［Hieronymus Bock］、奥伊里丘斯·科尔迪斯［Euricius Cordus］、瓦勒留斯·科尔迪斯［Valerius Cordus］、让·吕埃尔［Jean Ruel］，及马尔切洛·韦尔吉廖［Marcello Vergilio］），但除了给过他 larix［落叶松］的勃兰登堡藩侯格奥尔格和为他提供了外来植物（富克斯没有细数是哪些植物）的纽伦堡医师希罗尼穆斯·沙勒

为自然书籍制图

（Hieronymus Schaller），他极少感谢在这本书上给予了他帮助的人。[50] 上述这些人和受献人约阿希姆二世（格奥尔格藩侯的远堂兄）都没有在书中得到描绘，[51] 这更强调了富克斯对参与制图的工匠的重视。

他显然对作品非常满意："我们勤勤恳恳、心无旁骛，小心谨慎地避免使用阴影以及其他那些常为画家的艺术带来荣誉的不那么必要的东西，以免遮蔽了草药的'自然形态'（*native forma*），我们唯恐这些大师们随心所欲地追随自己的兴致，让图画与真实（*veritati*）脱离。"[52] "自然形态"很可能暗指的是"天生的偶性"——在他看来十分重要、需要保护起来免受蒙特攻击的外表特征。假设我们把书中的版画和多东斯《五乘以六：三十本植物史》里的相比，我们便能发现，富克斯的版画中阴影极少（图 3.13），以至于我们无法辨认光源方向、视角或纹理、图案上的细节。用布莱恩·奥格尔维的话来说，富克斯的版画图像的整体效果是"一览无遗的"。[53] 《维也纳古抄本》（*Vienna Codex*）的存世画稿显示，画家能够清楚地理解阴影最少的要求，因为富克斯在图画上表达的个人干预似乎只局限于形态上的细节（图 5.2）。[54]

《植物史论》的序言带有典型的文艺复兴意味，它表露了富克斯想要振兴衰败的古老知识的愿望。延蒂乌斯（Gentius）、米特里达梯（Mithridates）和所罗门（Solomon）等古代统治者被称赞为理解植物知识的重要性且对此抱有积极兴趣的人。古代的哲学先驱和医生们也一致认为近距离的一手考察是获取这方面知识不可或缺的部分，而且他们把去多地旅行视为己任，因为这样才能在学习植物图像的同时，也用自己

---

50 Meyer 等人 1999，1：125（藩侯格奥尔格），211（沙勒）。

51 约阿希姆二世的祖父 Johann Cicero of Brandenburg 与格奥尔格的父亲 Friedrich V of Ansbach 是兄弟。

52 "De industria vero et data opera cavimus ne umbris，alijsque minus necessarijs，quibus interdum artis gloriam a ectant pictores，nativa herbarum forma obliteraretur；neque passi sumus ut sic libidini suae indulgerent artifices，ut minus subinde veritati pictura respondet." Fuchs 1542，[α6] v。

53 Ogilvie 2006，196。

54 关于这种注解方式，见 William Sherman 2005。

图 5.2　由约尔格·齐格勒（Jorg Ziegler，姓名首字母在右下角）所绘的 *phu* 的大图与小图。富克斯标注了他的指示：他在植物的右上方写道，花与叶需要变得更大。他还在花的线图旁边写道，开了花的应该这么大。*Codex* 11 125, 3（3）: 271，ÖNB/Wien/E26.109C。

的双眼去仔细观察各类植物，把它们拿在手中品尝，从而了解这些植物的效用。但是一旦医师们认为这一学问有失他们的尊严，它们就落入了农民、老媪和文盲之手。[55] 如今，医师们必须从药商和文盲手中拾回这些

⑤⑤ Fuchs 1542，［α3v］–α4r. 完整译文可见于 Meyer 等人 1999，1: 198–219. 关于"老媪"（old wives）这一惯用说法，见 Reeves 1999 及该书列举的文学作品。

原始的植物知识。[56]

对富克斯而言，原始的植物研究是医师们的医学研究中一个重要组成部分。确立植物的名称和药性是这一学问的核心。在能够确立合适的希腊名称时，富克斯便会使用这些名称。[57]对于那些不为古人所知却被当时的外科医生广泛用于伤口处理的植物，富克斯会保留它们那些常用的"粗俗"叫法。不过这些植物一般不会被提及，除非它们有明确的医药用途——比如有愈合伤口之功效的 pilosella。[58]对于我们能辨认出是来自新大陆（New World）的植物，富克斯会通过鉴定它们为某已知植物的种，或与某已知植物类似，来确立它们的药用疗效。比如辣椒（chili pepper）被视为老普林尼笔下（《自然史》，20.66）中的 siliquastrum，与黑胡椒（true pepper）属性相同，有着强大的散寒除湿的特性和促进消化、止咳的作用。[59]南瓜（原产墨西哥）和迪奥科里斯、盖伦、老普林尼所称的 cucumis ［甜瓜属］被分在一类，cucumis 有一些清热特性，对膀胱功能大有裨益，还可恢复失灵的嗅觉。[60]尽管富克斯的主要兴趣是植物的医药用途，但他似乎没能忍住把 mala insana——我们所说的茄子——列入书中，mala insana 对德意志地区而言是陌生的，它们似乎只能用于烹饪，将其水煮、在盐水中腌制或抹上盐和胡椒后油炸，切成圆形或条状后，放入沙拉中。不过，它们不易消化。"Malum insanum 是给追求享乐和愿意尝尽天下食物的人吃的。所以，那些稍有健康意识或从一开始就被它的名字吓到的人们会对这些果实避而远之。"[61]人们对 malum insanum 的疑虑一直持续至 16 世纪末期。[62]

与其把和每种植物相关的所有已知名称一一堆砌起来，富克斯称他

---

[56] Fuchs 1542，α4r。

[57] 出处同上，［α5］v。

[58] 出处同上，604。

[59] 出处同上，731，735。

[60] 关于这五种植物的内容出自 Meyer 等人 1999，1：614–625 的译文。

[61] Fuchs 1542，532；Meyer 等人 1999，1：76（译文稍有修改）。

[62] 关于敢吃 verangenes ［茄子］的勇者，见 Harrison 1968，264。

使用了少量但"真实""正规"的名称，以免名称上的混乱引出更多混乱。[63]在判断植物的药用价值时需要格外谨慎，因为一旦出错或可危及生命。[64]富克斯还理论道，在确定植物的医用功效时，如果迪奥科里斯、盖伦和老普林尼的看法一致，我们便大可放心，但如果三人之间意见不合，盖伦的可信度高过迪奥科里斯，而迪奥科里斯的可信度又高过老普林尼。[65]对于古人不了解的植物，富克斯选择跟随盖伦，只有盖伦意识到对植物功效的研究依靠的是"理性和经验"。[66]富克斯在书中根据希腊字母表给植物排序时引用的权威人士也是盖伦。尽管迪奥科里斯想要把相关植物归类的愿望众所周知，但对于富克斯而言，还是按照字母顺序着手更为实际，毕竟收集植物并为它们准备图画已然耗费了他好几年的时间。[67]因此，富克斯自命为一位责任重大且学问精深的医师，跟随盖伦的步伐追求古医学的实践，只是他身处的世界还存在着那些不为古人所知的植物。

对这样的项目来说，图画的重要性非同小可：

> 在对植物描述的基础上，我们还给每种植物加上了图画（*imagines*）。这些图画栩栩如生（*vivas*）、模仿自然（*ad naturae aemulationem*），如果我可以这样说的话，它们比以往的诠释都更为巧妙高明。我们这么做没有其他原因，只因图画相比苍白的文字，对事物的表达更加精准，并且能更深刻地将它们印刻在人们的脑海中。[68]

富克斯的图画无疑比描绘装有芦荟的广口瓶这样的图画要"生动"

---

[63] Fuchs 1542，[α6] v.
[64] 出处同上。
[65] 出处同上。
[66] 出处同上。
[67] 出处同上。
[68] 出处同上；Meyer 等人 1999，1：210（译文稍有修改）。

得多。^⑥他给出的使用图画的理由，基于的依然是图画比单独的文本更有助于记忆这样的老生常谈。^⑦确实，富克斯还进一步强调称：

> 当我们一致赞成图画比任何文字，即使是最能说会道之人的话语，都能更清晰地表达一样东西的时候，试问还有哪一位拥有健康头脑的人会去谴责图画？事实上，我们所有人生来就注定会为图画着迷。那些被描绘于纸张和木板上再呈现在我们眼前的东西，比用空洞的文字描述的东西更能深刻地依附在人的心底。所以很显然，有许多植物无法通过文字描述被辨识出来，但若是放在人们眼前的图画里，人们目光所及的第一眼便能立刻识别。^⑦

为了在这个以仿效古老实践为核心的人文主义项目中纳入图画，富克斯在古人曾谴责图画无用的问题上先发制人。他一再重申之前自己的论点，即盖伦在《论药用植物的功能》的著名段落中并非视图画无用，而是想说图画尤其在迪奥科里斯之后开始变得多余。^⑦富克斯指出，画画和文学一样是古希腊出身自由的男孩所学的自由之艺中所包括的内容，因为绘画能够表达事物的本质并且巩固他们的记忆。^⑦不过对富克斯而言，图画的功能远比单纯的提高记忆要强大得多。

---

⑥ 关于芦荟广口瓶，参见 Dorsten 1540，25r。

⑦ 关于此主题，见 Nordenfolk 1985。

⑦ "Quis quaeso sanae mentis picturam contemneret，quam constat res multo clarius exprimere，quam verbis ullis，etiam eloquentissimorum，deliniari queant. Et quidem natura sic comparatum est，ut pictura omnes capiamur: adeoque altius animo insident quae in tabulis aut charta oculis exposita sunt et depicta，quam quae nudis verbis describuntur. Hinc multas esse stirpes constat，quae cum nullis verbis ita describi possint ut cognoscantur，pictura tamen sic ob oculos ponuntur，ut primo statim aspectu deprehendantur." Fuchs 1542，β〔1〕r。

⑦ 出处同上，β〔1〕r。

⑦ 出处同上。

一一对应

富克斯强调，他对图画的用法与当时植物志中的用法不同，尤其是由法兰克福出版商克里斯蒂安·埃格诺尔夫印刷的那些，这位精于盘算的商人会用更小且更廉价的版式把他人出版物中的文本和图画复制在自己的书中。[74] 据富克斯所说，埃格诺尔夫会把同一幅图画和相同的名称用于不同的植物——这一控诉可在埃格诺尔夫出版的特奥多尔·多斯通（Theodore Dorsten）的著作《植物书》（*Botanicon*）（1540）中被证实：*mercurialis*［山靛属］和 *atriplex*［滨藜属］的版画相同（图 5.3），*gladiolus* 这一名称被用在了三种不同的植物上。[75] 富克斯还在布伦费尔斯的书中找到了同样的错误，但除此之外，富克斯赞许该作品带领德意志步入了"正道"（*recta ratio*），即对植物进行自然主义而非有助于记忆的描绘。[76] 印刷商对相同图画的重复使用，是他们唯利是图、漠视学术的标志。[77]

对早期和同代的作品提出这样的批评难免会增加自己作品受人议论的风险。的确，富克斯保证，在自己的书中每幅图画只将对应一种植物。*Atriplex* 和 *mercurialis* 看起来十分不同（图 5.4）。但是富克斯对植物和图画一一对应的坚持，不仅仅是为了把自己和贪婪的出版商们区分开来，而且是对他把古老植物和当时植物在形态上进行匹配、被他的对手戏称为图绘法的鉴定方法的一种可视化。如果同样的图画被重复用于不同的植物，那么蒙特的主张就会得到证实，偶性被许多种共享，因此无法提供充分的定义或区分。

---

[74] 见第四章。

[75] Fuchs 1542，［α5］v-［α6］r；关于重复的图像，参见 Dorsten 1540，106r 和 108v，35r 和 189v，16r，120r，以及 140r。

[76] Fuchs 1542，［α5］r。

[77] 出处同上，［α6］r。

图 5.3　埃格诺尔夫出版的特奥多尔·多斯通的著作《植物书》在对 *atriplex* 和 *mercurialis*
的描绘上使用了相同的木版画。来自特奥多尔·多斯通，《植物书》（1540），35r，189v，
局部。剑桥大学图书馆，L.3.3；曾归大主教托马斯·克兰麦（Thomas Cranmer）所有。

完整无缺的图画

富克斯还解释道，每一幅他的图画都取材于"鲜活"植物的轮廓和
形状，图中包括根、茎、叶、花、种子和果实（图 5.5），因而是"完

整无缺的"（*absolutissima*）。[78]*Absolutus* 是一个形容词，指完整、不依靠任何其他东西以及完美。[79]Absolute 作为完美之意，绝对是这一时期它在英文中最常见的用法之一，我们之后会看到，维萨里也是这样使用的。[80]自中世纪晚期起，这一形容词还被用于上帝的"绝对权能"（*potentia absoluta*）这一概念，与授权祂按照自己（自由）建立的秩序活动的"定旨权能"（*potentia ordinata*）形成对比。[81]富克斯在序言中所用的 *absolutus* 一词表达的是"完整"的意思——也就是说，植物中没有任何一个部分是缺失的。这里所谓的"完整"有两层含义。[82]首先，富克斯把特定植物的不同阶段——典型的有萌芽、开花和结果——都整合进了同一簇灌木中（图 5.6）。这一历时性策略很好地回应了老普林尼对图画无法捕捉植物跨季度变化的保留意见。第二类"完整"图画把各个变种整合在了一起，仿佛它们都在单一植物内生长（图 5.7）。[83]以 *lamium*［野芝麻属］为例，富克斯指出它的变种之间，除花朵颜色以外没有其他区别，所以他把所有的变种都放入了同一幅图画中。[84]这种复合图像使他能够更有效地讨论变种的形态，当然也能起到节省成本的作用。[85]

把不同变种合并至同一幅图示的策略在植物上很适用，在动物上却不然。比如格斯纳曾为展现灰色和棕色两种不同的貂，在他的《动物

[78] "Quod ad picturas ipsas attinet, quae certe singulae ad vivarum stirpium lineamenta et effigies expressae sunt, unice curavimus ut essent *absolutissimae*, atque adeo ut quaevis stirps suis pingeretur radicibus, caulibus, folijs, floribus, seminibus ac fructibus, summam adhibuimus diligentiam." 富克斯，出处同上，［α 6］v（斜体为我所加）。

[79] "Perfectus, ad nem perductus, nulla re indigens." *Thesaurus Linguae Latinae*，1：178。对该词进行了权威性论述的经典文句包括［Cicero］1968，*Ad Herennium*（1.14.24）与 Pliny the Younger 1969（5.15.1）。

[80] 关于托马斯·史密斯爵士（Sir Thomas Smith）和威廉·莎士比亚笔下的英语词"absolute"的词义，见 Daly 1978，228–231。

[81] 在 *potentia Dei* 的问题上，我遵循的是 Oberman 1963，30–56。关于绝对的君主权力，见 Daly 1978 和 Miller 1990。

[82] Blunt and Stearn 2000，67–71；Ogilvie 2006，196。

[83] 例如 Fuchs 1542，352，469，825。

[84] Fuchs 1542，468。

[85] Blunt and Stearn 2000，71。"复合"图像一览表，见 Meyer 等人 1999，1：121–122。

(a)

(b)

图 5.4　莱昂哈特·富克斯《植物史论》（1542 年）中的 *atriplex*（a）和 *mercurialis*（b），118，475。剑桥大学图书馆，Sel.2.81。

图 5.5　描绘了根、叶、花、果的 *dracunculus* 图。请注意，图中的叶子被描绘成翻转或卷曲的样子，如此一来植物的外观更为完整（而不平面），叶子的正反两面都得到了展示。来自莱昂哈特·富克斯，《植物史论》（1542），235。剑桥大学图书馆，Sel.2.81。

图 5.6　*Prunus* 的历时性木版画。来自莱昂哈特·富克斯，《植物史论》（1542），404。剑桥大学图书馆，Sel.2.81。

　　　　　　　　　　　　　　　　　　　为自然书籍制图

图 5.7　*Lamium* 的各个变种被整合进了同一簇灌木中。来自莱昂哈特·富克斯,《植物史论》(1542),469。剑桥大学图书馆,Sel.2.81。

史》中重复使用了同一幅貂的版画（图 5.8）。[86] 把版画中的貂上色成一半棕、一半灰，可能会使读者感到困惑，这究竟表现的是一种拥有双色皮毛的动物，还是两种颜色不同的动物。事实上，富克斯在讨论"土耳其谷物"（即玉米）的彩色图像（图 5.9）时也考虑到了这层歧义："这幅图在一个叶鞘中展现了谷物的四种颜色，不过事实上每一根的所有谷粒颜色相同，为黄色、紫色、淡红或偏白之间的其中一种。我们认为应该预先提醒大家这一点，以免有人被图画误导。"[87] 富克斯清楚地意识到，他的读者可能会认为图画描绘的是一个单一的样本或品种，尤其是在他们很可能从未遇到过稀有或外来植物的情况下。富克斯未雨绸缪，以免读者从他"*absolutissima*"的图像中得出错误的结论。当然，手拿未着色印本的读者是无法获知这一点的。

因此，富克斯力图保证他图画中的植物是尽可能"完整"、没有一点瑕疵的。他的图画当之无愧地被称为是"理想"的，[88] 而且图画与著作的本质也相吻合：他不是在讨论这份样本或那份样本，而是在论证一整个物种的药用价值，适用于既定物种的所有个例。

争论与裁决

现在让我们来看看，图画在富克斯的著作中是如何发挥作用的。*petasites*［蜂斗菜属］的志（*historia*）是从它的名字开始说起的：它在希腊语中被称为 *petasithes*，在拉丁语中被称为 *petasites*，但它对同代药剂师来说是完全陌生的。它的德语名称是 *Pestilenzwurz*，因为它的根能对传染性的发热病起到立竿见影的缓和作用。*Petasites* 这一名称来源于希腊词语 *petasos*，意为帽子，因为它的叶片很大，像帽子或蘑菇一样盖

---

[86] Gessner 1551—1558, 1：865–666（参见 851 和 852）。

[87] 译自 Meyer 等人 1999, 1：624。

[88] 见于 Blunt and Stearn 2000, 67；Ganzinger 1959, 215。

图 5.8　用同一幅木版画描绘了两种不同的貂：一种皮毛为灰色，另一种为棕色。来自康拉德·格斯纳，《动物史》1：865，866。剑桥大学图书馆，N*.1.19（A）。

图 5.9　*Turcicum frumentum*. 来自莱昂哈特·富克斯，《植物史论》（1542），825，局部，伦敦惠康图书馆。

在花梗上。^⑧紧接着的是植物形态的部分，富克斯首先引用了迪奥科里斯对植物的描述（《药物论》，4.107）："它的花梗比一腕尺长，和大拇指一样粗，上面有一片形如帽子的大叶子，仿佛蘑菇一样悬在那里。"^⑨然后富克斯引出了与迪奥科里斯的描述相对应的图画（图5.10）："大家可以从这段描述中清楚地看出，我们给出的图画中描述的草药正是*petasites*。"^⑨接着富克斯圆滑地转换了话题，开始介绍起所绘植物的更多特征："这种植物总是于三月初在叶子旁长出成簇的葡萄形状的紫色花朵。"据富克斯所说，迪奥科里斯遗漏了这一特征。^⑨再后来，富克斯提及了甚至没有被描绘于图中的新特征："它的根又粗又长，里面为白色，气味浓烈，味苦。由此可看出，它的功效与*petasites*的功效别无二致。"^⑨我们一会儿就会明白，这段根部的描述对富克斯而言至关重要。

目前富克斯做了以下这些：他通过将迪奥科里斯用文字描述的特征和一幅植物图画中所描绘的特征相匹配，确认了某种古代植物即为当时的某种植物。此处的假设是，图中描绘的是一种已知的当时的植物。紧接着在文本中，富克斯把所绘植物额外的特征抽离出来，称它们为古人所遗漏，再把这些特征归到古老植物上。这些额外的特征包含了无形且无法被描绘的特点，例如味道和气味。可见，图画不仅表现了植物可见的外部特征，还表示了包括味道和气味在内的既不可见也不可描绘的特征。富克斯从未解释过这些与对象相关的知识在最开始是如何获取或被证明的——他似乎想当然地认为，读者一旦通过图画辨认出了所绘植

---

⑧ Fuchs 1542，643。参见迪奥科里斯对*petasites*的描述："它是个嫩枝，比一腕尺高，和大拇指一般粗，长有大的好似蘑菇一般的帽状叶子，磨碎后涂抹在恶性瘤状的溃疡患处有疗效。"Dioscorides 2005，292–293。

⑨ "Pediculus est cubito major, crassitudine pollicis, in quo petasi figura folium magnum, ut fungus dependet. Ex qua sane descriptione satis perspicuus fit, herbam cuius picturam damus esse Petasiten." Fuchs 1542，643。

⑨ 出处同上。

⑨ 出处同上。

⑨ 出处同上。

为自然书籍制图

图 5.10 *Petasites*. 来自莱昂哈特·富克斯，《植物史论》（1542），644。木版画 32 cm × 20.5 cm。剑桥大学图书馆，Sel.2.81。

物，便能回想起它的味道、气味和对应的开花季节。富克斯的策略预先假定了读者具备某些知识，且有能力回忆起所绘植物不可见的特征。他一定是考虑到图画所能表达的东西要多于其表面所呈现的东西这一潜力，才会认为图画比文字更有表现力，但这种表现力是以读者已知某些知识为先决条件的。

121 　　富克斯继续对它加以阐述：关于其所在地，人们常在潮湿的草地或溪流边发现大量 *petasites*。[94] 至于季节，它在三月初开花，花朵在接近四月时凋落，留下果实，然后叶子跟随花梗一齐长出。[95]

　　接下来的是药性部分。在古典医学中，所有药物都有自己的药性——被定义为干、湿、凉、温四种属性。干与湿是一组相对的属性，冷与热亦然。每种属性的强度分为四度，一度最为轻微，四度最为强
122 烈。[96] 据富克斯所述，*petasites* 性干，强度为第三度，这一点可以轻易地通过它的苦味推断得知。[97] 富克斯继而列出了古代权威归给该植物的医用功效：据迪奥科里斯所说，可将 *petasites* 捣碎后施于患处，治疗恶性溃疡。盖伦认为它对治疗恶性及崩蚀性溃疡大有益处，埃伊纳岛的医师保罗（Paul of Aegina）也表示赞成。[98]

　　富克斯又在附录中罗列了其他的医药用途，这里我们便能看到之前提到的 *petasites* 的根的重要性了。富克斯"凭经验而论"，说它的根能够极佳地缓解传染性发热病，因为把它磨成粉并与红酒一同服食后，能够大力促进排汗。[99] 他还指出，这与盖伦在《论药用植物的功能》（4.17）中讲授的大意一致：某些剧烈药性可促进排汗。通过图画引出并被归为古典植物 *petasites* 的一部分的这种苦味的根，如今成了富克斯这名盖伦派好医生的实践的证明，因为他展示了自己的经验与盖伦本人提出的普通原理相吻合。所以说，就在富克斯与提倡"理性和经验"的盖伦为伍，跟随其步伐前行的同时，图画帮助他补充并且改进了古人的遗作。

---

[94] Fuchs 1542，643。

[95] 出处同上。

[96] Riddle 1985，171–172。

[97] Fuchs 1542，645。

[98] 出处同上。

[99] 出处同上。富克斯补充说，它还可缓解子宫疼痛，驱除肠虫，利尿催经，治疗潮湿伤口。

名称、外观、物种、生长地点、季节、药性、功效这些标题在中世纪和当时的植物志中均能看到。[10]例如布伦费尔斯在阐述各位古代著者"主张"的部分中包含了对植物形态的描述，但除了植物名称无法被确定的情况，他极少参考植物图绘。对富克斯而言则恰恰相反，植物的形态这一部分成了重中之重，因为图画是鉴定植物及发现其药用价值的关键。

富克斯坚信图画能够将整个对象展现出来，也正是这份信心引导了他使用图画来解决意见上的分歧。比如在 hortense serpyllum 和 sylvestre serpyllum 的案例中："普林尼与迪奥科里斯意见相左，前者认为 sylvestre serpyllum 会在地上匍匐生长，而 hortense serpyllum 永远不会，因此大概率是迪奥科里斯判断错误。但是药草本身和其生动的图像足以证明，迪奥科里斯的看法才更为准确。"[11]富克斯驳倒他人对植物的错误鉴定也是通过诉诸图画。在将迪奥科里斯口中的 agrostis［剪股颖属］的特征和一幅 gramen 的图画进行比对后，富克斯写道："应该没有人会看不出来 gramen 的每个特征都和 agrostis 相对应。因此，认为 agrostis 是 euphrasia［小米草属］的人应当受到谴责。"[12]如此一来，图画不仅能展现物体，还能对古代和同代权威之间的矛盾见解做出最终裁决。

富克斯的《植物史论》是他通过匹配植物的外部特征或其"偶性"[123]来复兴古典植物研究的成果。富克斯在认真思考了对他以图画为论据的种种批评后，恰恰通过消除植物品种歧义的图像论证，公然对抗了那些对他持批评态度的人。植物与图画之间的一一对应保证了他研究方法的有效性：富克斯凭借完整无缺的图画对一般化的调查对象进行探讨，并

---

[10] Stannard 1978, 443–449。

[11] "Plinius secus quam Dioscorides hortens serpyllum nequaquam, sylvestre vero humi serpere asserit, adeo ut subesse in hoc mendam verisimile sit: res enim ipsa et vivae herbarum imagines satis testantur, Dioscoridis sententiam esse veriorem." Fuchs 1542, 250（De Erpyllo）。参见 Pliny the Elder, *Historia Naturalis*（20.90）以及 Dioscorides, *De Materia Medica*（3.38）。

[12] Fuchs 1542, 135（"De agrosti"）。

且对相互对立的意见做出裁决。因此，在富克斯为复兴原始的药用植物知识所做的不懈努力中，图画如印刷书籍所呈现的那样，是不可或缺的组成部分。利用偶性研究自然的不止富克斯一人，另一位受过古典教育的医师纪尧姆·龙德莱（1507—1566 年）在他有关海洋鱼类的图绘研究中提出，亚里士多德和泰奥弗拉斯托斯（Theophrastus）能够证明，利用偶性来鉴别鱼类完全合理，因为真正的"种差"和"属性"太少，实在难找。[⑩] 不过，假定人文主义与图像的使用之间存在某种固有的联系，或者臆测富克斯对图像的使用只限于我们目前在《植物史论》中见过的那些，仍言之过早。

[⑩] Rondelet 1554, 1: 3。关于该书与当时草本植物志之间的相似之处，见 Reeds 1991, 63-64。关于偶性定义的地位的后期发展，见 Maclean 2005b。

为自然书籍制图

第六章　关于图画的争论：回应富克斯的《植物史论》

富克斯把图画整合到了《植物史论》这桩恢复植物古典知识的文艺复兴事业中。从人文主义辩证法的角度积极看待、描述并且发现了图画的积极作用的人的存在，使人们倾向于认为人文主义者普遍会对图画抱有赞同的态度。然而，本章即将讨论的富克斯和科尔纳瑞斯之间的分歧告诉我们，事实远非如此。我们有必要认识到，富克斯、蒙特、科尔纳瑞斯等接受过大学教育的医师们对图像的使用所持的态度各有不同，但同样值得注意的是，富克斯在传播自己的药用植物知识时，也并没有将自己局限于一种使用图画的方法。图画的功能与用法在《植物史论》的各个译本及版本中是有所转变的。

富克斯 vs. 科尔纳瑞斯

富克斯的《植物史论》出版后不久，埃格诺尔夫就不出所料地复制了书中的图画。图画以较小的版式出现在了由瓦尔特·赫尔曼·里夫用拉丁文编辑、1543 年出版的迪奥科里斯著作《药物论》中（图 4.1）。随之而来的便是一场以小册子为载体的激烈交战。富克斯在《辩解书，以此驳斥狡猾狐狸瓦尔特·里夫的恶意非难》(*Apologia...qua refellit malitiosas Gualtheri Ryffi veteratoris pessimi reprehensiones*；1544 年)中指责埃格诺尔夫和里夫偷窃的罪行且贪得无厌，而埃格诺尔夫则以《对莱昂哈特·富克斯卑鄙诽谤的回应》(*Adversum illiberales Leonhardi Fuchsij... calumnias, responsio*；1544 年)一文进行还击。富克斯又写了《回应不配做基督徒的法兰克福基督徒出版商埃格诺尔夫和他的设计师的诽谤》(*Adversus mendaces et Christiano homine indignas, Christiani Egenolphi typographi Francoforti suique architecti calumnias responsio*) 予以反驳，这本小册子应该是由图宾根的乌尔里希·莫尔哈德(Ulrich Morhard)于 1545 年 3 月，恰巧在法兰克福书展开幕前首次出版，不过已没有任何首版的印本存世，因为莫尔哈德显然把所有的印本都卖给了书展上埃格诺尔夫的代理人。第二版印制于 1545 年 8 月。[1]富克斯不认为埃格诺尔夫能够用拉丁语写作，臆测在他长篇大论的攻击谩骂后另有一名主使存在。埃格诺尔夫对富克斯版本的希波克拉底著作《流行病学之六》评价刻毒，使得富克斯认为另一名人文主义医师杰纳斯·科尔纳瑞斯即为这名诡计多端的"主使"，特别是因为科尔纳瑞斯早前就曾控告富克斯从自己的演说中抄袭了一段话并用在了《流行病学之六》的序言中。[2]

1545 年 3 月，科尔纳瑞斯带着《被剥皮的雌狐》(*Vulpecula excoriata*)一文加入了战斗，他想要揭露某"雌狐"(vixen，暗指富克斯名字的双关语)用已有的草本志拼凑出自己的《植物史论》，且没有正当地进行致谢。科尔纳瑞斯还在自己的名字上设计了双关语，形容自己为一只有着报复雌狐的雄心(*cor*)和能追踪敌人的鼻子(*nares*)的狮子。[3]同年 8 月，富克斯写了《疯狂的科尔纳瑞斯》(*Cornarrius furens*)进行回应，

---

① Meyer 等人 1999, 1：803。Fuchs 1545a, A2r。
② Stübler 1928, 103–104。
③ Meyer 等人 1999, 1：809。

据迈耶所说，标题影射了塞内卡的作品《疯狂的赫拉克勒斯》（*Hercules furens*），并把科尔纳瑞斯的名字变成了"心"（拉丁语拼写为 *cor*）和"傻子"（德语拼写为 *Narr*）的组合。[④] 科尔纳瑞斯于 1546 年又写了两份辩驳书：《泡碱和野梅，为保存被剥皮的雌狐》（*Nitra ac brabyla，pro vulpecula excoriate asservanda*）和《雌狐悲剧》（*Vulpecula catastrophe*）。富克斯质疑贪图快钱的印刷商道德操守何在，科尔纳瑞斯则嘲笑在大尺寸绘图纸上印上自己肖像（图 5.1）的作者虚荣心何其之大。[⑤]

1557 年，科尔纳瑞斯终于出版了自己评注的迪奥科里斯的《药物论》，且他再次重申了自己对图画的反对意见：对那些在看植物图画之前，没有在自然界见过鲜活实例的人们，图画无法帮助他们获取新的植物知识。他认为，通过活生生的植物，人们往往可以认出它们的图画，但是从植物的图画中，人们无法获取任何活着的植物的相关知识。[⑥] 在某种程度上，科尔纳瑞斯指出的问题是正确的，图画只有在读者对植物本来就了解的情况下才有效；富克斯有关 *petasites* 的论证正是依赖于这一先决条件。

迪奥科里斯曾经说过，人们有必要留意植物因地域和季节变换在大小、颜色和形态上产生的变化。但是科尔纳瑞斯断言，除非在写作里补充，不然植物图画无法描绘地域和季节的特征。[⑦] 即使可以，图画所描绘的也是在某个特定时间和地点下的植物，但人们见到的不一定是以完全相同的形态出现的植物。这一观点说明，在科尔纳瑞斯的理解中，图画是一种"仿造品"，其表现的是特定时间、特定地点下的个别植物。他声明，他想要的是滋养头脑而非取悦眼睛的东西。[⑧]

---

④ Meyer 等人 1999，1：812。
⑤ 这个说法言过其实，经测量，富克斯的书籍是印刷在比绘图用纸（royal paper）小的书写用纸（demy paper）上的；Gaskell 1995，86。
⑥ Dioscorides 1557，α3r。
⑦ 出处同上。
⑧ "Nos non oculos pascere, sed animos alere, et iudicia excitare, et excavere voluimus, eorum qui haec nostra amore capti, non livore acti legent." 出处同上，α3r。

科尔纳瑞斯的个人心愿是先用希腊语听、读迪奥科里斯，然后让医学生能够用拉丁语来听、读迪奥科里斯。他在文本中添加了一些类似镶嵌装饰的寓意画（*emblemata*），用来描述伟大思想的"真实图像"（true images），即同意或不同意迪奥科里斯的古代权威人士的主张。[⑨]科尔纳瑞斯对 *emblema* 这个词的用法和安德烈亚·阿尔恰托（Andrea Alciati, 1492—1550 年）非常相似，后者将其定义为一种象征着"某些汲取自历史或自然的令人欢喜的东西，且可以让画家、金匠和铸工依着塑造出徽章"的妙语警句。[⑩]和这个词语最著名的推广者阿尔恰托一样，科尔纳瑞斯所理解的 *emblemata* 是字面上的。[⑪]因此，科尔纳瑞斯的"图像"是指古人们言语上的陈述。还很说明问题的是，他索引中的 *pictura* 一词指的是对植物形态的文字描述。[⑫]更不必说，他的评注中没有一幅植物的木版画或雕版画。

科尔纳瑞斯和富克斯在讨论植物的方式上颇为不同。就以 *petasites* 为例，科尔纳瑞斯先是用拉丁文复述了迪奥科里斯的描述，和富克斯的引文区别不大："它的花梗比一腕尺长，和大拇指一样粗，上面有一片形如鸭舌帽或无边软帽的大叶子，仿佛蘑菇一样挂在那里。涂抹于恶性或崩蚀性溃疡患处有治愈效果。"[⑬]紧接着是一段小字体的 *emblema*，科尔纳瑞斯在这里对其他古人的主张进行了汇报和研究：老普林尼未提及这种植物；据盖伦所说，它属于三度干性，因此或可被用于治疗恶性及蔓

---

⑨ Dioscorides 1557，α2v。

⑩ Miedema 1968，236。

⑪ 阿尔恰托的 *emblemata* 的图画是由出版商登载的。关于阿尔恰托对"警句的"（epigrammatic）这个术语的使用，见 Miedema 1968。参见 Cornarius 1529，书中附有阿尔恰托翻译的警句；Alison Saunders 1982，3。

⑫ 例如 "anthenidis pictura & vires"，"buglossi pictura et vis"，Dioscorides 1557，a2r 和 a3r。

⑬ "Petasites. pediculus est *maior cubito*，*digiti magni* crassitudine，in quo folium petasi *sive galeri modo* magnum，*incumbens velut* fungus. Facit hoc ad maligna et phagedaenica ulcera，*tritum impositum.*" 出处同上，353。我在此段引语中用斜体标出了与富克斯的拉丁语版中对迪奥科里斯同一段落的引用不同的部分。

延性溃疡。[14] 在 *emblemata* 部分，科尔纳瑞斯通常满足于比较盖伦、埃伊纳岛的保罗和老普林尼等其他古代著者的观点。但在 *petasites* 的例子中则不然，他间接地论及了更多的内容。他写道：几乎所有"我们这个时代"的植物专家都希望它是 *Pestilenzwurz*。但惊人的是，迪奥科里斯从未考虑过它的根的功效——事实上，他压根就没有提过它的根。鉴于迪奥科里斯指出它的叶子和 *arcion* 的有着同样的功效（《药物论》，4.106），在科尔纳瑞斯看来，*petasites* 就是一种没人知道的 *arcion*。他最后解释了植物名称的词源：因植物的叶子形似宽边帽 *petasos* 而得名。[15]

以可读和可听的方式呈现迪奥科里斯，恰恰是科尔纳瑞斯最乐在其中的工作。如后来他自己讲述的那样，他于 1528 年经历了一场人生的转折：他自知在语文学研究方面很有天赋（他曾在威登堡大学教授拉丁语和希腊语语法），也对医学饶有兴趣。但是不确定想要什么的他离开了威登堡，在欧洲游历了四年。当他抵达巴塞尔的时候，他得到了印刷商希罗尼穆斯·弗罗本的热情招待，并在他闻名的藏书中找到了古代医师们的希腊语文本。[16] 多年以后，科尔纳瑞斯回想起当年终于找到自己心仪职业的时刻：

> 自那以后，我开始谴责并放弃了我追随了九年之久的野蛮医师们，全身心投入到了希腊医学，将自己完全交予我如今遵循并设法在医学上仿效的希腊医师们。二十六年来，我孜孜不倦地劝告德意志人民，这些才是我们真正应该阅读并跟随的医师和医术著作家，尤其是要用他们的母语去理解他们。为了避免有人会因为不懂希腊语或这些作者过于难懂而抱怨，我想把这些希腊医师的作品译成清

---

[14] Discorides 1557，354。

[15] 出处同上。

[16] Clemen 1912，40，44–45。

晰易懂、毫不晦涩的拉丁文供读者使用。[17]

　　科尔纳瑞斯穷尽一生致力于古典医学的再兴，通过编辑希腊文本并把它们译成拉丁文，以便古人的声音能够被听到、读懂。[18]在他对古人文本的复兴中，图画没有容身之地。[19]

　　富克斯和科尔纳瑞斯的作品都可以说是典型的文艺复兴事业，在现代人看来，他们之间的区别可能很轻微——毕竟他们都对复兴古人的医学知识乐此不疲。然而，忽略他们的不同之处意味着忽略他们投入作品的激情与特殊性，更重要的是，会忽略他们在图画使用上截然相反的立场。富克斯和科尔纳瑞斯在讨论 *petasites* 时使用的根本是相同的原始资料——盖伦、迪奥科里斯、老普林尼和古典词源说明，但是他们处理这些材料的方式全然不同。富克斯很愿意补充在他看来迪奥科里斯不足的地方，然后再向读者展示他个人鉴定植物品种及药用价值的方式（通过图画）如何与盖伦通过理性和经验确立植物药用功效的实践相一致。[20]富克斯投身的不是古人的文本，而是盖伦所说的给了他许可去纠正、补充迪奥科里斯或老普林尼的医学实践。与此相反，科尔纳瑞斯拒绝接受富克斯把 *petasites* 等同于 *Pestilenzwurz* 的鉴定结果，而他的理由是迪奥科里斯从未提及此植物的根。不仅如此，由于它的用途与另一植物相似，科尔纳瑞

129

---

⑰ "Ex illo porro tempore reprobatis ac reiectis medicis illis barbaris，quos per totos novem annos sequutus eram，totum me ad graecam medicinam contuli Graecisque medicis me totum addixi，quos et sequor et ad quorum imitationem medicinam exerceo，et iam per viginti sex annos Germaniae nostrae persuadere persevero hos esse veros medicos et rectos artis medicinae autores，ipsorum maxime lingua legendos ac sequendos. Et ut non esset quod quererentur aliqui vel de Graecae linguae ignorantia，aut horum authorum difficultate，conatus sum Graecos illos medicos facere Latinos，non obscura et perplexa，sed lucida et explicata usus illorum in Latinam linguam translatione." 这篇写给 Michael Meienburg 的序言作于 1555 年 4 月 1 日，Paul of Aegina，*Totius rei medicae libri*；重印于 Cornarius 1567，qiiir。
⑱ 科尔纳瑞斯的成果，见 Clemen 1912。
⑲ 对在研究经典巨作的过程中使用图画的人文主义顾虑，参见 Zorach 2008，66。
⑳ 亦见 Durling 1989，42—47 中对富克斯没有科尔纳瑞斯精通语文学的评定。

斯臆测 *petasites* 也很有可能是迪奥科里斯在前一章谈及的另一种植物。迪奥科里斯的文字是科尔纳瑞斯愿意接受的推断和论点的唯一根据，几乎不存在扩展或补充某植物的当时的新医药用途的尝试。对科尔纳瑞斯而言，神圣不可侵犯的是迪奥科里斯的话语，至于只是"仿造品"的植物图画则一无是处。

所以说，富克斯和科尔纳瑞斯追求为古典世界带来不同类型的奉献。富克斯意在兴盛盖伦派的医学实践，用理性和经验观察植物并找出它们的属性，且他在这复兴的过程中找到了图画的强大作用。而在另一边，科尔纳瑞斯利用的是古代著者的声音和话语，试图让希腊医学重获新生。他的宏图大略是严格建立在言语和文本上的：就连植物的"图画"也是用词语表达的。由于富克斯和科尔纳瑞斯对如何复兴古人的原始知识抱有不同的想法，而这又使得他们在各自的项目中对图画有效性的问题持不同的立场，因此他们的这场争论根本是各争各的，无法得到解决。

科尔纳瑞斯和富克斯就图画用法的争议，在他们的时代可谓人尽皆知，于是彼得罗·安德烈亚·马蒂奥利决定在他的《药物论》评注（图 6.1）中对此做出裁定。[21] 即使盖伦说过植物图画对于植物知识的获取没有帮助，也并不说明那些在书中使用动植物图画的人们就该受到非议。事实上，马蒂奥利没找到盖伦曾经对这种图画用法的批评。相反，盖伦谴责了那些自以为只需考察植物的图画并阅读最有影响力的作者的书中记载就能冒充植物专家的人们。[22] 在这里我们又一次看到，古人言论的精确含义，是一个有待确立的要点。

然后马蒂奥利开始推测为何科尔纳瑞斯误解了盖伦：科尔纳瑞斯视自己为迪奥科里斯的终极的杰出的译者，因而对他来说，植物图画是无法产生新知的。所以他厌恶在书中放入图画的作者，希望自己能独

130

㉑ 马蒂奥利的评注，见 Stannard 1969。
㉒ Mattioli 1558，β4v。

图 6.1 *Petasites.* 来自彼得罗·安德烈亚·马蒂奥利,《评注》(1558), 564, 局部。与图 5.10 对比。这一印本曾属于托马斯·洛金,他在书页底部留下评注称,马蒂奥利认为富克斯所说的 *petasites* 是 *tussilago major*。剑桥大学图书馆, N*.7.5(B)。

占所有的赞美,并且想要掩盖自身在植物学上才疏学浅的事实。[23] 还能有什么原因会使他如此痛恨另一个人所付出的努力,好像后人就不可能找到古人没注意到的东西那样?[24] 如果没有余地留给新的发现,那么为什么他谴责的是图画而不是书呢? 如果没有更多的东西能被学习, 附上那些 *emblemata* 又有何意义呢? 还有什么是可以做或可以说的呢?[25] 科尔纳瑞斯嫉妒他人的劳动, 只知道去挑剔他人, 自己却没有为"[植物]共和国的

---

[23] Mattioli 1558, β4v。

[24] 出处同上。

[25] 出处同上。

利益"（good of the republic）贡献任何益处或新鲜事物，实属可悲。㉖

马蒂奥利对科尔纳瑞斯的批判不代表富克斯得到了绝对的称赞。1558 年版马蒂奥利的《药物论》评注中列举了七十余处富克斯的错误与失误。㉗事实上，很少有作者能符合马蒂奥利的要求。这也不奇怪，因为马蒂奥利通过在自己陆续出版的评注中选择谈及或不谈及哪些同代作者和学者，来表达自己对他们的接受度。正如保拉·芬德伦所示，像阿马图斯·卢西塔努斯（Amatus Lusitanus）和路易吉·安圭拉拉（Luigi Anguillara）等胆敢对马蒂奥利的学术判断、鉴定或权威提出异议的人，要么立刻受到了谴责，要么就被他出版的"植物共和国"移除了。㉘

在他自己的著作中，马蒂奥利对于图画的立场大概介于富克斯和科尔纳瑞斯两个极端之间。他解释道，只因为一张图画能够囊括植物的各个变种，便主张图画能使人掌握真实准确的草药知识，这种过度自信让他痛恨。或许与迪奥科里斯自己在《药物论》序言中的观点相呼应，马蒂奥利指出，如果一张图画里表现了植物所有的变化，那么它所需要的劳力和费用将不堪设想。㉙但是马蒂奥利又认为图像足够重要，以至于在他自己版本的评注中加入重新刻制甚至还放大了的木版画，不过部分图像受到了格斯纳的质疑，第八章将对此进行详述。

富克斯、科尔纳瑞斯和马蒂奥利都是接受过大学教育的医师，且他们都对复兴古代药用植物知识，尤其是迪奥科里斯提出的那些，有着浓厚的兴趣。但是，他们不仅在图画的地位和用法问题上针锋相对，就连如何复兴迪奥科里斯的知识，以及谁才是裁定这些问题的终极权威，他们也持有不同意见。错误解读这些宝贵知识意味着此人在品行上的严重失败。富克斯谴责埃格诺尔夫贪婪，科尔纳瑞斯指责富克斯虚荣，马蒂

131

㉖ Mattioli 1558，β4v。

㉗ Mattioli 1558，［α6］v。

㉘ Findlen 2000，380–390。富克斯对马蒂奥利的批评，见 Ogilvie 2006，59。

㉙ Mattioli 1558，β4r。

奥利痛骂科尔纳瑞斯极度自负。想要总结出一个人文主义医师或拥有大学教育背景的医生这个群体对图画的一致态度是不可能的。确实，想要在医学学术书籍中附上版画，不仅取决于有没有财力和其他资源去完成它，还是一个有关知识的形式和形态，甚至道德品质的智性选择。

传达、翻译与转变

埃格诺尔夫批判其图画是自我夸大的这一点似乎惹恼了富克斯。富克斯的《植物史论》确实幅面较大，他的全身画像占据了一整个页面（图 5.1），这在当时多少有些罕见。1543 年，埃格诺尔夫版的《药物论》以四开本的形式出版。1545 年，富克斯棋高一着，与伊桑格兰合作推出了植物志的八开本，书中没有富克斯或其他艺术家的肖像，图画取材于1542 年的版本，但被重新刻制成了更小的尺寸（图 4.1）。[30] 这一版本实质上是一本图画书，在页面顶端每幅植物版画的上方，附有植物的希腊语、拉丁语和德语名称，但不带有任何确立植物种类或药用功效的文本或论证（图 6.2）。我们可以从"三种 *lamium*"的标题中看出，富克斯是打算给图像上色的。富克斯解释了此次小型开本的出版目的，第一是发行一本可以带去户外的书，拉丁文版本（拥有将近 900 张对开页）太过笨重，只能在家使用。[31] 第二，应该也是更重要的一点，富克斯断言，一旦八开本得到出版，读者们便能直接对比出他的诽谤者、剽窃者（即里夫和埃格诺尔夫）的图画是如何逊色于施佩克林的图画的。[32]

不过，这一项目中还存在一项重大转变。由于八开本中只有植物的图画和名称，将某古代植物鉴定为某当代植物的结果如今变得理所当然。没有空间被留给论据，富克斯撤走了整个鉴定过程。我们可以说，

---

[30] Meyer 等人 1999，1：674–677。

[31] Fuchs 1545d，A2r。

[32] 出处同上，A3r。

图 6.2　标题为"三种 *lamium*"的 *lamium* 图画，此图在未上色时没有意义。来自莱昂哈特·富克斯，*Primi de stirpium historia commentariorum tomi*（1545），266。木版画 12.2 cm × 6.2 cm。可与图 5.7 作对比。剑桥大学图书馆，Rel.d.54.20。

他仍在用他的图画设法证明一个论点，但那个论点已经不同以往。在这个八开本的出版物中，他不再试图证明一种共相的古典植物知识，他想做的是向批评他的人们证明，施佩克林的图画出众而不浮夸，而且可以在室外使用。植物鉴定如今成了一个以图绘形式出现的学术事实——一个视觉上的既成事实。

　　这并非富克斯的项目以及书中图画的功能首次发生转变。1543 年、

1542 年版的大尺寸木版画被伊桑格兰重组放置在了名为《新植物志》（*Neu Kreüterbůch*）的德语版本中。[33] 这本书被献给了斐迪南一世的妻子，

133　即匈牙利和波西米亚的安娜（Anna of Bohemia and Hungary）。[34] 此书打开后依然是富克斯的画像——相同的木版画，但描述称其所绘的是年长了一岁的作者——书的末尾也仍以艺术家们的肖像结尾。富克斯在序言中解释道，为了让"普通人"（*der gemeine Mann*）也能获取植物知识，以备给自己用药治病的不时之需，所以才改编了自己的拉丁文版本。[35] 富克斯既没有特别提及其他的本土草本志开始使用的那套"本土—外来（indigenous-exotic）"的言辞，也没有像后来的一些小册子那样鼓吹以本土资源为基础的爱国主义医学。[36] 相反，他的目标受众是"普通人"，这让人联想起路德希冀将自己的《圣经》译本带给的人群。[37] 对改革者而言，所谓的"普通人"很可能是一个政治权力有限的多元化群体，例如"农民、村镇上的中产阶级公民、无法接触到王室机构的城镇居民、矿工"。[38] 愈来愈多的 16 世纪本土健康手册也是针对这一批人的。[39] 他们能够阅读并且购买这些手册，甚至能偶尔负担上流医师的服务，不过更多时候依赖的仍是治病术士或创伤医生。[40] 富克斯强调，谁都不应该忽略对上帝的伟大创造的研究，除了医师以外，平信徒和"普通人"也应该在

---

[33] 全称为"新植物志，本书不仅尽最大的努力完整地描述了生长在德国和其他地区的植物的名称、形态、生长地点与季节、性质与功效，且用精湛的技艺画出并复制了它们的根、茎、叶、花、汁、果和整个外形，前所未有，最新问世"。关于此书附加的六幅全新插图，见 Meyer 等人 1999，1：134。

[34] Fuchs 1543b，2r–3r。

[35] "Ich derhalben mein Kreüterbuch hette woellen inn die Teütschen spraach bringen，damit auch der gemein mann kündte ihm selbert in der not artzney geben und allerley kranckheyt heylen."出处同上，2v。

[36] 关于自然志受新大陆诸多发现的影响开始关注本土，见 Cooper 2007。

[37] 关于"普通人"，参考"On translating"，Luther 1955—1986，35：189。

[38] Blickle 1996，386。参见 Roper 1987。

[39] 他们构成了人口的 20% 左右，次于 10% 的能够以某种方式参与政治的贵族或富裕公民。Schenda 1988。

[40] Schenda 1988。

花园里种植植物，这样一来植物知识就不会被遗忘了。[41]

　　富克斯称，为了将自己的拉丁文作品带给"普通人"，他不惜重金、不遗余力地剔除了拘泥于形式的多余部分，又在植物形态的描述上作了扩充。[42]德语版本确实变化不少。和拉丁文版本一样，德语版本中附有希腊语、拉丁语和德语三种语言的词汇索引；但在此基础上，富克斯还给疾病的德语名称增添了一份新的索引，以便读者搜索治疗方法。德语版的正文部分是拉丁语原版的缩略版，但植物形态的描述确实比之前更为全面，是从博克的《新草本志》（*New Kreütter Bůch*）照抄来的。[43]植物的医用功效得到了更多的关注，譬如拉丁语版的文本中利用图画鉴定 *Petasites* 的论证消失了，而 *Pestilenzwurz* 的药用价值却被称颂了一番。书中还称，外来植物已在德意志地区屡见不鲜——如今可以在许多花园里看到土耳其玉米了，辣椒也一样，只是它得在室内过冬。[44]可见，富克斯为满足"普通人"中的德语读者的医疗需求，使《植物史论》发生了转变。它不再是一本盖伦派好医生的植物通志，因而图画也不再为复兴古人的原始知识起到论证的作用。呈现着相同版画与不同文本的这本书，其本质以及书中图画的作用已然改变。所以，即使是同一作者或出版商在不同的语境中重新印刷图画，也可导致它们实现截然不同的功能。

　　富克斯的《植物史论》还曾经历过更多转变，因为它还受到了其他印刷商的复制和再复制。部分人选择只印刷文本。1542 年，巴黎印刷商雅克·博加尔（Jacques Bogard）、维旺·戈尔特罗（Vivant Gaultherot）和雅克·加佐（Jacques Gazeau）从最高法院得到了一份为期四年的特许，并且得到了巴黎医学院的许可，可在四年内印刷、销售《植物史

134

㊶ Fuchs 1543 b，2v。

㊷ 出处同上。

㊸ Arber 1990，153；Meyer 等人 1999，1：134。

㊹ Fuchs 1543b，Vv2r（土耳其玉米），[Mm5] v（辣椒）。

论》。[45] 似乎他们中的每一位都在 1543 年推出了各自的版本。[46] 加佐的版本翻印了拉丁语原版的献词、索引、正文，但没有翻印原书的图画。献词经过编辑、修改和转述，从对开本原来的 14 页缩至八开本的 5 页。许多富克斯的观点不是被掩盖，就是被全盘忽略：他对埃格诺尔夫和其他人的图画与描述不相匹配的批判、对施佩克林的夸赞、对图画比文字更强大的赞美以及他视盖伦为权威的偏好全部不见了。基本上，这个版本突出了他对前人成果的仰仗，同时淡化了图画的重要性。富克斯担心阴影会遮掩植物的真实形态，所以避开了对阴影的使用，加佐的版本保留了富克斯的这一观点，但多了一个微妙的补充，文中称：这些来自大自然的完美植物将被呈现给我们的"心灵"。[47] 在没有图画的情况下，与图画的阴影相关的观点变得抽象，对植物的描述被诠释成了一种心智上的再现。不过，这一版本的正文是富克斯的拉丁语原版的忠实翻版，连谈及图画的部分也被保留了下来。编辑虽未署名，但极可能是与巴黎大学医学院相关的教职人员，他提供了另一种获取被谈及植物的图像的方式。他在大部分标题下给出了植物的法语名称，并指出读者能在巴黎的什么地点找到它们：例如圣日耳曼德佩区的花园里有龙葵属和凤仙花，皇家花园和枢机主教让·杜·贝莱（Jean du Bellay）的花园里有怪柳，圣婴公墓里有 *polygonon*。[48] 这位匿名编辑以此方式尽力弥补了法国读者——更确切地说是巴黎读者——在图画上的缺失。被富克斯称为共相的东西如今在这位野心勃勃的出版商手中被转译到了巴黎当地的语境之中。

富克斯的《植物史论》使他声名鹊起。他向科尔纳瑞斯自夸，科西

---

[45] "La court veu la Requeste a elle presentee par vivant Gaultherot, Jacques Gazeau, et Jacques Bogard, Libraries in L'Universite de Paris, avec la certification des Docteurs en la faculte de Medecine, en L'Universite de Paris ... Faict le vingtseptiesme iour de Janvier, 1542." Fuchs 1543a, 封面页的背面。特许的完整译文可见于 Meyer 等人 1999, 1: 668。

[46] Meyer 等人 1999, 1: 667–668。亦再印于 1546 和 1547 年；683, 687–688。

[47] Fuchs 1543a, Aaiijr。

[48] 出处同上，78v（凤仙花），275v（strycnon），207v（myrice），248r（polygonum mas）。

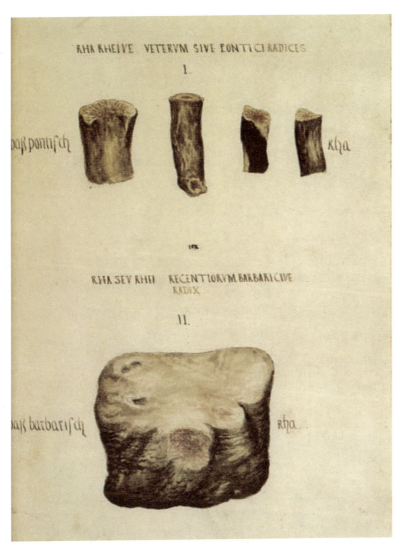

图 6.3　富克斯认为古典的 *rha ponticum* 和他当时观察到的 *rheum barbarum* 是在某些特征　　135
上存在区别的同一物种，例如根的形状：*rha ponticum* 的根较小，而 *rheum barbarum* 的根
较大，几乎呈立方状。这一页顶端由阿尔布雷希特·迈尔（他的签名在右下角）描画的
四块 *rha ponticum* 是由维萨里寄给富克斯的。莱昂哈特·富克斯，*Codex* 11 123，3（1）：
331，ÖNB/Wien/E30.134C。

莫一世用一年 600 克朗的薪资请他在比萨教授医学。[49]科西莫曾于 1543 年至 1544 年间为比萨大学建造了一个医用植物园。[50]富克斯事后称，这对德国人来说是一份殊荣，因为意大利拥有大量"各学科领域的饱学之士"。[51]他公开承认这份邀请是由安德烈·维萨里居间促成的，并称维萨里为"他最亲爱的朋友，通晓希腊语和拉丁语，精通医学，尤其是我们称之为解剖学的部分（坦白说，他在这个领域已超越了盖伦）"。[52]出于某些"极为沉重的原因"，富克斯辞绝了这份邀请，但他似乎与维萨里仍保持着友好的关系。事实也确实如此，维萨里后来还给他寄了 *rha ponticum* 的根，这种植物与大黄（《药物论》，3.2）之间的关联在当时还极富争议（图 6.3）。[53]

《植物史论》于 1542 年的出版，之所以对富克斯而言是个决定性的时刻，是因为他利用绘画论证公开了自己在古典药用植物学上的成就。从某种意义上来说，这本书是一件"成品"，因为富克斯的目标是在这个物质单元中呈现自己的知识（他成功地做到了这一点），但是它绝没有就此使药用植物知识的状态稳固下来，这也不是富克斯选择呈现他学术成果的唯一方式。在双开本的德语版本中，富克斯将他关于药用植物的共相知识以及绘画论证转化成了一本面向"普通人"的医学参考书；在供读者于室外使用且文本极少的八开本版本中，富克斯把他的论点转变为了一种"既成事实"。在有意针对本地市场的印刷商手中，富克斯

---

[49] Fuchs 1545b，[d4] r。Meyer 等人 1999，1：37。

[50] 关于在比萨创立的这个机构，见 Garbari and Tongiorgi Tomasi 1991。

[51] Fuchs 1550，[ãvij] v。

[52] "我觉得我无法接受您的好意，不得不谢绝您的邀约，尽管这是由我最亲爱的朋友安德烈·维萨里促成的绝佳的机会，他通晓希腊语和拉丁语，精通医学，尤其是我们称之为解剖学的部分(坦白说，他在这个领域已超越了盖伦)。正如他从未在任职期间有过任何疏漏或失误，这一点您一定已被明确说服，他已经勤恳地传达了您的请求。"Fuchs 1550，a7v（楷体为本人所加）。

[53] "解剖学最专业的启蒙者安德烈·维萨里，给我寄了这些根和上了色的图画，作为朋友间的礼物。"Fuchs, *Codex* 11 123，3（1）：338。关于大黄在此时期的身份，见 Foust 1992，3–17。

的言论被翻译、转变，并在巴黎等地区被地方化。

富克斯的图画是《植物史论》所呈现的一般化的古典植物知识中不可或缺的组成部分。然而，并非所有药用植物学的作者都认为有必要在书中插入图画，即使在书中放了图画的作者也未必有富克斯的那份自信，或者以同样的方式使用他们的图画。就连富克斯本人也不是始终都以同一种方式使用图画。通过对文本和图像进行不同的编排，他的共相知识可以派生出不同的用途，传递给不同的受众与市场。

目前我们论及的作者们都有一个相同点：他们的植物学书籍都成功地被印刷出版。但在研究学习的过程中、在出版之前，图画是否也很重要呢？我将在下一章利用康拉德·格斯纳的事例对此问题进行探讨。

第七章　格斯纳与《植物史》的制作

康拉德·格斯纳如今被誉为"世界书目之父"，因为他曾试图在自己的《世界书目》中列出所有由世人写出的书籍；他还在自己的《动物史》中收录了大量动物的词源、特征与传说，并且编写了第一部论及 *fossilia*（字面意思为"从土里挖出来的东西"）的附图研究《论化石、石头，尤其是宝石的形状和相似之处》（*De rerum fossilium lapidum et gemmarum maxime, figuris et similitudinis*）。[①] 他还留下了许多带有丰富注解的植物图画，现存于埃尔朗根-纽伦堡大学（图 7.1）。[②] 格斯纳本打算以这些图画为基础编撰他无所不有的《植物史》，但这部作品没能在他生前完成并发表。虽然卡其米尔·克里斯托弗·施米德尔（Casimir Christopher Schmiedel）于 18 世纪选择性地复制出版了部分手稿（图7.2），但完整的摹本直到 20 世纪才得以问世，这个版本附有注释的转录和翻译，以及海因里希·佐勒（Heinrich Zoller）、马丁·施泰因曼（Martin Steinmann）和卡尔·施密德（Karl Schmid）提供的历史、植物

---

① 关于格斯纳作为"世界书目之父"，见 Wellisch 1975, 151。关于格斯纳的《动物史》，见 Pinon 2005。关于《论化石、石头，尤其是宝石的形状和相似之处》，见 Rudwick 1976b, 1–35。
② 关于格斯纳在这些图画上所做的注释，亦见 Ogilvie 2006, 174–180。

为自然书籍制图

图 7.1 *Cotonago.* 除右下角的五行字是由 Thomas Penny 所写以外，图中的文本均为格斯纳所题，最上方 "N.52" 的字样与字母（例如顶端的 A 和左下角的 B）为 18 世纪的版本新增。来自埃尔朗根大学图书馆，Ms 2386，256v。

图 7.2 来自康拉德·格斯纳，《植物大全》（*Opera botanica*，1771），tab. XVI。标为 "Num. 52" 的图像是埃尔朗根大学的图画 *cotonago*（见图 7.1）的复制品。它还在 *cotonago* 两边的页脚处展示了取自另一幅图画（图 7.12）的植物。剑桥大学图书馆，MH.2.45。

学和艺术方面的注释。③尽管我们不知道在格斯纳的想象中，他具体会以怎样的形式来呈现这本植物通志，但我们可以确信的是，图画一定会被包括在内。图画对格斯纳来说是重要的，因为它不仅仅和书中的知识有关，还是他研究植物的一种手段。《植物史》的图画为我们提供了一个难得的机会，去研究该时期的图画如何在学术成果出版之前成为植物知识的发展过程中的必要组成部分。它们是知识在生产过程中产生的印记，而不是像在富克斯的《植物史论》中那样，是印刷品中的一个部分。

格斯纳于 1516 年生于苏黎世。④在他的父亲与乌利希·茨温利（Ulrich Zwingli）一同在第二次卡佩尔战争（1531 年）中阵亡后，他在多位良师益友的帮助下，前往斯特拉斯堡、巴塞尔以及巴黎求学。他在洛桑担任了三年希腊语教授后赴蒙彼利埃作短期访问，在那里遇到了医学教授纪尧姆·龙德莱，后又回到巴塞尔，于 1541 年读取医学学位。⑤他的余生都在苏黎世卡罗利尔姆学院教授亚里士多德哲学，还自 1554 年起成了一名城镇医师。⑥格斯纳于 1565 年离世时还不足五十岁，却已编辑或撰写了 60 多本书。⑦

通信往来

在一封 1555 年 3 月写给好友约翰尼斯·肯特曼的信中，格斯纳表达了自己想要出版植物史的意愿。⑧尽管当时的他已经听到了诸多富克斯《植物史论》的续册即将出版的传言，传言称书中将包含 1000 余幅

---

③ Gessner 1751—1751，亦见 Serrari and Cochetti 1990，348–352。现代版本为 Gessner 1972—1980（以下简称 *HP*）和 Gessner 1987—1991。本章要归功于这些版本的编辑者。我用"植物史"这个名称来指代藏于 Erlangen, Universitätsbibliothek, Ms 2386 的图画原稿集。

④ 关于格斯纳的生平著作记载，我遵循的是 Wellisch 1975。

⑤ 关于他在洛桑的时光，见 Olivier 1951。

⑥ Wellisch 1975, 158, 163。

⑦ 格斯纳的作品，见 Serrai and Cochetii 1990。

⑧ 致肯特曼，1555 年 3 月 16 日；Gessner 1584, A3v。

图画，但格斯纳称不会就此退缩，放弃自己出版植物史，因为阿尔卑斯山和他的朋友们拥有许多美丽罕见的植物资源。像在《世界书目》和《动物史》等作品中那样，他总希望做到尽可能全面；他准备写所有的植物，把所有出版过的植物图画都放进一卷书里，在谈及每一种植物的时候都简明扼要。在这一点上，他在他的植物史和共计3500张对开页的四卷本《动物史》之间划了一条清晰的界限。[9] 一年后，格斯纳向富克斯重复了他认为植物描述应当言简意赅的看法：

> 我决定把所有有价值的与植物相关的写作，尤其是古人和现代杰出人士的作品，都收集到一卷书里，这将要比我的《动物史》更加简明扼要，几乎不会有任何语文学注解，我已经写了几页纸了。[10]

格斯纳对搜集所有在版图画也是认真的，他征求了富克斯的意见，想要从伊桑格兰那里借来植物图画的木版。[11] 他打算把富克斯、博克、多东斯、马蒂奥利、威廉·图尔纳（William Turner）、贝隆（Belon）和亚当·洛尼策（Adam Lonicer）出版的植物图画，以及他自己和肯特曼的图画全部集中在一卷书中。[12] 尽管从所有的植物出版书籍中借来版画不太实际，但在格斯纳搜寻他见过或未见过的植物版画的过程中，

---

[9] 关于《动物史》，见 Pinon 2005，Kusukawa 2010。

[10] 致富克斯，1556 年 10 月 18 日，Heller and Meyer 1983，67，69（译文稍有修改）。关于卡斯帕·沃尔夫（1532—1601 年）想用《动物史》的八标题结构完成格斯纳《植物史》的计划，参见 Simler 1566，45v–47r 中添加的卡斯帕的 *hyposchesis*。

[11] 我们似乎没有富克斯的回复，但他直到 1565 年仍为此想法感到恼火："让他按意愿编排他自己的东西，我不会允许他用和我不一样的方法编排我的东西！"Fichtner 1968，80n78；Heller and Meyer 1983，75（译文稍有修改）。

[12] Gessner 1584，A3v。格斯纳指的是 Fuchs 1542，Bock 1552，Dodoens 1554，Turner 1551，Belon 1553 和 Lonicer 1551。不知什么原因，格斯纳在他的目录中遗漏了布伦费尔斯的《活植物图谱》，如 Ogilvie 2003，143 所述，那时的他无疑已经读过这本书，且十分欣赏这部作品。

已经在版的植物图画充当着一个起点。[13] 为达此目的，他和自己编写《动物史》时一样，寻求了多位通信者的帮助，其中包括：维罗纳著名的药剂师弗朗切斯科·卡尔佐拉里（Francesco Calzolari，1522—1609年）；安特卫普的药商佩特·范·库登贝格（Peeter van Coudenberghe，1517—1599年；图 7.3）；被格斯纳视作在自然物件的收藏上最孜孜不倦、收藏也最为丰富的博洛尼亚博物收集者乌利塞·阿尔德罗万迪（Ulisse Aldrovandi，1522—1605年）；[14] 皇家医师蓝伯特·多东斯（1517—1585年）和约翰内斯·克拉图·冯·克拉夫蒂姆；约翰·凯厄斯（John Caius，1510—1573年）和威廉·图尔纳（卒于1568年）等英国医师；巴塞尔的医师兼医学教授，费利克斯·普拉特和特奥多尔·茨温格（Theodor Zwinger，1533—1588年）；学者兼阿尔布雷希特五世（Albrecht V）的收藏顾问萨穆埃尔·奎奇伯格（Samuel Quicchelberg，1529—1567）；以及里昂医师雅克·达莱尚（Jacques Dalechamps，1513—1588年）。[15]

不过，格斯纳得确保他最终到手的不会是全欧洲最普遍的植物。
他不得不频频提醒他的通信者们，他只想要稀有——或至少他不认识的——植物的图画，或者未经公开发表的图画。[16] 首先，格斯纳请每位通信者都给他一份植物目录，用以确认他们是否拥有他所没有的植物。[17] 如果有的话，他会请求他们把真实的植物寄给他，最好是连根一起放在一个铺着一点土的木盒子里，这样他就可以让植物生长在自己的花园里，

---

[13] 致肯特曼，1559年2月27日；Gessner 1584，B4v–Cir。关于格斯纳急需的植物，参见《植物史》，9r。

[14] 格斯纳称阿尔德罗万迪 "quo nemo diligentior，nemo copiosior in totius naturae rerum variarum possessione vivit"；Bauhin 1591，112。

[15] 贡献了植物或植物图画的人的名单，见 Steiger 1968，42–43。对格斯纳的通信网络的分析，见 Delisle 2008 和 2009。

[16] 致 Wolf，1557；Gessner 1577，122v。

[17] Gessner 1577，10r–11r；Bauhin 1591，114。部分目录可见于 Gessner, *De hortis Germaniae*，Cordus 1561，243r–v。

图 7.3　*Gladiolus indicus*（上中）和 *Iris Illyrica*（右下）的图画。两种植物都是由卡尔佐拉里寄给格斯纳的。格斯纳还补充了从库登贝格那里得到的一种植物的果实（左下）的图画，因为该植物来自印度，且看似与 *gladiolus* 有关。来自埃尔朗根大学图书馆，Ms 2386，284r。

从而得到栩栩如生的图像。[18] 如果没有植物或种子，格斯纳会索要一张图画。因此，索要植物图画是格斯纳寄给朋友们的信中的一个重要内容。

　　与通信者们来往，尤其是把控寄来的图画的质量是一桩难题。譬

---

⑱ 致茨温格，1564 年 4 月 7 日；Gessner 1577，107r–v。

如，格斯纳曾怀疑斯特拉斯堡医师泽巴尔德·豪文罗伊特（Sebald Hauwenreuter，1508—1589）寄来的一张图画是"伪造的"（ficta）。[19] 他还曾埋怨纽伦堡医师希罗尼穆斯·黑罗尔德（Hieronymus Herold，1566年卒）寄给他的曾归奥地利公爵西吉斯蒙德（Sigismund，Duke of Austria，1427—1496年）所有的植物图画并不栩栩如生。[20] 格斯纳是准备好给他的通信者们雇用的艺术家支付酬金的。比如，他就曾让小约阿希姆·卡梅拉留斯（Joachim Camerarius the Younger，1534—1598年）记下图画的费用。[21] 格斯纳还向初露头角的医学生小让·博安（Jean Bauhin the Younger，1541—1612年）说明，他已预备好为每幅植物图画支付4个普拉帕特，不过一直都对节省成本很留意的格斯纳让他在绘图前先和自己确认图画是否必要。[22] 同样地，格斯纳的一位在库尔的牧师朋友约翰内斯·法布里丘斯·蒙塔努斯（Johannes Fabricius Montanus，1527—1566年）也雇用了一位画家为格斯纳绘图，但格斯纳对那位画家的画技不满，称自己的画家画的干植物也要比受雇于蒙塔努斯的那位画家画出的新鲜植物更好更鲜活。后来，蒙塔努斯无意中发现了一种稀有植物，格斯纳请他在条件允许的情况下为自己寄来一个新鲜的样本，或者保留花、叶，将经干燥处理的植物压制于书中寄来，但不要再请画家把它们画下来了。[23] 八个月后，格斯纳不得不更直白地重述了自己的想法——事后又表达了歉意——他真心宁愿省下这笔蒙塔努斯的画家的费用。[24]

　　作为回报，格斯纳给了他的通信者们其他植物、种子、图画和书

⑲ 致让·博安，1561 年 4 月 20 日；Bauhin 1591，101。泽巴尔德·豪文罗伊特，见 Adam 1620，311–314。

⑳ 致阿道夫·奥科，1565 年 7 月 8 日；Gessner 1577，64v。黑罗尔德，见《植物史》，228r，229r，229v，239r；Cordus 1561，85r–v。

㉑ 致小约阿希姆·卡梅拉留斯，1565 年 8 月 27 日；Rath 1950，164。1 普拉帕特（plappart）= 1 先令（s.）= 12 芬尼（d.），Erasmus 1974—，11：25n2。

㉒ 致让·博安，1563 年 8 月 1 日；Bauhin 1591，123–124。

㉓ 致约翰内斯·法布里丘斯·蒙塔努斯，1560 年 7 月 19 日；Gessner 1577，89r。亦见一封早期寄给法布里丘斯的信件；出处同前，88v–89r。

㉔ 致法布里丘斯·蒙塔努斯，1561 年 3 月 20 日；出处同上，89v。

为自然书籍制图

籍，以及以他们的名字命名植物的可能。对于不为古人所知的植物，格斯纳建议用"发现者"的名字为它们命名，"发现者"不是指第一个发现它们的人，而是第一位把这些植物告诉格斯纳的人。因此，格斯纳提出把 gentiana［龙胆属］下的某一品种 Schelmenkrut 以贝内迪克特·马蒂·阿雷蒂乌斯（Benedikt Marti Aretius，约 1522—1574 年）的名字命名，因为他是第一位告诉格斯纳这种植物的德语名称并且解释了它抵抗流行病的效用的人。[25] 格斯纳也建议小约阿希姆·卡梅拉留斯挑选一种古人不了解的植物。[26] 格斯纳在图画上留下的诸如"这一植物由雅各布·鲍曼少爷（Master Jacob Baumann）首次发现"这样的笔记，日后便可以用作以通信者们的名字命名的依据。[27] 他们将植物带给格斯纳，而以他们的名字命名植物则是格斯纳回馈他们的方式。[28] 在上述的这种交流中，通信者们似乎没有义务只忠诚于格斯纳一人：克拉图给格斯纳和马蒂奥利都寄了肉桂的枝条，卡尔佐拉里也给二人都寄了 daphne cneorum［南欧瑞香］的图画印本。[29]

与艺术家往来

格斯纳也为自己雇用了艺术家。[30] 他在图画上记录下了自己按工作量（"到这里为止，我付了 1 弗罗林"）或工作时长（"两小时"，后划去）支付画家的款项。[31] 除了曾绘制过《动物史》卷三（1555 年）中格斯纳画像

[25] 致阿雷蒂乌斯，1565 年 2 月 4 日；Gessner 1577，120v。
[26] 致小约阿希姆·卡梅拉留斯，1564 年 6 月 17 日；Rath 1950，152。
[27] "Herba inventa primum a M. Iacobo Baumanno." HP 3：tab. 23。
[28] 关于贵族间的互惠，参见 Neuschel 1989，69–78。我要感谢 Nick Jardine 让我关注到这部作品。
[29] 肉桂枝条，见 HP 8：tabs 21–22。卡尔佐拉里的 daphne Cneorum 图画，见 HP 1：83。卡尔佐拉里寄给格斯纳的植物，见 Salzmann 1959。
[30] Nissen 1966，58–59 接替了 Leemann van Elck 1935，19–25。
[31] 例如 HP 5：tab.9；2：tabs12，17，19；3：tab.3。

的玻璃彩绘师、地图制作人乔斯·穆雷尔（Jos Murer，1530—1580 年）之外，我们难以准确无误地辨认出格斯纳的植物绘画都出自哪些艺术家之手。[32]格斯纳曾对穆雷尔绘制的其中一幅*pulmonaria*［肺草属］作了大量修改（图 7.4）。[33]尽管格斯纳支付了画家们作品的费用，但画作未必描绘了格斯纳想要看到的细节，所以他往往得从中干预，修改画家的作品。[34]据约西亚斯·西姆勒（Josias Simler，1530—1576 年）回忆，格斯纳在画家为植物绘图的时候总是在场，尽力阻止艺术家显露自己的精湛技艺或个人喜好，确保他们尽可能地模仿自然。[35]如此严密的监督其实并不罕见：夏尔·莱克吕兹也是这样小心谨慎地监督佩特·范德博尔赫特的，事实上，自然学家对艺术家们的微观管理至少延续到了 17 世纪。[36]

　　1562 年春，格斯纳报告称在植物史上取得了可观的进展。[37]1563 年夏至 1565 年夏，他忙于和画家、木版刻工合作。[38]然而这里也出现了一些问题。夏天的时候，画家在外为盛开的植物绘图，没有作品可以给木版刻工，[39]而到了冬季，画家和木版刻工都忙着做其他工作，除非有出版商，多半是弗罗绍尔催促他们，他们才会加快进度。[40]弗罗绍尔还告诉刻工，不要让格斯纳同时拥有多过一张的图画样张；为避免差错，每次只能在原始本中插入一张图画。[41]格斯纳的这些评论表明，在这段

---

[32] 关于穆雷尔，见 *NDB* 18：607–608；Anderes 1981，18；Dürst 1997。

[33] *HP* 4：tab.3。

[34] *HP* 6：tab.10。

[35] Simler 1566，15r。

[36] Kusukawa 2007，226n29。我要感谢 Lorraine Daston 公开了她在 Bibliothèque Centrale du Muséum National d'Histoire Naturelle，Salle des Réserves，MS450 的笔记，其中包含了对为法国科学院制作法文版《植物史》的艺术家及助手的指令。另见 Daston and Galison 2007，84–95。

[37] 致肯特曼，1562 年 3 月 4 日；Gessner 1584，C3v。

[38] 致让·博安，1563 年 8 月 1 日；Bauhin 1591，123。致克拉图，1563 年 8 月 1 日；Gessner 1577，13r。亦见于 Hanhart 1824，214。

[39] 致让·博安，1563 年 8 月 1 日及 1563 年 8 月 9 日；Bauhin 1591，122。

[40] 致让·博安，1563 年 12 月 12 日及 1564 年；出处同上，135，141。

[41] 致让·博安，1563 年 7 月 11 日；出处同上，117。亦见于 Reeds 1983，266–267。

图 7.4　乔斯·穆雷尔所绘的 *pulmonaria* 及格斯纳所作的修改。格斯纳将一片叶子（右下）划去并留下文字称"这片叶子不应该在［这里］"；在另一片叶子（左上）的旁边，他竖着写道，"带花的茎应该比这片叶子高"。来自埃尔朗根大学图书馆，Ms 2386，58r。

时间内，至少木版刻工是收取了弗罗绍尔的报酬的。[42]1565 年，"我的画家"的健康问题成了格斯纳信件中的永恒话题：他病倒了，他康复了，他又病倒了。[43]

格斯纳自己就会画画（图 7.5）。我们认为出自他手的大部分图画都是他在生命的最后几年创作的，而且这些画透露出它们的作者是一位独具慧眼的出色绘图员，其眼里有细节，有轮廓。[44]格斯纳和他聘请的艺术家们往往风格一致，用清晰连贯的线条绘制整个植物，再在不遮没轮廓的情况下用水彩给局部上色（图 7.6）。格斯纳似乎特别热衷于捕捉构成物体外观的线条与形状。他让特奥多尔·茨温格牢记，描绘 *populus alba*［银白杨］的花朵时应当画出"它的颜色与所有的线条"（*suo colore et lineamentis omnibus*）。[45]他对干净利落的无间断线条的重视很可能是他雇用穆雷尔的原因，因为穆雷尔曾做过玻璃彩绘的工作（图 7.7）——一种需要清晰轮廓的工艺。[46]

完整的图像

格斯纳常常向人讨要完整或完美的植物图像。例如他曾写信给阿道夫·奥科三世（Adolf Occo III，1524—1606 年）要一幅 *coccigrya* 的完整图像（*iconem absolutam*），因为格斯纳已经有了一根带有叶子和果子的干枝条和它毛茸茸的种子，但他希望图画能够更加"完整"（*integriorem*），让花朵也一并得到呈现。[47]他还曾索要过一幅 *sagapenum*

---

[42] 致让·博安，1563 年；Bauhin 1591，126。
[43] 致小卡梅拉留斯，1565 年 9 月 22 日；Rath 1950，195。致让·博安，1565 年 10 月 11 日与 29 日；Bauhin 1591，157。
[44] *HP* 6：99–105。
[45] 致茨温格，1563 年 3 月 22 日；Gessner 1577，111r。
[46] 丢勒认为木版刻工和玻璃绘工在轮廓和阴影的描绘上都需要准确清晰；Butts 2003，342。关于穆雷尔在韦廷根的玻璃画，见 Hoegger 1998。
[47] 致奥科，1565 年 9 月 26 日；Gessner 1577，65r。

图 7.5　格斯纳在这里写道，他在 1563 年画（"*pinxi*"）了这些叶子（茎的两面），且他认为自己的图画更好地展现了植物的形态、颜色及其多毛的特征。来自埃尔朗根大学图书馆，Ms 2386，49v，局部。

图 7.6　这幅 *rapunculus sylvestris* 的图画是典型的格斯纳所绘植物图画，不仅轮廓清晰，且经水彩着色的部分仍保留了线条的细密。来自埃尔朗根大学图书馆，Ms 2386，433r。

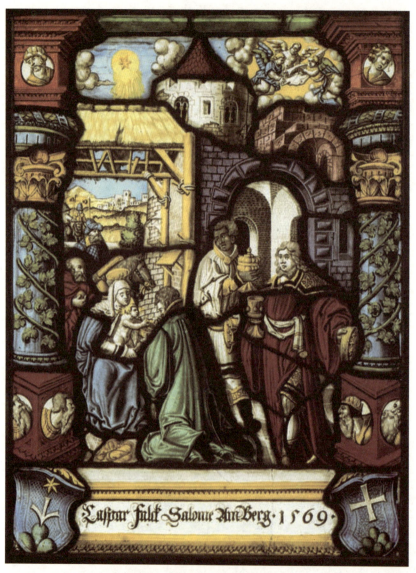

图 7.7　乔斯·穆雷尔为阿尔高州韦廷根修道院所作的玻璃画，由 Gaspar Falck 和他的妻子 Salome Amberg 供奉（1569 年）。阿尔布雷希特·丢勒的《博士来拜》版画（*Adoration of the Magi*，1503 年）以及他为智者腓特烈（Frederick the Wise）所作的同主题绘画（1504）是此玻璃画所绘场景的基础。

　　　　　　　　　　　　　　　　　　　　　　　　为自然书籍制图

[波斯阿魏]的"完美"图画（*picturam perfectam*），其意似乎与"完整"图画一词互通。[48]对格斯纳而言，一幅"完整"的图画应当记录下植物的所有部分：根、茎、芽、叶、花、果以及豆荚。

这样的植物图画必须经过时间的推移才能"完成"，往往需要历时多年：就 *parvus verbascum*（图 7.8）来说，格斯纳花园里种植的紫罗兰色花朵于 1562 年被记录下来，而它的根则是到了 1564 年才得到记录，可能格斯纳于那时才准备好把它连根拔起。再以名为 *tragoriganus* 的植物为例，格斯纳的画家为其绘制的图画，有一部分凭借的是贾科莫·安东尼奥·科尔图索（Giacomo Antonio Cortuso）从意大利寄来的干标本，还有一部分借鉴的是格斯纳自己花园里种植的实物；博安寄来的花朵最终"补全"了这一植物。[49]在植物的图画上，格斯纳还记录下了在自己花园里观察到的细节，譬如植物何时开花，何时结籽。[50]可以说，图画使得格斯纳能通过各种资源逐渐地建立起整个植物的全部阶段和部分。

值得一提的是，几乎在所有的手稿上都看不到任何瑕疵、虫洞或叶子破损的痕迹。[51]格斯纳还效仿了一些富克斯的绘图习惯。*Dianthus*[石竹属]的图画历时性地描绘了盛开时的红色花朵以及枯萎时的白色花朵（图 7.9）。*Leucoia* 的图画表现了它的五个变种，仿佛它们都存在于一株植物里一般：粉色、灰色、红色、白色的花朵各带有四片花瓣，还有一枝花有着五片白色的花瓣（图 7.10）。毋庸置疑，以上都是向"完整性"靠拢的表现。

格斯纳清楚地意识到，地方气候会影响可栽培植物的类型。他观察到托尔高宫廷药剂师约阿希姆·克赖希（Joachim Kreich，1575 年卒）的花园里有许多稀有植物无法在苏黎世被培育，因为苏黎世过于靠近多

---

[48] 致奥科，1565 年 9 月 26 日；Gessner 1577，65r。

[49] 1563 年 8 月 1 日；Bauhin 1591，123。科尔图索后来成为了帕多瓦花园的负责人；见 Trevisan 1995，70。

[50] *HP* 4：tab.23。

[51] 除自然印刷品，例如某 *citria*（寄自 Wolfgang Meurer）的图画之外；《植物史》，327r。

图 7.8　格斯纳写道，这是他 1562 年时花园里的 *parvus verbascum*（中）。植物的根（左下）则绘于 1564 年。来自埃尔朗根大学图书馆，Ms 2386，318r。

雪的山脉。[52] 富格尔家族（Fugger）在奥格斯堡的花园是另一处拥有丰富的外来植物资源的地方。[53] 格斯纳还将自己的记录同其他苏黎世居民的作了比对：*lilium croceum*［珠芽百合的变种之一］于 1564 年 6 月 12 日在外科医生兼（膀胱）切石专家（lithotomist）彼得·哈夫纳（Peter Hafner）的花园里开了花，但这种植物早在 5 月 26 日就在格斯纳自己的园子里开了花，而且当时不仅冷还多雨。[54] *Scorzonera*［鸦葱属］在一位

---

[52]　致肯特曼，1559 年 2 月 27 日；Gessner 1584，B4r。*HP* 1：tab.27 亦提及了克赖希。
[53]　来自富格尔花园的植物，见 *HP* 6：tabs 3–8。
[54]　*HP* 7：tab.15。

图7.9 格斯纳注解道，*dianthus* 的花先
是红色的，后在凋零时变为白色。来自埃
尔朗根大学图书馆，Ms 2386，283r。

图7.10 *Leucoia* 的五个变种被合并在同一
枝条里——粉色（A）、偏蓝的红色（B）、红
色（C）及白色（D），每朵花皆有四片花
瓣；最右边的白色花朵有着较罕见的五片花
瓣。来自埃尔朗根大学图书馆，Ms 2386，
377v，局部。

苏黎世的创伤医生雅各布·鲍曼（1521—1586年）的花园里一处干燥、
阳光充足的天然土壤里生长并开了花，但格斯纳自己却没能让这种植物
生长起来。[55] 所以说，图画可以作为一种手段来帮助格斯纳克服植物种植
时遭遇的气候和土壤上的局限。然而，他对地域差异仍心存感激，因为
它们能带来无限多的变种，只是其中一大部分不得不被忽略。[56]

　　格斯纳不是一名"躺在扶手椅上"的园丁，全然依赖于他人为自己
提供植物或植物图画。他自己在城外有一处储备丰富的花园，不过由于

[55] *HP* 5：tab.1。鲍曼起初在纽伦堡工作，更让他为人所知的是他翻译的维萨里的《人体
的构造》德语版（1551年）。关于他在纽伦堡进行的公开解剖，见 Ebstein 1909。
[56] 致富克斯，1558年10月18日；Gessner 1577，137v；Durling 1980，105。

资金问题不得不在 1558 年将其出售。[57]后来他把花园买回，而且似乎还在离家不远处留有另一座花园。[58]格斯纳的图画还有着记录各植物在他花园中位置的作用。[59]1561 年，他曾描述称自己的花园规模虽小，但有着非常丰富的植物种类，这些植物是和哈夫纳以及他的一位同学、药剂师约翰内斯·雅各布·克劳泽（Johannes Jacob Clauser）共享的——据格斯纳所说，二人皆各自拥有更大的花园。[60]

格斯纳还多次出门远足，最著名的目的地有皮拉图斯峰（在 1555 年的《皮拉图斯峰志》[*Descriptio montis Fracti*] 中有所叙述）、阿尔卑斯山和附近的温泉浴场。[61]在这些短途旅行中发现的植物以及旅行的花费都在他的图画中得到了体现。[62]格斯纳还请人给他带植物；1553 年，他支付了某位"赫尔·斯图尔姆"（Herr Sturm）两个巴岑，[63]和"弗劳·韦伦贝格"（Frau Wellenberg）、"因克·舍尔勒"（Imcker Schaerer）一样，他的妻子芭芭拉（Barbara）带回家一种他从未见过的植物。[64]事实上，格斯纳很乐意在这些事情上请教普通百姓。[65]

格斯纳非常清楚，植物最终都会枯萎凋零，来年可能既不开花也不结籽。他把干燥后的标本粘贴在大纸上，制成了一本植物标本集。[66]许多格斯纳自己的图画参考了这本标本集，他还请人依照那些干燥标本绘图。干燥标本的问题在于它们无法很好地保留新鲜植物的颜色。格斯纳在他

---

[57] Hanhart 1824，141，211。

[58] 致 Dydimus Obrecht，1560 年 3 月 18 日；Gessner 1577，115r；Fretz 1948，61–76。

[59] 关于格斯纳花园内植物位置的情况，可参考如 *HP* 7：tab.19。

[60] Gessner, *De hortis Germaniae*，Cordus1561，243v。关于他对自己花园的类似描述，参见：致 Cosmus Holtzach，1554 年 9 月 6 日；Gessner 1577，81v。

[61] 关于格斯纳对山脉的看法，见 Gessner 1937。关于格斯纳 1561 年的旅行路线，见 Steiger 1978。

[62] 例如 *HP* 5：tab.9。

[63] *HP* 3：tab.11。

[64] 关于格斯纳的妻子，可参考《植物史》，206v，434v，*HP* 4：tab.7；6：tab.4。参见 *HP* 1：tab.22（Frau Wellenberg）；8：tab.18（Imcker Schaerer）。

[65] Simler 1566，14v。

[66] 格斯纳的植物标本集似已佚失。关于植物标本集，另见 Ogilvie 2006，165–174。

的画上写道："*Rote Fluhblümlein* 的干花是很暗的紫色。新鲜的花会变成很美的红色"；"托比亚斯·埃格利（Tobias Egli）给我寄了 *Feuerkraut* 的蓝色干花，它们很可能是因为经过了干燥处理，才变成这种颜色"。[67]格斯纳还对颜色的深浅有着较为明确的要求，比如他曾指出 *gentianella* ［假龙胆属］的花朵（图 7.11）应该用一种名为石蕊蓝的颜料，这种染料可提取自从里昂给他寄来的青苔。[68]新鲜植物的鲜艳色彩和它们充满生机的形状稍纵即逝，图画是格斯纳保存它们的方式。

我们可以从这些图画中看到格斯纳在收集、种植、研究植物时付

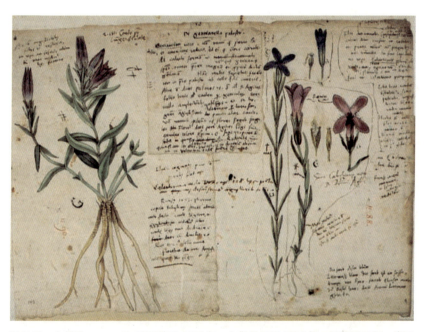

图 7.11　左侧的 *gentianella* 图画绘于 1533 年，右侧的画于 1564 年。两幅图画和一张写于 1522 年的用文字描述了 *gentianella palustre* 的纸张粘贴在一起。格斯纳于右下角注解道，花朵的实际颜色是石蕊蓝。来自埃尔朗根大学图书馆，Ms 2386，143v。

---

⑰　*HP* 6：tab2；5：tab.15；7：tab.10。
⑱　*HP* 4：tab.18。关于石蕊蓝，见 Harley 2001，63。

出的努力。他设法将自己、好友和泛泛之交们拥有的碎片化的植物知识整合起来。他记录下种植于自己的花园里或他在短途旅行中发现的植物，以及不能或不会在他的花园里生长的植物。图画使得他能够随着时间的推移和空间的变化，逐渐把完整、完美的植物汇集起来，并且留住它们鲜活的外形和颜色。这不是在一座花园里，或使用一本植物标本集就能轻易实现的。

未知的植物

格斯纳的图画还记录了他鉴定植物的过程。图中所绘的植物（图7.12）在最初被记录时还不为格斯纳所知——*herba mihi ignota*——是1554年从法国或意大利寄来的种子长出的植物。[69] 图上有一段形态方面的描述，把这种植物说成一些已知植物的综合体：

> 它 的 叶 子 像 *lapathum*［酸模属］，柔软多汁，略微有些锋利——而且刺鼻，几乎有点 *noli me tangere*［不要碰我］的意味，所以它很可能有一定的毒性。第一口尝下来，温和中带一点辛辣（看看是否像 *zinziber caninum*）。它的茎虽然也有突出的尖锐部分，但仍很圆，是绿色的，有适量绒毛，含油脂（花萼也是如此，以至于手指会因为其黏性而黏在上面），一英尺或更高，实心，但中髓呈海绵状。花呈灰黄色或淡黄色（与 *arthritica* 的花的形状和门相似），几乎一半都被绿色花萼包裹起来的美丽花瓣是可分离的，当它们脱落时，豆荚会从中长出，像 *avellana*［欧榛］一般圆圆的，

---

⑥⑨ "Herba mihi ignota, 1554 ex semine misso nescio an Gallia vel Italia." *HP* 1: tab.17。

　　　　　　　　　　　　　　　　为自然书籍制图

图 7.12 　未知的植物。"n.56" 的字迹与 A 至 G 的红色大写字母是格斯纳《植物史》　153
的 18 世纪版本（见图 7.2）添加的内容。左侧的题字由格斯纳死后研究了他的图画的
Thomas Penny（签名为 "T. P. Angl"）以及格斯纳的学生卡斯帕·沃尔夫（Caspar Wolf，
1532—1601 年）所写。来自埃尔朗根大学图书馆，Ms 2386，13r。

里面是它的种子。[70]

154　　　格斯纳还补充道，该植物于七月时在他的花园里开花，于八月结籽，它的根是无用的，整个植物柔软无力，无气味，在肥沃的土壤里长了三腕尺高。[71]尽管格斯纳频繁地长时间咀嚼这些种子，但它们没有释放出任何热量。[72]

　　　想必是因为它可能带有毒性且形状与酸模相似，所以格斯纳暂且给这种未知植物起了一个"假想"名：*lapathum apocynon*（字面意思为"酸模-毒狗草"）。[73]然后他写道："此即龙德莱所谓的 *priapeia*。"[74]格斯纳在蒙彼利埃求学时结识了龙德莱，其后二人便开始通信，但是我们似乎没有龙德莱自己对 *priapeia* 的属性的阐述。[75]格斯纳还写道："这种植物会不会与泰韦的 *petun* 有关？"[76]安德烈·泰韦（André Thévet，1502—1590 年）的《法属永久冻土的奇异之处》（*Les singularitez de la France*

155 *antarctique*，1558 年）中描述了一种名为 *petun* 的药草的准备及使用过程，新大陆的居民把它的叶子卷起点燃后吸食其燃烧冒出的烟，以

---

[70] "Folia lapathi mollia, succosa, acria admodum—et pungentia sicut Noli me tangere fere, ut forte venenati aliquid habeat. Primus quidem gustus subacetosum aliquid refert—（vide an zinziber caninum），laevia. Caulis fere rotundus est, non sine eminentibus quibusdam angulis, viridis, modice hirsutus, pinguis（ut calices florum, ita digiti fere propter lentorem adhaereant），cubitalis aut maior, solidus, sed medulla intus fungosa. Flores pallidi sunt vel lutei coloris diluti,（aut similes Arthriticae floribus figura et divisione,）intra calyces virides pulchre coronantes media fere parte inclusi exemptiles, qui cum deciderint, vascula seminum subnascuntur subrotunda instar avellanae, in quibus semina etc." 出处同上。

[71] "Florebat Julio in hortulo meo. Augusto sem［xxx］. Radix inutilis, paucis fibris albis haeret. Herba tota mollis et flaccida est, sine odore fere, nisi quod circa florum calyces nescio quid genus obscure olet. In pinguiore solo ad tres cubitos excrescit." 出处同上。

[72] "Semina nihil plane caloris, cum saepe et diu manderem, mihi repraesentarunt." 出处同上。

[73] "Quae propter vascula vocetur ficto nomine a nobis Lapathum Apocynon." 出处同上。

[74] "Priapeia Rondeletio." 出处同上。

[75] 关于龙德莱的教学，见 Lewis 2007，70–94 和 Reeds 1991，55–72。

[76] "An Petun Theveti cognata herba?" *HP* 1：tab.17。

此方式来治愈各种疾病。^⑦这本书格斯纳也有一本（图 7.13），在有关 *petun* 的那页上，他写下了一个类似的问题："这对某些人来说是否就是 *priapeia*？"^⑦在后一页中，格斯纳把自己的亲身经历和泰韦的作了比较，泰韦称此植物的烟使他流汗，他感到十分虚弱并且晕倒了。^⑦格斯纳在页边空白处记录道，他同样感到了眩晕——不过不是烟导致的，而是吞食叶子的结果。^⑧

格斯纳后又在他那幅"未知植物"的图画上（图 7.12）补充道："多东斯也有这个。"^⑧格斯纳有一本多东斯《植物史》的法语版（*Histoire des plantes*，1557 年），书中有一幅图画（图 7.14）描绘的是一种名为 *hyoscyamus luteus* 或 *Iusquiame iaulne* 的植物，格斯纳在上面写道："他人所谓的 *priapeia*……鲍曼称它在奥格斯堡也叫作 *lunaria*。"^⑧格斯纳一定是在看到了这句话之后便划去了 "*herba ignota mihi*" 的字样，改写成 *hyoscyamus luteus*，同时也删去了他起的暂用名 *lapathum apocynon*。

1561 年，格斯纳在他的《德意志花园》（*De hortis Germaniae*）中列出了一份给了他植物目录的花园主的名单，还补充了一张在那些花园中发现的稀有植物的列表。格斯纳在那里提及了在佩特·范·库登贝格的目录中发现的两个 *hyoscyamus* 的变种，分别为白色和黄色^⑧。格斯纳记录道，库登贝格也曾怀疑这些变种是否真的属于 *hyoscyamus*；他还

---

⑦ Thévet 1558，［59］r。关于泰韦，见 Lestringant 1994。

⑦ 格斯纳拥有巴黎和安特卫普版本的泰韦的《法属永久冻土的奇异之处》；只有安特卫普的印本被保存了下来。见 Leu 等人 2008，nos.361–362 和 Leu 1992，286。

⑦ Thévet 1558，［59］v。

⑧ Thévet 1558，［59］v 的页边注释；巴塞尔大学图书馆，Hx VI 30。参见：致奥科，1565 年 11 月 5 日；Gessner 1577，79v。

⑧ "Habet etiam Dodonaeus." *HP* 1：tab.17。关于格斯纳的多东斯《植物史》印本，见 Leu 等人 2008，Nos.115–116。

⑧ "Priapeia aliorum…Bummanus dicebat Augustae etiam Lunariam vocari." 如 Ockenden 1939，273–274 所述，*hyoscyamus luteus* 的图画在 Dodoens1554，ccclxxxj 中就有出现。烟草植物和天仙子之间的比较可回溯至 Oviedo 1535；Brooks 1937—1952，1：204。

⑧ Cordus 1561，241r。关于库登贝格在植物分类中的角色，另见 Egmond 2008。

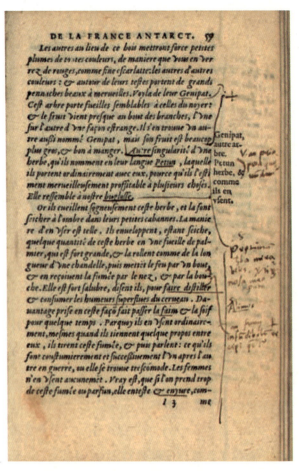

图 7.13　名为 *petun* 的植物。来自安德烈·泰韦，《法属永久冻土的奇异之处》（1558），
［59］r。在页边右侧空白上方的评注中，格斯纳表示好奇 *petun* 是否即为 *priapeia*。格斯纳
的印本，巴塞尔大学图书馆，Hx. Ⅵ. 30。

补充说，*hyoscyamus luteus* 是一种外来植物，有人称它来自叙利亚，味
辛，"部分蒙彼利埃人"因其豆荚的形状将其称为 *priapeia*。[84] 富克斯
曾收到过格斯纳给他寄的种子，且于 1555 年至 1556 年间请阿尔布雷
希特·迈尔为此种植物绘图（图 7.15）。他解释道，这种植物之所以得

[84] Cordus 1561，262r。

为自然书籍制图

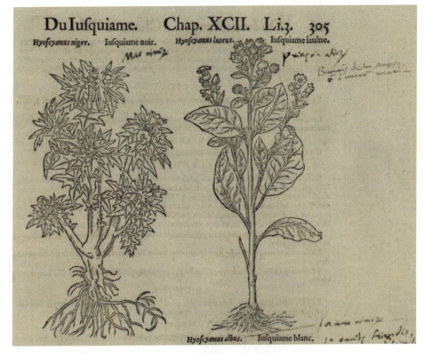

图 7.14　格斯纳在 *hyoscyamus luteus* 的木版画旁边（右上）写道，这是其他人所谓的 *priapeia*，在奥格斯堡也被称为 *lunaria*。蓝伯特·多东斯，《植物史》（1557），305，局部。中央图书馆，苏黎世，16.17。

名 *priapeia*，"是因为它对治疗外阴（又称 *priapus*）上的溃疡疾患效果显著，又或许是因为它的茎上有一个圆圆的淡红色的头，像一颗卷心菜"。[85] 富克斯还解释道，这种植物的德语名称 *Schwantzkraut* 来自德语中的男性生殖器。[86] 这也很可能揭示了龙德莱为植物取名 *priapeia* 的理由。[87]

　　一阵子后，格斯纳又回到图画并在上面写道："见马蒂奥利，460b。"[88] 在 1563 年出版的马蒂奥利对《药物论》的评注中，这种植物以 *hyosciamus*

---

[85]　阿尔布雷希特·迈尔为《维也纳古抄本》绘图的日期，见 Meyer 等人 1999，1：631；Baumann 等人 2001，122。

[86]　Meyer 等人 1999，1：631。

[87]　Gohory 也曾使用 *priapeia* 这一单词。见 Ockenden 1939，276。

[88]　"Such imm Matthiolo 460b." *HP* 1：tab.17。

PRIAPEIA, VEL NICOTIANA
FOEMINA MINOR.

schwankkraut, oder Tabac
weüblin das Klayner.

157　图 7.15　由阿尔布雷希特·迈尔（签名在右下角）绘制的 *priapeia* 或 *nicotiana*。来自莱昂
哈特·富克斯，*Codex* 11 123，3（1）：265，ÖNB/Wien/E26. 105C。

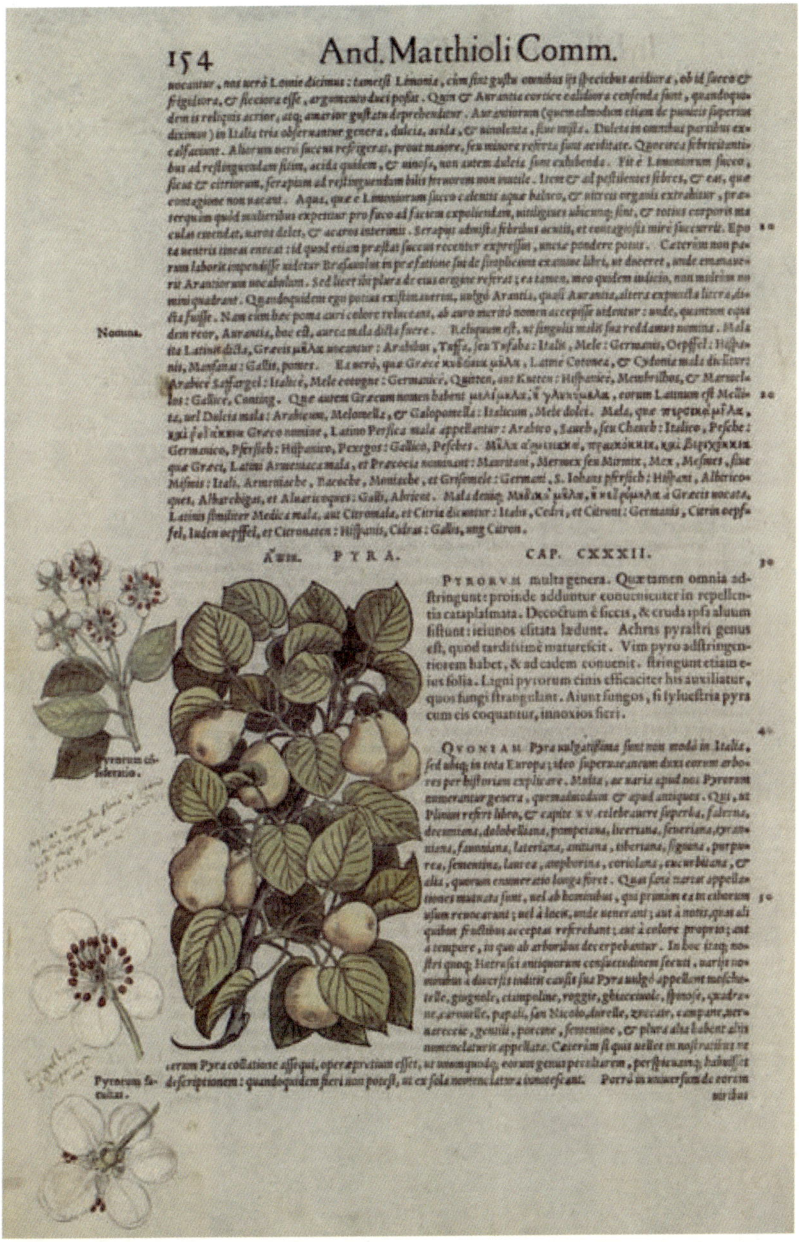

图 7.16　格斯纳补画了梨的花朵正反两面的样子，从而使仅描绘了果实与叶子的木刻版画"完整"了。来自康拉德·格斯纳拥有的彼得罗·安德烈亚·马蒂奥利的《评注》（1558 年）印本，154。中央图书馆，苏黎世，DrM 438。

III 的身份出现在了第 460 页的左页。[89] 就这样，格斯纳对这种"未知植物"的研究从 1554 年一直持续到了 1563 年。如今，我们称它为烟草，*Nicotiana rustica*。[90]

格斯纳的植物图画上记录了许多诸如此类的问题——我们或许可以说这是他写给自己的"研究问题"。一段时间后，他会在问题旁边写上答案，或者划去原来的问题："看看富克斯是否有这个——他在第 86 页上提过，但我们这个是另一个物种"；"看看这是不是 *scorodoprason*——这个更大"；"这对某些人来说是否即为 *pulmonaria*？"（最后一个问题被划去，表示答案是否定的）。[91] 这些问题往往是在其他书中找到答案的，如富克斯的《植物史论》、多东斯的《植物史》、马蒂奥利的《迪奥科里斯著作的评注》（*Commentarii in libros Dioscoridis*）、博克的《论植物的区别》（*De stirpium… differentiis*）、科尔迪斯的《评注》（*Annotationes*）以及老普林尼、泰奥弗拉斯托斯和迪奥科里斯的著作。我们从存世的一些印本中发现，格斯纳在页边空白处和图画旁边还写了许多其他疑问，并且提及了其他书籍和自己的图画。[92] 他偶尔还会在书上画画。[93] 例如，他曾在马蒂奥利的一幅只描绘了梨的果实的木版画旁，画出了梨的花朵正面和背面的样子（图 7.16）。这或许可被视为格斯纳"补全"图画的方式，但这样的例子在他的书里较为少见。他为何选择在多东斯《植物史》的 1563 年版本而非 1557 年的版本上画出 *lampsana* 或 *Milcken* 的豆荚和齿状花瓣也尚不清楚。[94] 这里值得注意的是，他标记自己部分书籍和图画时采用的风格如出一辙。

甚至在比对 *priapeia* 更了解的植物的图画上，格斯纳也会提到其他

---

[89] *HP* 1：89。格斯纳的该版本印本似已佚失。见 Leu 等人 2008，A41。

[90] 格斯纳在信中谈及自己咀嚼或为 *Nicotiana tabacum* 的叶子的段落的翻译，参见 Brooks 1937—1952，1：271—274。

[91] *HP* 3：tab.6；*HP* 2：tab.10；*HP* 6：tab.14。

[92] 并非他所有的藏书都得以存世，请见 Leu 等人 2008；例如 nos.115–116，241，294，322 和 359–360。

[93] 出处同上，nos.116，241。

[94] Leu 等人 2008，no.115。

书籍中的条目、植物标本集中的干燥标本、他花园里的植物或其他图画，从而编织出一张复杂的交叉引用网。格斯纳的图画记录下了他鉴定植物的过程有多么基于书本；他尝试借助他人的学识去理解一个全新的"未知"植物，这是文艺复兴学者们的一个共同倾向，被詹纳·波马塔（Gianna Pomata）和南希·西拉伊西（Nancy Siraisi）称为"学术经验主义"（learned empiricism）。[95] 为了编纂植物通志，格斯纳试图阅读古代和现代作者写过的所有植物相关书籍；在他生命的最后时刻，他称自己的植物研究共包含了 260 本书的内容。[96]

如今躺在埃尔朗根的那叠纸上最终呈现了什么呢？在我看来，它呈现的是格斯纳的研究对象（object of study）。对研究对象的可视化需要耐心协调通信者，不断谨慎地监督艺术家，比较土壤和气候，对一定数量的植物进行取样和咀嚼，以及广泛地阅读书籍。这些都是建立一个"完整的对象"时必要的途径，这样它才能超越植物在某时某刻被发现时的瞬时性。这样的对象在学术研究中是有必要的，不只是为了涵盖方方面面，更是出于对植物药用功效的一般定论的追求——既定物种的所有个体无论生长于何处皆能成立。

图绘札记

绘于活页纸上的图画被一一编号后分放在格斯纳家中的两百个书架上。[97] 这应该是为了方便格斯纳能够在他历时数年的研究过程中轻松地取出每一幅图画。早前在《世界书目》的第二卷中，他曾解释了自己如何编制索引：他对文本进行摘录，把它们从书中剪下，按照大

---

[95] Pomata and Siraisi, introduction, 17。对于格斯纳至少鉴定了 50 种不为古人所知的植物的估计，见 Simler 1566, 15r。

[96] Salzmann 1959, 102。

[97] Leemann van Elck 1935, 24。

致主题对文本纸条分组，然后根据更细化的主题进一步分类，再把它们放到盒子里。[98]这么做的用意在于他日后可以毫不费事地将它们一起取出，而不仅仅是为了制作索引。

> ……我认识很多博学之人乐意将这种便利的做法应用到他们的研究中去；无论是要用于写作还是在公共场合口述教学，他们都会粗略地搜集主题素材，然后用以下方式进行整理。不管是近期还是早期收集的材料都会被放在独立的纸片（不经过装裱）上备用，以便在需要探讨、处理任意主题时都可以从众多纸片中找到最合适当下目标的那些进行制作；用小针将这些纸片固定在一起，并以对文章论题有益的顺序排列；把看起来合适的记录下来，把不合适的任意舍去，再把纸片放回原处。[99]

格斯纳认为，他制作索引时采用的摘录与整理的形式还可被用于写作和教学；确实，他将这种方法视为伊拉斯谟式的札记编录法。[100]札记，即把大标题下值得注意或有价值的段落摘录、收集起来，通常会把它们放在笔记本中，这种阅读方法受到了伊拉斯谟等人的提倡，成为 16 世纪时解析、整合各个信息来源的方式。[101]

使用纸片，似乎确实是格斯纳写作、改写文章时的工作方式，在对待他自己的《动物史》印本时也不例外。[102]有时他还会把植物的图画粘贴在一起，就像我们在 *gentianella* 的图画（图 7.11）中看到的那样，左边的那幅作于 1553 年，而右边的作于 1564 年，两幅画被贴在一起，中间

---

[98] "De indicibus librorum"；Gessner 1548/1549，19v–20v。译文出自 Wellisch，1981，12。

[99] 译文出自 Wellisch 1981，12。

[100] Gessner 1548/1549，[23] r。关于伊拉斯谟，见 Moss 1996，111–115。

[101] 关于札记书对文艺复兴思想的影响，见具有开创意义的著作 Moss 1966；特别是关于自然哲学，见 Siegel 2009，33–47。我要感谢 Christoph Lüthy 让我注意到了 Siegel 的作品。

[102] 关于格斯纳的札记编录法，我受益于 Delisle 2009，第六章。亦见 Braun 1990，12。

的那段描述则写于 1552 年。[103]同样地，格斯纳在使用印刷书籍中的图画时，也是通过剪切或复制的方法。[104]

我们不知道格斯纳心中所想的《植物史》具体会以怎样的版式出现，但他于 1561 年重新编辑瓦勒留斯·科尔迪斯（1515—1544 年）撰写的对迪奥科里斯《药物论》的《评注》时，确实发表了他的部分发现。那本书中 chamaenerion 的木版插图基于的是格斯纳的一幅图画，而其形态描述是从另外两张纸上复制过来的。[105]因此，一个条目是由多张图画组成的。利用纸片来协调出处完全不同的资料（文本或观察），并将它们作为汇编工作的基础进行整理，也是阿尔德罗万迪在准备他的《鸟类学》（Ornithologia）时采用的方式。[106]这些素描或可被称为一种图绘札记，格斯纳正是希望通过它们来编写自己的书。[107]它们不是对格斯纳思维过程的随意记录，而是一种研究、写作方法的体现。以此方式编纂而成的书，例如格斯纳的《动物史》，是可以被当作词典阅读的书籍：读者无须从头至尾依序阅读，直接浏览自己感兴趣的话题即可。[108]

因此，图像是格斯纳对随空间和时间变化的植物的整个研究、调查过程中不可或缺的部分。他的素描和注释帮助他从各种出处中创建了一个研究对象。格斯纳和富克斯一样，都致力于研究某些具备一般性和完整性的对象，格斯纳称之为完整的图画，使用的形容词与富克斯相同。这些画稿起到了札记纸片的作用，是编写书籍的基础。事实上，格斯纳的画稿也是"基于书本"的，因为画中注释指向的仍是其他可作参考的书籍或有待解答的问题。因此，即便在他的图画出版之前，书籍已然已经影响了他在其中组织植物知识的方式。

161

[103] *HP* 4：tab.18。
[104] 例如，见《植物史》，40r（来自 Ruell 版本的迪奥科里斯），123r，124r（来自 Turner 1551），305r，305v，311r 及 311v（来自 Thévet 1558）。
[105] Cordus 1561，213v-216v。见评注于 *HP* 1：90，96（评注在 *HP* 1：tab.26）。
[106] 见 Pinon 2003。对格斯纳和阿尔德罗万迪的比较，见 Fischel 2009。
[107] 我要感谢 Paula Findlen 最先建议我使用"图绘札记"这一概念。
[108] Gessner 1551—1558，1：β3r。

第八章　图画的权威：格斯纳、马蒂奥利与雅姆尼策

163　　正如我在上一章中谈到的，植物图画是格斯纳奋力将学术研究打造成一本完整的《植物史》所采用的主要方法。毫无疑问，他坚信图画是自己植物研究中不可或缺的一部分。但是当植物鉴定出现争议时，图画的作用有多大呢？为何格斯纳认为图画是帮助他研究的最佳方式？本章通过格斯纳陷入的一场争论以及给予他启发的一件艺术品，对图画的权威进行探讨。

格斯纳 vs. 马蒂奥利

　　1565 年 4 月 18 日早上 8 点，格斯纳正在给阿道夫·奥科写信，他于信中指摘了马蒂奥利因为 4 德拉克马（古希腊重量单位）的 *doronicum*［多榔菊属］杀死了一条狗便下令把这种药草驱出药房的做法。[①] 据迪奥科里斯

---

① Gessner 1577, 74r–v。关于 *doronicum* 的鉴定的插曲，总结自 Palmer 1985, 155–156。1 德拉克马 = 3.65 克，Engel 1965, 6。

所说（《药物论》, 2.125），诸如 *asparagos* 这样的植物对狗来说可能有毒，对人类则不然。格斯纳报告称自己实际上吞食过 *doronicum*，体验往往很愉快，他还曾把这种植物的根裹上蜂蜜后食用，也没有任何危险。为了证明马蒂奥利等人的错误，当天早些时候，格斯纳配合热水服用了 2 德拉克马的 *doronicum*，且他十分清楚 1 德拉克马的用量能够杀死一条狗。他在 8 点的时候报告说自己毫无异样。他自信地表示："我希望你不会觉得，我会无所顾忌或业余到在自己身上尝试能给我带来直接危险的东西。"②

　　该时期的人们通常会先在动物，然后在已被宣告有罪的囚犯身上尝试毒药或解药。③根据安布鲁瓦兹·帕雷（Ambroise Paré，1510—1590年）的描述，一名被判有罪的厨师曾被许诺，若他愿意服下毒药和一颗胃石（传说是一种普遍的解药）且得以幸存的话，便会得到查理九世（King Charles IX）的赦免活下来，但他最终不幸惨死。④格斯纳较为独特，他会定期品尝包括白藜芦在内的植物的各个部位，并且在自己身上试验未经实验的药物。⑤然而这一次，格斯纳感到了不适，且在五个月后向奥科坦白了此事。⑥尽管他在给奥科写信时感觉良好，但是一段时间后，他的肠胃感到胀气，整个身体变得虚弱：他病了两天。当他发现自己不会立即死去时，他泡了个热水澡（一个促进排汗的常用办法）后便治愈了。令人惊讶的是，他对 *doronicum* 的定论为，其本身无毒，根部的过度潮湿可能会导致胃部发炎，但人们不会因此而轻易丧命。他仍不赞同马蒂奥利，坚持认为 *doronicum* 不应该被逐出药房，因为植物根部以上的部分还是安全有效的。他建议将其改名为 *pseudo-doronicum*［伪多榔菊属］，对于古代作者指定使用 *doronicum* 的药方，药剂师应该用

---

② "Nolim autem te putare, me ita vel temerarium vel imperitum esse, ut ea velim experiri in me, quae praesens periculum affere queant." 致奥科，1565 年 4 月 18 日；Gessner 1577，74v。

③ Palmer 1985，155。

④ Paré 1951，199-200。

⑤ 见于 Durling 1980，106-107 和 Simler 1566，14v。

⑥ 以下是我对他于 1565 年 9 月 28 日写给奥科的信件内容的总结；Gessner 1577，78r。

galanga［高良姜］或者 *zedoaria*［莪术］配合一点柑橘皮代替，毕竟阿拉伯语的名称 *durungi* 正是起源于柑橘属一词。到了 1565 年时，格斯纳和马蒂奥利的敌对立场已不可撼动，尤其是因为他们就迪奥科里斯笔下的 *aconitum pardalianches* 这一植物的真实身份针锋相对，多东斯在 1557 年称它与药剂师口中所说的 *doronicum* 相同（图 8.1）。[⑦]

争论一开始与迪奥科里斯描述的第一类 *aconitum*［乌头属］（《药物论》，4.76）有关：

> 有些人称之为 *pardalianches*，还有的称之为 *cammaron*、*thelyphonon*、*cynoctonon* 或 *myoctonon*：它有三或四片像仙客来或黄瓜那样的叶子，但要更小些，且不那么粗糙；茎高大；根似蝎子的尾巴，如雪花石膏一般光亮。他们说，把该植物的根拿到蝎子身边时能使其瘫痪，再把白藜芦放在蝎子面前时就能让它恢复活动。把它和眼用的止痛药混合在一起，放在肉片上扔给豹子、野猪、狼等所有野生动物，就能让它们丧命。[⑧]

165　　围绕此植物的鉴定问题引发了一系列的事件，大致的时间顺序如下。1542 年，格斯纳提出了 *aconitum pardalianches* 通常被称为 *tora* 的观点。[⑨] 同年，富克斯发现它即为一种叫 *uva versa*（又称 *herba Paris*）的植物。[⑩] 1544 年，在马蒂奥利撰写的首版迪奥科里斯《药物论》的意大利语评注（无图版）中，他表示自己曾在塔兰托、那不勒斯和罗马看到过这种植物。[⑪] 马蒂奥利质疑富克斯把此种植物等同于 *herba Paris* 的看

---

⑦ Dodoens 1557，581–584。马蒂奥利是赞成此观点的许多其他人之一；Palmer 1985，155–156。

⑧ Dioscorides 2005，282。

⑨ "Aconitum. Arabice Realgal: vulgo Tora." Gessner 1542，2v。

⑩ Fuchs 1542，86。

⑪ Mattioli 1544，327–329。对该注本的评鉴，见 Nutton，"Mattioli"。

202　　　　　　　　　　　　　　　　　　　　　　　　　　　　　为自然书籍制图

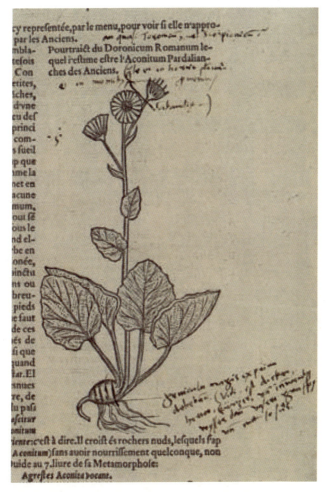

图 8.1　被多东斯认作是 *aconitum pardalianches* 的 *doronicum Romanum* 的图像。格斯纳试图纠正植物的根的形状，他指出接合的部分应更明显地呈分段状。来自蓝伯特·多东斯，《植物史》（1557），583，局部。康拉德·格斯纳的印本，中央图书馆，苏黎世，16.17。

法，并且指出 *napellum* 的毒性远比 *aconitum* 剧烈得多。[12]格斯纳在自己的《动物史》（1551 年）中有关狼的章节里，对 *aconitum* 作为一种对狼

---

⑫ 马蒂奥利称这场受约束的实验由他的老师兼外科医生 Gregorio Caravita 在教皇克雷芒七世（Pope Clement Ⅶ）前执行，他给两名被宣告有罪的刺客用了 *napellum* 的解药。Mattioli 1544，238，见于 Nutton 2004b，140。

有害的植物展开了讨论，并且重申了 *aconitum* 即 *tora* 的结论。[13]1554 年，马蒂奥利拓展了他之前对富克斯将此种植物与 *herba Paris* 混为一谈的批评，不过这次是用拉丁语写的，并且提供了一张他认为是真的 *aconitum* 的图画（图 8.2）。[14]此时的马蒂奥利还未对格斯纳就 *aconitum* 的看法做出回应。

167   1555 年，格斯纳出版了一本关于一种名为 *lunaria* 的稀有植物的书《论一种由于会在夜晚发光或其他原因而被称为 *lunaria* 的罕见且美好的草本植物》（*De raris et admirandis herbis*, *quae sive quod noctu lucent*, *sive alias ob causas*, *lunariae nominantur*）。维罗纳一个名为约翰内斯·弗朗西斯库斯·马卢埃蒂乌斯（Johannes Franciscus Maluetius）的人称，*tora venenata* 之所以被称作 *lunaria*，很可能是因为它的叶子形似满月，他的这份证词给了格斯纳一个再次讨论 *tora* 的机会。[15]格斯纳在《动物史》中解释道，他已经确定 *tora* 就是迪奥科里斯所说的第一种 *aconitum*（*aconitum primum*），且他已证实书中 *lunaria* 的图画（图 8.3）描绘的是 *aconitum primum* 无误。[16]这幅画是由帕多瓦的一名杰出教授加布里瓦·法罗皮奥（Gabriele Falloppio，1523—1562 年）寄给格斯纳的。格斯纳引用了自己的《动物史》中有关狼的章节，并指出这幅木版画和他之前对 *tora* 这种植物的描述相一致。

168   这时，格斯纳用一幅由肯特曼寄来的图画，展开了他对 *tora* 的描述。他阐述道，这幅图画展现的是一种相似的植物，只是一条根里长出了三片叶子。其中的两片叶子很小、无茎，而中间的那片较大；此植物还有一根无花的茎，从中冒出了一片像法罗皮奥的图画里那样尖头的叶子；约有十条小根。[17]格斯纳没有在他关于 *lunaria* 的书中收录肯特曼

---

[13] Gessner 1551—1558，1：735-750，在 748。

[14] Mattioli 1558，479–482。

[15] Gessner 1555，38。

[16] 出处同上。Peyer 的原图，参见 *HP* 2：tab.5。

[17] Gessner 1555，39–40。

图 8.2　*Aconitum pardalianches*（*primum*）图以及康拉德·格斯纳的注释，彼得罗·安德烈亚·马蒂奥利，《评注》（1558年），537，局部。中央图书馆，苏黎世，DrM 438。

图 8.3　被格斯纳认为与 *aconitum pardalianches* 等同的 *tora*。来自康拉德·格斯纳，《论一种由于会在夜晚发光或其他原因而被称为 *lunaria* 的罕见且美好的草本植物》（1555），38，局部。剑桥大学图书馆，N*.11.15（E）。

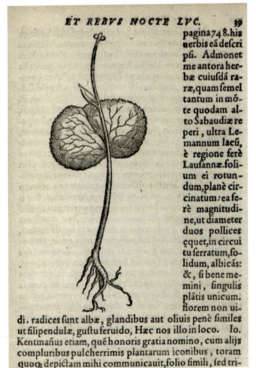

的图画，但他的描述在和原图的比对之下相对准确，且原图仍留存于世（图8.4）。格斯纳还为肯特曼的图画提供了额外的凭据：帕多瓦医师花园的负责人阿洛依修斯·罗马努斯（Aloisius Romanus）鉴定此植物为名副其实的 *aconitum pardalianches*，见于帕多瓦和维罗纳之间的巴尔多山。[18]肯特曼的 *tora* 与法罗皮奥的有所不同，但格斯纳认为其间的差异是它们的大小不同造成的：较小的植物会先长出一片叶子，从根部再长出第二或第三片叶子，根数也会随着植物生长而增加。格斯纳没有印刷肯特曼的图像，很可能因为法罗皮奥的图画更符合格斯纳早在《动物史》中的描述，但是他需要利用肯特曼的图像先发制人，以免有人会对他书中关于 *lunaria* 的版画持反对意见，毕竟迪奥科里斯的描述曾提及此植物有三或四片叶子，而画中却只有一片叶子。格斯纳还引述了一位来自贝尔加莫的医师古列尔莫·格拉塔罗洛（Guglielmo Gratarolo，1516—1568年）的话，此人称与其相同的植物通常被称为 *tora*，只长一片叶子。[19]因此，他推断木版画中的 *tora* 无疑就是所谓的 *aconitum primum*。他提醒读者，自己早在1542年就做出了这份鉴定，并声称自己还是第一个展示了真正的 *aconitum primum* 的图画的人。格斯纳援引了多位医师的文字与图像，以此方式谨慎地支持着自己对 *aconitum primum* 的鉴定结果。格斯纳固然清楚，他的读者们自然知道马蒂奥利在一年以前就出版了该植物的图画。格斯纳声明，马蒂奥利那幅描绘 *aconitum primum* 的图画（图8.2）"显然是虚构的"；他若不是虚构了一幅图画来迎合迪奥科里斯的描述，就是被其他人给骗了。[20]如果马蒂奥利也像格斯纳那样摆出两至三位学问精深的人并公开给出证明，格斯纳便会撤回自己的评

[18] Gessner 1555，39–40。参看肯特曼的条目："Aconiton pardaleanches quod hic depingitur reperitur in Monte Baldo inter Pataviam et Veronam，Aloisius Romanus verum Aconiton esse affirmavit." *Codex Kentmanus*，135r。

[19] Gessner 1555，40。关于格拉塔罗洛的见解，另见 Maclean 2005a，17–19。

[20] Gessner 1555，40。关于 Pietro Antonio Michiel 对马蒂奥利做出的相似评论，参见 Palmer 1985，153。

图 8.4　约翰尼斯·肯特曼的 *aconitum pardalianches* 图像。这没有被印在格斯纳有关 *lunaria* 的书中，但他在书中的描述基本准确。来自安娜·阿玛利亚公爵夫人图书馆，Fol. 323，87v。

论，转而向他致谢。[21]

　　如上所述，马蒂奥利和格斯纳对于迪奥科里斯的 *aconitum pardalianches* 的品种问题各持己见，且二人都刊印了图像来支撑他们的鉴定。格斯纳必然已意识到，在植物品种有所争议的情况下，植物的图画本身未必会

---

[21] Gessner 1555，40。

有多少分量。不过，任何称他人的图画系虚构的指控都可能会招致更多风险，因为这样的控诉同样可能指向自己的图画。格斯纳汇集学术证词来确保自己的图画真实可信，而他对那些提供给他植物、描述和鉴定结果的人们的名字与地位的记录，可能是出于想在未来援引他们的目的。[22]

1558 年，马蒂奥利在他新版的《药物论》评注中予以回击。除了他 1554 年提出的异议之外，他还在 1558 年的版本中增添了一份用小字印刷的附录，批评嘲讽格斯纳的人品。他指出，格斯纳自己的 *aconitum primum* 图画与真实植物相比，就好像乌鸦和天鹅一般有着天壤之别。那些像仙客来或黄瓜的叶子在哪里？形似蝎子尾巴又或者有如雪花石膏一般光亮的根在哪里？[23]马蒂奥利还嘲讽了格斯纳让他给出学术依据的要求。马蒂奥利很乐意把实实在在的植物寄给他，但格斯纳要求的不是这个；他要的是证词。愿意作证的有为此植物绘图的画家乔治·利贝拉莱（Giorgio Liberale），挖出此植物的彼得鲁斯·斯佩扎兰恰（Petrus Spezzalancia），和马蒂奥利同行的来自塔兰托的医师弗朗西斯库斯·梅尔基奥里斯（Franciscus Melchioris）以及马蒂奥利自己，甚至还有出产此植物的山脉。多么不可思议，人们是如此固执，除非亲眼所见，不然断不会相信在他们的土地和海洋外还存在着其他东西！[24]因此，马蒂奥利解释道，过分依赖于认证或自己目睹的东西，皆是一种对知识的局限。他强调，掌握古代文本、对物体进行研究、信任他人——尤其是他自己——十分重要。

格斯纳仔细阅读了马蒂奥利 1558 年版的作品，修改了排字与语法方面以及涉及真相的错误和疏漏——甚至修改了马蒂奥利记录了格斯纳两处错误的索引，并补上了另外四处马蒂奥利在书中批评自己的页码。[25]

---

[22] 格斯纳记录的人名名单，见 Steiger 1968，42–43。

[23] Mattioli 1558，541。

[24] 出处同上。

[25] 出处同上，β1r。格斯纳在他的印本（DrM 438，Zentralbibliothek Zurich）中补充了页码 475，541，566 和 568。

格斯纳对马蒂奥利的评论感到不满，并在私下称他为"一个野心大概比学问还大的人"。[26]1563 年，马蒂奥利出版了他的德语版评注，书中的图画尺寸相较之前的版本更大。他自然坚持要把 *aconitum* 的图像包括在内，这幅图被格斯纳称作是两个不同物种的畸形组合（*Schuppenkraut* 的根和 *doronicum* 的叶子），和马蒂奥利其他的图画一样虚假、有欺骗性。[27]1563 年的版本是马蒂奥利参与的一系列再版中的最后一版，他每一次都修正且补充了自己对迪奥科里斯《药物论》的评注，每一次也都重新审视了自己对同代评论家的认可和反对。[28]马蒂奥利自诩他的评注已卖出 32000 本，其频繁的再版本必定大量涌入了市场，这会使得这本书到处可见，成为一部人们可时刻参阅的作品。[29]

　　格斯纳在听说 1565 年将会有拉丁语版问世，同时又好奇这与 1563 年的德语版有何不同时讽刺地评论道，描述植物的工作是无限的，一个人可以永远补充下去，尤其是他想要找出所有的变种的话。[30]关于马蒂奥利的 1563 年版本，尽管格斯纳不愿承认书中图画的真实性或准确性，但有一点格斯纳是愿意承认的，即图画的大幅尺寸。[31]图画大小也是一个成本问题，格斯纳就曾尖锐地指出，在没有赞助人的情况下，他不得不花费大量人力财力使得他的图画"极为真实""极为准确"。[32]想必这又是在挖苦马蒂奥利，因为他自 1554 年起就在皇室连续（且成功地）服侍照料了斐迪南一世与马克西米利安二世。格斯纳总是反复告诉他的通信

㉖ 致肯特曼，1558 年 8 月 25 日；Gessner 1584，B3r。致小卡梅拉留斯，1565 年 8 月 27 日；Rath 1950，163。关于此争议中的行为的合宜性，见 Delisle 2004。

㉗ 致肯特曼，1563 年 8 月 27 日；Gessner 1584，D2r。关于多东斯和 Guilandinus 对马蒂奥利的图像抱有相似的怀疑，见 Reeds 1991，161，164。

㉘ 关于马蒂奥利在包含和剔除哪些内容上的策略，见 Findlen 2000。关于马蒂奥利各版本的不同之处，见 Stannard 1969。

㉙ Palmer 1985，152 提及了 32000 份印本的销售量。

㉚ 致小卡梅拉留斯，1565 年 1 月 27 日；Rath 1950，159。

㉛ 致小卡梅拉留斯，1565 年 8 月 27 日；Rath 1950，163。

㉜ 致克拉图，1563 年 8 月 9 日；Gessner 1577，14v。

者们，图无须很大。[33]

最终，印刷书籍中的图也没能解决马蒂奥利和格斯纳之间就 *aconitum pardalianches* 的品种问题产生的分歧。[34] 在这场争论中，格斯纳试图通过信函争取那些知识渊博的朋友和同事的支持，但正如坎迪斯·德莱尔（Candice Delisle）所说，大多只是徒劳。[35] 事实也确实如此。格斯纳请来为此事做出裁决的医师们中的一位，吉罗拉莫·唐泽利尼（Girolamo Donzellini），选择站在马蒂奥利的那边，他表示，一幅与迪奥科里斯的词句描述相匹配的植物图画不会有损马蒂奥利的学问或权威。对唐泽利尼而言，一幅与自然不符的植物图画，无法构成一个用来反对马蒂奥利鉴定结果的论据。[36] 这与格斯纳的看法截然不同，格斯纳认为文字描述和配图理应相匹配，这一点从他书中的标记便可看出。比如他在自己的那本马蒂奥利的《评注》（1558 年）中就曾指出，*ligusticum* [藁本属] 的图画与文本不符，画中叶子在茎顶端的锯齿并没有比 *fertulae campanae* 叶子上的多。在他的那本多东斯的《植物史》印本中，他在被鉴定为 *satyrium trifolium*（意为"三叶 *satyrium*"）的木版画边上标注，图像中的植物只有两片叶子。[37]

格斯纳与马蒂奥利的分歧揭示了图画在解决学术争论或争议时的权威有限。虽说马蒂奥利认为图画很重要，在他的评注中插入了不少，甚至还把它们放大，格斯纳和马蒂奥利都在他们的药用植物学研究中使用图画，但这并不保证他们会认同图画在自然学术知识上的功能与权威，

---

[33] 致小卡梅拉留斯，1565 年 8 月 27 日；Rath 1950，163–164。致奥科，1565 年 2 月 18 日；Gessner 1577，68r。

[34] 致奥科，1564 年 1 月 22 日；Gessner 1577，50r–v。致克拉图，1563 年 8 月 9 日与 1564 年 2 月 6 日；Gessner 1577，14v，20v。参见 *HP* 7：tabs 11–12（379r–v）。

[35] Delisle 2004。

[36] 关于唐泽利尼的看法，我受益于 Delisle 2004，166–168。这不是马蒂奥利的版画与迪奥科里斯的文本一致，却与真实植物不符的唯一一种植物；Reeds 1991，156。

[37] Mattioli 1558，393，Zentralbibliothek，Zurich，DrM 438；Dodoens 1557，157，Zentralbibliothek，Zurich，16.17。

更不必指望用图画来化解他们之间的学术分歧。

依傍雅姆尼策的格斯纳

那么为什么格斯纳觉得他无论如何都需要图画来研究植物呢？这个问题依旧存在。与马蒂奥利相比，格斯纳对于图画应当反映自然界的真实植物，且文字和图绘描述应当一致的态度十分坚决。如我们在上一章中看到的，他的图画使用精准、无间断的线条和鲜艳的水彩颜料。这种图绘形式反映了格斯纳对一幅栩栩如生的图像必须具备哪些内容的理解。他在宣布要编纂植物通志时曾收到过一个礼物，也是在这个时候，他对自己的理解进行了详述。

1554 年 6 月 22 日，格斯纳给他的朋友格奥尔格·法布里丘斯（Georg Fabricius，1516—1571 年）写信。法布里丘斯是一名诗人、历史学家和迈森一所学校的校长，他曾促成了格斯纳把《动物史》卷二献给萨克森著名矿业小镇弗莱贝格的"什一税管理员兼议员"瓦伦丁·格拉维乌斯（Valentin Gravius）。[38] 据格斯纳叙述，格拉维乌斯为回馈格斯纳的献书礼，赠予了他一个高达一尺的由矿物和"从地里挖出的东西"（*fossilia*）[39] 组成的"矿物土堆"；另一份赏赐是一个描绘被植被环绕的蚂蚱和蜘蛛的银制塑像。[40] 第一份赠礼可以确定是一座 *Handstein*（字面意思为"手石"），又称 *lapis manualis* 或 *Bergwerk*，它由矿砂、岩石和水晶组成，再从中雕刻或嵌入小型塑像（图 8.5）。[41] 第二份赠礼极可能是一件由纽伦堡金匠文策尔·雅姆尼策（1508—1585 年）制作的"自然铸件"

㊳ 这很可能是曾于 1540 年至 1544 年间担任弗莱贝格议员的 Valentin Graff；Herrmann 1965，150。关于格斯纳于 1554 年 2 月 3 日向格拉维乌斯献书，见 Gessner 1551—1558，2：*2r-v。我在别处对这封信作了更详细的探讨，Kusukawa，即将出版。关于法布里丘斯，见 *ADB* 6：510–514。

㊴ Hanhart，Gessner，309–310。关于 "*fossilia*" 一词的含义，见 Rudwick 1976b，1。

㊵ 据 Gessner 1751—1771，2：XVIII 记载，这发生于 1554 年。

㊶ 关于 *Handstein*，我遵循的是 Streider 1967。

（图 8.6）。[42]

　　格拉维乌斯赐予格斯纳的礼物是用矿物或金属手工制成的艺术品，这些材料很受像格拉维乌斯这样住在兴旺的矿业小镇弗莱贝格的人的重视。[43]雅姆尼策以制作 *Handstein* 而出名，尽管没有具体证据可以将他与格拉维乌斯赠给格斯纳的 *Handstein* 联系在一起，但是值得注意的是，*Handstein* 和"自然铸件"皆有出自雅姆尼策之手的特征，它们都由自然打造而成，且保留了原始天然材料的部分外观。[44]这一类物件，还因为它们完美融合了自然与艺术，吸引着大公斐迪南二世（Archduke Ferdinand II，1529—1596 年）等君王收藏家。[45]

　　格斯纳寄给法布里丘斯的信件给我们提供了一份独到的见解，让我们得以洞察同代人士如何欣赏着雅姆尼策的工艺，以及一幅栩栩如生的图像对格斯纳而言必须包含哪些内容。[46]格斯纳认为，"自然铸件"是栩栩如生的，因为它用塑造自然物体的每种线条（例如直的、斜的、横向的、弯曲的、卷曲的、长的、短的）复制出了所有的形态和形状（*forma figuraque*）。对格斯纳来说，形状（*figura*）是可以被平面或表面上的线条定义的，比如三角形、四边形或球形。而另一方面，形式（*forma*）既可以是外在的，也可以是内在的。内在的、本质上的形式仅利用理智便可掌握。外在的形式指的是整个东西的外观，由许多形状（*figurae*）组成，包括对个别部位的排列、摆放位置和比例，它们各自也有各自的形状。[47]

---

[42] 我要感谢 Pamela Smith 在雅姆尼策的作品上给予我的帮助。关于雅姆尼策的作品，见展览图录，Bott 等人 1985。

[43] 我要感谢 Tara Nummedal 在该时期的矿业问题上给予我的帮助。厄尔士山脉的采矿小镇是 1520 年代至 1530 年代欧洲银器的重要出产地，弗莱贝格尤其在 1540 年代至 1550 年代经历了生产的上升期。Soetbeer 1879，17；参见 Nef 1941。

[44] 关于雅姆尼策的 *Handstein*，见 Streider 1967，1412 和 Schönherr 1888，291。Smith 2004，74–80。

[45] Daston and Park 1998，279–280；Distelberger 1985，273–274；Scheicher 1985，33。

[46] 我翻译了这封信件的全文，Kusukawa，即将出版。

[47] Gessner 1565，Aa8r–2v；参见 Fischel 2010，155 中的译文。

图 8.5　*Handstein*，卡斯帕·乌利希作，St. Joachimstahl（1556—1562 年），银，镀金，¹⁷²
辉银矿，31.7 cm 高。KK_Nr. 4148，艺术史博物馆，维也纳。

图 8.6　文具匣，文策尔·雅姆尼策作，纽伦堡（1560—1570 年），银，自然铸件，6 cm×10.2 cm×22.7 cm。KK_1155，艺术史博物馆，维也纳。

格斯纳在给法布里丘斯的信中写道，与其说"自然铸件"上的塑像（*icon*）展现的是和其他物体相像的形象（*imagines*），倒不如说它展现了那些"物体本身"（*res ipsas*）。格斯纳把它称作"*auto to auto*"，即除了制作材料之外，两者之间没有区别。[48] "*auto to auto*"（字面意思为"自己自己"，即自己本身）这个希腊短语源自柏拉图的《亚西比德上篇》（*Alcibiades Major*，129B 至 130D）。[49] 以"人类自身"为例，它表示的是所有人类共有的特征，它使得人类的身份得到确认，而不是各种各样的个人或偶性的特质，所以"自己自己"指的是某样东西的"共有特征"。[50] 我们更熟悉的共有特征被柏拉图称作"形式"（form，又译"理型""理式""型相"）。虽然格斯纳认为内在的本质形式只需要通过理智来理解，

173

---

[48] "Ars vero illa，quaecunque est，quae tam proprias rerum icones effingit，quales in Gravij muneribus intueor，non tam similes rerum imagines quam res ipsas repraesentare mihi videtur，et ur Platonice dicam *auto to auto*. Ita ut nisi materia foret diversa，differentia plane nulla perciperetur." 致格奥尔格·法布里丘斯，1554 年 6 月 22 日；Gessner 1577，131r–v。
[49] 我受益于 Nick Denyer 对该段落的鉴定与说明，见他在 Plato 2001，211–212 中的评论。
[50] Plato 2001，217。

为自然书籍制图

但当信中的他把一幅栩栩如生的图像等同于自然界的这个物体本身时，即使它们的制作材料（银的或自然的）有所不同，他似乎依旧欣然地把由线条和形状构成的外在形式和本质形式（*auto to auto*）合并在了一起。[51]

格斯纳谈及"自然铸件"时的热情可谓溢于言表，他说道，宙克西斯（Zeuxis）画的葡萄能引来成群的小鸟，而巴赫西斯（Parrhasius）更胜一筹，他画了一幅让宙克西斯信以为真的窗帘，"自然铸件"能与巴赫西斯的作品相媲美（《自然史》，35.36）。[52] 对于格斯纳而言，自然铸件这种全新的艺术，除所用材料之外，与原始物体毫无分别。雅姆尼策的铸件，很可能是通过先给昆虫或小动物制模，烧光它们的身体并清除灰烬后，再将热金属注入遗留下的内腔的方式制作而成的。[53] 无论他是否清楚这种铸件究竟是如何制造出来的，格斯纳将此类图像的制作比作"美杜莎石化"，它保留了原始物体除材料外的所有外部形状与形式。[54] 格斯纳视自然铸件为栩栩如生的图像的这种想法，与吉罗拉莫·卡尔达诺栩栩如生的自然印刷以及弗朗索瓦一世的石膏面具异曲同工，它们都需要和原始物体进行接触，继而也需要图像的制作者到场观察物体被刻画的过程。不过，直接接触或观察都还不是栩栩如生的图像最有趣的特征。

在根本上，格斯纳遵循的是普林尼式的理想，即艺术的最佳形式是尽可能地仿制自然。[55] 普林尼曾讲过这样一个故事（《自然史》，35.36），阿佩莱斯为参赛画了一匹马，后来人们牵来的真马看到他的画后便嘶叫了起来。[56] 在这个案例中，动物看到画后的反应就和见到了另一个动物一样，

[174]

---

[51] "Forma vero sua cuique est, ut interior et essentialis, quae ratione sola cognoscitur…" Gessner 1565, Aa8v。

[52] Isager 1991, 138 对此进行了讨论；参见 Mitchell 1994, 329-344。

[53] 关于此工序，见 Smith 2004, 74-75。

[54] 关于该时期使用了美杜莎母题的一系列作品，见 Garber and Vickers 2003, 51-71。

[55] Isager 1991, 136-140。

[56] Pliny 1938—1963, 9: 331。这个故事与朱塞佩·阿尔钦博托（Giuseppe Arcimboldo）的关联，参见 Kaufmann 2009, 202-204。

因此检验一幅模仿自然的画作的试金石正是自然界本身。[57] 而由宙克西斯和巴赫西斯之间的比拼引出的观点则恰恰相反，它展现的是艺术造诣能使人类在看到画后的反应有如见到物体本身一般。这正是格斯纳在给法布里丘斯的信中真正想要阐述的观点。艺术品与自然物体之间的差异在于前者不会活动，但一幅极好的栩栩如生的图像能够如此强烈地吸引观者的目光，观看者面对它所触发的反应，与其看到真实、有生命的物体本身相同——格斯纳也将这种体验称为栩栩如生：

> ……这是艺术家的才能（*ingenium*）所能达到的最高程度：仿效自然，使不存在的东西显得好像存在。这只蜘蛛是无害的，但它像极了一只威胁要害人的蜘蛛；那只蚱蜢不会跳起来，但它看起来正要起跳。如果你去征询那些控制以下感受的感官，草莓没有香味，百合散发不出香气，芸香无法放出令人讨厌的［臭味］，雏菊没有气味，蓍草也不会刺鼻。如果上述感官受到限制（像我们已经习惯了的），我们将所有的信任都托付给双眼，所有的这些必会带来气味与滋味，［它们］富有诱惑力和吸引力。[58]

将艺术家们展现不存在或几乎无法被描绘的东西（诸如感觉、态度或声音）的能力当作艺术家的最高才能，伊拉斯谟正是这样称赞丢勒为

---

[57] Isager 1991，139。

[58] "Atqui hic summus est gradus，ad quem usque ingenium arti cis progredi potest，ita aemulari naturam，ut *quae non sint*，*esse videantur*. Non laedit araneus，simillimus tamen laesuro et minanti［；］non salit locusta，sed iam iam salitura videtur. Non fragrant fraga，non redolet liliastrum，non grave spirat ruta，nil sapit bellis，non acre est millefolium，si sensus consulas quibus haec dijudicantur. Iidem si cohibeantur，et solis habeatur（ut plerunque solemus）oculis fides，odorem saporemque haec omnia pollicentur，invitant，alliciunt." Gessner 1577，131v（斜体与方括号中的内容为本人所加）。

为自然书籍制图

"阿佩莱斯第二"的。[59]格斯纳也曾用相似的口吻赞美能够激发动感、味觉和嗅觉的艺术家。他称颂"视觉"这一强大感官能够替代其他感官："视觉"仅凭一己之力，便足以让观众辨别出物体及其附带的实际上并不存在或看不见的特质。观者已知草莓的气味和百合花的香味是其成立的先决条件。[60]这对格斯纳来说是构成栩栩如生的图画的关键：它引发了一种与见到物体本身时无异的反应。是观者在感官的某种配合下，在其身上所产生的效果决定了图画是否栩栩如生。一幅图画仅在被看到之后便成了那个"物体本身"。

关于栩栩如生的图像所产生的效果这一观点，还可用于理解当代人对显然不可能"直接取材于活着的人"的《旧约》或罗马历史人物的栩栩如生的图像的见解，或对从其他地方复制得来的展现当代事件或人物的图画的相关看法。[61]正如克里斯托弗·伍德于近期所提出的，这很可能还与该时期可塑性极强的替代意识有关，就我的议题而言，它足以强调"栩栩如生"这一短语在这个时期所讨论的往往是在观者身上起到的理想成果或效果，与图像制作者是否真的看到过被展现的物体无关。[62]

格斯纳的栩栩如生的图像中的元素即为组成了物体形状的大量线条和颜色。雅姆尼策的工艺品保留了物体的线条与形状，改变了其中的材料，且经过着色。而格斯纳在纸上为植物绘图时，像我们在上一章中所看到的那样，也会使用清晰的轮廓，添加透亮的水彩。他对线条和色彩

---

[59] Panofsky 1951。关于丢勒在他同代人之间的声誉，见 Białostocki 1986 与 Kaufmann 1989（Hoefnagel 的评估）。亦参见 Joannes Sapidus 认为汉斯·魏迪茨比肩阿佩莱斯的赞誉，Reeds 1976，530。

[60] 当格斯纳提及嗅觉和味觉如何能在看见一幅栩栩如生的图像时被唤醒，他应该不是在暗指柏拉图对形式的回忆（见 Dominic Scott 1955，15-85）。

[61] 例如 Holbein 1538；Lonicerus 1573；Gombrich 2000，78-83。

[62] Wood 2008，61-107，尤其与印刷品有关。Nuti 1994，108n18 对地图制作中的"栩栩如生"提出了相似的论点。"栩栩如生"这一短语在 16 世纪后期和 17 世纪初期被越来越多的自然学科学者和学生用来证明描绘单一事件的图像的可靠性与价值，尽管部分图像为复制品。关于"栩栩如生"的细微特质的有益探讨，见 Kaufmann 2009，158-161。我要感谢 Renaldo Migaldi 让我注意到这部作品。关于其更进一步的发展，亦见 Swan 1995。

的痴迷一直延续至他生命的尾声，他根据化石的形状（例如简单的线性形状、简单体、复合体）对它们进行分类，还预想着要在《论化石、石头，尤其是宝石的形状和相似之处》中给它们上色。[63]格斯纳在此书的序言中写道：

> 毫无疑问，绘画是一门适合人类且高贵的艺术；在大多数情况下，它使那些看到它的人既惊叹又欣喜。确实，天然雕刻在物体上的形象和形状——实际上就像一些象形文字，甚至比在埃及人的祭典中赞美的那些还要真实——透露着它们的光辉。尤其是那些并非偶然发生，而明显是自然的（如果我可以这样说）且具体的东西，就像指定的一样似乎永远依属于植物或化石的某一个属。[64]

象形文字，被理解为一种表达事物本质的象形图以及一种被刻在古代庙宇石柱上且只有埃及祭司才懂的语言，使格斯纳时代的许多学者都为之着迷。[65]他们狂热地对象形文字进行研究，认为古人在耶稣诞生前就有了某种形式的基督教（古代神学 [*prisca theologia*]），声称破译了这些象形图的赫拉波罗（Horapollo）的《象形文字》（*Hieroglyphica*）也是学者们热切研究的对象。格斯纳自己就曾读过瓦莱里亚诺·博尔佐尼（Valeriano Bolzoni）写的1556年版本的《象形文字》。[66]格斯纳在引语中的观点为，自然的象形文字比人类经双手锤炼形成的象形图更为"真

⑥⑬ Gessner 1565，Aa3r，Aa7v。关于格斯纳对宝石和化石的形态学研究，见现今的 Fischel 2010。
⑥⑭ "Pictura certe ars homini propria et liberalis，admiratione simul et oblectatione ple-runque spectantes afficere solet：A natura vero rebus impressae imagines ac figurae，ceu revera quaedam hieroglyphicae notae，verius quidem quam illae Aegyptiorum sacrificis celebratae，maiestatis etiam aliquid prae se ferunt：praesertim quae non fortuitae fuerint，sed plane naturales et（ut ita dicam）specificae，ac generi alicui semper ceu propriae inhaerere videntur，ut in Stirpium genere ac Fossilium." Gessner 1565，Aa4v。
⑥⑮ 关于文艺复兴时期人们对象形文字的沉迷，我遵循的是 Iversen 1993，57–87 和 Wittkower 1977，113–128。
⑥⑯ Gessner 1560，7。格斯纳拥有的赫拉波罗《象形文字》印本，见 Leu 等人 2008，no. 373。

实"。[67]它们揭示的不仅是自然界中的物体——它们揭示的无疑是造物主的荣光。[68]自然界中的图像和形状是上帝的象形文字；它们对于每一组植物或化石而言是"特定的"，其言下之意即它们显示着那些物种的实质。格斯纳早先就曾把自然研究等同于对上帝的称颂：他在《动物史》中称，对每种动物的描述（historia）都是一首歌颂神的智慧与美德的赞美诗。[69]因此，追溯、研究大自然之象形文字的形状与形态为格斯纳带来了宗教上的意义，在这一方面，卡尔·施密德形容格斯纳的植物图画为"虔诚的研究图像"（Andachtsbild der Forschung）可以说是恰当贴切的。[70]格斯纳相信图画是研究自然最好的方式，因为上帝用线条、形状与颜色给大自然刻上了印记。格斯纳通过他人的书籍与学识来研究大自然这本上帝之书；在他的想象中，他的图画是他写出药用植物相关的权威学术书籍的基础。所以我们完全有理由将格斯纳的植物图画称为大自然的书页。这也是为何对格斯纳而言，图画在知识的创造中有如此权威。

在这一部分中，我集中讨论了富克斯和格斯纳的药用植物学著作。他们是自然志的发展进程中被奥格尔维称为"植物描述师"（phytographers）时代的代表人物，他们关注对古典植物的形态描述，并通过这种描述对它们进行身份鉴定。[71]富克斯和格斯纳追求的图绘描述不是"仿造品"，而是更一般、更完整的东西，把"完美"这个形容词作为它的特征最为恰当。在通信者、花园和植物标本集的帮助下，格斯纳逐渐塑造出了一幅幅描绘一般且完整的研究对象的图画，并把它们用作一种札记。富克斯发表的图画体现的是一般的研究对象，它们为其对

---

⑥⑦ Rudwick 1976b，26 亦指出了这一点。

⑥⑧ 格斯纳对形态学的关注的宗教根基，亦见 Fischel 2010，157–163。

⑥⑨ Gessner 1551—1558，1：α4r。

⑦⑩ *HP* 8：97。关于将格斯纳的信念和对自然的研究合并在一起理解的重要性，见 Zimmermann 1981，40。关于格斯纳的宗教信仰，见 Leu 1990。

⑦① 文艺复兴自然志的时期划分，见 Ogilvie 2006，30–49；关于"植物描述师"，尤其见 324–327。

古典植物功效的解读提供根据。对格斯纳和富克斯来说，图画都是他们的学术论证中不可缺失的部分。他们对图画的使用皆建立于某种认识论的基础之上，即把植物的外部特征（偶性或形式）视为确定其药用本质的关键所在。而这种认识论又是以某种本体论为基础的——对富克斯来说，本体即为堕落者无法直接理解的药用实质；而就格斯纳而言，本体则是上帝印刻在万物之上的象形文字。

177 　　科尔纳瑞斯的信念也同样坚定，他认为古典知识的复兴应当是基于文本而非图绘的。在对迪奥科里斯的评注中欣然地包含了图画的马蒂奥利，在图画是否有效的问题上，与富克斯、科尔纳瑞斯和格斯纳都意见不同；更准确地说，他无时无刻不在试图强调自己的权威，这与图画根本无关。富克斯、科尔纳瑞斯和马蒂奥利都成功出版了各自的书籍，而格斯纳没能看到自己的书籍问世便离开了人世。无论这些受过大学教育的医师是否具备经济手段让图画以印刷形式出现，他们对图像能否为自然知识做出贡献的看法背后都有着很强的智性或认识论上的理由。

　　这些人文主义医师将印刷书籍视作用来展示自己认为正确的知识和对古人的理解的主要手段，尽管这些印刷品绝没有就此固定知识状态。富克斯利用不同的语言和版式对他的共相知识进行翻译和本土化。马蒂奥利的多个书籍版本大量涌入市场，他的作品到处可见。格斯纳在不断通过自己的图画进行植物研究的同时，至少借鉴了两种不同版本的马蒂奥利的评注、不同版本的多东斯的《植物史》以及富克斯的书籍，这些后来也成了他自己著作的基础。自然需要通过书籍被理解，自然也值得被写成一本书。

为人体解剖学绘图

对莱昂哈特·富克斯和康拉德·格斯纳而言，使用图画来研究植物
的一个重要原因在于，图画能较具一般性地把这些植物可视化。虽然采
用了自然主义的表现手法，但图画描绘的对象都是尽可能"完整"的。
安德烈·维萨里的著作《人体的构造》中的图画也呈现了类似的倾向。
与富克斯和格斯纳一样，维萨里是一名有着人文主义倾向的医师，且
同样把图画看作是他复兴古典解剖学的项目中至关重要的一部分。维
萨里自然不是在书中包含人体解剖学图画的第一人，中世纪的外科短
论通常都带有解剖插图。[①]然而我们需要认可的是，身处印刷书籍时
代的维萨里对图画的使用方式各式各样且委实巧妙。我在这一部分
记述的内容大多都集中于他对图画的使用之上。第九章考察的是维萨
里在《人体的构造》出版前，在放血风波以及解剖厅中使用图画的方
式。在第十章，我探究了图画帮助维萨里发展对规范人体的见解、建

---

① Jones 1998，29–42，参见 Sudhoff，1908a。

立自己的古典解剖学复兴的不同方式。第十一章中，我将重点放在了印刷书籍中文本、图像和身体之间的关系，并把维萨里的立场与迪布瓦、欧斯塔基和普拉特等同代人士的作品进行对比，他们对维萨里的看法从敌对到赞同各有不同。

第九章　维萨里与放血风波

"一侧胁痛"

　　放血是欧洲在现代化之前最常见的疾病预防法和医学疗法。人们认为它可治疗疼痛、发烧和传染性疾病，净化尿液，净化胃脏，增强记忆力，改善听力，止泪，助消化，驱散焦虑。[1]尽管放血疗法实际上往往是由理发师、外科医生或刺络者（*fleubotomarius*）使用柳叶刀、吸杯和水蛭进行操作的，但是决定着放血时间、地点和方式的种种复杂规则导致学识渊博的医师们开始越来越多地对放血进行控制与监管——此举措自然让其他从业者愤愤不平。[2]

　　16 世纪时，一名仰慕伊拉斯谟的人文主义医师皮埃尔·布里索触发了一场有关放血疗法的争议。布里索于 1514 年在巴黎获取医学博士学位，并在那里教授了十年的亚里士多德派哲学和四年的盖伦医学。[3]当巴黎人于 1514 年受到了"一侧胁痛"（在拉丁语中称作 *dolor lateralis* 或

---

① 完整列表，见 Talbot 1967，130–131。

② Getz 1998，9。

③ 布里索，见 *CoE*，1：203；Moreau 1622，104；Vesalius 1948，15–18。

pleuritis，其含义在当时只是一般的"一侧胁痛"，而不是现代词义中特指的胸膜炎症）的重创时，他声称自己已在一种全新的放血方法上取得了巨大成功。1518 年，布里索计划要去新大陆寻觅新的药用植物，但他在葡萄牙的埃武拉停下了脚步，从业耽搁了好几年。他在那里同样遭遇了"一侧胁痛"的暴发，也又一次利用他自称为"真正的"盖伦式和希波克拉底式的方法成功治愈了患者。[④] 布里索的主张在他死后的 1525 年以《申辩书，含有内脏发炎尤其是一侧胁痛时该在何处放血的讲解》（*Apologetica Disceptatio，qua docetur per quae loca sanguis mitti debeat in viscerum inflammationibus praesertim in pleuritide*）的标题出版，此作由他来自埃武拉的门生安东尼奥·卢西奥（Antonio Lúcio）编辑，并被敬献给了葡萄牙国王若昂（King John of Portugal）的弟弟，即枢机主教阿方索王子（Prince Alfonso）。[⑤] 布里索的论证典型地展现了对阿拉伯评注者的轻蔑以及对希腊权威的吹捧。古人把放血法分为两类：转移法（revulsion）和就近法（derivation）。[⑥] 转移法指的是把有害的体液从患处移走，而就近法是在离患处近很多的地方把局部有害体液抽走。布里索对传统方法表示谴责，他认为阿拉伯评注者主张的把血从患处对面的最远处放走的转移法是错误的。布里索还对一名"王室医师"的立场提出了反驳，他表示后者对盖伦和希波克拉底的文本理解程度有限，而阿拉伯评注者则错误地解读了盖伦。[⑦] 于是布里索大量引述了盖伦的话，有时引用的是希腊语原文，有时也引用新出的拉丁语译本，例如托马斯·利纳克尔（Thomas Linacre）翻译的《治愈方法》（*Methodus medendi*）以及尼科洛·莱奥尼切诺的《赠予格劳康的治疗论述》（*De arte curativa ad*

---

④ Moreau 1622，99。

⑤ *CoE*，2：355。

⑥ 关于这些观念，见 Brain 1986，129–130 和 Gil-Sotres 1994。

⑦ Moreau 1622，100 鉴定此人为狄奥尼修斯（Dionysius）——曼努埃尔国王（King Emanuel）的御医（*archiater*）。

Glauconem)。[8] 根据这些引语，布里索提出人们无须在离患处最远且与患处相对的那边施行转移法，而是应该遵循与蜂窝织炎患处"在一条线上"（*e directo*）的原则——他将此理解为与痛处相同的那边。[9] 布里索对阿拉伯评注者的蔑视、对希腊文或以希腊文为基础的译文的青睐和他死后献给巴黎大学的希腊语字典，均标志着他是一名具有古典倾向的医师。[10] 可略显独特的地方在于，他附上了一幅线图来说明他的观点：由于"一侧胁痛"发生在胸廓区域内，所以无论选择右手肘或左手肘，在距离上没有差别（图 9.1）。

布里索的《申辩书，含有内脏发炎尤其是一侧胁痛时该在何处放血的讲解》于 1525 年首度在巴黎发表时就已经得到了多名有着大学教育背景的医师的关注。他的立场得到了莱奥尼切诺的学生之一乔瓦尼·马纳尔迪（Giovanni Manardi）、在帕多瓦和博洛尼亚任教的教授马泰奥·科尔蒂（Matteo Corti，1475—1542 年）以及莱昂哈特·富克斯的支持。[11] 尤里乌斯·凯撒·斯卡利杰（Julius Caesar Scaliger，1484—1558 年）也利用几何图形（图 9.2）的方法抨击了阿拉伯评注者。不过在他的论证中，血液的体积代替了距离：斯卡利杰认为，"一侧胁痛"的位置与同边静脉（在斯卡利杰看来，这是盖伦推荐的方法）之间的体液，比患处与另一边静脉之间的体液少，所以应当在同一边的手臂上放血，可在放出的总血量较少的情况下抽出更多的有害血液。[12] 斯卡利杰还称他的经验可以证实，切开与患处同边的静脉比在另一边操作更佳。[13]

与此同时，来自鲁汶的热雷米·德·德里弗勒（Jérémie de Dryvere，1504—1554 年）、法国国王与教皇克雷芒七世的医师安德烈亚·蒂里

---

⑧ Brissot 1525，［dviir］。

⑨ 出处同上，diiijv。

⑩ 然而值得注意的是，这份献礼似乎是债务清偿的一部分。见 Concasty 1964，106、119、128。

⑪ Manardo 1535，269–274；Corti 1532 和 1538；Fuchs 1534；Fuchs 1535，64–70；Fuchs 1539，59 r–v。一份更完整的参与了这场争论的人员名单可见于 Moreau 1622，30–31。

⑫ Hippocrates 1539，38–39。

⑬ 出处同上，39。

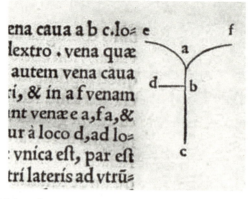

图 9.1　以距离为依据的论证。在这幅 "示意图" 中，布里索解释 a、b、c 代表腔静脉，d 代表 "一侧胁痛"，而 e 和 f 分别代表右与左手臂的静脉；d 与 e 之间的距离和 d 与 f 之间的距离相等。因此在 "一侧胁痛" 的情况下，选择右手肘或左手肘进行放血没有区别。这幅线图背后的假设为，腔静脉是服务于胸腔区域的主要血管，且它向手臂静脉扩展的分支是对称的。来自皮埃尔·布里索，《申辩书》（1525），bjr。巴伐利亚国立图书馆，慕尼黑，4 Path.53 m。

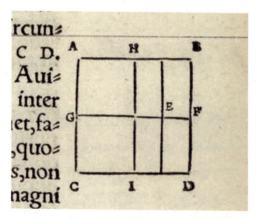

图 9.2　以体积为依据的论证。斯卡利杰解释道，A、B、C、D 指的是人的胸部，H、I 是胸部的正中，E 是疼痛的位置，F 是 "盖伦式静脉"，而 G 是 "阿维森纳式静脉"。他认为，G 与 E 之间的体液比 E 和 F 之间的多，因此应当切开 F 处的静脉。来自希波克拉底，*Liber de somniis*，J.C. Scaliger 编（1539 年），39，局部。正方形的尺寸为 2.2 cm × 2.2 cm。剑桥大学图书馆，Adv.c.13.1。

　　　　　　　　　　　　　　　　　　　　为自然书籍制图

尼（Andrea Thurini，1473？—1543 年）和帕多瓦的理论医学教授贝内代托·韦托里（Benedetto Vettori，1481—1561 年）均对布里索的主张提出反对，发文反驳了在"一侧胁痛"的情况下于同侧放血的做法。[14]从咒骂布里索的支持者为"路德人士"的控诉中可以看出，此争议仍在持续升温。[15]放血疗法，就像 15 世纪末期的"法国病"一样，迅速成为了 1530 年代最受博学医师热议的话题：几乎欧洲的每位医师都曾就此内容作过文章。[16]

维萨里与放血疗法

正是在这场激烈的放血风波的大背景下，年轻的维萨里于 1533 年来到巴黎学医。之前的他在鲁汶的三语学院（Collegium Trilingue），一所热罗姆·德比斯莱当（Jerome de Busleiden）为响应伊拉斯谟的呼吁（建立以希伯来语、希腊语和拉丁语三种古典语言为基础的教育）而设立的大学。[17]

同一时间在巴黎，雅克·迪布瓦和约翰内斯·京特·冯·安德纳赫（Johannes Guinther von Andernach，约 1505—1574 年）正兴奋地凭借个人力量以及出版的方式，试图恢复盖伦医学，尤其是解剖学。[18]京特一生共翻译了四十余篇盖伦的短论，当时的他已经启动了这项工作。[19]他的译作中有一些新近得以恢复的作品，例如盖伦的《论解剖程序》

⑭ Thurini 1528，Dryvere 1532，Vettori 1536。关于德里弗勒，见 Vocht 1951–1955，2：531–542。
⑮ Thurini 1533，XXIIIIr。卡尔达诺也因其医学主张而被指控为异端；Siraisi 1997，27。关于医学中的异端主张，另见 Maclean 2005a。
⑯ 关于"法国病"的短论中逐渐浮现出标准化或一致化的立场，该现象被认为于 16 世纪中期开始呈下降趋势。Arrizabalaga 等人 1998，252–277。
⑰ Margolin 1998；维萨里的出勤率，见 Vocht 1951–1955，3：322–333。
⑱ 见 Kellet 1961；关于京特，见 Vocht 1951—1955，2：529–530。稍后时期对希波克拉底医学的热衷，Lonie 1985。
⑲ Durling 1961，255–259，297。

（1531 年）、《论希波克拉底与柏拉图的学说》（*De placitis Hippocratis et Platonis*，1534 年），以及他有关放血疗法的短论，如《论放血疗法》（*De curandi ratione per venae sectionem*，1536 年）、《就放血疗法反对埃拉西斯特拉图斯》（*De venae sectione adversus Erasistratum*，1536 年）。[20]

为了帮助学生更容易地浏览大量被复原的古典著作，迪布瓦编纂了《阅读希波克拉底和盖伦书籍的顺序与其中的逻辑》（*Ordo et ordinis ratio in legendis Hippocratis et Galeni libris*，1539 年），他在书中列出了三十多部古典解剖学著作，其中包括被他称作所有解剖学书籍中"最美丽、最有知识，显然神圣不可侵犯的"《论身体各器官的功能》（*De usu partium*）。[21] 在迪布瓦看来，人们很难从其他书籍中学到或获取什么，例如居伊·德肖利亚克、蒙迪诺·德柳齐或亚历山德罗·贝内代蒂（Alessandro Benedetti）的作品"充满了野蛮和荒唐至极的愚见"。[22] 特别是贝伦加里奥·达卡尔皮（Berengario da Carpi）的图画，迪布瓦严厉地谴责其为"大杂烩""影子"，"华丽而无用"。他认为一名医学生应当将双手伸进人体之中触摸内部器官，而非止步于图画表面。他带有修辞意味地发问道：如果盖伦说过植物无须被展示，而需要人们通过双手去教、去学，那么他就一定不会容忍毫无用处和意义的人体图画。除非他打算给画中人（*pictos homines*）治病，否则他可能会接受一名受图画培训的医师吗？[23] 迪布瓦后来又出版了更多作品，帮助学生学习那些散落在大量古籍中的个别课题——例如"疾病的起因与症状"（《教授盖伦讨论疾病起因与症状的六卷书的方法》[*Methodus sex librorum Galeni in differentiis et causis morborum et symptomatum*]，1539 年）以及"如何制药"（《制药教学法》[*Methodus medicamenta componendi*]，1541 年）。迪

185

---

[20] 这些作品的其他译本，见 Durling 1961，284–292。

[21] Dubois 1539b，12。

[22] 出处同上，12–13。关于贝内代蒂，见 Ferrari 1996。

[23] Dubois 1539b，12–13。

布瓦在这些教科书的书名中都用了 *methodus* 一词，意指迪布瓦用来帮助"学问水平中等者"——学生——的摘要图表（图9.3）。[24]同样地，京特也编纂了一份针对新近问世的《论解剖程序》的导读，标题为《盖伦主张的解剖说明四卷》（*Anatomicarum institutionum ex Galeni sententia libri IIII*，1536年）。就这样，巴黎成了复兴、教授包括静脉和动脉在内的盖伦派解剖学知识的中心。维萨里似乎很快发挥出了他在解剖上的天赋，京特曾于1536年夸奖他发现了极难被察觉到的输精管。[25]

1538年，维萨里移居帕多瓦，在大学里担任外科手术演示员和讲师。他在那里发表了一系列解剖图，共六幅，如今俗称《解剖六图》（*Tabulae sex*）。[26]根据最后一幅图解上的题字记载，它们是由画家扬·斯蒂芬·卡尔卡（Jan Stephan Calcar，约1499—约1546年）出资，由威尼斯印刷商贝尔纳迪诺·代·维塔利（Bernardino dei Vitali）印制而成的。[27]维塔利于1494年至1539年间出版的作品涵盖了学术、古典和人文的题材。关于医学主题的印刷品则仅限于教材，例如贝伦加里奥·达卡尔皮的《解剖学导论》（*Isagoge breves*，1535年），书中包括了从早先版本中复制过来的插图。1538年，即维塔利印刷了维萨里解剖图的同年，他还印制了京特的《辅导书》（*Institutiones*）。[28]

卡尔卡可能曾是提香（Titian）的学生或他圈中的一员，他似乎从1532年左右起便一直在威尼斯。[29]三幅描绘静脉与动脉的图形是由维萨

㉕ Guinther 1536，32–33，见于 Cushing 1943，44–45。

㉖ 图像被翻印于 Saunders and O'Malley 1983，233–247；翻译和详细的评论可见 Singer and Rabin 1949。

㉗ 靠着树干的椭圆形装饰框内的题字称："Imprimebat Venetijs B. Vitalis Venetus sumptibus Ioannis Stephanus Calcarensis. Prostrant vero in officina D. Bernardi. A. 1538." Saunders and O'Malley 1983，247。

㉘ 数据出自 Württembergische Landesbibliothek，Stuttgart。我未曾见过此版本。

㉙ Rosand and Muraro 1976，211–235。

Prauas qualitates cibi & potus appetentis, vt acida, acerba, acria, cimoliam terram, teftas, carbones extinctos, & alia abfurda pro vitiofi humoris in ipfis vincentis ratione.

Primum aliquod excrementū & vitiofi humores ventriculi tunicas imbuentes, vt in citta, id eft, pica feu malacia viris interdum accidente affectu, fed mulieribus vtero gerentibus frequē tiffimē ad fecundum, ant tertium vfque meniem. Nam menfe quarto humores ij vincuntur, coquuntur, à fœtu iam grandi abfumuntur, à quibus ferè fit cacochymus & intemperatus.

Caufæ fymptomatum Primi & cōmunis fenfus, fcilicet,
{
Siccitas & calor immodicus.
Vigiliæ {
Mœror, folicitudo, dolor.
Veteri, frigida omnia magis ā humida.
}

TABVLA QVINTA DE CAVSIS
SYMPTOMATVM FACVLTATIS ACTI-
onis animalis motricis & principis.

Caufæ fympto. matū facultatis, vel actionis animalis motricis Motus voluntarij
{
Aboliti, ideft, {
Paralyfeos, dictæ priùs in ftupore tactus, fed vehementiores aut plures, aut in corpore ad patiendum promptiori.
Apoplexiæ, copia pituitæ in ventriculis cerebri.
}

Debilis, id eft, {
Stuporis, eædem quæ in ftupore tactus.
Dyfpnœæ, in libris de dyfpnœa.
}

Tremoris {
Conulfionis {
Inanitio feu ficcitas immodica. vt in ardentiffimis febribus & fidibus muficis aëre ficciori.
Repletio feu humor immodicus neruofa corpora nimis extendens, vt in phlegmone & fidibus muficis, aëre pluuio.
}

Faculatis motricis imbecillitas ex intemperie frigida
{
Corporis vniuerfi à
Originis neruofi à
Aliarum partiū natura imbecilliorum & noxæ opportuniorum à
{
Senectute frigida, ficca, venere
Timore, dolore magno,
Frigido aëre, balneo.
Potu largiore vini etiā meraci.
Potu intempeftiuo & immodico frigidæ aquæ.
Ignauia & diu omiffa exercitatione poft multos cibos.
}
Immodica
Intēpeftiua (ua.
(logo.
}

Obftructio neruorum à fuccis multis, craffis, lentis, ita vt exigua facultas motrix in partem affluat, nifi dum confertim irruens, illos excufferit.

Rigoris {
Cum febre {
Calidæ & rodentes {
Aëreæ, refrigeratione fola hic rigor curatur, non fudore, vomitu, deiectione.
Humidæ afpectu, vt bilis flauæ in tertiana exquifita & ardēte febre, vacuatiōe curatur.
}
Frigidæ {
Aëreæ, calfactione fola curatur.
Humidæ, vt atra bilis natura frigida putredine calfacta, rigorem quartanæ gignit. Hic coctione, vel vacuatiōe, vel ambabus curatur. Humor verò & fpiritus fine humore calidiffimus aut frigidiffimus per corpus tranfiens, horrorem, nonnūquam rigorem excitat.
}
}

Sine febre {
Aëris frigidi vel aquæ frigidæ repentinus vel diuturnus occurfus. Hunc fanat calfactio.
Aquæ feruentis balneum corpori non præcalfacto repête & confertim occurrens.
Aquæ dulcis & tēperatæ balneū frequens poft cibum.
Ignauia & otium.
Repletio frequēs cibi & potus præfertim frigidi tēpratura & fuapte natura pituitam gignentis. Hic multo calore vix vincitur.
Timor & dolor, interdum & medicamentum mordax vlceri impofitum.
}
}

Depra uati {
}

---

186   图9.3   给学生们的 "方法"。雅克·迪布瓦利用表格把自发性运动能力失常的症状归为三类：能力匮乏（abolitus），表现为瘫痪或中风；虚弱（debilis），表现为不敏感和呼吸困难；机能扭曲（depravatus），表现为抽搐、抖动和僵硬。来自雅克·迪布瓦，《教授盖伦讨论疾病起因与症状的六卷书的方法》（1539），17，页面尺寸 28.5 cm × 19 cm。剑桥大学图书馆，K.3.35。

里画的，而卡尔卡则依据维萨里的表述，画了三幅骨骼图（图9.4）。[30]尽管没有明确记载表明卡尔卡是否刻制了所有的六幅版画，但既然有卡尔卡支付印刷费用的记录，版画就很可能归他所有。据维萨里所述，这些插图是萌生于教学情境之下的：

> 不久以前……在帕多瓦被选做外科医学讲师的我正在论述炎症的疗法。在解释神圣的希波克拉底和盖伦关于转移法和就近法的观点的过程中，我碰巧把静脉画在了纸上，心想这样能够更容易地说明希波克拉底对 *kat'ixin* 这一词语的理解。你们知道在这疯狂的时期出现了多少长篇大论的争辩与争论，有些人坚称希波克拉底曾指的是纤维的一致性和直线性；至于其他人，我也所知不多。医学教授和所有学生都对我的静脉草图极其满意，以至于他们恳切地想从我这里再要一幅描绘动脉与神经的图示。操作解剖是我职责的一部分，所以我不能让他们失望，主要是我知道类似的轮廓图能给参加我的解剖演示的人们以极大的帮助。若我妄想仅通过图画或配方来获取与人体部位或草药功效相关的知识，我相信这不仅很难，而且是完全无用、不可行的；但没有人可以否认，它们能在相关问题上大大地巩固我们的记忆。[31]

维萨里于此处提及的诸如"炎症"和"转移法"这样的词语，标示着他正在参与当时最为热门的话题。他还解释道，是他的图画帮助观众理解了另一个备受争议的核心短语 *kat'ixin*——希腊语版的 *e directo*，也

188

---

[30] "此外，许多人试图复制这些示意图却没能成功，所以我把它们交给了印刷社，并且增加了几幅图版，它们由我们这个时代的杰出艺术家扬·斯蒂芬所绘，他用最准确的方式描绘了我最近为学生搭建的三种骨骼的姿势。"英文版译文见 Saunders and O'Malley 1983，233–234。

[31] 出处同上（译文稍有修改）。

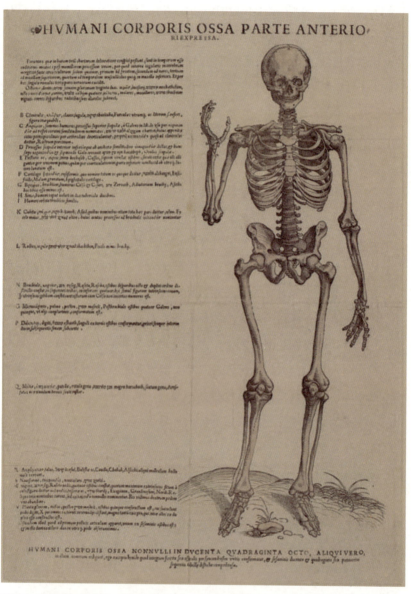

图 9.4　安德烈·维萨里：《解剖六图》(1538 年) 之图四。维萨里在 K 处给出了名称 *ulna* 以及更中古时期的 *focile maius*；在 N 处，他将 *karpos* 等同于 *raseta* (对比图 0.4)。这帮助了读者从更传统的人体部位名称过渡到希腊化的名称。来自格拉斯哥大学图书馆亨特博物馆特藏部 Az.1.10。

就是"在一条线上"。^㉜不过他很快在声明中给图画设置了一个界限：尽管它们有助于记忆——可以巩固已经学到了的内容，但它们不可能成为获取解剖学或药用植物知识的唯一途径。图画功用上的这一限制或许与盖伦在《论药用植物的功能》（6.1）中所写的那段话有着间接关联。图画在巩固记忆方面的效用，于当时无疑已是个被用滥了的概念。^㉝

在人体结构示意图中，静脉、动脉和骨头皆有字母标识，维萨里在页边空白处用拉丁语和希腊语列出了与每个字母对应的人体部位名称，往往还附加了希伯来语和阿拉伯语名称。其中的许多术语近期才刚刚得到他的老师京特和迪布瓦的确立（例如冠状动脉、膈膜、羽片、奇静脉、肋间静脉、乳腺静脉、髂动脉、肠系膜动脉），而希伯来语的名称则反映了当时意大利的犹太裔医生们使用的医学术语，想必维萨里请教了他们中的某一位（很可能是拉扎鲁斯·德弗里杰斯[Lazarus de Frigeis]）。^㉞这些解剖插图反映了一名人文主义者把以阿拉伯语为基础的名称转换成希腊语形式的尝试（图 9.4）。它们是一份关于原始解剖学术语的图绘索引。^㉟

在第二幅插图中的 B 处描绘的是"奇"静脉（图 9.5），这个词由京特新创——字面意为"无配偶的静脉"。^㊱维萨里通过这幅图画涉入了这场放血纷争：

> 画中这条滋养了下方八根肋骨的不成双的［奇］静脉，我们从未见过它从［人］的右心耳下方升起，不过在狗和猴子的体内会［上升到］上面一点。因此在治疗一侧胁痛时，应倾向于采用刺络放血法，而不是催泻药物。至于希波克拉底的观点，我认为盖伦在

㉜ 关于 *kat'ixin*，参见 Galen, *De curandi ratione per venae sectionem*（15），翻译出自 Brain 1986, 89–90。

㉝ 关于此惯用主题，见 Yates 1992 和 Carruthers 1990。

㉞ 关于拉扎鲁斯·德弗里杰斯，见 Piovan 1988 和 Carpi 1998。

㉟ Singer and Rabin 1949, lxix–lxxi。

㊱ 京特首次使用"奇"这个术语是在 1536 年版的《辅导书》中。Singer and Rabin 1949, 9。

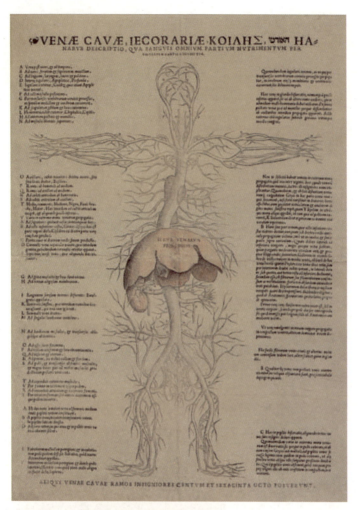

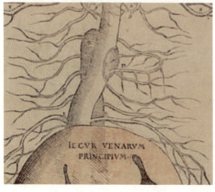

图 9.5　安德烈·维萨里:《解剖六图》（1538 年）之图二。这幅插图描绘了腔静脉和"所有静脉的来源"——肝。在局部图中，B（在腔静脉背后的阴影中几乎无法辨识）被标为奇静脉。来自格拉斯哥大学图书馆亨特博物馆特藏部 Az.1.10。

《论急性病症的节食疗法》第二卷中对这条静脉的阐述并不清晰。此外，从这条静脉的起点和它的纤维或纹理的一致性和方向来看，为治疗在第三或第四条肋骨处或以下的一侧胁痛，切开右手肘的内侧静脉在我看来并非完全不合理。胸痛往往影响的是中间区域，所以应该在右边［而非左边］进行放血；我希望这一观点能得到解剖学家们的慎重考虑。^㊲

图中描绘的奇静脉的特征与维萨里的描述一致，它起自心脏上方的腔静脉。维萨里的观点在于，既然有害的血液一定不能在穿过了像心脏这样的重要器官之后再被抽出，因此将体液从手臂的静脉中抽出要比把胃排空更合适；不仅如此，奇静脉起自腔静脉的右侧，这就意味着右臂的静脉与奇静脉"在一条线上"。维萨里暗示，奇静脉的位置以及它对胸部炎症疗法的影响，与盖伦在评注希波克拉底《论急性病症的节食疗法》第二卷（De victus ratione in morbis acutis）的第十条警句时对这条静脉的描述不相符。第十条警句建议人们通过放血来治疗胸部横膈膜上方的疼痛。盖伦对此的评注——结合了后一条相关的警句，即称对横膈膜下方的疼痛应当服用泻药治疗的第十一条警句——为胸部上方与下方的疼痛为何存在区别，提供了一份人体结构上的解释：在人体中，奇静脉起自腔静脉与右心耳"接触"的地方。^㊳维萨里指出盖伦此处的描述含糊不清。^㊴而维萨里对奇静脉的描述则如图中所示支撑着以下结论，那就是胸部炎症（无论疼痛的位置较高还是较低）都应从右手肘放血治疗。

㊲ 译文更改自 Singer and Rabin 1949，9（括号部分为他们添加的内容）。

㊳ De victus ratione in morbis acutis，book II，aphorism X，Galen 1542，4：443。

㊴ 这一混淆在京特的身上反映了出来，他脑海中似乎也有盖伦在 De venarum arteriarumque dissectione 中的描述（关于此，请见下文），Guinther 1536，64-65；参见 Guinther 1539，58 中的改变。

所见之信仰

次年，即 1539 年，维萨里在《讲解如何在一侧胁痛时切开右手肘腋静脉并且将黑胆汁从延伸至肛门的门静脉分支中清除的一封信》（*Epistola, docens venam axillarem dextri cubiti in dolore laterali secandam melancholicum succum ex venae portae ramis ad sedem pertinentibus, purgari*）中给出了更加有力的论证。[40] 在 "一侧胁痛" 的情况下如何放血的问题于此时的重要性达到了前所未有的地步，因为皇帝本人也表示对此兴趣浓厚。[41]

维萨里对 "一侧胁痛" 时应该切开哪条静脉的争论中的两个对立阵营皆表示反对。第一阵营断言，与患处在一条线上的手肘内侧静脉能够满足转移法和就近法的需要；第二阵营主张，在使用就近法时切开与患处在一条线上的肘静脉（即前臂的静脉），在施行转移法时切开离患处远很多的静脉——也就是膝盖背后的膝后窝静脉，或者在小指和无名指之间的小静脉。然后维萨里列出了这些观点依托的古典文本。双方阵营都对《论放血疗法》中盖伦对放血疗法的分类表示赞同。逆血流方向放血的逆向法（aversion）被进一步分成了两类：在患处对面且有一定距离的位置放血的转移法，以及在离患处最近、最健康的位置放血的就近法。刺络放血法（venesection）不与血流方向相逆，采用的方式有针刺、水蛭、揉擦等。[42] 第二阵营依据《治愈方法》、《人的本质》（*De natura hominis*）和《论医学艺术的构成》（*De constitutione artis medicinalis*）中的段落提出，所谓的 "一定距离" 指的是 "最长距离"。然而维萨里指

---

[40] 标题提及的黑胆汁之所以与一侧胁痛的问题有关，是因为希波克拉底称那些受痔疾困扰的人们不受一侧胁痛或肺部炎症的侵扰。Singer and Rabin 1949，84n189；Nutton 1983。

[41] Vesalius 1948，79–80。

[42] 参见 Brain 1986，129–130。

出，第二阵营忽略了盖伦更进一步的言论，那就是"对立性"即可满足转移法的需求。这暗示着，距离并非转移法的定义特征。[43]第一阵营凭借《赠予格劳康的治疗论述》一书宣称，就近法和转移法之间的区别在于体液已经瘀滞还是仍在流通，两种方法都应该在离患处尽可能近的位置实施放血。维萨里批评他们没有就手肘内侧的静脉为何是离"一侧胁痛"最近的位置给出论述。[44]他反驳道，决定放血位置的是静脉是否与患处"在一条线上"，即"纤维的直线性与方向"。[45]

维萨里的结论与他在信的标题中所表明的一样：在"一侧胁痛"的情况下，应该切开右手肘的腋静脉。不过有两段盖伦和希波克拉底的话似乎与维萨里立场的基础相矛盾，也就是维萨里已经在《解剖六图》中所提到的，盖伦对奇静脉的描述以及希波克拉底的警句——在治疗下胸腔炎症时应当使用催泻法，而非刺络法（《论急性病症的节食疗法》，2）。维萨里首先指出，希波克拉底不是真的在讨论"一侧胁痛"的问题，文本中特指的是发生在横膈膜以下的疼痛，而横膈膜以下不存在任何肋骨。他认为，这段话的意思其实是指，对于横膈膜以下、与手肘静脉分开且离肠胃更近的部位的炎症（例如腰部），泻药更为有效。

在文本出现矛盾时，澄清古代著者的本意，是一个典型的人文主义行为。认为希波克拉底在讨论胸腔炎症的盖伦给出了奇静脉起自心耳区域的评论，而维萨里则将其理解为"心脏的下方"。[46]这就表示奇静脉离手臂的静脉太远，从那些静脉中刺络放血会使得有害血液流过心脏。维萨里的描述如今与盖伦的文本有了直接矛盾。他为自己的描述给出了以下的证据：

192

---

[43] Vesalius 1948，51–52。
[44] 参见盖伦 1551b，286–287。
[45] Vesalius 1948，55–62。
[46] 出处同上，63–64。

关于这根静脉起点的问题，我除了所见之信仰（*fidem oculatam*）以外无法给出更多证据。无论我多么仔细勤奋地研究腔静脉，人体内的奇静脉从来都与狗和猿身体里的没有不同，都是起自心耳的上方。但是我希望你们能够理解，正如我之前所说的，心耳在自然状态下可达到的最高点不会比一指更高。我不要求你们接受我个人所见的信仰，但请相信所有在巴黎、帕多瓦、鲁汶和其他地方我公开演示这一部分解剖时在场的人们的双眼，这样我们才能获得一个对刺络放血疗法的真正理解。同时，我相信两性人体中的所有肋骨都由这根静脉提供养分，我于近期被要求公开展示解剖时，在一大群帕多瓦最有学问的观众面前指出过这一点。[47]

Fides oculata 这一短语——字面意为"眼睛的信仰"——其含义为通过眼睛所获得的信仰或信念，它还常常被用于提供证词的情境下——例如查士丁尼（Justinian）的《法学总论》（*Institutes*）里说过"当真相被目睹，会比通过耳朵听到更深刻地印刻在人们的脑海中"。[48] 维萨里通过诉诸他解剖讲演的观摩者们的可信度以及帕多瓦"最有学问的观众"的权威，断言自己对奇静脉的描述真实可靠。

接着，维萨里引出了一幅图画（图9.6），"为了能把问题更清晰地呈现在你们的眼前，我顺便把胸腔静脉画了出来，这样我们便能用数学家的方式来解决问题"。[49] "以数学家的方式"这一短语出现在解剖学的短论之中值得我们的注意。也许维萨里想到了布里索或斯卡利杰的早期

---

[47] Vesalius 1948, 64（译文稍有修改）。

[48] Justinian 1978（3.6），180: "Sed cum magis veritas oculata fide quam per aures animis hominum infigitur, ideo necessarium duximus, post narrationem graduum etiam eos praesenti libro inscribe." J.A.C.Thomas 将此段翻译为"既然真相在被目睹时，会比通过耳朵听到更深刻地印在人们的脑海中，我们就有必要在阐明血亲亲等后把它们记录在这本书里，这样年轻一代就能通过目睹与耳闻两种方式，彻底理解此处教授的内容"。

[49] 翻译出自 Vesalius 1948, 71。"Verum et negocium dilucidius Paulo ob oculos collocem, venas thoracis obiter delineabo, quo mathematicorum more rem aggrediamur." Vesalius 1539, 40。

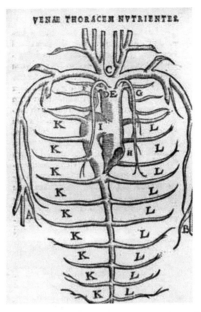

图 9.6 用"数学家的方式"呈现的奇静脉木版画。来自安德烈·维萨里,《一封信》(1539),41。版权归大英图书馆所有,783.g.1。

插图。此处的木版画显然不是一幅被解剖的人体的自然主义"仿造品",而是一幅挑出滋养胸部的静脉以及与手臂相连的静脉进行描绘的示意图。利用这幅示意图,维萨里全面地讨论了所有可能导致"一侧胁痛"的炎症患处:如果 F 处是炎症的位置,则切开 A;如果 G 是患处,则切开 B;如果 D 是患处,则切开 A;如果 E 是患处,则切开 B;如果 I 和 K 是疼痛的位置,则切开 A;如果 L 是痛处,仍旧切开 A,因为 L 处有害的血液除了流向 I 别无他处可去,L 所有的纤维都与 I 相连,且与其最为接近。鉴于左上三根肋骨疼痛的现象极为罕见,维萨里的观点与他在手册标题中宣传的相同,即在"一侧胁痛"的大多数情况下切开右手肘的腋静脉。[50]

　　欧几里得几何,比如等边三角形的图形,是从物理性质中提取出的

─────────────────────

[50] Vesalius 1948,73–74(译文稍有修改)。

对象，在某种意义上它是通用的，因为它能够代表所有的等边三角形。因此，通过图形推断出的性质适用于所有的等边三角形。[51] 维萨里的奇静脉插图也是以相似的方式在被使用，它具有普遍性，因为胸部发生炎症的所有可能性都被囊括进了这幅插图。不过，维萨里的插图还必须与真实世界保持着一定关联，因为它代表的是一个身体对象：其精确的物理结构——例如在腔静脉的左或右，在心耳的上或下——至关重要。[52] 因此，尽管维萨里"以数学家的方式"给出了具有一般性的图画，但他的图画与纯几何的图形不尽相同，因为纯几何图形处理的是从物质中提取出的对象（因此不会对真实世界做出论断），这或许和当时用于工程或透视的图形更为类似。[53] 维萨里利用胸部静脉图进行论证的要点在于，考虑到人体的结构布局和奇静脉的位置，他主张切开右手臂静脉的做法在大多数情况下都成立。但是维萨里没有做出说明的是所绘形状以及与盖伦的描述存在冲突的奇静脉位置本身的正确性。所以维萨里是如何论证他对物体的描述是真实的，而盖伦的却不是呢？答案是他没有。维萨里在介绍这幅图画时是这样说的："在这幅真实但略显粗糙的图画中……"图画的真实性仅仅是被肯定地说了出来而已。[54]

公平地说，维萨里不是唯一一个没有解释静脉图画如何"真实地"表现了它们所代表的物体的人。布里索和斯卡利杰（二人都用线形图在物理上论证了与静脉相关的观点）均未给出过此类解释；研究混合数学（mixed mathematics）的同代作者也没有对抽象几何图形如何能可靠地被等同于它们所代表的实物进行论述。[55] 图绘的可靠程度不是一个被广泛讨论的议题，但值得一提的是皮埃尔·贝隆（Pierre Belon，1517？—1564年）

---

[51] 对希腊数学背景下的图形地位的分析，见 Netz 1999。

[52] 反向图形可见于 Cushing 1943，图 45，提及于 chapter 3 n1。关于几何图形在医学文献中的其他用法，见 Maclean 2001a，171–181 和 Maclean 2006。

[53] 关于此类，见例如 Büttner 等人 2003，Camerota 2004，Dupré 2006。

[54] Vesalius 1539，42。

[55] 参见 Lefèvre 2004 中的论文。

曾提出过几何比例的概念，并以此作为判断海豚真实形状的方式。贝隆认为，尽管海豚在古硬币和雕塑中的形象都是弓着背的，但这不意味着它们的背永远固定在这个形状（这样的描绘事实上是画家和雕塑家自由发挥的结果，就像他们热衷于在鸢尾花纹章中把鸢尾画成与其自然状态大相径庭的样子）。但如果我们使用了几何比例，就能够确定海豚身体的自然形状，且不会被海豚游动的速度误导。[56]

值得注意的是，医师们在写作关于放血疗法的问题时使用了几何图形来阐述与身体相关的一般性论证。"数学家的方式"的魅力不在于量，而在于它能够为有关真实世界的讨论带来论证的通用性。正是这种通用性成为了维萨里持续考量的重要因素，我将会在第十章就此进行更多论述。

解剖大厅内

维萨里在他的写作中诉诸了解剖厅内目击者们的证词。在他的时代，解剖厅是一个临时的建筑物，举例来说，里面可能有一张解剖台和围成一圈的四阶长凳，可容纳近两百人。[57] 观众包括外科医生、学生、医师、教授和一些付费观众。[58] 不同于在蒙彼利埃，观众中没有年轻女孩，也没有充当取物员或清洁工的儿童。[59] 1540 年，维萨里受到博洛尼亚的学生邀请，进行公开解剖演示。[60] 解剖举办于圣弗朗切斯科教堂，与马泰奥·科尔蒂在圣救主堂的授课平行进行。[61] 一位名为巴尔达萨·黑泽勒（Baldasar Heseler）的德国学生参加了这些解剖讲演，并做了大量笔记。

---

[56] Belon 1551，9–10。
[57] Heseler 1959，85。
[58] 出处同上，85–87。
[59] 关于贵族、资产阶级、年轻女孩和僧侣在公共解剖场合的出席情况，见 Platter 1961，47。关于儿童在 1527 年于蒙彼利埃举办的解剖中担当取物员，见 Dannenfeldt 1999，24。
[60] Heseler 1959，47。
[61] 出处同上，306n1。

他对第八课的记录如下：

> ［维萨里］首先说道，今天我要向你们证明，为何我对一侧胁痛需要刺络治疗的看法是正确的，如今这在我们之间存在着巨大争议，我将会证实我发表的图画是真实的、与人体相符的。你们将会看到腔静脉有一条分支走向所有的肋骨，为整个胸廓提供养分。他指着他的小册子和《解剖六图》中的图画，并且与在场的实验对象做了比对，无可否认，它们完全一致。这是我亲眼所见，因为我站得很近。[62]

我已对这里提及的两幅图画作了探讨：一幅是《一封信》中有关一侧胁痛的图画，还有一幅来自《解剖六图》。但我认为，黑泽勒在此处记录的远不只是维萨里在解剖厅中用了自己的图画那么简单。

对我们来说，在解剖厅中使用图画似乎是理所应当的事情，因为在解剖中要看到一个特定的细节是很难的，大家可能还会看到各种其他东西，例如肌肉、脂肪、软骨、神经、静脉，全部缠绕连接在一起。[63]因此一幅专门描绘了观众应当关注的结构的图画会是一样有用的教具。但是维萨里在解剖中使用的这幅图画不仅仅是为了帮助学生看到他们难以看到的特征。正如辛格和雷宾指出的，画中描绘的奇静脉是不可能在人体中被发现的，它并非起自心脏上方，也没有那么大，也不像维萨里说的那样一直延伸至人体的右半边。[64]然而根据黑泽勒的日记，我们可以看到，至少有一名学生被说服了，他认为图画与人体"完全一致"。维萨里成功地让一名学生看到了自己希望他看到的东西，并让他相信了自己对奇静脉的阐释是正确的。这让我们想起在手册中关于一侧胁痛的部分，维萨里诉诸了"真实"的图画和观摩他解剖的目击者们的"所见之

---

[62] Heseler 1959，236–237（译文稍有修改）。

[63] Kemp 1996，49 亦提出此观点。

[64] Singer and Rabin 1949，lvi–vii。

信仰"，以此方式让自己对奇静脉的描述变得可信。如今在解剖大厅中，维萨里引导一名学生建立了这份所见的信仰——所用方式为图画。

鉴于维萨里图画中的结构不可能在人体中出现，黑泽勒"亲眼所见"的是图画中展现的东西，而这幅图画描绘的内容又是维萨里的"真实"阐释所需要的。即使在放着一具实实在在的人体的解剖厅里，图画的使用仍有必要，因为正是图画起到了建立人体和维萨里的说明之间的桥梁的作用。

奇静脉的例子并不稀奇。维萨里有时还会展示约翰内斯·德吕安德尔（Johannes Dryander）的《人体头部解剖》（*Anatomia capitis humani*）中的图画，或是在演示期间于解剖台上作画："他用插图向我们展示了各种肌肉的形态和形状，还用一点炭在解剖台上画了草图……"[65] 黑泽勒在场的那场解剖就图画的使用方式而言也不罕见。1537 年，维萨里的《解剖六图》尚未出版，另一位学生维图斯·特里托尼克斯·阿蒂西努斯（Vitus Tritonicus Athesinus）便已抄录下了维萨里在帕多瓦的解剖厅里所画的手稿，其中一幅显然展现了夸张的奇静脉尺寸和结构。[66] 从某种意义上来说，这些图画或许可以被视为一种"视觉辅助"，它们向观众标示出了他们应当看到，但出于某些原因无法看到的东西。这些图画不为研究或发现而绘，而被用来讲解对人体的一个特定看法或解释。它们展现了老师口中那些解剖的观摩者应该看到的东西。耐人寻味的是，黑泽勒在解剖厅内观看人体的方式，到头来和阅读体验有着异曲同工之处——在一幅反映了维萨里个人见解的图画中读到了维萨里对人体构造的诠释。维萨里"指"着（*ostendo* 是一个动作，也是 *ostensor*［演示员］最贴切的动词）他的图画，引导学生们用某种方式来阅读人体。[67]

黑泽勒与奇静脉的案例向我们展示了参与公开解剖的人们是如何在

---

⑥⑤ 例如 Heseler 1959，137（炭），219（德吕安德尔），253（插图）。
⑥⑥ O'Malley 1958，图 2；Roth 1982，454–457。
⑥⑦ 我要感谢 Lorraine Daston 指出了看、指、读的含义。

图画的作用下，按照维萨里的方式看待并理解人体的。断定黑泽勒是遭到"愚弄"才看到了身体中所没有的东西，未免有些不太公平。毕竟解剖是一项脏乱的工作，当血液没有被正当地从人体排出时更是如此，一名较易受影响的学生在满是学生的解剖厅里，很可能会受到有魅力的老师的感染。[68]批评维萨里利用图画恶意操纵他的学生也不妥当；他显然相信自己是正确的，甚至还纠正了盖伦的文本。在 1542 年版的《论静脉与动脉之解剖》（*De dissectione venarum et arteriarum*）中，维萨里对盖伦的描述做了注释，盖伦称这条静脉起自心脏并向下延伸至胸廓的左边，而维萨里写道，手稿中的文本可能遭到了损坏，又或者盖伦的观点完全与事实相反，我们应该把"左"读成"右"。[69]

197　　就这样，维萨里加入到了学问最为精深的人文主义医师们的密集行列，参与了他那个时代最受热议的争议话题。图画在出版和解剖厅内都为维萨里消解这场争议的个人方案提供了关键性的论据。并且人们对他图画的反应似乎足够理想，激励了他着手制作更多神经、肌肉和骨骼方面的插图：

> ……倘若人体的条件允许，且与我们同龄的杰出画家约翰内斯·斯特凡努斯不拒绝提供他的服务，我绝不会逃避这项工作。[70]

---

[68] 解剖的脏乱亦提及于 Kemp 2000b，23。亦见 Heseler 1959，157，221。关于法布里丘斯时代解剖室内的教学，参见 Klestinec 2004。

[69] *De venarum arteriarumque dissectione*，Galen 1542，1：183。Singer and Rabin 1949，63n153 亦指出了这一点。

[70] Vesalius 1948，90。

第十章 人体之规范：维萨里的
《人体的构造》

正如我在上一章中所论述的，无论在出版物或解剖大厅中，维萨里
都有效利用了图画，使人们清晰地明白了他在放血风波中的立场。他在
紧随其后的《人体的构造》中延续了对图画的使用。维萨里利用自己的
资金精心打造这本书，他与艺术家们紧密合作，以多样化的方式运用图
画，试图恢复、重塑原始的解剖学知识。这一章将重点关注《人体的构
造》这本书，它被人们毫不夸张地称为维萨里的代表作，因为他用图画
体现了规范的身体、目的论的方法以及裁决的权威，而这些都是他对古
代解剖学知识的追求中不可或缺的部分。

这本书

1543 年，巴塞尔印刷商约翰内斯·奥波里努斯出版了维萨里的《人
体的构造》，全书以大对开的版式（约 43 cm ×29 cm）印制而成，共
700 多页。维萨里在给朋友约翰内斯·加斯特（Johannes Gast）的信中写

道，他希望把他的书印在最好的纸上，在页边留出大幅空白，并且愿意支付额外产生的费用。[①] 书的尺寸越大，维萨里就越满意；尽管加斯特笑话了他的这一愿望，但没有什么能比自己的作品有一个令人叹为观止的版本更让维萨里感到喜悦。[②] 它的指南篇《人体的构造之摘要》尺寸更大（超过 56 cm ×40 cm），由 30 页大型解剖插图和文本组成。[③] 维萨里称这本摘要是通往《人体的构造》的"路径"与"索引"。[④] 1543 年 8 月，加斯特告知神学家海因里希·布林格（Heinrich Bullinger），《人体的构造》的零售价为 4 弗罗林又 4 个半巴岑，而《人体的构造之摘要》的售价为 10 巴岑（换言之，《人体的构造》的价格是其摘要的六倍）。[⑤] 这和奥波里努斯后于 1547 年收取的两本书的总价 5 弗罗林又 3 巴岑大体一致。[⑥] 1546 年在巴塞尔，由小型宾馆提供的一份含肉餐食的价格是有规定的，比要价 2 巴岑的含鱼餐食稍便宜一些，也就是说当时《人体的构造》和《人体的构造之摘要》的总价相当于在巴塞尔吃 39 顿肉餐或 34 顿鱼餐。[⑦]

《人体的构造》的封面图（图 10.1）是解剖学史上最负盛名的图画之一；解读它的方式有很多。[⑧] 在这里，我只关注那些能与维萨里的原话产生共鸣的特征。维萨里在序言中悲叹道，医学的三个部分——养生、药物及外科手术（被称为"手的作品"）——曾全部是每一位古代医师的业务，而如今它们却被一一分开，医师们将自己局限于内科，将准备膳食的任务委托给患者的仆人，把调制药物的工作移交给药剂师，外科

[①] 维萨里致约翰内斯·加斯特，1542 年 8 月；译文出自 Rudolf 1943，116。

[②] 出处同上。

[③] Cushing 1943，80，112。

[④] Vesalius 1998—，1: lv；亦见于 O'Malley 1964，184。

[⑤] Rudolf 1943，118。这与布林格的印本价格大致一致，据载它的价格为 10 芬德（= 5 弗罗林），Leu 等人 2004，167。1 弗罗林 = 15 巴岑。

[⑥] 致 Franciscus Dryander，1547 年 2 月 6 日，Wolf–Heidegger 1943，210。

[⑦] 3 先令 = 36 芬尼，2 巴岑 = 40 芬尼。数字出自 Burckhardt 1945，447–449。

[⑧] Wolf–Heidegger and Cetto 1967，214–218；Cunningham 1997，121–128；Carlino 1999a，39–53；Park 2006，207–259。关于封面图的普遍情况，见 Remmert 2005。

图 10.1　安德烈·维萨里:《人体的构造》(1539 年) 之封面图,页面尺寸 43 cm × 28.5 cm。剑桥大学图书馆,K.7.3。这本印本曾归 Theodore Turquet de Mayerne 爵士所有。 **201**

手术则归理发师操作。[9]解剖学的古典研究尤其遭受了"耻辱的、最具灾难性的重创":

> 当手术的工作被移交给理发师后,不仅医师们失去了与内脏相关的一手知识,就连解剖艺术也全都被迅速遗忘了;仅仅因为医师们不愿意执行这份工作,便把外科艺术托付给了无法理解[古代]解剖学著述的文盲理发师。这群人不可能为我们保存下交付给他们的这门最为深奥难懂的艺术;我们也无法阻止治愈艺术的邪恶分支渗透到我们学院里那可憎的仪式中去。由一个小组对人体进行真实的解剖,再由另一个小组对人体部位进行描述:后者高高地站在他们的椅子上,像寒鸦一样傲慢到极点地嘎嘎直叫,说着他们从未亲自做过,却承诺曾在他人的著作或文字描述中看到过的东西;前者的语言如此拙劣,他们无法向观摩者解释他们解剖的东西,只是听从一位从未解剖过一具尸体却好意思纸上谈兵的医师的指挥在那里乱劈乱砍。所以我们大学的教学全是错误的,时光都被荒唐的调研浪费了;身处一片狼藉的屠夫都比画中这片喧嚷之地中的观摩者有更多东西能教给从业者……古典医学艺术从昔日的光辉时代到现在已然衰退了太多。[10]

像约翰内斯·克塔姆(Johannes Ketham)的《医学档案》(*Fascicolo di Medicina*;图10.2)里那样对解剖场景的早期叙述和描绘可以证实维萨里的陈述:照惯例,理发师—外科手术医生会在教授阅读盖伦的文本的同时,将身体切开,有时还会有另一个人(演示员)指出正被讨论的器官。[11]对维萨里而言,解剖厅内的这种任务划分恰恰象征着医学知识在

202

---

[9] Vesalius 1998—, 1: xlviii–xlix。

[10] 出处同上, 1: li。

[11] Bylebyl 1990; Wolf–Heidegger and Cetto 1967, 116–122, 图43–65。

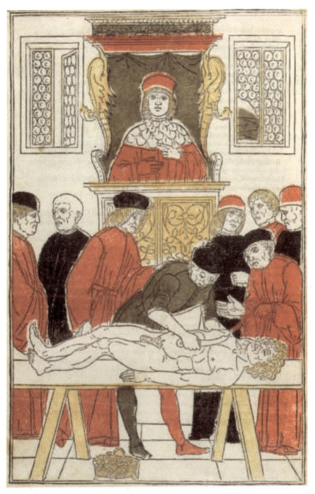

图 10.2　约翰内斯·克塔姆:《医学档案》(1493 年), Fiiv, 孔版上色, 2011。图像版权归大都会 /Art Resource/Scala 所有。

各从业人员之间的分裂。与此相反, 在《人体的构造》的封面图中, 维萨里被描绘成唯一一名负责解剖的人员。可以看到, 他正在解剖一名女性, 据维萨里所说, 她通过谎称自己怀有身孕而试图逃避绞刑。[12]

203

----

[12] Vesalius 1543a, 548。关于女人被治罪后谎称怀孕的案例, 见 Schmidt 1928, 122, 123 和 187。

作者画像（图 10.3）中的维萨里正亲手解剖着一条前臂和一只手。正如奥马利所指出的，桌上的那张纸上所写的是《人体的构造》中有关手指肌肉的章节（第二卷第四十三章）的开头段。[13]维萨里在该段中解释道，用来使手指运动的第一块肌肉的肌腱（即我们所谓的指浅屈肌）上有一个孔能让下面的第二块肌肉（指深屈肌）通过，这是"万能的造物主"用其"杰出的创造力"安排的。[14]自古以来，手就有着定义人性的象征意义。[15]不仅如此，前臂与手还是盖伦在《论身体各器官的功能》和《论解剖程序》中最先谈论的构造。维萨里亲手握着这条手臂和肌肉的事实加强了他在序言中提出的观点，即解剖学的初学者应该"如同希腊人一般，如同这门艺术的精髓所要求的那样……使用他们的双手"。[16]桌沿的题字为我们提供了此画的创作年份 1542 年，当时的维萨里 28 岁。下方桌面的阴影中还有一行题字——"迅速地、愉快地、安全地"（*ocyus, iucunde et tuto*），桑德斯和奥马利认为这是传说中阿斯克莱皮亚德斯（*Asclepiades*）极力主张的医师治愈病人的方式。[17]

这本书的标题《人体的构造》，追本溯源与盖伦有关，因为它还是由朱尼奥·保罗·格拉西（Giunio Paolo Grassi）翻译、于 1536 年出版的特奥菲卢斯·普罗托斯帕塔留斯（Theophilus Protospatharius）的短论的标题。[18]特奥菲卢斯因其论述尿液和脉搏的著作而出名，他的著述被普遍收录于中世纪晚期汇集了多方面文本的医学教科书《医学精选》（*Articella*）。[19]据格拉西所说，特奥菲卢斯的出生日期与具体生平不详，他的价值在于其生于盖伦之后的时代，是一名基督徒，且写下了一部比

---

[13] Saunders and O'Malley 1983，41。这一章节恰巧是《人体的构造》中最长的原始章节之一。Siraisi 1997b，4–10。

[14] Vesalius 1998—，2: 330–331，亦见于 Kemp 2000a，24–25。

[15] Hecksher 1958，67–75；参见 Schupbach 1982，16–20。

[16] Vesalius 1998—，1: 1。Kemp 200a，24–25。

[17] Saunders and O'Malley 1983，41。

[18] 我见过的特奥菲卢斯的《人体的构造》的最早版本为 1537 年版。

[19] Arrizabalaga 1998。

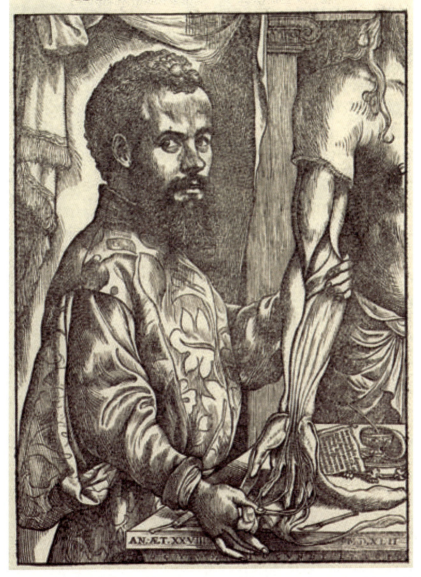

图 10.3　维萨里在这幅肖像中用手指出，使手指移动的第一块肌肉的肌腱（我们所谓的指浅屈肌）有一处分裂，可让下面的第二块肌肉的肌腱（指深屈肌）由此通过。来自安德烈·维萨里，《人体的构造》（1543），*6v。木版画 19.7 cm × 14.5 cm。剑桥大学图书馆，K.7.3。

盖伦多达十七卷的《论身体各器官的功能》简短精练得多的短论。[20]对格拉西而言，特奥菲卢斯展现了有灵魂的人体为何比其他动物更加神圣。[21]确实，特奥菲卢斯的作品视人体为上帝的作品，[22]他研究了手、手臂、脚（卷一）、下腹部（卷二）、中腹部（卷三）、上腹部（卷四），以及脊椎与男女生殖器官（卷五）。盖伦这版经过编辑的《论身体各器官的功能》，非常符合迪布瓦和京特发起的，用行得通、具有概括性的形式教授复兴后的希腊医学的计划，因此这部作品被京特收入了1539年版的《辅导书》。[23]维萨里大概是想通过将自己的作品命名为《人体的构造》，让它与这部他似乎已经读过了的基督教盖伦派解剖学著作并列。[24]或许我们应该本着这种精神去理解封面图中维萨里指向天堂的手势——这个在一群充满崇拜之情的观众中间作的手势，还曾被拿来与拉斐尔（Raphael）的《圣礼之争》（*Disputa*）比较。[25]

艺术家们

似乎不止一位艺术家参与了《人体的构造》的图像制作，不过考虑到维萨里在《一封信》（1539年）中提及了扬·斯蒂芬·卡尔卡，他很可能创作了其中的一部分。[26]没有证据可以证实提香的参与，但于17世纪末期、18世纪早期，维萨里版画的雕版印本作为艺术家和雕塑家的手

206

---

[20] Theophilus 1556，aijv。

[21] 出处同上，aiv–aiir。

[22] Theophilus 1537，9。

[23] Guinther 1539，127–227；京特重新排列了卷一中部分章节的次序。

[24] Vesalius 1998—，1：liii。

[25] Rosand and Muraro 1976，220。

[26] 见上一章中的最后一段引语。关于 Marcolini，Britt 和 Porta 有可能是《人体的构造》的木版刻工，见 Guerra 1969。我要感谢 Iain Donaldson 让我注意到这篇论文。

册发行时，提香的名字开始与《人体的构造》扯上了关联。[27] 有三幅素描（其中两幅是印刷版的镜像图）与封面图，因而也与卡尔卡有关——不过我们无法肯定其中有任何一幅是原始设计，因为对著名的大师之作进行镜像仿画（有时还会加以小的改动）未必能作为原始设计的证据，可能只是一种训练形式而已。[28]

我们较有把握的是将作者画像归为卡尔卡的作品，因为这幅画作的构图与他为从科隆前来威尼斯造访的贵族梅尔希奥·冯·布劳魏勒（Melchior von Brauweiler，1514—1560 年）所作的画像如出一辙。[29] 卡尔卡将布劳魏勒描绘成当时意大利画像最时兴的姿势，一手叉腰，另一只手臂倚在古典圆柱的基座上，手中握着一封信（图 10.4）。[30] 卡尔卡还在其他画像中使用了这个姿势和背景。[31] 手肘突出的姿势能让画中人物通过他们的袖子来显耀自己的财富、阶级与品位。[32] 就布劳魏勒的画像来说，画中的他身穿黑色锦缎外衣，一条腰带或腰绳将背后的披肩束起，袖子上的像是竖条黑缎。黑色在威尼斯是到了成年年龄（25 岁）的男士着装的标准颜色——这很可能是这幅画像的来由，1540 年的布劳魏勒应该刚好到了这个年龄。[33] 维萨里在画像中同样穿了一件类似的背后带有披肩的外衣，类似的缎纹，分开的袖子，背景中有一根柱头为爱奥尼亚柱式的圆柱。尽管我们知道布劳魏勒的画像还有另外几个翻版，但是考虑到作品完成时间上的接近，维萨里的作者画像很可能是基于布劳魏勒的这幅原始

---

[27] 关于提香不可能参与了《人体的构造》的制作的结论性论点，见 Simons and Kornel 2008。关于提香的名字被提及，见 Bonaveri 1670；Tortebat 1667；Vesalius 1706；Cushing 1943，99–100，134，144–146。

[28] 这些图画被方便地复制在了 Saunders and O'Malley 1983，248–251 和 Cushing 1943，81–83。参见 Poseq 2002。

[29] 关于此画像，我遵循的是 Habert 1999 和 Ausserhofer 1992。

[30] Habert 1999，79。Ausserhofer 1992，41–43。

[31] Habert 1999，80。

[32] 对该姿势的研究，见 Spicer 1991。关于其他类似姿势的画像，见 Habert 1999，78–80。衣袖，见 Welch 2000。

[33] 据 Rogers 2000，123 所说，威尼斯的男性一般到了成年年龄之后会开始穿黑色服装。

205 图 10.4 扬·斯蒂芬·卡尔卡:《梅尔希奥·冯·布劳魏勒肖像》(1540 年), 109 cm ×
88 cm。通过画中人物倚在圆柱上的衣袖和他食指指环上的首字母可以确定, 这是来自科
隆的贵族人士梅尔希奥·冯·布劳魏勒(1514—1560 年)。1540 年的他 26 岁, 后成了科
隆市的一名议会议员。巴黎卢浮宫博物馆, INV 134。版权归 RMN/Franck Raux 所有。

为自然书籍制图

画像进行创作的。[34]

两幅用红粉笔作画的素描被认为与《人体的构造》有关；[35] 一幅在萨克拉门托，另一幅在慕尼黑。藏于萨克拉门托的克罗克艺术博物馆的素描（图 10.5）展现的是一组骨骼：股骨与两端可分开的骨骺、带有髋骨的盆骨、从两个略为不同的角度进行描绘的下颌骨、趾骨、跗骨以及前景中的头骨。[36] 鉴于手稿里十一块骨头中的七块被反向印制在了《人体的构造》中的某一页上（图 10.6），且素描上有印刻痕迹，考夫曼认为这幅素描是为版画图像所准备的这一结论是毫无争议的。[37] 从两个略微不同的角度画出的两块下颌骨似乎反映了维萨里向来关注的一点：用尽可能清晰的角度呈现出人体构造的各个部位。[38] 克罗克博物馆收藏的图画中央的下颌骨比右边的那块更好地展现了下颌外形的曲度，并且对下颌骨冠突和髁突进行了更清晰的呈现——但若想要实现这番图景，下颌的背后必须有一个支柱，可以是一块木头或一根粉笔。或许是为了与独立站立、没有支撑的盆骨保持视觉上的一致性，印本中没有出现粉笔，不过在其他的木版画中，例如犬头骨或墙壁这样的支撑物以及绳索提供了使人体或骨骼姿势看起来合理的视觉条件。克罗克博物馆收藏的图画表明，至少绘图员理解了维萨里试图实现的东西。

收藏于慕尼黑的另一幅红粉笔素描，经马丁·肯普研究，极可能是肌肉篇第二幅插图的预备性草图。[39] 它与最终的木版画之间的细微差别，表明了维萨里为优化每幅插图所能包含的解剖细节，在手稿和版画之间所做的干预与调整的程度：在已经暴露在外的表层或韧带上，维萨里会往深处加入更多细节或结构，而不是让每幅图画都严格停留在解剖的某

208

209

---

[34] 关于布劳魏勒画像的翻版，见 Ausserhofer 1992，44–60。

[35] 用红粉笔画素描在 16 世纪变得盛行。Ames–Lewis 2000，56。

[36] Kaufmann 2004，17–20；Breazeale 等人 2010，58–60（条目作者为 Stacey Sell）。关于被认为出自卡尔卡之手的一幅钢笔画，见 Laclotte 等人 2005。

[37] Kaufmann 2004，19。

[38] 参见例如，Vesalius 1998—，1：89（犬的头骨），2：50（横隔）。

[39] Kemp 1970。

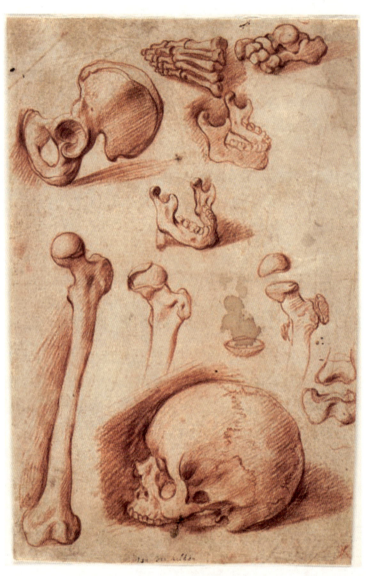

207　　图 10.5　卡尔卡的骨骼图画含有股骨、可分离的骨骺、髋骨、从两个略微不同的角度进行描绘的下颌骨、趾骨、跗骨与头骨。这幅图是《人体的构造》中的一幅木版画的基础。扬·斯蒂芬·卡尔卡，*Studies of Human Bones*（年代不详）。红粉笔色，页边锯齿状，乳色条纹书写纸，29.3 cm × 19.6 cm。克罗克艺术博物馆，E. B. 克罗克收藏，1871.127。

　　　　　　　　　　　　　　　　　　　　　　　　为自然书籍制图

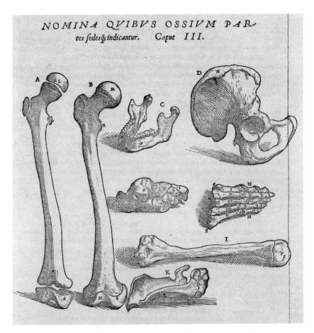

图 10.6　这幅插图包含了右股骨（A，B）、有牙齿的下颌（C）、髋骨（D）、右脚分开的两部分骨骼（F，H）、肱骨（I）以及肩胛骨的背面（K）。这幅图画为维萨里《人体的构造》中关于骨骼各部位名称的章节所作，即髋（L 至 Q）、突起（S 至 Y）、头部（a 至 h）和例如杯状窝（例如被描述为肱骨上两个 Y 之间的隐藏部分的 o）这样较小的结构。安德烈·维萨里，《人体的构造》（1543），5，局部。木版画尺寸约为 15.6 cm × 18.5 cm。伦敦惠康图书馆。

一具体步骤。这也再一次说明了维萨里与绘图员在肌肉研究系列中的紧密合作。用红粉笔作画的这两幅素描均有着充分的理由被认为是为《人体的构造》所绘，基于此，它们被归为卡尔卡的作品。

　　其他与《人体的构造》有关的艺术家还包括塞巴斯蒂亚诺·赛利奥（Sebastiano Serlio，1475—1554 年），博洛尼亚人，最初于罗马工作，在罗马之劫后活跃于威尼斯，直到 1541 年搬去了法国。赛利奥因其分期出版的古典建筑图绘而闻名，这些作品后被定名为《建筑全集》（*Tutte l'opere d'architettura*)。[40] 安德烈亚·卡利诺指出，赛利奥曾在维琴察的波尔图宫建造了一座临时的木结构戏院，或许和《人体的构造》的封面上所画的那座差不多，而帕梅拉·朗让我们注意到，维萨里和赛利奥二人都有着用图绘的方式将部分与整体连接起来的共同兴趣。[41]《建筑全集》第四卷因其在对维特鲁威（Vitruvius）和建筑遗迹的研究的基础上，编纂了如今我们口中的古典建筑"五柱式"而广为人知，它们分别是多立克柱式、爱奥尼亚柱式、科林斯柱式、托斯卡纳柱式以及混合柱式。《人体的构造》封面图的左侧边缘有一根带有科林斯柱头的柱子，假设柱子被描绘的宽度为原来的一半，那么据测量直径为 1.8 cm、高为 16.3 cm，与赛利奥和莱昂·巴蒂斯塔·阿尔贝蒂（Leon Battista Alberti）对科林斯柱式的高为其直径九倍的定义相符。[42] 不仅如此，封面图上所绘的柱顶楣梁还与赛利奥在谈及多立克柱式时描述的十分相似，他解释说，排档间饰里牛头的意义与古时献祭公牛的传统相关。[43] 由于这一母题还可在罗马的屠牛广场看到，再考虑到赛利奥《建筑全集》的知名度，将封面图的设计归功于赛利奥本人还是过于草率。[44] 此外，肯普认为封面图中观众的"满腔激情"与多梅尼科·坎帕尼奥拉（Domenico Campagnola）的作品《对无辜者的屠杀》（*Massacre of the Innocents*）中描绘的大同小异，坎帕尼奥拉很可能负责了第二卷中的肌肉研究插图的背景，背景中有金字塔、方尖塔、水道桥、建筑遗迹和植被，部分背景或还展现了帕多瓦城外的欧加内丘陵。[45] 值得一提的是，1530 年代末至 1540 年代初，

[40] Serlio 1996—2001，1：xi-xvi；关于赛利奥对印刷书籍的使用标志着基于图像的建筑学方法的兴起，见 Carpo 2001，46-56。

[41] Serlio 1996—2001，1：83；Carlino 1999a，46；Long 2002，74-79。Burioni 2005 进一步探讨了赛利奥和维萨里在对结构的探索途径上的相似。

[42] Serlio 1996—2001（4.8），1：340，基于 Vitruvius，*De architectura*（4.1）。Alberti 1988（9.7），309。

[43] Serlio 1996—2001（4.6），1：283。

[44] 出处同上，1：286-287。

[45] Kemp 1970，285-286。关于其风景描绘的可能是欧加内丘陵的猜测，见 Wiegand 1952，40-41。多梅尼科·坎帕尼奥拉的风景画，见 Laclotte 等人 2005。

均活跃于威尼斯或附近的帕多瓦的维萨里、卡尔卡、赛利奥和坎帕尼奥拉，似乎共享着相似的图画语汇。尽管目前可能无法确定哪位绘图员或切工制作了《人体的构造》中的木版画，但是现有的证据可以证实他们与维萨里之间曾有着非常密切的合作。这是维萨里的各种视觉论证的根本。

图画

《人体的构造》内附 200 余幅插图，从 5 mm×7 mm 高的听小骨图，到占据一整页的约 42.5 cm × 28.5 cm 的人体肌肉全身像，再到加插在《人体的构造》第 313 和第 352 页、每幅尺寸达 56 cm × 40 cm 的超大幅血管神经插图（来自《人体的构造之摘要》）不等。[46] 部分插图被有意重复。[47] 页边还有示意图辅助解剖描述，例如与头骨骨缝相似的铰链，以及标示着纤维方向和肌肉角度的图形。[48]《人体的构造》七卷书中的六卷以装饰性的巨大首字母开卷，每一章再由较小的花体首字母开篇；两组首字母都描绘了与解剖、外科手术或人体的获取相关的场景。[49] 用不同大小或颜色的装饰性首字母来标识不同程度的文本分隔，是中世纪泥金装饰手抄本中为人熟知的做法。[50]

肌肉系列的插图依序排列，从人体的表面开始展示肌肉的每一层。[51] 维萨里引导读者不要只看单幅图画中的肌肉，而是将其与之前和之后的

---

[46] 小尺寸插图，见例如 Vesalius 1543a，94，99，125，143 和 250。关于《人体的构造之摘要》的尺寸，见 Cushing 1943，112。

[47] 重复的图画出现在 Vesalius 1543a，23，38 和 48；24 和 48；36 和 47；14 和 67；277 和 369。出处同上，93。

[48] 例如 Vesalius 1543a，93，258，296–297，307–308，323，643，646。

[49] Lambert 1952。或许有些时代错置，O'Malley 1964，149 将这些称为"图绘脚注"。关于脚注的历史，参见 Grafton 1997。关于这些首字母作为一种使解剖描述变得更为讨喜的方式，见 Carlino 1999a，216–221。

[50] Sherman 1995，37–44 和 Valls 1996。

[51] 关于该肌肉系列的独创性，见 Kemp 1970，281–282。背景景观，见 Cavanagh 1983。

插图进行对比，从而理解它上面和下面的分别是什么。[52] 前后来回地看这些图画，能让读者领会到层次的含义，切实地感受到身体的深度。肌肉研究系列后的章节，引入了小肌肉或人体其他部位的插图来说明更为细致的论点。一旦读者对肌肉之间的相互关系有了大致的认知后，他们便能够将注意力集中于人体里更小的部分了。尽管维萨里说过他不希望在图画方面给读者造成"太大负担"，但是《人体的构造》中仍包含了大量图绘资料，其中的大部分都被精心地放在其所属的位置，图画功能也得到了详尽的说明（见图4.4）。[53]

人体的层次与深度在附带的《人体的构造之摘要》中也十分重要。维萨里提供给读者两种阅读方法：一种是用传统的方式，从骨骼的章节开始读，到书中间的裸男裸女全身像（图10.7）结束；另一种则是从裸男插图开始倒着翻阅，从人体的表面一层层地理解到骨骼。[54] 裸女插图之后的书页包含了静脉、动脉以及器官的图画：维萨里提供了一份操作指南，教读者如何用更坚固的纸张或牛皮纸在背面支撑这些图画，然后把它们粘贴在一起组成一个多层的人体模型（图10.8）。[55] 可见，无论是引导读者以特定的方向翻阅书页，还是鼓励他们动手制作剪贴画，《人体的构造之摘要》的作用均在于讲解人体的层次。维萨里或许还记得他的老师迪布瓦所作的重要评论，即医学生从图画中学到的东西最少。[56] 而《人体的构造之摘要》却展示了一本书或几张纸如何能够起到作用。

在献给查理五世的《人体的构造》的序言中，维萨里反复声明了他有关图画的论点：它们无法替代解剖身体的真实体验，因此学生们应该像盖伦竭力主张的那样，亲手进行解剖操作。[57] 然而，维萨里证明了图画

211

213

---

[52] Vesalius 1998—, 2：1–2。

[53] Vesalius 1998—, 1：50；关于图画填满了空白部分，参见2：68。

[54] Vesalius 1969, xxxi–ii。O'Malley 1964, 184–185。

[55] 多层模型，见 Sten Lindberg 1979；粘贴式的人体结构图纸，见 Carlino 1999b。

[56] Dubois 1539b, 12–13。见上文第九章。

[57] Vesalius 1998—, 1：lvi。

为自然书籍制图

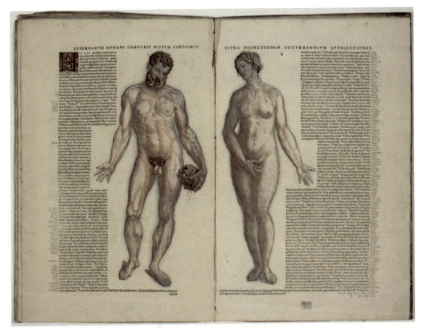

图 10.7　维萨里的《人体的构造之摘要》中间的裸男裸女全身像。维萨里建议读者可从裸男像开始倒着往书的开头翻阅，或以传统的方式从头开始阅读。裸女像后的书页需要读者自行剪下并粘贴成一个多层的人体模型。安德烈·维萨里，《人体的构造之摘要》（1543），K–L。剑桥大学图书馆，CCF.46.36。

的使用是历史发展的必然结果，因为医师在家中亲自面授解剖的古老实践早已被抛弃了。[58]除了用书本和图画授课是历史之必然以外，维萨里还强调图画比文本说明更具描述性：图画能够帮助人们理解解剖学，因为它们比最清晰的文字还要准确地把事物展现在人们的眼前；没有人还未在几何学或数学的其他分支中体会到这一点。[59]图画比文本具有更强的描述功能，可谓是老生常谈了：与维萨里同时代的夏尔·艾蒂尔同样从事于解剖学附图书籍的写作（图 4.3），他同样认为图画尽管无声，但它将

[58]　Vesalius 1998—，1：lvi。
[59]　Vesalius 1543a，*4r。我更改了 Vesalius 1998—，1：lvi 中的译文。

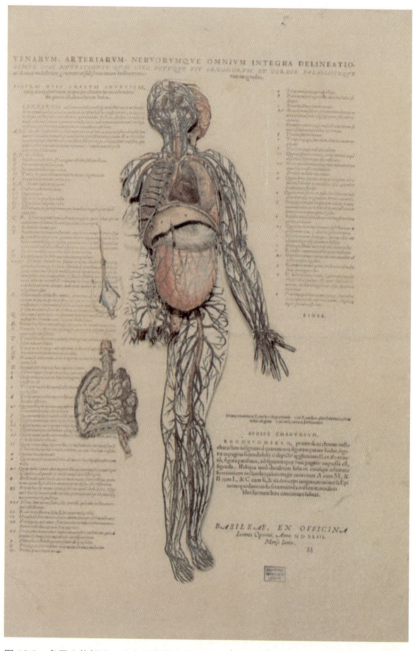

212 图 10.8 多层人体插图。来自安德烈·维萨里,《人体的构造之摘要》(1543)。剑桥大学图书馆,CCF.46.36。

为自然书籍制图

事物呈现在人们眼前的方式使得再多话语都是多余。[60] "无声"图画，引用的是一句相传为西蒙尼德斯所说的著名谚语，"画是无声诗，诗是有声画"。[61] 这已然成为讨论模仿艺术中诗画之优越性的比较论文学中的经典引语之一。[62] 但维萨里没有重提这个话题，而是转而援引了图画在几何学中的作用，这或许和他在《一封信》中讨论"一侧胁痛"时谈及的"数学家的方式"颇为一致。

与此同时，据维萨里所说，图画还能为那些无法或不愿参与解剖的人们带来乐趣。[63] 容易感到恶心的人或许不适合成为一名医师，但是图画有一个优点，那就是无须物体（以及它顺带给人的感觉，例如气味）真实在场，便能教授某些与物体相关的东西。[64] 格斯纳也曾论述过类似的观点，他认为人们能够通过图画，毫不畏惧地对动物进行近距离研究，尤其是像狮子或老虎那样凶残且怀有敌意的动物。[65] 由于图画并非其所描绘的对象，所以图画不会在观众身上造成该对象本身可能会引发的情绪或反应。图画不是被解剖的尸体本身，因此就像迪布瓦所说的，它与实际经验相比有劣势——但是相比观察被解剖的尸体本身，观察人体图像的体验或许也有它的有利之处。可见，维萨里对看着某个物体和对它的描绘之间的不同体验特点是有着清楚认识的。此外，书籍中的图画还有其他特征是直接观察个别物体时无法发现的。

波留克列特斯的《规范》

《人体的构造》的初衷是要严格遵循维萨里在博洛尼亚和帕多瓦公

⑥⓪ "Scripta quidem loquuntur; icones, quamvis mutae, res singulas ita ferunt ob oculos, ut nullum praeterea sermonem desyderent." Estienne 1545, 8。

⑥① "战争与智慧，雅典人因何更为出名？" 3, Plutarch 1927—1976, 4: 501（347A）。

⑥② 见例如 Baxandall 1980, 98–101。

⑥③ Vesalius 1998—, 1: lvi。

⑥④ 解剖引起的厌恶感，见 Carlino 1999a, 213–225。

⑥⑤ Gessner 1551—1558, 1: γ1v。

开解剖时所执行的程序，它也确实做到了这一点。[66] 维萨里承认，小组学生之间的私下解剖比公共解剖更为高效，不过他认为授课应当采用公共解剖的形式，因为尸体有限，解剖专家更是有限。虽然私下解剖和公共解剖的作用趋于一致，维萨里坚持认为两者之间存在着一个不同点：维萨里建议，在私下解剖中，人们应该对任何可用的身体进行研究，以此方式来培养解剖技能、学习身体的异同以及疾病的真实性质；公共解剖则恰恰相反，解剖的对象应该是气色最为温和的中年男子或女子的身体，用维萨里的话说，就像"波留克列特斯的雕像"一样，是人们会拿其他身体与之比较的那种身体。[67] 波留克列特斯（Polycleitos）是古代最著名的雕塑家之一。[68] 盖伦在他的《论希波克拉底与柏拉图的学说》（5）中写道，波留克列特斯撰写了一本名为《规范》（Canon）的书（京特于 1534 年翻译的第一本拉丁语译作，书名为 Regula），书中阐述了人体对称比例的原理，换言之，即较小部位与较大部位之间的关联，以及较大部位与全身之间的关联。[69] 波留克列特斯创作了一件雕塑，同样名为《规范》，盖伦往往把它当作一个各部位比例完美的人体模特，而不是一个体液调和均衡的人体。[70] 这一分别或许还帮助了盖伦区分何为美，何为健康。[71] 不过盖伦认为，身体各部位之间比例良好是体液平衡的结果，并把波留克列特斯的《规范》说成是每一种平衡的极致。[72] 盖

<hr />

[66] Vesalius 1543a，547。Siraisi 1997b，5–7。关于维萨里解剖过程的实际顺序，参见 Heseler 1959。

[67] "*Corpus itaque publicae sectioni adhiberi convenit, in suo sexu quam temperatissimum, et aetatis mediae, ut ad hoc tanquam ad Policleti statuam alia corpora possis conferre. In privatis autem sectionibus, quae crebrius accident, utile erit quodvis aggredi, ut cuiusmodi id quoque sit expendas, corporumque differentiam, veramque multorum morborum naturam assequaris.*" Vesalius 1543a，548（重点为我所加）；亦见于 Harcourt 1987，42。另见 Pigeaud 1990，413–418。

[68] 波留克列特斯的相关资料，见 Overbeck 1868，166–175。

[69] Galen 1534，63。关于文艺复兴时期对此作品的重新发现和反响，见 Nutton 1986。

[70] 见 *The Best Constitution of Our Bodies*，3，Galen 1997，294。

[71] Stewart 1978，125n23 和 131。

[72] *On Mixtures*（1.9）和 *The Art of Medicine*（14），Galen 1997，228–229，362。参见 Stewart 1978，125n22 和 Galen，*De temperamentis*，32r–v。

伦又称，这样的人体是极罕见的；只有通过非凡的专注力、经验与学习，才能掌握它的本质。[73]因此当维萨里提及波留克列特斯的雕塑时，他指的是得到盖伦认可的理想人体。

但被维萨里用于公共解剖的都是被绞死的罪犯，不是所有人都在他们的中年或有着最温和的气色。[74]不过维萨里解释道，在公共解剖时可以对规范进行参考。在描述了一些奇静脉和腔静脉的罕见构造后，他写道：

> 我认为，极罕见的静脉系不应在解剖学学生的考虑范围内，除非好像手上时而会长出第六根手指，或者不时会出现其他畸形的东西。到目前为止，如果我在公共解剖时观察到了这些，我会默默地忽略它们，以免攻读这门艺术的学生会认为他们能在所有的身体中看到这些。但是我的经验不止一次地告诉我，就在我愈发努力地引导这件事的同时，他们无论在解剖，还是在对完美之人的探询（*historia absoluti hominis*）之中都越发顽固地惊叹于那些畸形的东西。除非这些学生频繁地协助解剖完美或正常的人体，且牢记着盖伦在《论解剖程序》卷一的最后给出的规诫，不然他们于一整场解剖中碰巧遇上了与规范的人体相差甚远的身体的话就太遗憾了。[75]

给予规范的人体以完美之人（*homo absolutus*）的标识，暗示着此处的形容词"完美"不仅指的是没有部分缺失的人体，而且是指"完美"的没有任何畸形部位的人体。维萨里告诫说，只有像盖伦敦促的那样频繁

215

---

[73] *The Best Constitution of Our Bodies*，3；*On Mixtures*，1.9；Galen 1997，293，228–229。

[74] 关于被解剖的罪犯的身体状态，见 Park 1994。

[75] Vesalius 1543a，280*；我的翻译建立在 Siraisi 1994，68 的基础之上，括号内部分为我所加。参见 Straus and Temkin 1943，611 以及 Vesalius一，3：57–58。

地参与解剖，才能辨识出这个规范的人体。[76]

尽管该时期的人们痴迷于对古典艺术的恢复，但正如梵蒂冈丽城的雕像庭院所见证的那样，截至 1543 年，仍没有一座雕像被鉴定为波留克列特斯的《规范》。[77]1530 年代，丽城花园收藏了《拉奥孔》（*Laocoön*）和《阿波罗》（*Apollo*）等古典雕塑。其中有一座躯干——头、手臂和膝盖以下的部分已佚——被认为展现了赫拉克勒斯的身体，于是通过铜器、模型、文字描述和现藏于圣三一学院图书馆的这幅素描（图 10.9）等媒介于欧洲广为流传。[78]不仅如此，据说米开朗基罗还称这座所谓的"丽城躯干"为罗马"最完美"（*absolutissimum*）的雕塑，并把它作为西斯廷教堂中几件裸男坐像之一的原型。[79]布龙齐诺（Bronzino，原名 Agnolo di Cosimo，1503—1572 年）同样把他的肖像作品《扮作俄耳甫斯的科西莫一世》（*Cosimo I de'Medici as Orpheus*，约 1537—1539 年）建立在了这座躯干的形象之上。[80]

在《人体的构造》（图 10.10）中，躯干被描绘成了肾静脉与精索静脉显露在外的样子。此处对整个人像进行描绘是没有必要的，因此将这幅躯干图理解为绘图员想要炫耀自己时尚的古典品味的虚荣心颇为合理；毕竟"丽城躯干"正是因其缺了头、腿和手臂而闻名（尽管这与

---

[76] "除非你像我一样见过许多案例中的现象，不然不要对我的作品做出预先判断。"Galen 1999，30。

[77] Harcourt 1987 及 San Juan 2008 对古典雕塑的重要性作了有益分析。关于该时期被归为波留克列特斯的作品，见 Bober and Rubinstein 1987，90（no. 52A）和 155–157（no.123）。由于老普林尼的手稿上的一处残缺，把《持矛者》（*Doryphoros*）雕塑鉴定为《规范》有些困难，见 Bober 1995，326n27。Haskell and Penny 1981，118 把《持矛者》的发现确定在 1863 年。

[78] 于 1530 年代之前，这座躯干位于梵蒂冈的丽城花园。Brummer 1970，142–152；Bober and Rubinstein 1987，166–168。关于这座躯干在该时期的重要性，见 Schwinn 1973。关于这幅圣三一学院收藏的素描的年代鉴定，见 Michaelis 1892，92–94。关于同时期的躯干素描，参见 Leeflang 等人 2003，130–131；*Fiamminghi a Roma*，169。

[79] Boissard 1597，1：11；Aldrovandi 1556，12（米开朗基罗对这座躯干的书面判断似乎没有留存下来）。关于西斯廷教堂，见 De Tolnay 1969，卷 2，图 359 和 360。

[80] Strehlke 2004，130–133。

图 10.9　一幅 19 世纪后期的丽城躯干素描（很可能是弗拉芒画派），纸本，39.8 cm × 23.5 216

cm。画上的字迹为 "This pees doeth michellangeli exsteem above al the anttickes in bell

federe"。剑桥三一学院，MS R.17.3, fol. 22。

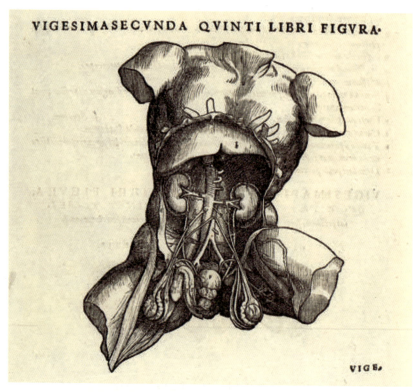

图 10.10　丽城躯干中的肾脏与生殖结构。来自安德烈·维萨里，《人体的构造》（1543），[472]，局部。剑桥大学图书馆，K.7.3。

部分当代描述相左)。[81] 另一种对图中下腹部的雕塑感的理解方式是将其看成古典英雄的身体，传达着一种其所揭示的解剖结构的完美感与规范感。

　　同样值得一提的是维萨里用来描述"完美之人"的身体的其他词语。维萨里将其称为构造（*fabrica*），据皮若所说，这个词来源于西塞罗在《论神性》（*De natura deorum*）中阐述的一种斯多葛（stoic）理念，

---

[81] "补全"了这座躯干的插图和素描，见 Brummer 1970，143，148–49。有关复原的观念，参见 San Juan 2008。

意指被制造者、上帝、自然、造物主制造、构成、创造、塑造的物体。[82]
这些还能在盖伦著作的希腊语版本中找到的古典术语传达着一种理念，那就是人体的各个部位是为了实现它们的功能而被依照特定的方式塑造而成的。[83]正如皮若所指出的那样，维萨里还曾用过"自然法则"（law of nature）这一短语：他在解释胆汁如何从身体排出时提出了一个观点，即人体内所有的东西皆是根据自然法则进行调节的。[84]这与被其他工匠视作法（lex）的波留克列特斯的规范（canon）一词中"标准"的含义相一致，老普林尼曾写道："他创作了被艺术家们称为规范的东西，他们把它当成某种标准并画下它的艺术轮廓；全人类里只有他，被认为通过艺术作品的方式创造了艺术本身。"[85]然而，我必须强调，维萨里的目的并非要发掘一套支配人体形态或功能的一般法则。

其实我们更常见到维萨里使用的是"依照自然"（secundum naturam）这个短语，而不是"法则"。当他解释被拉长的球形之所以是头骨的自然形状，是因为头骨"依照自然"被设计来保护大脑，所以要与其形状一致时，他还说道，因此头骨的其他形状（图11.1）都应该被视为"非自然的"（not natural）。[86]所有接受过大学教育的医师们应该都会熟悉由亚里士多德自然哲学延伸出的概念，自然的（natural）、"异自然的"（praeternatural）和"反自然的"（contra naturam）之间的区别。[87]自然的事物是指那些遵循它们本质——一种为实现其功能而做出变化的固有原则——的事物。这种自然的变化总是或者在大多数时候会发生。然而有的

217

218

---

⑧② 我于此遵循的是 Pigeaud 1990 中极有帮助的分析。

⑧③ Pigeaud 1990，405；"scopus naturae"：Vesalius 1543a，317 和 650。

⑧④ Pigeaud 1990，412；Vesalius 1543a，510–511。关于较后期出现的科学"法则"的理念，见 Ruby 1986；用于描述这些规律的术语，见 Maclean 2008。

⑧⑤ Pliny the Elder 1938—1963，9：168–169（译文稍有修改）。

⑧⑥ Vesalius 1998—，1：47，Vesalius 1543a，19；Siraisi 1994，85–88；亦见于 Pigeaud 1990，407–409。

⑧⑦ 有关这些类别的历史背景的详尽讨论，见 Daston and Park 1998。关于学问精深的医师们对自然及其相关术语的观念，另见 Maclean 2001a，234–275。

时候，自然的事物未能实现它的目标，譬如生长出六根手指。[88] 这种畸形与疾病和腐败一起被分在"异自然"的那类。尽管这些异自然的事件被认为存在于一个更一般的自然之中，在某种意义上它们的"因"可能存在于某些不稳定的状态或周围条件下，但它们是非"自然的"，因为它们不总是发生，或者不会在大多数时候发生。因此当维萨里在上述引述中把完美的人体等同于非畸形的人体时，他指的是"自然的"人体。也就是说，规范的人体即没有畸形部位的自然的人体。

建立规范的人体

可是人们要如何确定规范、自然的人体结构呢？频率无疑是一个重要的向导，毕竟据亚里士多德所说，自然的事物总是或者大多数时候会发生。这还意味着频繁的解剖——《论解剖程序》中主张的一项有益的盖伦派实践。[89]

例如，维萨里在"胸椎往往是十二块"的页边标题旁边写道："胸椎共十二块；虽罕见，但有时会多一块或少一块。"[90] 这句话确定了十二为胸椎的自然数量，但是鲜有的异自然的情况也存在。维萨里的读者到目前为止还不会发现什么令他们惊讶的东西，因为这里依照的是一部新近出版的译作——盖伦的《论骨骼》(De ossibus, 9)[91]——中的一段话。盖伦在《论骨骼》中继续说道，多一块椎骨比少一块的情况更罕见。[92] 可维萨里却注解道："少一块的情况比多一块的罕见。我在帕多瓦遇到了两具拥有十三根胸椎的尸体，但至今还没见过十一根的。"[93] 维萨里引用

---

[88] Galen, *De differentiis morborum*，第 8 章。

[89] 维萨里还自称，不会断言只在解剖中见过一次两次的事物。Roth 1892, 108。

[90] Vesalius 1998—, 1: 172; 1543a, 72。

[91] 参见 Galen 1535, 28。关于《论骨骼》，见 Durling 1961, 288。

[92] "Sed superesse rarius quam desse invenitur." Galen 1535, 28。这在把 1543 年印刷的希腊语文本纳入考虑范围内的 1548 年译本中未受到更改。Galen 1548, 12; Singer 1952, 772。

[93] Vesalius 1998—, 1: 172。

他的自身经历颠倒了盖伦对罕见程度的见解：盖伦称十三根胸椎的情况比十一根的少见，而维萨里的经验却正好相反。诚然，这是一个很小的论点，因为它并没有改变胸椎的自然数量，但对熟悉盖伦《论骨骼》的读者来说，这无疑显示了维萨里在亲自操作解剖时所投入的注意力。

219

虽然他本人从未见过某种变异的事实不能排除它存在的可能性，但维萨里有时深信不疑某些变异几乎是不可能存在的，例如由两部分组成的下巴："即使有一天我在千千万万人中的某个狗与人的畸形杂交中看到这种下巴，我也不会宣称人类的下巴拥有这样一对骨头。"[94] 只能通过人与另一种动物的杂交才能解释得通的构造，是违背人类的自然或反自然的，因而不属于人类。

维萨里还曾将自己在巴黎的圣婴公墓等墓地上得来的经验当作其频率论证的依据。根据他的记录，他常在那里看到融合的椎骨以及未完全长成的牙齿。[95] 相反，他认为罕见或不可能发生的案例可以通过它们的缺席来确定："……在墓地发现的二十具头骨中，你不会找到一例额骨分开的情况。"[96] 引证墓地的案例来证实人体结构的细节，尤其是骨骼结构的策略，之前就被采用过。亨利·德蒙德维尔（Henry de Mondeville）曾提及同一墓地的骨库来反驳人们对两性颅骨形状不同的普遍误解，贝伦加里奥·达卡尔皮也在受到了图画的误导之后，提及了墓地这个向他证明了椎骨真实形状的地方。[97] 维萨里在关于频率的论证中对墓地的参考与这种惯用方法没有不同，但他也告诫人们不要过分依赖墓地中的发现：想要找到属于某一个人的成套骨头是不可能的，干燥或腐败会导致某些部位与其他部位分开，一些更小的部位可能已被折断。[98] 换言之，墓地是一个用于确认，而非用于发现的地方。如果《人体的构造》中的 14 幅全身人体肌肉图背后

---

[94] Vesalius 1998—，1：107。

[95] 出处同上，1：166，114。

[96] 出处同上，1：61。

[97] Henry de Mondeville 1892，29；Berengario 1959，160。

[98] Vesalius 1998—，1：377–378；参见 1：215 和 195。

的全景景观果真是受到了围着圣婴公墓的回廊里绘制于 1425 年的《死亡之舞》壁画的启发，这或许就能成为公墓被作为人体研究场所的又一间接证明。[99]

另一处证实解剖结构的地点是饭桌。维萨里建议，为了更好地理解耳朵里听小骨的结构，学生应该在下一次吃小牛肉或羔羊肉的时候切开它们的头部；若是要了解肩胛骨的话，可以尝试绵羊、山羊或野兔；研究韧带，可以选择小牛、小猪、小山羊或者公牛。[100]这一劝诫可以产生立竿见影的说教作用，因为维萨里的解剖是在饭前和饭后进行的。[101]

然而，对于维萨里来说，频率是不足以最终确定所有规范结构的，如今被我们称为"维萨里腕骨"（Os Vesalianum Carpi）的现象，即小拇指底部下方的小骨（图 10.11）就是一个范例。根据斯特劳斯和特姆金所说，N 处所示的小骨头是在刚好超过 0.1% 的高加索人中发现的骨骼畸形；维萨里一生中能多于一次地见到此结构的概率微乎其微。[102]然而，它却出现在了图画以及文本的描述中：

> 在支撑小拇指的掌骨和第八根腕骨之间的关节的外侧有这样一根骨头，它好像在填补由于掌骨上端没有刚好抵着第八根腕骨而是在外侧稍稍超过了它而形成的空白区域。这根骨头出现时，似乎会加固关节，为支撑小拇指的掌骨提供一些支持。[103]

"出现时"这一短语的言下之意是这块骨头并非总是存在，而维萨里却因为它实现了支撑小拇指的功能而把它包括在了手的自然结构之

220

221

---

[99] Mayor 1971，图 55 和 394（无页码标注）。关于圣婴公墓的更多情况，见 Vesalius 1546, 94。

[100] Vesalius 1998—，1：87，232；2：320。

[101] 例如，Heseler 1959, 109, 265。

[102] Straus and Temkin 1943, 630。

[103] Vesalius 1998—，1：279；*De fabrica*，119。

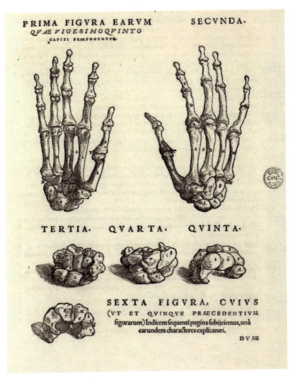

图 10.11　手骨。来自安德烈·维萨里,《人体的构造》(1543),115,局部。剑桥大学图书馆,K.7.3。

中。目的论是盖伦的《论身体各器官的功能》中的核心论点——人体部位完美、正确的形式是最适合执行其功能的形式。[104]维萨里是当时典型的在论证中运用目的论,并热衷于研究盖伦式目的论的博学医师;然而,正如西拉伊西所示,他并非仅仅重复了盖伦提出的人体各部位的目的(telos),而是在整本《人体的构造》中给出了各种目的论解释,像"维萨里腕骨"那样罕见的小骨只是其中一个例子。[105]目的论,是维萨里相比五块式的骶骨更喜欢少见的六块式结构的理由,也是他忽视由乔瓦尼·巴蒂斯塔·卡纳尼(Giovanni Battista Canani)发现的一块饱满的手

---

[104]　见例如 Galen 1968,1:195 (3.13)。

[105]　Siraisi 1997b;Straus and Temkin 1943。

部肌肉（即我们所谓的掌短肌）的原因——"鉴于这块肌肉被证实没有任何作用，且盖伦也未提及它，我便默默跳过它了"。[106]

可见，维萨里的规范人体图画，一方面包含了在真实个体的解剖中几乎看不到的部位；另一方面，它又忽略了罕见的变异情况，或可能在解剖厅中遇到的即使常见却无用的结构。《人体的构造》中的木版画虽展现了自然主义的表现风格，但它们未必与被解剖的尸体完全匹配。正如哈考特所说，在那些图像中被描绘的身体并非在某时某地被解剖的某具真实尸体。[107]这些图像本就不是"仿造品"，而是一种"规范"，一种通过确立解剖结构的目的因来决定的"规范"。这种"规范"尤为关键地为维萨里提供了用最一般且通用的术语来讨论人体的可能性，而目的论则赋予了他用"因"来探讨结构的可能性——这很可能是维萨里称他的解剖学为自然哲学的一部分原因。[108]

比较权威

众所周知，维萨里通过实践盖伦的劝诫，亲自上手对人体进行解剖，最终纠正了盖伦的描述，毕竟盖伦承认了自己无法解剖人体的事实。[109]然而，这种实现并没有使维萨里放弃他对亲手解剖的实践的追求，也没有就此全盘否定盖伦的生理系统。南希·西拉伊西认为，维萨里与盖伦派的理念和原则之间的关系不仅复杂、微妙，同时既是建构性

222

---

⑩ O'Malley 1964，294。Canani, *Musculorum humani corporis picturata dissectio*，翻译出自 Lind 1975，309–316，315（掌短肌）。关于卡纳尼，另见 Roberts and Tomlinson 1992，92–95。
⑩ 维萨里的插图展现的是"对一般的人体结构的标准描绘"，而非任何特定物体，Harcourt 1987，39。
⑩ "解剖学是自然哲学的一个重要部分；因它包含了对人的研究，它必须被正当地视为医学这一整门艺术的奠基以及医学的所有构成部分的根源。"Vesalius 1998—，1：1（着重为我所加）；1543a，ii。
⑩ Cunningham 1997，116–118。

的，也是批判性的。[⑩]维萨里并不是第一个指出盖伦也只是人，也会犯错的人，但与盖伦的描述相矛盾意味着维萨里需要在他的论证中谨言慎行。维萨里通过把人类与动物的结构摆放在一起，再一次挖掘了图画的潜能。[⑪]

例如，维萨里解释了他把人的下巴放在狗的下巴上（图10.12）的目的，是想用一定的角度摆放头骨，让眼眶的内部被人看到——但他还"在人的头骨下描绘了一只狗的头骨，以便所有人都能更轻易地理解盖伦对上颚骨骼的描述"。[⑫]而事实上这里所显示的是盖伦对骨缝的描述比起人的下巴而言更适合狗的下巴。[⑬]

一个更巧妙的把动物与人类结构并置在一起的做法出现在图表五。维萨里在论及颈部 X 处的结构时（图10.13）写道：

> 鉴于图表七已对人体的这个区域进行了全面的描绘，而我们又对盖伦的教学格外投入，我们在此处描绘了一块发现于狗的体内，而人体中没有的肌肉，盖伦认为这块肌肉是使胸部活动的第三块肌肉。可以在下张图表的 Γ 处看到它的整体。[⑭]

在下一张图表，即图表六中（图10.14），维萨里写道：

> 胸部与颈部的这一部分本应由下张图表展示（图表七，图10.15）；但我确定，在这里描绘一块盖伦曾经提过的狗的肌肉也不会完全没有意义，盖伦称颈椎横突为它的起始位置（已标记为 O）；它直到第四根肋骨处都肉质饱满，但在 P 处变成了膜状的肌腱 Q，

224

---

⑩ Siraisi 1997b。

⑪ Carlino 1999a，199–201。

⑫ Vesalius 1998—，1：89；该插图亦出现在第 116 页。

⑬ Vesalius 1998—，1：102–103。1540 年，维萨里把六条狗置于三具人体旁；Heseler 1959。

⑭ Vesalius 1998—，2：37，1543a，185。

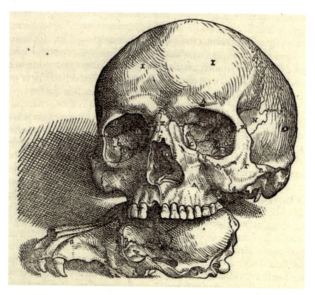

图 10.12　一幅描绘了被放置在狗的头骨上的人的头骨的木版画被用来证明盖伦对狗下巴上的两处骨缝的描述是错误的。来自安德烈·维萨里，《人体的构造》（1543），36，局部。剑桥大学图书馆，K.7.3。

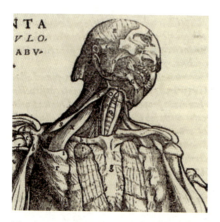

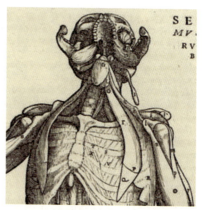

223

图 10.13　图表五。X 处所标记的肌肉出现在狗的身体里，人体中不存在。来自安德烈·维萨里，《人体的构造》（1543），184，局部。剑桥大学图书馆，K.7.3。

图 10.14　图表六。O–Γ–P–Q 处所标记的肌肉出现在狗的身体里，人体中不存在。来自安德烈·维萨里，《人体的构造》（1543），187，局部。剑桥大学图书馆，K.7.3。

　　　　　　　　　　　　　　　　　　　　　　　　为自然书籍制图

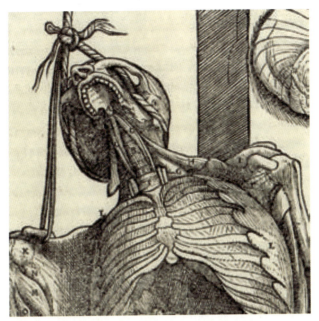

图 10.15　图表七。在这幅插图中，H 处所标记的是活动肩胛骨的人体肌肉，而前两幅插图（见图 10.13 和图 10.14）中紧邻着 H 处的狗的肌肉未出现在此图中。来自安德烈·维萨里，《人体的构造》（1543），190，局部。剑桥大学图书馆，K.7.3。

并向下延伸至某块肋骨的位置。[⑮]

维萨里后又就这些与动物肌肉相关的观点给出了更多评论（图 10.16），下文中按字母排序的上标指的是原文页边注释的相应符号，我将它们放在了方括号中：

> 第三块［肌肉］[g]［g：图表六中的 Γ］只会出现在猿与狗的身上，但我仍然把它包括在内，以免某些过分依赖于盖伦文本且不作任何切割的人，会说一些我忽略了部分肌肉的胡话，我不应受到这

---

⑮ Vesalius 1998—，2：43。

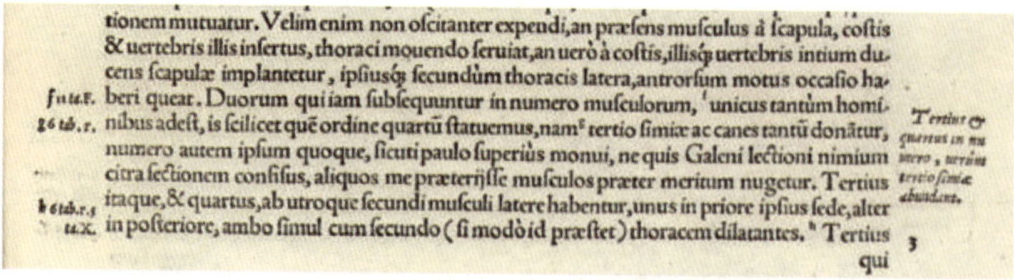

tionem mutuatur. Velim enim non oſcitanter expendi,an præſens muſculus â ſcapula, coſtis & uertebris illis inſertus, thoraci mouendo ſeruiat,an uerô â coſtis, illiſq; uertebris intium ducens ſcapulæ implantetur, ipſiuſq; ſecundùm thoracis latera,antrorſum motus occaſio haberi queat. Duorum qui iam ſubſequuntur in numero muſculorum, ͬ unicus tantùm hominibus adeſt, is ſcilicet quē ordine quartū ſtatuemus,nam ᵍ tertio ſimiæ ac canes tantū donatͬ, numero autem ipſum quoque, ſicuti paulo ſuperiùs monui, ne quis Galeni lectioni nimium citra ſectionem confiſus, aliquos me præteriſſe muſculos præter meritum nugetur. Tertius itaque, & quartus,ab utroque ſecundi muſculi latere habentur,unus in priore ipſius ſede, alter in poſteriore, ambo ſimul cum ſecundo (ſi modò id præſtet) thoracem dilatantes. ʰ Tertius qui

图 10.16　页内行间空白处的注释。文本中的上标文字 g 被用来指向图表六中的 Γ（见图 10.14），h 则指向图表六中的 Γ 和图表五中的 X（见图 10.13）。来自安德烈·维萨里，《人体的构造》(1543)，287，局部。剑桥大学图书馆，K.7.3。

样的指控……沿着第二块肌肉的正面一路延展的第三块［肌肉］ʰ ［h：图表六中的 Γ；图表五中的 X］从第二节颈椎横突 ⁱ［i：图表六中的 O］的内侧长出，且在那个位置非常多肉。它一路下行，将紧跟其后的椎骨作为它的起点，最终被各个起点撑大后，与第一根肋骨汇合……这块肌肉中附在肋骨上的多肉部分，在第二块肌肉 ᵐ ［m：图表六中的 R］伸展成指状并植入肋骨的区域旁边，与它膜状的肌腱相连。我在公共解剖中已颇为明确地展示过，这是有尾巴的猿和狗身体里的样子（但它不是以手的形状插入肋骨的），但到目前为止我还从未在任何人体中发现或呈现过它，我可以断言，人类没有这个东西。但我这么说的意思，并非在暗示学生对盖伦的权威置之不理并停止在人体中寻找它。⑩

根据维萨里的解释，在图画中加入动物的结构是为了对控诉他有所疏忽的潜在指控做出反击。由于维萨里最终纠正了许多盖伦的人体描述，仅仅一幅人体解剖图（及其与盖伦文本的出入）会将他置身于指控之中——他没有足够仔细地观察人体，或他对盖伦的学问还不够了解。通过把与盖伦的描述相匹配的结构引入人体图像的方式，维萨里为读者

---

⑩ Vesalius 1998—，2：285。

提供了一个直接的参照物。[⑰]

维萨里还将他的比较论证法引申至人体与动物结构相似的案例之中：

> 我对人类与四足动物在肱骨和肘关节的结构上差别甚小的主张，一定使亚里士多德的追随者，以及那些在他们关于动物运动的写作中依赖着他的权威，尤其是他在名为《论动物的运动》（*On the Common Movement of Animals*）的短论中所说的话的人十分惊讶；他们的行列中有盖伦（《论身体各器官的功能》，卷三）、普林尼以及我们来自鹿特丹的伊拉斯谟（关于骰子游戏的讨论［非解剖学专著］）等等。我就选择一点进行评论。亚里士多德以及他的追随者们称，人体关节的屈曲向着一个方向，而四足动物则向着另一个方向：我们是向前屈曲，而它们是向后。事实并非如此。亚里士多德从四足动物中取出了一根骨头，肱骨；他所认为的四足动物上臂和前臂关节，其实是它们的前臂和腕骨关节。事实上，这些动物和我们一样也有肘关节。但亚里士多德没有注意到这些动物与鸟类体内的肱骨以及股骨，或许是因为它们的被隐藏在了身体内而我们的却没有。[⑱]

在这个案例中受到质疑的权威是亚里士多德，相关联的还有盖伦以及其他追随亚里士多德的人。据维萨里所说，亚里士多德错误地论断了一个人类与动物之间的差别，因此指出人类和动物之间的相似点便成了反驳亚里士多德主张的一种方式。

226

---

⑰ 另一桩案例，见 Vesalius 1998—，2：37–38，270–271。

⑱ Vesalius 1998—，1：250；1543a，107。维萨里在这里指的是伊拉斯谟的会话 "Knucklebones, or the Game of Tali"，伊拉斯谟遵循亚里士多德和某些其他出处（伊拉斯谟很可能还受益于莱奥尼切诺），解释了人类没有距骨这一点。Erasmus 1974—，40：891–904。我很感谢 Andrew Taylor 为我确认了这部作品。

可见，维萨里的"比较解剖学"在正反两方面皆可发挥作用，既可证明动物结构如何与人体不同，亦能显示两者颇为相似。维萨里自始至终的论点都是为了表明盖伦与亚里士多德等人混淆了动物与人体的结构，而他维萨里是正确的。然而维萨里并没有试图在任何地方描绘出狗或猿的全身结构，以便对它们和人类进行系统性的比较。相反，动物与人体结构之间的图绘比较，对于维萨里而言，起到的是裁决他与他人在人体结构的具体问题上的观点的作用。为了理解人体而去研究动物结构，并不是一种新的研究方法。[⑲] 利用图画来区分医学权威之间的矛盾观点，也不是维萨里的专属——贝伦加里奥·达卡尔皮就曾做过一模一样的事，只是形式较为粗糙，他利用一幅图画（图 10.17）区分开了 *funis brachii* 与 *salvatella* 的正确与错误的位置。[⑳] 此外，维萨里并非每次都会公开他在图像中对动物结构的使用。[㉑] 但当他这么做的时候，比较性的插图会为他的主张带来说服力与权威。

所以，尽管与大家的印象相左，但并非《人体的构造》中所有令人惊叹的解剖插图展现的都是人类。而且严格来说，这些穿插了部分动物结构的人体插图也并非一贯地描绘出了"规范的"人体。相反，它们是一种论证的图绘形式，其所证实的是维萨里的描述比盖伦或亚里士多德的更符合人体结构。因此，《人体的构造》中的图画包含了规范的身体、目的论的方法，以及可建立全新的、在维萨里心里得到了正确复兴且可与古人那套匹敌的人体解剖学知识的权威。

---

⑲ 例如 *History of Animals*（1.16），Aristotle 1984，1：788。

⑳ Berengario 1521，CXLXIr–CLXXIIr。

㉑ Saunders and O'Malley 1983，174。

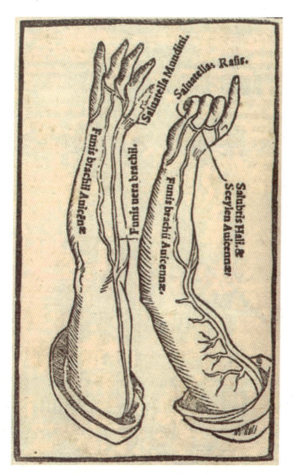

图 10.17　贝伦加里奥于此处展示了一条终止于食指与大拇指之间的头静脉分支的"真实的" *funis brachii*（在左边的手臂中），并将其与阿维森纳版本的在被他称为 *sceylen*、被 Haly 称为 *salubris* 的静脉旁边到达终点的 *funis brachii*（见右边的手臂）进行对比。来自贝伦加里奥·达卡尔皮，《解剖学导论》（1523），66v。美国国立医学图书馆，贝塞斯达，WZ 240 B488i 1523。

第十一章　文本、图像、身体与书籍

物体、话语、图画

　　每一位优秀的人文主义者应该都会认同，物体（*res*）和话语（*verba*）之间的正确匹配是一段真实描述的必要基础。[1]维萨里在他的书中，巧妙地把图画变成了人体（*res*）与他的说明（*verba*）相匹配的一个必需的组成部分。当对人体的描述之间有了冲突——当维萨里的话与受人敬仰的古人的话相矛盾时，有必要展示该物体更符合某一套话语，而非另一套。这是通过图画的方式办到的。在解剖厅中，同样是图画使得学生们相信那具人体与维萨里的话语相符。无论是在书籍中还是在解剖大厅里，如果没有图画，物体与话语之间的对应关系便无法成功确立。

　　反之亦然，图画也依赖着对它的说明。举例来说，倘若没有了说明，我们便无法判断究竟是五个头骨（图 11.1）中的哪一个代表了"自然的"形态。[2]没有了文本，新手根本无法辨别出人体插图中植入的哪个肌肉组织是属于动物的，也不会了解这说明了盖伦有多么错误。如果没

---

[1] 见 Kessler and Maclean 2002 中的论文。
[2] 亦见于 Harcourt 1987，39。

　　　　　　　　　　　　　　　　　　　　　　　为自然书籍制图

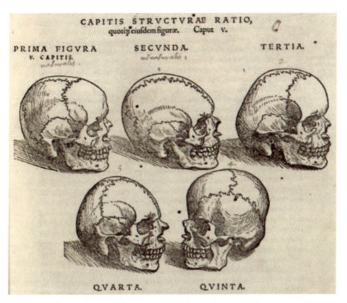

图 11.1　五具头骨中，唯有一具（左上角）的形状是"自然的"。同代读者托马斯·洛金在拥有"自然"形状的那一具上作了标记，并按照书中讨论的顺序为其他拥有"非自然"形状的头骨编了号。来自安德烈·维萨里，《人体的构造》（1555），22，局部。剑桥大学图书馆，N*.1.1（A）。

有了告诉读者应该要在图画中看到什么的文本，图画的明确意义便不复存在。换言之，文盲或不会读拉丁文的人无法彻底理解这些图画。

230

　　维萨里尤其担心奥波里努斯能否保证把这些插图的字母印刷得清晰可见。[③] 在《人体的结构》中，文本为插图提供了图解：字母被加在正文行与行之间的空白处（见图 10.16），"这样一来，它们通过指出在哪幅［插图］内可以看到文中提及的部位，为读者提供了一种文本的评注"。[④] 利用图解符号连接文本与图像并没有什么与众不同，但维萨里将其文本与插图联系在一起的紧密程度可谓非同凡响。根据南希·西拉伊西的统计，这些"视觉评注"要求一名认真的读者在阅读

---

③ Vesalius 1998—，1: lx。

④ 出处同上，1: lix，1543a，*5r。

一个长达 6 页的、与肌肉区分相关的章节时翻阅插图一百余次。[5] 这些图解符号将书的不同部分联系起来，引导读者前后翻阅纸张，连接起文本段落与图画的局部；通过这样的方式，维萨里期望读者能够对人体有一个深入的认识。不过，这一策略并非维萨里的发明，这种引导阅读的形式也不是印刷书籍中独有的：正如彼得·琼斯所示，约翰·阿德恩（John of Arderne，1307/1308—1377 年）曾编纂了一本关于外科手术的图绘指南，同样要求读者来回翻阅纸张，在文本和图像之间建立联系，但值得强调的是，并非所有手术手册都附有图像，或图像与文本之间拥有如此紧密的联系。[6]

无论是物体、文本还是图画，都无法仅凭一己之力为维萨里建立起原始解剖学的学问。是三者之间相互依存的复杂关系，加之打破了线性叙事风格的阅读实践（把书从头读到尾），才建立起了书籍的研究对象："完美之人"。所谓的完美之人不是人们能在解剖大厅偶遇的东西，因为它是一个全面的、理想化的研究对象——恰恰是它的全面性和理想化使其足以成为一种渴望哲学地位的学科，因为它涉及了因，特别是目的因（final cause）。

维萨里能够以这种方式使用图画，是因为他认为图画描绘了物体。维萨里让奥波里努斯把注意力放在插图的图绘质量上，使其与其他教科书中简单的线条图，尤其是那些在阴影处使用较粗线条的插图形成反差，但他从未解释过如何以及为何这样的质量能够保证图画和物体之间的可靠关联。[7] 对维萨里而言，图画描绘物体的可靠性最终是涵括在作者自身的可信度内的。[8] 他将这本书敬献给皇帝，盼望着这一尊贵的来往关系能够给他增添些许权威；[9] 他列举了为他提供人体的著名公众人物，例

---

⑤ Siraisi 1994，64。

⑥ Jones 2006，15 和 1987。

⑦ Vesalius 1998—，1：lx–lxi。关于这一段话，见 Kemp 1993，97。

⑧ Siraisi 1997b，30。

⑨ Vesalius 1998—，1：lvii。

如威尼斯地方法官马尔坎托尼奥·坎塔里尼（Marcantonio Contarini）；[10]
他还通过解释自己如何花了许多时间和同学在墓地玩游戏，展示了自己
的献身精神：

> [在巴黎的圣婴公墓] 我们发现了丰富的骨头资源，我们花了
> 很长一段时间坚持不懈地研究它们，直到我们能和同学打赌，在蒙
> 住双眼的情况下，只靠触摸便能在半个小时内鉴定任意一条他们从
> 骨头堆中抽出交给我们的骨头。我们被迫至此，因为尽管我们渴望
> 学习，却没有老师能在这方面的医学上辅助我们。[11]

维萨里又生动地描述了他如何在朋友杰玛·弗里修斯（Gemma
Frisius，1508—1555 年）的帮助下，从绞架上偷走了一具被施以火刑的
罪犯的骨架，不过在这段逸事中，他倒是有一丝想将自己塑造成盖伦的
意味（《论解剖程序》，1.2）。[12]他还提供了一份被他在索引中称为"目录"
的列表，列表详尽地列出了自己解剖过的女性尸体：在巴黎和帕多瓦被
绞死的妓女、帕多瓦圣安东尼教堂的一位修道士的情妇（为避免身份鉴
定，学生们迅速地剥了她的皮）以及一名饥饿致死的老妇人。[13]这些细节
就和一系列解剖器具的展示（图 11.2）一样，是用来证明维萨里对解剖
学的献身精神的另一方式。尽管维萨里不是展示其所用器具的第一人，
但他对它们作了详细的说明；有许多熟悉的日常工具被用在了解剖工作
中。[14]这能够强调一个事实，那就是他曾亲手使用这些工具。上述的以及
其他修辞上的策略帮助维萨里给他的读者灌输信心，让他们相信自己对

232

---

⑩ Vesalius 1543a，650–651。
⑪ Vesalius 1998—，1：377。学生之间用游戏的方式来掌握专业知识是众所周知的事情；
见例如 Moyer 2001。
⑫ Vesalius 1998—，1：382–383。我要感谢 Christine Salazar 让我注意到盖伦的这段话。
⑬ Vesalius 1543a，539–559。这可能还和女性尸源的匮乏有关。O'Malley 1964，113。
⑭ Vesalius 1998—，2：148–153。外科手稿中对工具的描绘，见 Jones 1998，87–89 和
Brunschwig 1497，XIXr。

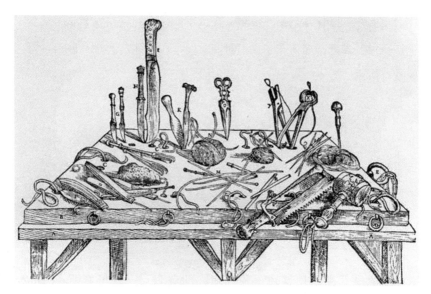

图 11.2 由常见器具制成的活体解剖与解剖工具陈列：锋利与粗钝的理发师剃刀（F，左前角）；用于刨笔的小刀（G，左后角）；把餐叉的叉尖锉小并拗成半圆形所制成的钩子（L，在 G 和 H 的前方）；用芦苇制成的管子，用于给人体部位充气（R）；普通的弯针（N）被插在一团粗线球里，若是出于绑扎血管的目的，用于缝合纸张成册的德国线绳最为理想。来自安德烈·维萨里，《人体的构造》（1543），235，局部。伦敦惠康图书馆。

于人体的观点是可靠的——就像盖伦的解剖被包装以赞颂式的修辞风格来博得旁观者的信任一样。[15]

233 就其对设计与图绘材料的使用而言，《人体的构造》很可能是 16 世纪印刷书籍中最为复杂的——无疑是维萨里通过为图画制备付费以及与参与的艺术家紧密合作，从而对他的图画实施了超乎寻常的把控的结果。[16] 然而，尽管他付诸了所有这些努力，《人体的构造》也没有在一夜之间彻底变革解剖学或解剖学书籍。大学的解剖实践变化缓慢，在解剖

---

⑮ Von Staden 1995。亦参见 Vickers 1983。关于维萨里对当代修辞讨论的熟悉度，我受益于与 Andrea Carlino 的讨论。关于严肃对待维萨里在修辞和其他文本上的策略的重要性，见 Siraisi 1997b。

⑯ Vesalius 1998—，1: lxii；序言中明确表示，图画是用他的个人花销筹备的。

学书籍中使用图画甚至到了 18 世纪都没有成为常态。[⑰]换句话说，尽管维萨里巧妙、复杂地在《人体的构造》中将人体、文本和图画互相联系了起来，但他的视觉论证极少被当作一个整体来接纳。有趣的是，对他图画的排斥并不总是导致对他解剖见解的否定，奇静脉的结构便是其中一个例子。对他的奇静脉描述的反对也不等同于对图画使用的抵制；即使有人承认了维萨里在解剖学上的权威，也不意味着此人就必须以维萨里的方式使用图画。在本章接下来的部分，我将讨论三个着重强调了这些要点的例子。维萨里昔日的老师雅克·迪布瓦反对使用图画，但他出于和维萨里不同的理由，接受了维萨里对奇静脉的描述。巴尔托洛梅奥·欧斯塔基对维萨里主张的静脉结构表示怀疑，但他用图像来证明了自己的观点。就连费利克斯·普拉特在接受了维萨里的发现和图像的价值之后，阅读普拉特的书籍的体验仍与阅读维萨里那本厚厚的巨著不同。这三位医师皆对人体、文本与图像应该如何与他们的书籍联系在一起有着极为不同的观点。

反对维萨里图画的迪布瓦

迪布瓦觉得自己有必要捍卫"神圣的"希波克拉底和他敬仰的译者盖伦（在他看来是最完美的人，从未在任何医学领域写过任何不真实的东西）免遭一个极其傲慢无知的疯子或 *vesanus*（一个拙劣的针对维萨里名字的双关语）的无比自负的诽谤。[⑱]迪布瓦早在 1539 年就曾表达过他对将使用图画作为学习解剖学的主要方式的批判。[⑲]他又在自己对盖伦《论骨骼》的评注中重申了这一点，他解释说，他没有附上标记了骨骼名称的图画，因为他倾向于让学生自己去看、去操作、去掂量那些骨

---

⑰ 关于维萨里之后的公开解剖工作的三部分构架，见 Bylebyl 1979，361。18 世纪的解剖学作品，见 Kemp 1993，103。

⑱ Dubois 1555b，73；Cunningham 1997，132；Carlino 1999b，207–211。

⑲ 见第十章。

头的分量，而不是只能从线条比例失调且阴影模糊不清的图像中得到答案。[20] 在建立信念时，眼见自然比耳听更为真实，但触觉才是人类最可靠的感觉。[21] 然而讽刺的是，我们从诺埃尔·迪法伊（Noël du Fail）的同代叙述中得知，迪布瓦于 1530 年代后期或 1540 年代早期讲授关于《论身体各器官的功能》的课程中，曾在描述生殖器官时使用过图形和图像，他还把动物和人体的四肢塞在了自己的袖子里。[22] 这很可能是因为在迪布瓦的讲堂上，图形和物体对说明盖伦的神圣文本实用有效。

234

但在书本中，迪布瓦似乎认为表格的形式更有帮助，正如他在自己所编的关于疾病病因与症状以及药物成分的教科书中使用过的那种（见图 9.3）。迪布瓦的学生卢瓦斯·瓦赛（Loys Vassé）用表格的形式（图 11.3）编纂了一本解剖学教科书，以《人体构造四表》（*In Anatomen corporis humani, tabulae quatuor*）的名称于 1540 年首次出版。[23] 实际上，瓦赛将书籍的内容——涉及腹部、胸部、头与四肢——归功于他的老师，全书刚好超过 40 页对开纸，且页边留有大块空白。[24] 瓦赛解释道，本着与他老师相同的精神，他希望能将散落在诸多古人写作中的解剖学课题汇集在一起并制成概略，用表格的形式将它们呈现在读者的眼前，作为一条通往神圣著作《论身体各器官的功能》的路径（*via*）与方法（*methodus*）。[25] 瓦赛指出，解剖学的知识就像一面镜子，对于人们了解自身是不可或缺的。[26]

235

迪布瓦自己的解剖学教科书《希波克拉底与盖伦的生理学解剖篇导读》（*In Hippocratis et Galeni Physiologiae partem anatomicam Isagoge*）在他

---

[20] Dubois 1556，3–4。

[21] 出处同上。

[22] Fail 1585，114r，见于 Kellett 1961，103–104。关于日期，见 Nutton and Nutton 2004，367。

[23] 关于瓦塞，见 Crummer and Saunders 1939。

[24] Vassé 1541，Aiiir。我使用的是初版的第三次发行本（1541 年）；Crummer and Saunders 1939，354。

[25] Vassé 1541，Aiiir。

[26] 出处同上。关于解剖学作为自我知识的主题，见 Carlino 1995 和 Schupbach 1982。

为自然书籍制图

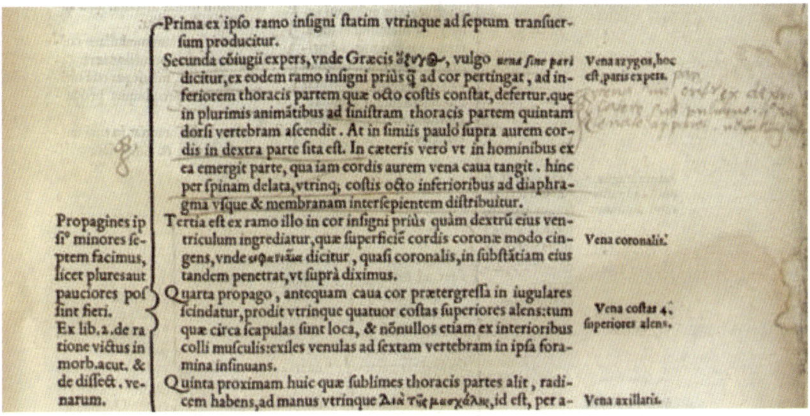
Propagines ipſi° minores ſeptem facimus, licet pluresaut pauciores poſſint fieri.
Ex lib.2.de ratione victus in morb.acut. & de diſſect. venarum.

Prima ex ipſo ramo inſigni ſtatim vtrinque ad ſeptum tranſuerſum producitur.

Secunda cõiugii expers, vnde Græcis ἄζυγος, vulgo *vena ſine pari* dicitur, ex eodem ramo inſigni priùs q̃ ad cor pertingat, ad inferiorem thoracis partem quæ octo coſtis conſtat, defertur, quę in plurimis animãtibus ad ſiniſtram thoracis partem quintam dorſi vertebram aſcendit. At in ſimiis pauló ſupra aurem cordis in dextra parte ſita eſt. In cæteris veró vt in hominibus ex ea emergit parte, qua iam cordis aurem vena caua tangit. hinc per ſpinam delata, vtrinq; coſtis octo inferioribus ad diaphragma vſque & membranam interſepientem diſtribuitur. — Vena azygos, hoc eſt, paris expers.

Tertia eſt ex ramo illo in cor inſigni priùs quàm dextrũ eius ventriculum ingrediatur, quæ ſuperficiẽ cordis coronæ modo cingens, vnde στεφανιαία dicitur, quaſi coronalis, in ſubſtãtiam eius tandem penetrat, vt ſuprà diximus. — Vena coronalis.

Quarta propago, antequam caua cor prætergreſſa in iugulares ſcindatur, prodit vtrinque quatuor coſtas ſuperiores alens: tum quæ circa ſcapulas ſunt loca, & nõnullos etiam ex interioribus colli muſculis: exiles venulas ad ſextam vertebram in ipſa foramina inſinuans. — Vena coſtas 4. ſuperiores alens.

Quinta proximam huic quæ ſublimes thoracis partes alit, radicem habens, ad manus vtrinque διὰ τῆς μασχάλης, id eſt, per a- — Vena axillaris.

图 11.3 对人体的表格式描述，其中奇静脉被形容为起自腔静脉与心耳接触的位置，然后一路下行至胸膈膜，两边各有八条肋间支流。托马斯·洛金在页边空白处指出，奇静脉的起点在腔静脉的右边，而不是左边。来自卢瓦斯·瓦赛，《人体构造四表》(1541)，15r，局部。剑桥大学图书馆，N*.3.17（B）。

过世后的 1555 年出版。此书的前言以提供了广泛的古代资源著称——这些资源表明，人类（以及动物）的身体大小不一，其体内各部位的数量、形状与位置也不相同。[27] 迪布瓦指出，从古人的骸骨和石棺可以判断，古人有着更高大的身材和惊人的绝技，能像克罗托的米罗（Milo of Croton）一样扛着一只活的母牛穿过竞技场，抑或有着狄俄墨得斯（Diomedes）那般的军事实力（《伊利亚特》，卷 5）。同时，迪布瓦还补充道，某些其他东西，例如女人的两手同利（希波克拉底《箴言》[*Aphorisms*]，7.43），对这些古人来说是不可能的。据《圣经》所述，古时候的人们寿命也更长。古代资料还证实，地区、气候或饮食都可导致变异。曾有过头部巨大且畸形的亚洲人（希波克拉底《空气、水和地方》[*Airs, Waters, and Places*]，14），以及因为高温而长着罗圈腿的埃塞俄比亚人（《论问题》[*Problemata*]，3.11）；怀孕期间摄取过多盐分可导致孩子出生后没有指甲（《动物史论》，7.4）；更年期的女性和卡里亚的一些女

[27] Dubois 1555a，1r–4v。

祭司有胡须和沙哑的嗓音（《动物史论》，3.11）。迪布瓦自然没有错过把那些"被自然玩弄的对象"（*ludibrilia naturae*）（例如老普林尼的《自然史》[7.2]中记载的生活在遥远土地上的那些只有一只眼睛、长着狗头或性别不明的畸形人）列举出来的机会。[28]同时期在英格兰暴发的汗热病则是另一个例子，证明了气候影响着人们对某些疾病的易感性。[29]

迪布瓦将他的教科书分成了三部分。第一部分讨论的是骨、软骨、韧带、脂肪与骨髓；第二卷探讨的是静脉、动脉、肌肉与肌腱；而第三卷则讲的是人体剩余的部分，即头部、胃部与主要器官。在第二卷中，迪布瓦通过制表的方式阐释道，根据盖伦一直以来的观察结果，奇静脉起自心脏的下方；他观察的身体有七块胸骨，而不是正常的三块，也就是说胸部更长。但在"我们的身体"中，由于我们有着较短的胸部，所以奇静脉的起点在心脏上方且或多或少在心包的内侧，它从人体的右侧向下延伸至第七肋间的位置，为两侧提供养分。[30]这个说法与维萨里对该静脉的起点与形状的描述大致一致。

于是根据迪布瓦的阐述，现代人体尺寸的缩小便有了一层解剖学上的隐含意义。这也是他整本书的意义所在：证明盖伦的描述与当代人体之间的不一致可以通过历史原因得以解释——人体发生了变化。无论人们是否把这份解释视作一个试图在解剖证据面前拯救盖伦权威的铤而走险的尝试而不予理会，正如西拉伊西所指出的那样，迪布瓦绝不是该时期唯一一个相信人体也有着悠久历史的人。[31]显而易见的是，迪布瓦并不相信图画能成为解决盖伦的描述与人体之间矛盾的有效手段。迪布瓦在大体上接受了维萨里对奇静脉的描述，或至少承认了盖伦的描述不符合

236

---

[28] 关于该时期的 *lusus naturae*，见 Findlen 1990。

[29] Dubois 1555a，3r。

[30] 出处同上，27r。

[31] Siraisi 2007，25–62。

当代人体，只是他的理由与维萨里的截然不同。[32]

迪布瓦在书的最后一个章节"论解剖程序"（De administratione anatomica）中阐释了如何选择用于解剖的人体，以及解剖的方法。[33]他声称，身体应该是适中的，即体格健美、中等尺寸、年轻且非常健康。但若是为了练习切割的话，任何身体都可以。纤细的身体能够更清晰地展示出静脉、动脉与神经，较胖的身体能够展现脂肪，较高或较矮的身体或可显示出尺寸对身体部位的影响。儿童的身体比较柔软，可能更容易切割，比较年长的人体虽有着比较难切割的粗糙皮肤，但他们有着发育完全的骨骼。迪布瓦建议，即使是有病的身体也应该解剖，这样能对死因有更多了解。[34]在解剖被处决的罪犯的身体时，一具淹死的身体会比被绞死或砍了头的身体更可取，因为溺水仍能完好地保留住所有的器官。[35]可见，尽管迪布瓦称适中、健美、中等尺寸的人体最为理想，但他仍在文本中论及了其他可能得到的人体，并且解释了其对解剖研究的目的有着何种利用价值。为了学生着想，他还补充了一张列表，上面列出了他本人所观察到的变异。[36]所以，他对人体存在变异的强调并不只是用来守护盖伦权威的一个专属借口，也是一个与他的学生们或许会在解剖厅里遇到的身体类型相关的重要论点。

关于解剖程序，迪布瓦再次重申了他之前的观点，触碰与观察比听或阅读重要得多。[37]值得一提的是，就算是像血管这样极为精细且很难看到的结构，他仍鼓励学生用双手、手指或指甲去追踪它们的路线，并在一定的间隔处对其进行绑扎，避免因意外穿孔引起的溢血。迪布瓦甚至还对器具的使用提出了建议：用铁、铅或植物纤维制成的细丝能穿过血管解

---

[32] 瓦塞在 1543 年之后的版本补充称，奇静脉的位置会因为人体胸腔的缩短而发生变化（例如 Vassé 1553，17r）。

[33] Dubois 1555a，57r。

[34] 出处同上。

[35] 出处同上。

[36] 出处同上，60r–65v。

[37] 出处同上，58r。

剖静脉和动脉。人们还可以用某种管子或秸秆对这些血管吹气，把它们的分叉变得更显眼——迪布瓦在给血管注入有色液体时倾向于使用的方法。[38]在迪布瓦敦促学生们使用双手的同时，维萨里可能正指着一幅图画。

认为迪布瓦的教科书避开了任何与人体有关的概括性言论是具有误导性的。他的确给出过从希波克拉底和盖伦的写作中归纳出的概括性描述，并用表格而非图画的方式进行了说明。他在书的最后一部分中向学生们道出了亲手应对畸变身体的方法。总而言之，迪布瓦接受了维萨里对奇静脉的描述，给出了盖伦的文本与之不同的历史原因，在书籍和解剖厅中皆避免了对图画的使用，并且坚持了学生们应该使用他们的双手的观点。

反对维萨里的奇静脉观点的欧斯塔基

巴尔托洛梅奥·欧斯塔基对维萨里包括奇静脉结构在内的解剖发现表示反对。1563 年，他发表了一部解剖学短篇论文集《解剖短论集》（*Opuscula anatomica*），且该作于 1564 年再度发行。在部分印本中的前 25 页包含有于 1552 年完成的八张铜版画，其中大部分描绘的是肾脏（图 11.4）。[39] 欧斯塔基说，还有更多的插图——共 47 幅，由皮尔·马泰奥·皮尼（Pier Matteo Pini）画，朱利奥·德穆西（Giulio de' Musi）刻——将被用于他期望能尽快出版的名为《论解剖争论与争议》（*De*

---

[38] Kellett 1961，112（Dubois 1555a，58r）。亦见图 11.2 里维萨里的工具中 "R" 处的芦苇。后来 Jan Swammerdam 和 Frederick Ruysch 实践了在血管中注入有色液体并用蜡来保存软组织的做法；见 Cook 2002，229–243。

[39] Belloni 1969，72。

dissensionibus ac controversiis anatomicis）的书中。[40] 就像其他在插图方面野心勃勃的书籍常常落入的境地一样，这本书没有在欧斯塔基生前出版，但从《短论集》里有关奇静脉的文本中，我们不难感受到这本策划中的书有挑起论战的意味：欧斯塔基先是在他的"声明"（syngramma）中引用了一段维萨里的描述，然后用"反对声明"（antigramma）进行了反击。[41]

由于维萨里对动物描述的频繁使用，欧斯塔基在《短论集》中对他的写作是否含有真实的人类描述表示质疑。[42] 欧斯塔基没有在指责维萨里时表现出抱负与嫉妒，而是提议用解剖观察对盖伦传授的奇静脉知识进行评估。[43] 他将自己定位为会依据解剖调查的实证结果，"真诚"地对争议议题进行判断的人，不会盲从非理性的感官或固执任性的解释。欧斯塔基辩称，他已经确定奇静脉起自心脏的下方，与盖伦教授的完全一致。[44] 我们预想他会和维萨里遇到同样的问题，即如何证明他的观点是正确的那个，而另一个不是。欧斯塔基的办法是结合解剖体验，对他所看到的进行描述——奇静脉起自腔静脉的下后方，稍向右偏离中心，"除非你移走肺的右半边并向左看向心脏与腔静脉，不然你不会看到奇静脉的起点，它并非像维萨里所描述的那样起自腔静脉的右侧"。[45] 所以此番论证的焦点在于，如果读者解剖了一具身体，这就会是他们的体验，于是便能证明维萨里是错误的。这不是对解剖学学生未来经历的简单预测，而是那些了解蒙迪诺的《解剖学》（*Anatomia*）或盖伦的《论解剖程

239

---

⑩ Eustachi 1564，*2r–v。Carlino 1999b，211–212。这些图版被遗赠给皮尼，又被教皇克雷芒七世以六百 scudi（19 世纪以前的意大利银币单位。——中译者注）的价格买下。克雷芒后将它们展示给他的医师，欧斯塔基在萨皮恩扎的接班人 Giovanni Maria Lancisi。Lancisi 在 1714 年的版本中为图版补充了自己的文本。*DSB* 4：486–487。关于文本，见 Belloni 1981。

㊶ *DSB* 4：486–488。

㊷ Eustachi 1564，265。

㊸ 出处同上。

㊹ 出处同上，276。

㊺ 出处同上，267。这段描述在解剖学上是正确的。

第十一章　文本、图像、身体与书籍

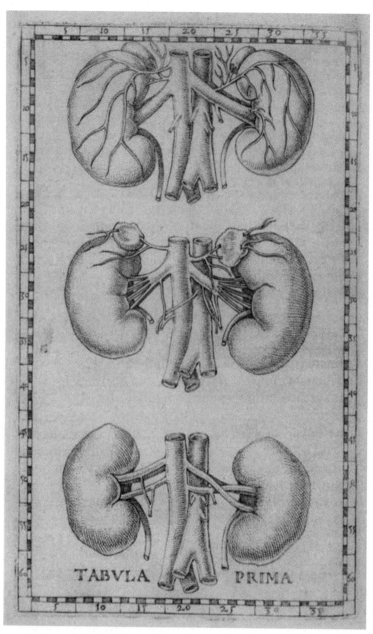

图 11.4　置于坐标系内的肾脏图。来自巴尔托洛梅奥·欧斯塔基，《解剖短论集》（1564），示意图 1。欧斯塔基建议用尺子给文本指定的点定位。剑桥大学图书馆，K.9.37. 网格，16.3 cm × 9.9 cm。

序》的人会熟悉的一种权威性修辞形式。

　　几乎《短论集》中的所有图版展现的都是肾脏，但欧斯塔基在第四幅表格的上方收录了三个奇静脉图（图11.5）。他的图版被纵向与横向的刻度格环绕，这在托勒密地图时代屡见不鲜（例如图1.5及图3.8）。这些格子并不像地图那样代表着地球上的位置的坐标，而是一种用来标注图画中某一点的方式。欧斯塔基为读者如何找到具体的点提供了几条建议。例如，将一把标记与横向格的刻度相对应的铜尺，横置在纵向格的数值上，然后从尺的横向格读取的数值即代表了那个点。或者，读者可以使用一个跨度比书稍宽一些的铁制或木制的圆规，将两支规杆调至正确的角度并系紧；通过移动规杆到特定的纵向和横向数值，两杆相交之处即为所需的位置。[46]

　　图版对页上的文本先用坐标（纵向数值在先）标出了奇静脉的一般结构："奇静脉的顶端在6，3÷；7，16÷；7，29。""÷"代表的是二分之一。[47]格子让欧斯塔基得以在不同的例子中引导读者看向同一结构，但同时它还是一种保证比例的方式。故此，奇静脉的底端在第十胸椎附近，即（13，5）和（13½，18）的位置；但在第三幅图中，它的底端在第八根胸椎附近（11，30），"这是我们偶尔会看到的"。[48]此处的假设为，对奇静脉的描绘是按照它们之间的比例进行展现的：因此纵向数值（11或13）的差异对应了解剖与结构上的不同（第十或第八根椎骨）。

　　紧接着，欧斯塔基详述了三条奇静脉之间的不同点。在第一和第三幅图中，奇静脉的两条分支的终点与（下）腔静脉汇合的位置低于泄出静脉的起点——它们在第一幅图中的汇合点为（19½，3）及（18，6½），第三幅图中的为（20，28⅔）和（20，31½）。然而在中间的那

⑯ Eustachi 1564，1。请注意，科曼迪诺曾给过欧斯塔基一个比例圆规，Belloni 1969。
⑰ Eustachi 1564，13。关于"÷"代表二分之一，见 Cappelli 1999，407，415。
⑱ Eustachi 1564，13。

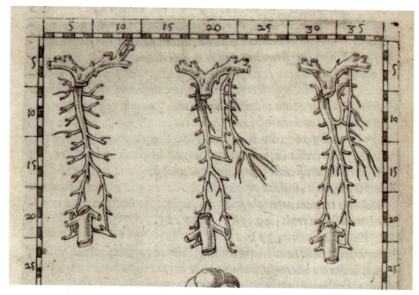

图 11.5　奇静脉的三个样本。来自巴尔托洛梅奥·欧斯塔基，《解剖短论集》(1564)，示意图 4，局部。欧斯塔基给出的格子坐标（纵向数值在先；"÷"代表二分之一）精确地瞄准了奇静脉在三幅示意图中的位置：6，3÷；7，16÷；7，29。剑桥大学图书馆，K.9.37。

幅图里，它们汇合在了（20，16¼）和（19，19½）的位置，左边（我们视角中的右边）的那条分支显示，它在形成精索静脉之前与泄出静脉进行了汇合。在第二幅图中，奇静脉的两条肋脉分支与一条从左颈静脉延伸下来的静脉汇合；第三幅图中，一条非常细小的起自左颈静脉的静脉与奇静脉的一条从第六间隔（8，30）分出并向上拱起的支脉进行了汇合。[49]

可见，欧斯塔基的奇静脉插图是个别静脉的示意图，有着各自的变形部分，且欧斯塔基用坐标系统指出了每一条静脉的常见结构与变形部分。这是因为欧斯塔基认为人体是易变的、无常的。[50] 格子系统使他能准

[49] Eustachi 1564，13。

[50] "Diversae renum formae in his tabulis depictae sunt, non quia omnes sint monstruosae, sed quia hominis natura in eis conformandis admodum inconstans ac varia est." Eustachi 1564，1。

确地在图版中指出他所讨论的位置，且无须在讨论个别变形部分（有一些是极为精细的结构）的时候用大量的符号把图版弄乱。

然而，这些插图与正文之间似乎存在着一条罅隙。欧斯塔基的短论中讨论奇静脉的部分并没有提及这些插图，伴随这些插图的描述也没有涉及正文。[51] 铜版画中的三条奇静脉皆起自腔静脉的背部，微微（无疑比维萨里图像中的更难以察觉）向人体的右侧拱起，这确实都与欧斯塔基正文中的描述相符，但欧斯塔基从未用这些插图来支撑他正文中的任何论证，或许因为三个样本对于一个相信身体结构易变的人来说，难以成为某种一般性论点的合格基础。有趣的是，欧斯塔基在短论中其他与肾脏有关的部分里对何为器官的典型结构进行了探讨，为此他还援引了"自然法则"的概念。[52]

由此可见，欧斯塔基的书是对维萨里的写作的回应，尽管欧斯塔基企图保卫盖伦的权威，但他先是借助了解剖经验对人体结构进行描述，然后再将其与古人的描述进行比较。维萨里的作品可以说为欧斯塔基进一步的解剖调研设定了议程，后者在质疑维萨里的同时，仍使用了维萨里本人提倡的一手解剖法。而欧斯塔基没有接受的是维萨里对理想化人体图像的使用。欧斯塔基的图像坚决记录个别案例，图中的格子系统让他能够在不同案例中高效地引导读者浏览变形和普遍的特征。但他没有援引这些例证来支持自己正文中的论点，抑或他对一般的"自然法则"的想法。虽然没有一个器官被描绘成理想化或一般化的研究对象，也没有一个样本被指定为所有其他例子的检验标准，但是欧斯塔基感到个别器官仍能在某些方面体现出自然的一般规律。[53]

综上所述，欧斯塔基根据自身的解剖经验——一个维萨里认可的研

---

[51] Eustachi 1564, 261–311。

[52] 例如 Eustachi 1564, 51。

[53] 参见"典型"（typical）样本和"模式标本"（type specimens）之间的区别。Daston and Galison 2007, 111–113。

究方法——对维萨里的奇静脉描述表示异议。欧斯塔基在他的书中使用了图像，但与维萨里的方式不同；铜版画反映了他对个别器官能够体现一般的自然法则的信心，他也因此回避了对规范结构的可视化。

费利克斯·普拉特：经典化与制表

费利克斯·普拉特在他的《人体的构造和功能》（1583 年）中大方地承认，他书中的图像复制自维萨里的作品：在普拉特的心中，没有人的解剖插图比维萨里的更好、更准确。普拉特甚至还在机会降临时，考虑过从维萨里的后裔手中购买他的木版，可若是想要使用这些木版，书就需要够大，于是便对学生无益了。所以与其如此，普拉特选择复制并缩小了维萨里的图像。[54] 他还向读者声明，图画中部分字母缺失或次序混乱的状况并非意外，而是他仔细斟酌后的结果，因为他试图在将维萨里的多幅图像合并为一幅插图的同时，保留维萨里原始的字母标识。[55] 普拉特还解释道，保留维萨里的字母标识，能够使读者直接对普拉特图画中的部位与维萨里原图中的进行比较。[56] 这相当于把维萨里的图像当成了用来衡量普拉特自己图像的一座标杆——一种经典化（图 11.6）。[57]

普拉特的书籍由三部分组成：两部分文本各分一卷，另一卷则是图像。文本的特征为它拥有大量的二分法表格，普拉特认为这是教授"哲学综合"（philosophical synthesis）（第一卷）以及"解剖分析"（anatomical analysis）（第二卷）的最佳形式。[58] 尽管在彼得吕斯·拉米斯（Petrus Ramus，1515—1572 年）的年代以前，二分法就已经远近闻名，并被广泛应用于医

---

[54] Platter 1583，3：［2］r。

[55] 出处同上。

[56] 出处同上。

[57] 1555 年版的维萨里版画的图解符号的改良版，见 Cushing 1943，图 64。

[58] Platter 1583，1：α2v。

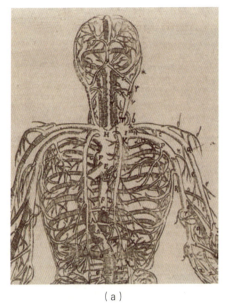
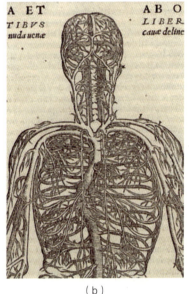

（a）　　　　　　　　　　　（b）

图 11.6　在费利克斯·普拉特的蚀刻版画（a）中，星号标记了在耳后穿行的面部静脉，YVT 指的是外颈静脉，H 指的是靠近喉咙的凹陷静脉（腔静脉）的部分，FF 标记的是起自腔静脉右侧并一路下行至第二节腰椎右侧的奇静脉，GG 标示的是奇静脉的分支，而θ是延伸至右肾的大静脉。将其与维萨里的木版画（b）进行对比后可以看出，普拉特确实使用了与维萨里相同的字母，然而，这还突显了在维萨里的版画中找到图解字母十分不易，他的同代人也普遍表达出了相同的怨言。来自费利克斯·普拉特，《人体的构造和功能》（1583），示意图 31，局部，伦敦惠康图书馆；安德烈·维萨里，《人体的构造》，[368]，局部，剑桥大学图书馆，K.7.3。

学及法律文献，但是拉米斯赋予了它们特殊的哲学意义。[59] 拉米斯通过对辩证法的改革，设法建立一种能使人类掌握任何艺术或知识分支的单一方法。这种方法的背后，是拉米斯对它与世界结构和心智能力完全契合的信念。[60] 学会这种方法的关键在于"练习"（*usus* 或 *exercitio*），因为知识原理是通过对它们的成功使用与应用得到验证的。[61] 在这种练习中，"分

---

⑤⑨　Maclean 2001b；拉米斯式表格，见 Siegel 2009，64–73。

⑥⓪　我在此处遵循的是 Goulding 2006，63–68；及 Bruyère 1984，219–222。

⑥①　Ong 2004，264。

析"与"综合"是必不可少的。"分析"是通过连续二分将已组建而成的进行分解的过程，人们可以以此方式充分了解知识的各个部分。而充分的整体知识是通过将各部分整合到一起的方式获得的，即"综合"。拉米斯于1568 年至 1569 年间来到巴塞尔访问，不过他的教学法对于大学的影响直到 16 世纪末、17 世纪初才初有成效。[62] 可普拉特着实中了拉米斯的魔咒。[63]

　　普拉特的第一卷就与"哲学综合"的概念相吻合，他阐述了人体是如何由骨骼、肌肉、脏器、血管、软骨、韧带、膜、皮肤及脂肪等普通部分组成的。[64] 根据普拉特的设定，二分法在这一部分中是依照功能进行推进的，这使得它在某种意义上是"哲学的"，因为它对各个部位为何被设计成特定的样子做出了解释。这些部位先被划分为构成身体主体（骨头、肌肉、内脏）的主要部位，以及服务于主要部位的次要部位。次要部位又被进一步分为，恰当地为主要部位提供了服务的那些——携带了别的东西（血管）或补全了主要部分（软骨和膜），以及服务不当的部分，譬如增加了脂肪。血管被分成服务全身与服务特定部位的两种；前者又被分为充盈的血管，即神经，以及中空的血管，即静脉与动脉。静脉被视为既服务全身，又服务特定部位，其中服务了全身的两种有：腔静脉与肝门静脉。腔静脉被分为位于横膈膜上方和下方的两部分（图 11.7），此外，横膈膜上方的腔静脉又被分成锁骨下面和上面的部分，而锁骨下面的腔静脉又再被分为低于和高于心脏底部的两部分。在普拉特的描述中，奇静脉起自心脏上方的腔静脉，于人体右侧一路向下滋养胸部。普拉特还于此时请读者参考示意图 31（图 11.6）中的"FF"处与示意图 33（图 11.8）中的"o"处。[65]

---

[62] 拉米斯在巴塞尔的时期，见 Bietenholz 1971，153–163 和 Meerhoff 2004，100–103；他后期在巴塞尔大学的影响，见 Rother 2001，25–32；他更广泛的影响，见 Freedman 1993 和现今的 Hotson 2007。

[63]（老）特奥多尔·茨温格亦然，见 Blair 2005 和 Siegel 2009，69–82。

[64] Platter 1583，1：1。

[65] 出处同上，1：112。

　　　　　　　　　　　　　　　　　　　　　为自然书籍制图

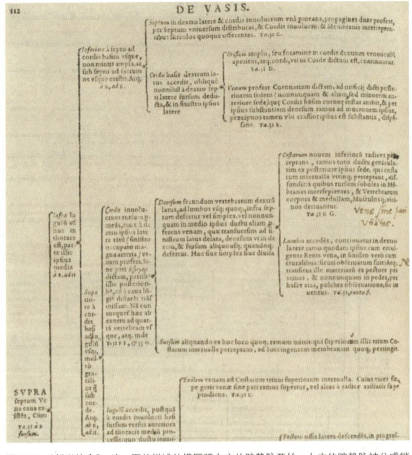

图 11.7 "哲学综合"。这一页的描述从横膈膜上方的腔静脉开始，上方的腔静脉被分成锁骨下方与锁骨上方的两个部分（第一层）。锁骨下面的腔静脉又被分为低于心脏底部与高于心脏底部的两区（第二层）。心脏上方的腔静脉再被分为两部分，一部分上升至锁骨处，另一部分则生出奇静脉，下行至腔静脉右侧（因为左侧被大动脉占据）。在这第三层次中，普拉特请读者参考示意图 31 里的 FF 处（见图 11.6）与示意图 33 中的 o 处（见图 11.8）。描述继而称奇静脉分为下行与时而上行的不同分支，后者上升至最高的三根肋骨之间的区域。向下行进的奇静脉又进一步被分成了（在该页划分的最后一层中）抵达九根肋间静脉根部（由示意图 31 的 GG 处所示）或肾静脉（由示意图 31 的θ处所示）的两部分。来自费利克斯·普拉特，《人体的构造和功能》（1583），1：112，局部。伦敦惠康图书馆。

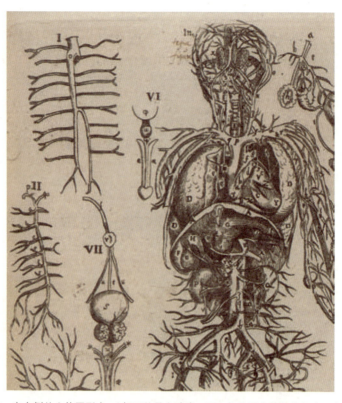

245 图 11.8 在右侧的人体图形中，f 标示的是主动脉，而 o 指的是奇静脉的起点，这一标记还出现在了左上方的图形 I 中。这一插图紧密地建立在维萨里的木版画的基础之上。来自费利克斯·普拉特，《人体的构造和功能》（1583），示意图 33，局部。伦敦惠康图书馆。

246　　　第二卷涉及的是人体中"复合"或具体的部位（例如腹、胸、头、四肢），它们由第一卷中详述的各种"简单"部位组成。此卷在讲解身体的各个部位时，按照解剖的顺序依次展开。[66]因此，第二卷先按照表面与体内把身体分成了两部分，体内的部分又进一步被分成身体与四肢。身体再被分成了躯干与头部；躯干又被分成了下半部分——胃，以及上半部分——胸。胸被分为包含在其内的器官以及构成了胸本身的其他部分，而胸本身则被分成了外部与内部两部分。胸的内部又被分为使其成

[66] Platter 1583，2：141。

形的部分，例如肌肉与骨，以及将其包住的部分，即膜。紧接着，膜又被描述为覆盖了整个胸的（即静脉与动脉）或部分胸的（即神经）。奇静脉与肋脉是覆盖并滋养了整个胸部的两条静脉（图 11.9），普拉特让读者参考了示意图 33（图 11.8）中的"o"。对于普拉特而言，第二卷是关于"解剖分析"的，因为它从表面开始向内发展，从大的部分讨论到小的部分，让读者以这样的方式去认识人体的各个部位。这一方法或许与以裸体像为起点的维萨里的《人体的构造之摘要》颇为类似，但有必要指出的是，在《人体的构造之摘要》中，人体的深度是通过翻动书页或制作多层人体模型的方式表达出来的，而普拉特的读者则是通过表格与文本上的划分，在同一页面上一步步跟着解剖的顺序阅读，直到他们读至一个特定的结构或器官才会被引向插图中的某个部分或细节。

伴随着文本的有一整卷独立的图像。由于解剖人体的机会相当难得，而人们在没有观察过人体本身时又很难在脑海中想象出文本中阐释的人体部位，所以普拉特说他用蚀刻图像将人体呈现了出来。[67] 他认为，在阅读文本的同时参考一本独立成卷的图像更为妥当，因为这样的话，读者就无须如此频繁地翻阅书页。他还确保了图解符号所对应的名称与说明被印刷在每幅图像的对页上，如此一来，读者便不用在研究图像的时候翻页。这很可能是对维萨里在《人体的构造》中让读者来回翻页的做法的一种回应。在普拉特的读者面前有两本书：一本为图像，而另一本是以二分法向前推进的文本。图像有两种解读方式，一种是人体如何组成，而另一种是如何解剖人体。指向图像局部或细节的文本比维萨里利用行间空白所做的标注要少得多，且普拉特的读者是在两本书的页面上移动视线，而非前后翻页。

普拉特声明，由于部分东西被舍去了，他的图像在首次阅览时可能晦涩难解。但他希望"通过使用和练习"，读者会对隐晦的部分更为熟

⑥⑦ Platter 1583，3：1r。

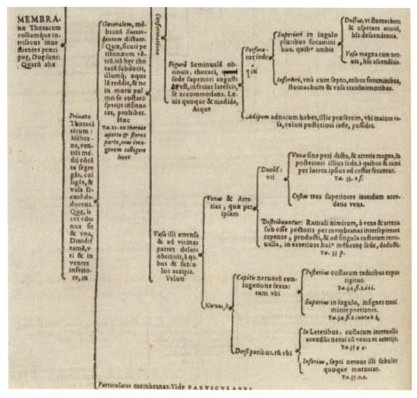

图 11.9 "解剖分析"。奇静脉与主动脉作为服务于覆盖了整个胸腔的膜的血管，被列在二分法表格的末端。图解符号有标示着奇静脉的 o 以及主动脉的 f，两者均可在示意图 33（见图 11.8）中被找到。来自费利克斯·普拉特，《人体的构造和功能》（1583），2：168. 局部。伦敦惠康图书馆。

悉。[68] 可是理解图像所需的"使用和练习"只能通过跟踪表格划分以及查阅图像的方式获得。因此，它与维萨里所规定的一样，是一种引导下的阅读，因为普拉特的读者不得不跟着表格的划分前进，才能理解某一特定结构或器官的位置与功能。尽管普拉特将维萨里的图像经典化了，但他建立了一种不同的图文关系——其中对于图像的理解依赖于两份不同的表格式文本，它们中既有"分析"又有"综合"，且都是对人体的全

---

[68] Platter 1583, 3：1r。

为自然书籍制图

面认识所必需的。普拉特希望能以此方式让读者在人体的功能和解剖结构这两个方面都有所认识。

迪布瓦、欧斯塔基和普拉特对维萨里描绘的奇静脉的反应，有益地为我们说明了他们接受或拒绝某种解剖学描述的不同原因（历史、解剖、权威），他们对图像使用的不同态度（例如无图、器官个例的图像、对维萨里图像的复制）以及他们的解剖书籍所带来的不同阅读体验（无图、格子系统、拉米斯式）。他们揭示了在16世纪学问精深的医师们的构想中，文本、图像与人体是以怎样不同的方式呈现在印刷书籍中的。

在第三部分中，我先是针对与放血疗法相关的人文主义争议，后又围绕《人体的构造》探讨了维萨里如何利用图画对解剖结构做出了一般性的论点。在这部他设法恢复、建立原始解剖学知识的代表性巨著中，维萨里的图画体现了规范的身体、目的论的方法以及裁决分歧的权威。这些图画结合文本，帮助维萨里在读者的体验中创造出了真实的（如他所见）在解剖大厅内极难遇到的规范人体结构。人文主义医师迪布瓦、欧斯塔基和普拉特的案例只是维萨里的同代人对这本书做出的万千反应中的三个例子，他们向我们展示了文本、图像与物体之间关系的可能。[69] 这几位作者中的每一位都对图画在他们书中的作用抱有不同的看法，因为他们对何种权威和方法能对人体解剖学知识的建立造成重大影响有不同的观念。与药用植物学一样，解剖学领域同样需要一手的经验与观察，它是一个图画扮演着多重角色的知识角逐场。

16世纪末，安德烈·迪洛朗斯（André du Laurens）很好地总结了解剖学的形势：解剖学共有两个分支，一个是"历史"的，而另一个 248
是"科学"的，对于完善这门艺术来说，两者缺一不可。无论是看图画、死人的尸体，还是已死或仍活着的动物，"历史"解剖学的特色是

---

[69] 关于约翰·凯厄斯与科尔纳瑞斯对维萨里的批判，见 Nutton 1988，118–120。

亲眼目睹（*autopsia*）或一手的检验。"科学"解剖学的特征为"教导"
（*doctrina*），它能够通过伟人的写作或亲自口述（*viva voce*）获得。[70]维
萨里通过图画，亲自在解剖厅里培养了目击者们对眼睛之所见的信仰；
他主张亲自解剖；他凭借自己的书籍，力图把这个学科变得"科学"。
16世纪的医师们深知经过选择、具有深刻见解（如希波克拉底的作品）
的记述相比无所不包的记录（例如修昔底德对雅典鼠疫的记录）更有价
值，[71]同样地，他们也明白想把解剖学变得"科学"，其所需的不仅仅是
亲眼目睹这么简单——书籍在解剖学领域"科学化"的进程中发挥了非
同小可的作用。

---

[70] "Anatomicam artem duobus modis comparari posse existimo, *autopsia*, seu inspectione et doctrina. Uterque modus ad artis perfectionem est necessarius, sed prior certior, posterior nobilior: ille *historicus*, hic *epistemonikos*, id est, *scientificus* dici potest. Inspectio vel est figurarum tantum, quae in chartis pingi solent, vel corporum, tum hominis, tum brutorum, hominis mortui tantum, brutorum et extinctorum, et viventium ad internos partium motus observandos. Doctrinam duobus modis, scriptis scilicet clarissimorum virorum et viva voce assequimur." Du Laurens 1600, 14。Wear 1983, 227–28亦论及此段落。关于口语交流在学习中的重要性，另见Waquet 2003。

[71] Siraisi 2007, 64。

后　记

16 世纪中叶，约于印刷术出现的一百年后，印刷书籍在欧洲已无处
不在。那时的印刷书籍已然成为医学学术研究的基础，以及有学问的医
师们发表他们的发现与论证的主要媒介。印刷书籍作为一件物质产品，
不是凭空出现来表达思想的。作者们需要克服并且驾驭那些支配书籍生
产的技术、资金和其他条件，才能使他们的见解得以出版。虽不充分，
但这些是把图画包含在与自然相关的学术书籍内所需的必要条件。或许
正是因为把图画安插在印刷书中需要耗费大量的精力与金钱，想要在书
中使用它们，背后须有坚定的认识论、本体论或学术上的理由。对偶
性、外在形式与规范人体的信仰是富克斯、格斯纳和维萨里的文艺复兴
项目下的有力支柱。相反的，为何像科尔纳瑞斯或迪布瓦这样同样拥有
古典倾向的医师，却不认可图画在恢复古代知识中的作用，其背后也有
着合理的理由。不过，拥有大学背景并且在他们的书中使用了图画的医
师们也有着其他原因驱使着他们的决定：就马蒂奥利来说，这是用来提
升权威的方式，抑或像欧斯塔基和普拉特那样，分别用图画来批判和经
典化维萨里。

　　值得注意的是，即使图画使用的背后有着坚定的智性理由，富克斯
这样的作者也未必会始终用单一的方式来使用它们，就像他对植物通志

的拉丁语评注虽对他而言可能是知识最重要的呈现形式，但他不认为这就是唯一的形式。通过缩减、翻译及重新排列，富克斯的通用知识得以根据更为本地化的需求与市场进行了调整，而该过程也转变了他的图像的功能。印刷商的复制实践也意味着富克斯在《植物史论》中运用图画的方式无法保持一成不变，因为他的图画被复制到了不同的书籍与研究之中。而维萨里的图像则面临着更多不同的命运。①

在受古典启发的拉丁语学术研究书籍中，富克斯、格斯纳与维萨里使用的图画却反映了作者从当时的争议中打磨而成且个人相信是最有效可靠的方法。这些方法皆享有同一个特征，即期望通过对植物或人体外在特征的研究，设法触及其本质上的某些东西。简单地将这些手段称为"观察法"无法公平合理地展现出它们被架构的方式——偶性的匹配、自然之象形文字的追踪，或规范目的论的建立。不仅如此，图画还可被当作一种对古代或现代分歧皆适用的裁决权威，意在说服读者信任每位作者所贡献的知识的正确性。因此，除了展现出作者在观察上的态度以外，图画所起到的作用要根本、广泛得多。

确实，在富克斯、格斯纳和维萨里使用图画的时候，尽管他们一贯坚持亲身经历的重要性，但图画从不曾是他们所观察的实际样本个例的精准描绘；这些作者极少使用那套将展现个别事物的同代"仿造品"图像称为真相的策略。相反，个体的瑕疵被忽略，变种被合并到一株植物之中；被视为无用的结构被默默放弃；罕见的小骨和肉眼不可能看到的静脉变得可见。这些图画所体现的是某种一般的或理想化的物体——超越了自然界中的个别实例并且可以用完整（*absolutus*）这个形容词描述的东西。即使当欧斯塔基——另一位拥有大学背景并且尊崇盖伦的医师——选择回避这种对于图绘的一般化，坚持描绘个别、独特的器官的时候，他将这每一个器官视为一种更普遍的自然法则的具象化，而格

---

① Cushing 1943，117–151，参见一座以维萨里的骨骼为模型的象牙雕塑"死亡圣神"（shrine of death），Seipel 2006，133–140。

子系统则为他指出个别器官之间的共同特征与变异之间的共同特征提供了可能。这些图画并非可有可无、放纵肆意的文本添加物，文本也无法自给自足，充当论证的唯一载体。文本与图画合作产生了一种有力的论证形式——将展示与说服一并包括在内的视觉论证。凭借这种视觉论证法，富克斯、格斯纳与维萨里立志要让他们的知识具备一般性与全面性。希望我已成功证明，他们是在依据各自的学术标准"科学化"自己的知识，而且图画是该过程中必不可少的组成部分。

这些医师对人们在印刷本中阅读他们的知识的想象，影响了他们排列文本、图像以及建立论证的方式。维萨里使用页内行与行之间的空白，指导读者在他的文本与版画之间来回查阅，以此方式来引导他们理解人体。换言之，他为在读者的脑海中塑造出一种对人体合理正确（就他而言）的认识时，把这本书当作了一个整体。普拉特复制了维萨里的图画，却未效仿其结合了文本与图像的整体结构。反而，他将文本和图像分置在不同卷中，建立表格式划分来引导读者通读文本，然后再将他们引向蚀刻版画中的个别人体部位。通过反复阅读这些划分项，读者逐渐在脑海中形成对人体的理解。像维萨里和普拉特这样的作者不单单是在书页上草草地记下他们的想法；他们还试图去塑造读者的体验与理解。书籍还影响了格斯纳的研究方法：一页页的图稿构成了一本未来的图书的"札记"，且上面布满了他所写的那些跨时间与空间的植物文字描述，以及他通过其他书籍得到的研究问题的答案。这种文字表达使得他的图画能够像书页一样被"阅读"。以上论点强调了一个事实：这些作品是作者企图在读者心中建立一个对植物学或解剖学的全面准确的认识，并且对书籍形式进行挖掘以实现他们的目标的学术项目。为数不多的阐述了如何能从图画中获得这种认识的人是格斯纳，他认为人们如若想要通过栩栩如生的图像领会某个"东西本身"或它的形式，则必须把视觉置于首位。

值得一提的是，我在本研究中探讨了其作品的 16 世纪拥有大学背景的医师——包括那些反对使用图像的人——持有许多共同的文化价值观，例如拉丁语与希腊语的重要性、古典著者的权威以及知识的等级体系。当对图画的使用引发争议时，受牵连的显然还有更多。确切地说，有关什么才是知识的正确形式的方法与假设立刻会遭到怀疑，且难以在图画层面上得到解决。正如我们在富克斯、埃格诺尔夫和科尔纳瑞斯之间，格斯纳与马蒂奥利之间，还有维萨里和欧斯塔基之间的争议中所看到的那样，有关知识问题的争论还导致了对个人的性格与道德品质的质问。这或许是在用一种迂回的方式向我们承认，人文主义的学问并非天生就是视觉的，也不必然需要某种常见的视觉体系。还有另一个要素也是如此：学者的阅读习惯。[②]

阅读附图书籍

16 世纪时，像托马斯·洛金（Thomas Lorkyn，1528—1591 年）这样有学问的医师可以接触到包括富克斯和维萨里精心打造的巨著在内的许多书籍。洛金于 1552 年在剑桥大学获取学士学位，1555 年得到硕士学位，1560 年被授予医学学位，1564 年成为剑桥大学的医学教授，他的岳父约翰·哈彻（John Hatcher）也曾任此职位。[③] 我们从洛金的遗产清册中得知，他逝世时共持有 588 册出版物，其中大部分仍藏于剑桥大学图书馆，且内含不同数量的由洛金本人留下的注释。[④] 洛金去世时的藏书中并没有富克斯的《植物史论》（1542 年），但他很可能保留了一本从哈彻那里继承的小开本的版本（在遗嘱查验时被估价为 12 便士）。[⑤] 洛金有一本 1558 年版马蒂奥利对迪奥科里斯《药物论》的评注，在遗嘱

---

② Jardine and Grafton 1990；Sherman 1995。
③ 关于他的生平经历，我遵循的是 Archbold 2004。
④ 遗产清册，见 Leedham-Green 1986；1：492—509；印本鉴定，见 Sayle 1921。
⑤ Leedham-Green 1986，no.258，1：501，未找到。

中被估价为 13 先令 4 芬尼（或 1 马克），与他那本维萨里的《人体的构造》的 1555 年修订版价值相同。[6]

洛金对这些医学文本的研究透露着一定程度的学究气。他把马蒂奥利于 1560 年代所作的评注版本和自己 1558 年版的印本相比较后，将前者的内容吸纳进了自己的版本。[7] 他还在印本中关于 *petasites* 的那一页上评论道，马蒂奥利认为富克斯所说的 *petasites* 即为 *tussilago major*，并且在有关 *tussilago* 的那一页上注明了它的效用。[8] 洛金注释的范围并不局限于文本。比如他曾为 *lens palustris* 的图画添了四片花瓣（图 E.1）——一个马蒂奥利没有展示的细节。这种图绘注释并非没有先例，马特斯·西尔瓦蒂克斯（Matthaeus Silvaticus）编纂的《医学百科全书》（*Pandectae medicinae*，1499 年）的一位细心读者就不仅对文本进行了评注，还频繁地在页边空白处添画了草图（图 E.2）。这本印本也曾归洛金所有，尽管这份证据可能略显不足，但我们仍应注意，阅读或标记的习惯或许也能通过书籍本身进行传播。[9]

洛金应该是通读过维萨里的《人体的构造》（1555 年）的，因为他的印本无论在文本、图像还是正误表上都布满了注释和标记。[10] 洛金在读完有关五具头骨的描述后，在拥有"自然"形状的那一具上作了标

255

---

[6] Leedham-Green 1986, nos. 3 和 20, 1：495。Cambridge University Library, N*.7.5（B）（马蒂奥利）和 N*1.1（A）（维萨里）。遗嘱查验的估价似乎是通过粗略的计算产生的：维萨里和马蒂奥利的两本双开本巨著分别有 824 页和 826 页，在三年之间相继出版；但就实物尺寸而言，马蒂奥利的书的用纸量可能比《人体的构造》（1555 年）少了三分之一。关于 1555 年和 1543 年版本的《人体的构造》之间的区别，见 Siraisi 1997b；亦见 O'Malley1964, 269-282。

[7] Cambridge University Library, N*.7.5（B）。在年份 1554 旁，洛金补充了 1565 和 1569 的年份。

[8] Mattioli 1558, 444, Cambridge University Library, N&.7.5（B）。

[9] 关于 Erasmus Reinhold 和 Jofrancus Offusius 将页边注释抄录至哥白尼的《天体运行论》，参见 Gingerich 2002, XIX-XXI。

[10] 另一本包括索引在内都被仔细阅读了的 1555 年版印本曾属于 Johann Thal（*Sylva Hercynia* 的作者，参阅 Cooper 2007, 55），如今为私人藏品。Thal 在每一页的顶部都增添了书与章的编号，这能使他更容易地跟随页内行间空白处的指示去查阅其他图像。

图 E.1　托马斯·洛金画的长有四片花瓣的 *lens palustris* 图。来自彼得罗·安德烈亚·马蒂奥利《评注》（1558 年），549，局部。剑桥大学图书馆，N*.7.5（B）。

图 E.2　在讨论植物 "linostosis"（*mercurialis*）的文本旁的页边空白处的一幅植物图画。这本西尔瓦蒂克斯的著作印本曾归托马斯·洛金所有，但页边空白处的注释（总结了 *mercurialis* 在软化胃部和缓解肠胃胀气方面的医用功效）不是他所留下的。马特斯·西尔瓦蒂克斯，《医学百科全书》（1499 年），112r。剑桥大学图书馆，inc.3.B.3.68［1602］。

记（见图 11.1），并按照书中讨论的顺序为其他几具拥有非自然形状的编了号。他还把全身的人体画像当作其他较小结构的图像的参考对象（图 E.3）。他所作的关于头骨的笔记以及其他图像的注释包含了其文本描述的要点，且起到了文本摘要或提示的作用。洛金在图像上标注的参考页码是维萨里没有提供的连结，可见他创建了一个属于他自己的前后穿插于整本书的交叉参考系统。在另一处（图 E.4），我们几乎能看到洛金正顺着维萨里对延髓背侧凹陷处的下半部分（我们所说的菱形窝）的描述（呈三角形且顶部形似芦苇笔笔尖）在思考，这是一个希罗菲卢斯和盖伦（《论解剖程序》，9.5）也曾提及的特征。在这一页上，洛金自己画了一幅笔尖图。⑪

洛金作了最多注释的印本是瓦赛的《人体构造四表》（1541 年）。⑫他好像是以两先令的价格购得此书的，但它到遗嘱查验时已贬值为 16 便士。⑬在该印本的空白页中，洛金用制表的方式对维萨里和迪布瓦的解剖学观念进行了延伸比较。他还记录了自己于 1564/1565 年与 1566/1567 年在剑桥大学实施的两场解剖的细节。⑭有趣的是，洛金在他的科隆博（Colombo）《论解剖》（De re anatomica）的印本中作了大量注释，不仅列出了科隆博对维萨里的种种批判，还举出了维萨里和迪布瓦之间的更多分歧。⑮然而，洛金似乎没有花多少精力把这些注释整合到他的《人体的构造》印本中，不过寥寥几条评论而已。⑯

洛金过世时，他的马蒂奥利和维萨里的书卷均被估价为每本 1 马

---

⑪ Vesalius 1555，766。亦参见 Galen 1999，图 26。洛金的其他草图，见 Vesalius 1555，43、69。

⑫ 该作品另一份布满评注的印本曾归一名巴塞尔的医学生所有，见 Kolb 1951，18–19。

⑬ Leedham–Green 1986，no.89，1：497。

⑭ Jones 1988。

⑮ Cambridge University Library，P*6.15（E），原价为 2 先令，但在遗嘱查验时被定价为 8 芬尼。Leedham–Green 1986，no.561，1：507。

⑯ 例如，科隆博视喉为骨头而不是软骨的评论可见于 Vesalius 1555，185。Cambridge University Library，N*.1.1（A）。

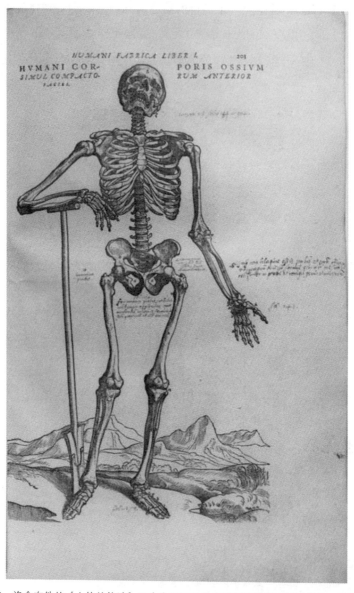

254　图 E.3　洛金在他的《人体的构造》印本中写下了他自己创建的关于展现其他人体结构的图像的交叉参考信息。例如在此人像的肩膀上方所写的"fol.184 and 304"指的是喉软骨和喉部肌肉的木版画，而"fol.141"和"fol.173"分别指的是手和脚的骨骼的图像。来自安德烈·维萨里，《人体的构造》(1555)，203。剑桥大学图书馆，N*.1.1（A）。

　　　　　　　　　　　　　　　　　　　　　　　　　　　为自然书籍制图

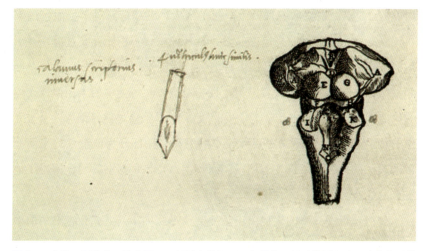

图 E.4　在这一图像中，洛金画了一幅笔尖的图画，与维萨里针对背侧延髓凹陷处的形状做出的类比相呼应——事实上这一类比可追溯至盖伦。来自安德烈·维萨里，《人体的构造》（1555），766。剑桥大学图书馆，N*.1.1（A）。

克，并非他藏书中最昂贵的。三卷本的《植物通志》（*Historia generalis plantarum*）的估价为 4 马克（53 先令 4 芬尼），而盖伦的《作品》是 3 英镑。[17] 在洛金的遗嘱清册中，6 便士足以购买任意一本以下书目的印本（大概率为二手书）：希波克拉底的《箴言》、迪布瓦的《如何制药》或《论发烧》（*De febribus*）、居伊·德肖利亚克的《手术》（*Chirurgia*）、科尔苏斯（Celsus）的《医学论题》（*De re medica*）、阿克图阿里乌斯（Actuarius）的《尿论》（*De urinis*）、茹贝尔（Joubert）的《论实用医学》（*Practica*）及布拉萨沃拉的《论药用物质》（*De medicamentis*）。[18] 因此，《人体的构造》（1555 年）的估价在 1590 年左右的剑桥是一本二手教科书均价的二十七倍，而瓦赛那本页边留有大幅空白的手册价格仅是

[17] Leedham-Green 1986, no.82, 1: 497 和 no. 4, 1: 495。洛金的《植物通志》印本未被找到；他带有评注的盖伦《作品》（1542 年）的印本在 Cambridge University Library，N*1.25–29（B）。

[18] Leedham-Green 1986, 1: 492–508；6 芬尼的价格和比洛金早一些过世的 Reignold Bridges 的老教科书的印本估价相一致。Leedham-Green 1986, 1: 485–492。

均价的 2.5 倍。富克斯曾评论维萨里的《人体的构造》对学生而言过于冗长复杂，而《人体的构造之摘要》与其他教科书相比又太过简练（于是他不出所料地给出了自己用于解剖学和解剖操作的教科书）。[19] 尽管维萨里频频在书中与新手读者对话，期望能启发尽可能多的人，但《人体的构造》显然不是一本受众为学生的教科书。[20] 洛金显然仔细通读了《人体的构造》。洛金的藏书中尺寸较小的书籍，一部分为他继承得来而非自己买来的，没有或极少有标记，而较大、较昂贵的书籍明显博得了他更多的注意力。

对洛金书中注释的采样突出了他阅读书籍的不同方式：把书中的内容与他在别处读到的东西进行整合，或标出其间的差异，概括文本的主旨，添加图像，创建自己的交叉参考体系，在书页上画画，为自己的阅读、理解与知识制表（图 E.5），记录自己的解剖过程。他没有依附于任何单一的阅读或研究书籍的方式，也没有追随任何一名权威。他的阅读习惯表明，无论一本书造成了多大的轰动，都不会改变或使这些博学的医师读者们从书中理解或接受论证的方式标准化，不管该论证是否是视觉上的，都是如此。当然，以上都是阅读所留下的痕迹，并非对图像本身的情绪或其他反应。[21]16 世纪的人们对于图像和视觉论证的地位或有效性未达成共识或许也不足为奇。

可见，该时期学识渊博的学者们对于在调研、认识自然的过程中使用图像，有着各种各样的不同立场。这种多样性将 16 世纪与其后的时期区分开来，正如达斯通和加利森于近期所说，后者可以说或多或少有着用"科学图解集"的方式去训练、使自然研究者的双眼标准化的共同

258

---

⑲ Fuchs 1551，8–9。
⑳ Vesalius 1998—，1: lvi。
㉑ Freedberg 1989 试图理解人们对图像的情感回应。印刷书籍的图像的这一方面鲜少被讨论，但请见关于印刷图像的毁损的讨论，Driver 2004，185–214。

为自然书籍制图

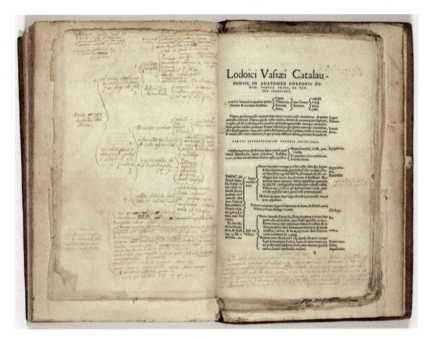

图 E.5　洛金在瓦赛的表格旁用制表的方式整理了自己的解剖知识。他先将自己对人体的探索分为两部分：其一为物质与形态的结合，其二为人体部位的功能、活动与作用。来自卢瓦斯·瓦赛，《人体构造四表》（1541 年），A［iv］v and Br，页面尺寸 29 cm × 19 cm。剑桥大学图书馆，N*.3.17（B）。

需求，超越被观察的细节、对事物进行概括的倾向也于之后被保留在了关于"自然真相"的范式中。[22]

　　我所探讨的案例皆来源于像望远镜和显微镜这样增强视力的仪器被引进之前的时期。如范·黑尔登所指出的，像望远镜这样的新仪器使得为天文学创建一门全新的"视觉语言"十分必要，确实，对读者日常接触不到的器具的使用，进一步增加了说服读者信任那些仪器，以及依靠它们得出的推论的可靠性的需求。[23]但这不意味着在引入这些仪器之前，

[22] Daston and Galison 2007，17–27。
[23] Van Helden 1996。亦见 Feldhay 1995。显微镜，见 Catherine Wilson 1995 和 Dennis 1989；Shapin 1984 是一部具有开创意义的作品，它着重强调了使用气泵的实验的强大说服力。

16 世纪的医师们展开视觉论证就会更简单或不那么必要，因为他们知道可供解剖的人体或称职的解剖学家并非总是存在，某些外来植物也不是他们的读者们所能获得并种植的。本书的主旨即展示这些 16 世纪的部分作者通过印刷书籍这一媒介来提升此类论证的巧妙方式。

当然，伽利略很快便会宣称自然的书籍是用数学的语言书写的。[24] 自然和宇宙的基本结构的许多其他模型也将拥护追随他的主张。将这一结构变得可见一直是科学界最重大的任务之一，而历史长河中关于这一任务的一大重要时刻可以在 16 世纪的书籍中被找到。[25] 富克斯、格斯纳和维萨里很可能是试图在与自然相关的印刷书籍中引入这种视觉科学论证的第一批作者。

---

[24] "哲学书写在宇宙这部巨作中，它永远接受我们的凝视。但我们若不掌握它的语言，不去阅读它创作所用的文字，我们便无法理解这本书。它是用数学语言写下的……" Galileo, *Assayer*（1623），英文版译文见 Drake 1957，237–238。

[25] 关于试图分析涉及不可见之物的现代科学中的图像用法的罕见尝试，见 Elkins 2008。

参考文献

文献缩写说明

ADB   *Allgemeine Deutsche Bibliographie.* 56 vols. Leipzig: Duncker and Humbolt, 1875-1912.

CoE   Bietenholz, Peter G. ed., *Contemporaries of Erasmus: A Biographical Register of the Renaissance and Reformation.* 3 vols. Toronto: University of Toronto Press, 1985—1987.

DSB   Gillispie, Charles Coulston, ed. *Dictionary of Scientific Biography.* 16 vols. New York: Scribner's, 1970—1980.

NDB   *Neue Deutsche Biographie.* 23 vols. Berlin: Duncker and Humbolt, 1953-.

原始资料：手稿

Basel, Universitätsbibliothek.
     MScr.K I.1.

Cambridge, Trinity College.
     MS O.1.57.
     MS R.17.3.

Erlangen-Nürnberg, University Library.
     Gessner, Conrad. "Historia plantarum." Ms 2386.

Norwich, Blickling Hall.
     Ms. "Icones ipsis plantis ad vivum expressae quoad fieri potuit nova quaedam arte excogitate ab ipso auctore." Italy, c. 1600, attributed to Fabio Colonna. 2 vols.

Vienna, Österreichische Nationalbibliothek.
     Fuchs, Leonhart. "Kräuterbuchhandschrift." *Codex* 11 117-111 125.

Tritonius, Vitus. "1536. Hunc collectaneorum librum iure empticio sibi vendicat Vitus Tritonius Athesinus." MS.11 195 (: med.119).

Weimar, Herzogin Anna Amalia Bibliothek.

Kentmann, Johannes and Theophilus. "Codex Kentmanus." Fol. 323.

原始资料：印刷品

[Cicero]. 1968. *Ad C. Herrenium. De ratione dicendi.* Translated by H. Caplan. Cambridge, MA: Harvard University Press.

Adam, Melchior. 1620. *Vitae Germanorum medicorum.* Heidelberg: J. G. Geyder, for heirs of J. Rosa.

Agricola, Rudolf. 1515. *Dialectica.* Louvain: D. Martens.

———. 1538. *De inventione dialectica libri tres cum scholiis Iohannis Matthaei Phrissemij.* Cologne: Ex off. E. Cervinorni.

Alberti, Leon Battista. 1988. *On the Art of Building in Ten Books.* Translated by J. Rykwert, N. Leach, and R. Tavernor. Cambridge, MA: MIT Press.

Aldrovandi, Ulisse. 1556. *Delle statue antiche che per tutta Roma.* Venice: G. Ziletti.

———.1599—1603. *Ornithologiae, hoc est de avibus historiae libri xii.* 3 vols. Bologna: F. de Franciscis Senensem.

Aristotle. 1984. *The Complete Works.* Edited by J. Barnes. 2 vols. Princeton, NJ: Princeton University Press.

Bauhin, Jean. 1591. *De plantis a divinis sanctisve nomen habentibus.* Basel: J. Waldkirch.

Beham, Lazarus. 1476. *Kalendarii duo.* Cologne: N. Götz.

Belon, Pierre. 1551. *De aquatilibus, libri duo, cum eiconibus ad vivam ipsorum effigiem, quoad eius fieri potuit, expressis.* Paris: C. Stephanus.

———. 1553. *De arboribus coniferis, resiniferis . . . cum earundem iconibus ad vivum expressis.* Paris: G. Cavellat.

Berengario, Jacopo, da Carpi. 1521. *Commentaria . . . super anatomia Mundini.* Bologna: H. de Benedictis.

———. 1959. *A Short Introduction to Anatomy: Isagoge Breves.* Translated by L. R. Lind, with anatomical notes by P. G. Roofe. Chicago: University of Chicago Press.

Berlinghieri, Francesco. 1482. *Geographia.* Florence: N. Laurentii.

Besler, Basilius. 1613. *Hortus Eystettensis.* Nuremberg.

Bible. 1538. *Les simulachres et historiees faces de la mort.* Lyon: M. and G. Trechsel.

Bible. 1539. *Historiarum Veteris Testamenti icones ad vivum expresae.* Lyon: M. and G. Trechsel.

Bible. 1542. *Imagines de morte et epigrammata.* Lyon: J. and F. Frellon.

Bock, Hieronymus. 1552. *De stirpium, . . . commentariorum libri tres.* Translated by David Kyber; edited by Conrad Gessner. Strasbourg: W. Rihel.

Boethius. 1847. *Opera.* Patrologia Latina 64. Paris: Migne.

Boissard, Jean Jacques, 1597. *Romanae urbis topographiae.* Frankfurt a. M: J. Saurius for T. de Bry.

Bonaveri, Domenico. 1670. *Notomie di Titiano.* [Bologna].

Bouelles, Charles de. 1542. *Livre singulier & utile, touchant l'art et practique de geometrie.* Paris: S. Colines.

Boussuet, François. 1558. *De natura aquatilium carmen . . . cum vivis eorum imagnibus [sic].* Lyon: M. Bonhomme.

Brissot, Pierre. 1525. *Apologetica disceptatio, qua docetur per quae loca sanguis mitti debeat in viscerum inflammationibus praesertim in pleuritide.* Paris: Ex off. S. Colines.

Brunfels, Otto. 1530—1536. *Herbarum vivae eicones ad naturae imitationem, summa cum diligentia et artificio effigiatae.* 3 vols. Strasbourg: J. Schott.

———. 1532. *Contrafayt Kreüterbuch.* Strasbourg: J. Schott.

———. 1535. *Annotationes . . . in quatuor Euangelia & Acta Apostolorum.* Strasbourg: G. V. Andlano.

Brunschwig, Hieronymus. 1497. *Das Buch der Cirurgia.* Strasbourg: J. Grüninger.

为自然书籍制图

————. 1911. *Das Buch der Cirurgia, Strassburg Johann Grüninger 1497*. Facsimile edition; edited by E. G. Klein. Munich: C. Kuhn.

Canani, Giovanni Battista. 1925. *Musculorum humani corporis picturata dissectio: (Ferrara 1541?)*. Facsimile edition; annotated by H. Cushing and E. C. Streeter. Florence: Lier.

Cardano, Girolamo. 1554. *De subtilitate*. Lyon: G. Rouillé.

Cennini, Cennino d'Andrea. 1960. *The Craftman's Handbook: The Italian "Il libro dell'arte."* Translated by D. V. Thompson Jr. New York: Dover. (Orig. pub. 1933.)

Colonna, Fabio. 1616. *Minus cognitarum rariorumque nostro coelo orientium stirpium Ekphrasis*. Rome: J. Mascardus.

Cordus, Valerius. 1561. *Annotationes in Pedacii Dioscorides Anazarbei de medica materia libros V*. Edited by C. Gessner. Strasbourg: J. Rihel.

Cornarius, Janus. 1529. *Epigrammata Graeca latine versa*. Basel: Ex. aed. J. Bebel.

————. 1545a. *Nitra ac brabyla, pro vulpecula excoriata asservanda*. Frankfurt a. M.: C. Egenolff.

————. 1545b. *Vulpecula excoriata*. Frankfurt a. M.: C. Egenolff.

————. 1546. *Vulpeculae catastrophe*. Frankfurt a. M.: C. Egenolff.

————. 1567. *Medicae artis principes post Hippocratem et Galenum, Graeci latinitate donati*. Paris: H. Stephanus.

Corti, Matteo. 1532. *Questio de pleuritide*. Lyon: A. Blanchard for B. Trot.

————. 1538. *De uenœ sectione*. Lyon: S. Gryphe.

Cube, Johann von. *Kreutterbuch*. Edited by E. Rösslin. Frankfurt a. M.: C. Egenolff, 1533.

Dalechamps, Jacques. 1586—1587. *Historia generalis plantarum*. 2 vols. Lyon: G. Rouillé.

Danti, Vincenzo. 1567. *Il primo libro del trattato delle perfette proporzioni di tutte le cose che imitare e ritrarre si possano con l'arte del disegno*. Florence: [Con i tipi del Torrentino].

De Bèze, Thédore. 1580. *Icones, id est verae imagines virorum doctrina simul et pietate illustrium*. Geneva: J. de Laon.

Dioscorides. 1543. *De medicinali materia libri sex*. Translated by J. Ruell; edited by W. H. Ryff. Frankfurt a. M.: C. Egenolff.

————. 1557. *De materia medica libri V*. Edited, with commentary, by J. Cornarius. Basel: H. Froben and N. Episcopius.

————. 1565. *De curationibus morborum*. Strasbourg: J. Rihel, 1565.

————. 1829—1830. *De materia medica libri quinque*. Edited by Curtius Sprengel. 2 vols. Leipzig: In off. C. Cnoblochii.

————. 2005. *De materia medica*. Translated by Lily W. Beck. Hildesheim: Olms-Weidmann.

Dodart, Denis. 1676. *Mémoires pour servir à l'histoire des plantes*. Paris: S. Mabre-Cramoisy.

Dodoens, Rembert. 1552. *De frugum historia liber unus*. Antwerp: C. Plantin.

————. 1554. *Cruydeboeck*. Antwerp: J. van der Loë.

————. 1557. *Histoire des plantes*. Antwerp: J. van der Loë.

————. 1566. *Frumentorum, leguminum, palustrium et aquatilium herbarum . . . historia*. Antwerp: Ex. off. C. Plantini.

————. 1616. *Stirpium historiae pemptades sex*. Antwerp: Balthasar I and Jan II Moretus.

Dorsten, Theodore. 1540. *Botanicon*. Frankfurt: C. Egenolff.

Dryander, Johannes. 1536. *Anatomia capitis humani in Marpurgensi academia superiori anno publice exhibita*. Marburg: Ex off. E. Cervicorni.

Dryvere, Jérémie de. 1532. *De missione sanguinis in pleuritide*. Louvain: Ex. off. R. Rescij, for R. and B. Gravius.

Du Laurens, André. 1600. *Historia anatomica humani corporis et singularum eius partium multis controuersijs & obseruationibus novis illustrata*. Paris: M. Orry.

Dubois, Jacques. 1539a. *Methodus sex librorum Galeni in differentiis et causis morborum et symptomatum in tabellis sex ordine suo coniecta paulo fusius*. Paris: C. Wechel.

————. 1539b. *Ordo et ordinis ratio in legendis Hippocratis et Galeni libris*. Paris: C. Wechel.

————. 1555a. *In Hippocratis et Galeni physiologiae partem anatomicam isagoge*. Paris: I. Hulpeau.

————. 1555b. *Vaesani cuiusdam calumniarum in Hippocratis Galenique rem anatomicam depulsio*, in Renatus Henerus, *Adversus Jacobi Sylvii depulsionum anatomicarum calumnias, pro Andrea Vesalio Apologia*. [Venice?]

————. 1556. *Commentarius in Claudij Galeni de ossibus ad Tyrones.* Paris: P. Drouart.

Durante, Castore. 1585. *Herbario nuovo.* Rome: B. Bonfadino & T. Diani.

Dürer, Albrecht. 1956—1969.*Dürer, schriftlicher Nachlass.* 3 vols. Edited by H. Rupprich. Berlin: Deutscher Verein für Kunstwissenschaft.

Egenolff, Christian. 1544. *Adversum illiberales Leonhart Fuchsii, Medici Tubingensis, calumnias.* Frankfurt a. M.: C. Egenolff.

Erasmus, Desiderius. 1974—. *Collected Works.* Toronto: University of Toronto Press.

————. 1992. *Opus epistolarum.* 12 vols. Edited by P. S. Allen. Oxford: Clarendon. (Orig. pub. 1906—1958.)

Estienne, Charles. 1545. *De dissectione partium corporis humani libri tres, una cum figuris et incisionum declarationibus, a Stephano Riverio Chirurgo compositis.* Paris: S. Colines.

Euclid. 1482. *Elementa.* Venice: E. Ratdolt.

————. 1570. *Elements.* Translated by H. Billingsley; commentary by J. Dee. London: J. Day.

————. 1572. *Elementorum Libri XV.* Commentary by Francesco Commandino. Pesaro: C. Francischinus.

Eustachi, Bartolomeo. 1564. *Opuscula anatomica.* Venice: V. Luchinus.

Fail, Noel du. 1585. *Les contes et discours d'Eutrapel.* Rennes: N. Glamet.

Fridolin, Stephan. 1491. *Schatzbehalter der wahren Reichtümer des Heils.* Nuremberg: A. Koberger.

Friedländer, E., and C. Malagola. 1887. *Acta Nationis Germanicae: Universitatis Bononiensis ex archetypis tabularii Malvezziani.* Berlin: G. Reimer.

Fuchs, Leonhart. 1530. *Errata recentiorum medicorum. LX numero, adjectis eorundem confutationibus in studiosorum gratiam, iam primum aedita.* Hagenau: J. Secer.

————. 1532. *Hippocratis medicorum omnium longe principis Epidemiorum liber sextus.* Hagenau: J. Secer.

————. 1534. *Apologia contra Hieremiam Thriverum Brachelium.* Hanau: P. Brubach.

————. 1535. *Paradoxorum medicinae libri tres.* Basel: J. Bebel.

————. 1538. *Apologiae Tres, cum aliquot paradoxorum explicationibus.* Basel: R. Winter.

————. 1539. *De medendi methodo libri quatuor.* Paris: C. Neobarius.

————. 1540. *Publici libri IIII, difficilium aliquot quaestionum, et hodie passim controversarum explicationes continentes.* Basel: In off. R. Winter.

————. 1542. *De historia stirpium commentarii insignes: Maximis impensis et uigiliis elaborati, adiectis earundem uiuis plusquam quingentis imaginibus, nunquam antea ad naturœ imitationem artificiosius effictis & expressis.* Basel: In off. Isengriana.

————. 1543a. *De historia stirpium commentarii insignes.* Paris: J. Gazelle.

————. 1543b. *NewKreüterbuch, in welchem nit allein die gantz histori, das ist, namen, gestalt, statt und zeit der wachsung, natur, krafft und würckung, des meysten theyls der Kreüter so in Teütschen und andern Landen wachsen . . . beschriben.* Basel: M. Isengrin.

————. 1544. *Apologia Leonharti Fuchsii medici, qua refellit malitiosas Gualtheri Ryffi veteratoris pessimi reprehensiones.* Basel: M. Isengrin.

————. 1545a. *Adversus mendaces et Christiano homine indignas, Christian Egenolphi typographi Francofortani, suique architecti calumnias.* Basel: E. Xylotectus.

————. 1545b. *Cornarrius furens.* Basel: [E. Xylotectus].

————. 1545c. *Läbliche [sic] Abbildung und Contrafaytung aller Kreüter . . . in ein kleinere Form auff das aller artlichest gezogen.* Basel: M. Isengrin.

————. 1545d. *Primi de stirpium historia commentariorum tomi vivae imagines, in exiguam angustioremque formam contractae.* Basel: M. Isengrin.

————. 1550. *Methodus seu ratio compendiaria cognoscendi veram solidamque medicinam.* Paris: J. Dupuys.

————. 1551. *De humani corporis fabrica epitomes.* Lyon: J. Frellon.

————. 1552. *Plantarum effigies e Leonarto Fuchsio ac quinque diversis linguis redditae.* Lyon: B. Arnoullet.

————. 1555. *De historia stirpium commentarii insignes.* Lyon: J. de Tournes and G. Gazeau.

Galen, Claudius. 1518. *De sectis medicorum.* Translated by G. Valla. Paris: In off. H. Stephani.

为自然书籍制图

———. 1527. *De temperamentis libri tres*. Translated by T. Linacre. [Paris]: S. Silvius for H. Denis.

———. 1528. *Introductio seu medicus: De sectis ad medicinae candidatos opusculum.* Translated by J. Guinther. Paris: S. Colines.

———. 1534. *De Hippocratis et Platonis placitis opus eruditum.* Translated by J. Guinther. Paris: S. Colines.

———. 1535. *De ossibus*. Translated by Ferdinando Balamio. Paris: C. Wechel.

———. 1542. *Opera*. 10 vols. Basel: H. Froben and N. Episcopius.

———. 1548. *De ossibus*. Translated by Ferdinando Balamio. Paris: C. Wechel.

———. 1551a. *De anatomicis administrationibus, libri ix*. Lyon: G. Rouillé.

———. 1551b. *De ratione curandi ad Glauconem libri ii*. Translated by M. Acakia. Lyon: G. Rouillé.

———. 1562. *Opera*. Basel: J. Froben & N. Episcopius.

———. 1968. *On the Usefulness of the Parts of the Body*. 2 vols. Translated by M. T. May. Ithaca, NY: Cornell University Press.

———. 1985. *Three Treatises on the Nature of Science*. Translated by R. Walzer and M. Frede. Indianapolis: Hackett.

———. 1997. *Selected Works*. Translated by P. N. Singer. Oxford: Oxford University Press.

———. 1999. *On Anatomical Procedures*. Translated by C. Singer. Oxford: Oxford University Press. (Orig. pub. 1956.)

Gerbelius, Nicolaus. 1545. *In descriptionem Graeciae Sophiani praefatio*. Basel: J. Oporinus.

Gersdorff, Hans von. 1517. *Feldtbuch der Wundartzney*. Strasbourg: J. Schott.

———. 1528. *Feldtbuch der Wundartzney*. Strasbourg: J. Schott.

———. 1967. *Feldbuch der Wundartzney*. Facsimile of 1517 edition published in Strasbourg by J. Schott. Darmstadt: Wissenschaftliche Buchgesellschaft.

Gessner, Conrad. 1542. *Catalogus plantarum*. Zurich: C. Froschauer.

———. 1548—1549. *Pandectarum sive partitionum universalium libri xxi*. Zurich: C. Froschauer.

———. 1551—1558. *Historia animalium*. 4 vols. Zurich: C. Froschauer.

———. 1555. *De raris et admirandis herbis*. Zurich: A. and J. Gessner.

———. 1560. *Icones animalium*. Zurich: C. Froschauer.

———. 1565. *De rerum fossilium, lapidum et gemmarum maxime, figuris et similitudinibus liber*. Zurich: J. Gesner.

———. 1577. *Epistolarum medicinalium . . . libri III*. Edited by C. Wolph. Zurich: C. Froschauer.

———. 1584. *Epistolarum medicinalium . . . liber quartus*. Wittenberg: Ex off. S. Gronenbergij.

———. 1751—1771. *Opera botanica*. 2 vols. Edited by Casmir Christoph Schmidel. Nuremberg: Fleischmann for I. M. Seligmann.

———. 1937. *On the Admiration of Mountains*. Translated by H. B. D. Soule. San Francisco: Grabhorn.

———. 1972—1980. *Historia plantarum. Faksimilieausgabe. Aquarelle aus dem botanischen Nachlass von Conrad Gessner (1516—1565) in der Universitätsbibliothek Erlangen*. 8 vols. Edited by Heinrich Zoller, Martin Steinmann, and Karl Schmid. Zurich: Urs Graf.

———. 1987—1991. *Historia plantarum: Gesamtausgabe*. 2 vols. Dietikon-Zurich: Urs Graf.

Giovanni Scandianese, di Tito. 1556. *I quattro libri della caccia*. Venice: G. Giolito de Ferrari and Fratelli.

Goltzius, Hubertus. 1557. *Vivae omnium fere imperatorum imagines a C. Iulio Caes. usque ad Carolum V et Ferdinandum eius fratrem*. Antwerp: G. Coppens van Diest.

Guillim, John. 1679. *A Display of Heraldrie*. London: S. Roycroft for R. Blome.

Guinther, Johannes, von Andernach. 1536. *Anatomicarum institutionum secundum Galeni sententiam . . . libri quatuor*. Paris: S. Colines.

———. 1538. *Anatomicarum institutionum ex Galeni sententia libri IIII*. Venice: B. Bernardini.

———. 1539. *Anatomicarum institutionum ex Galeni sententia libri IIII . . . . His accesserunt Theophili Protospatarii de corporis humani fabrica libri v. J. P. Crasso interprete*. Basel: In off. R. Winteri.

Harrison, William. 1968. *The Description of England*. Edited by Georges Edelen. Ithaca, NY: Cornell University Press.

Henry de Mondeville. 1892. *Die Chirurgie des Heinrich von Mondeville*. Edited by Julius Leopold Pagel. Berlin: August Hirschwald.

Herbarum imagines vivae: Der Kreuter lebliche contrafaytung. 1535. Frankfurt: C. Egenolff.

Heseler, Baldasar. 1959. *Andreas Vesalius' First Public Anatomy at Bologna 1540: An Eyewitness Report*. Translated by Ruben Eriksson. Uppsala: Almqvist & Wiksells.

Hippocrates. 1538. *De ratione victus in morbis acutis*. Venice: In off. Benardini.

———. 1539. *Liber de somniis*. Edited by J. C. Scaliger. Lyon: S. Gryphe.

Hock, Wendelin. 1514. *Mentagra, sive tractatus de causis praeservativis regimine et cura morbi Gallici, vulgo Malafrancosem*. Strasbourg: J. Schott.

Holbein, Hans the Younger. 1538. *Icones historiarum veteris testamenti. Ad vivum expressae, extremaque diligentia emendationes*. Lyon: J. Frellon.

Hortus sanitatis. 1491. Mainz: Jacob Meydenbach.

Hug, Johannes. 1504. *Der heiligen Kirchen und des Römischen Reichs Wagen*. Strasbourg: J. Grüninger.

Ibn Butlan. 1531. *Tacuini sanitatis Elluchasem Elimathar*. Strasbourg: J. Schott.

Isidore of Seville. 2006. *The Etymologies*. Translated by Stephen A. Barney. Cambridge: Cambridge University Press.

Jerome. 1470. *Epistolae*. Edited by Adrianus de Brielis. Mainz: P. Schoffer.

Justinian. 1978. *The Institutes of Justinian: Text, Translation, and Commentary*. Edited and translated by J. A. C. Thomas. Amsterdam: North-Holland.

Kalbe, Ulrich Rülein von. 1533. *Bergwerck und Probierbuchlein*. Frankfurt a. M.: C. Egenolff.

Ketham, Johannes de. 1493. *Fascicolo di medicina*. Translated by S. Manilio. Venice: J. and G. de Gregoriis.

———. 1495. *Fasciculus medicinae*. Venice: J. and G. de' Gregori.

Knod, Gustav C. 1899. *Deutsche Studenten in Bologna 1289—1562. Biographischer Index zu den Acta nationis Germanicae universitatis Bononiensis*. Berlin: Decker.

L'Obel, Matthias de, and Pierre Pena. 1571. *Stirpium adversaria nova*. London: T. Purfoot.

———. 1576. *Plantarum seu stirpium icones*. Antwerp: C. Plantin.

Leoniceno, Niccolo. 1529. *De Plinii et aliorum medicorum erroribus liber*. Basel: H. Petri.

Lonicer, Adam. 1551. *Naturalis historiae opus novum*, Frankfurt a. M.: C. Egenolff.

Lonicerus, Philip. 1573. *Icones Livianae praecipuas Romanorum historias magno artificio ad vivum expressae oculis repraesententes succinctis versibus illustratae*. Edited by V. Galli. Frankfurt a. M.: G. Corvinus and haer. W. Galli.

Luther, Martin. 1955—1986. *Works*. 55 vols. Edited by J. Pelikan and H. T. Lehmann. St. Louis: Concordia.

Manardo, Giovanni. 1535. *Epistolarum medicinalium libri duodeviginti*. Basel: J. Bebel.

Mattioli, Pier Andrea. 1544. *Libri cinque della historia et materia medicinale*. Venice: N. de Bascarini.

———. 1558. *Commentarii secundi aucti in libros sex . . . de materia medica*. Venice: In off. Erasmiana, apud V. Valgrisij.

———. 1565. *Commentarii in libros sex . . . de medica materia*. Venice: Ex. off. Valgrisiana.

———. 1572. *Commentaires sur les six livres . . . de la matiere medecinale*. Edited by J. de Moulins. Lyon: G. Rouillé.

Melanchthon, Philip. 1531. *De dialectica libri quatuor*. Wittenberg: J. Klug.

———. 1834—1860. *Opera omnia*. 28 vols. Edited by K. G. Bretschneider and H. E. Bindseil. Halle: Schwetschke.

———. 1977—. *Briefwechsel: Kritische und kommentierte Gesamtausgabe*. 8- vols. Edited by H. Scheible. Stuttgart: Frommann.

Molanus, Johannes. 1570. *De picturis et imaginibus sacris*. Louvain: H. Wellaeum.

Mondino de' Liuzzi. 1494. *Incipit anatomia Mundini*. Venice: B. Venetum.

Monteux, Sébastien de. 1533. *Annotatiunculae*. Lyon: B. Bonnyn.

———. 1537. *Dialexeon medicinalium libri duo*. Lyon: M. Parmentier.

Moreau, René, of Montreuil-Bellay. 1622. *Editio nova*. Paris: A. Pacard.

Morison, Robert. 1680. *Plantarum historiae universalis Oxoniensis pars secunda*. Oxford: Sheldonian Theatre.

为自然书籍制图

Newton, Isaac. 1959—1977. *The Correspondence of Isaac Newton*. 7 vols. Edited by H. W. Turnbull. Cambridge: Cambridge University Press.

Pachymers, George. 1560. *In universam fere Aristotelis philosophiam, epitome*. Basel: J. Froben & N. Episcopius.

Paré, Ambroise. 1951. *The Apologie and Treatise of Ambroise Paré*. Edited by G. Keynes. London: Falcon Education.

Paul of Middelburg. [1514/1515]. *Compendium correctionis calendarii*. Rome: M. Silber.

Petrarca, Francesco. 1476. *Libro degli homini famosi*. Translated by Donato degli Albanzani. Pojano: F. Antiquarius & I. Ziletus.

Petrasancta, Silvestrus. 1634. *De symbolicis heroicis libri IX*. Antwerp: Ex off. Plantiniana, Moreti.

Plato. 2001. *Alcibiades*. Edited by N. Denyer. Cambridge: Cambridge University Press.

Platter, Felix. 1583. *De corporis humani structura et usu libri III. Tabulis . . . explicati iconibus . . . illustrati*. 3 books in 2 vols. Basel: H. Froben.

———. 1961. *Beloved Son Felix: The Journal of Felix Platter: A Medical Student in Montpellier in the Sixteenth Century*. Translated by S. Jennett. London: Muller.

Pliny the Elder. 1511. *Naturalis hystoriae libri*. Edited by Nicolaus Maillard. Paris: F. Regnault and J. Frellon.

———. 1532. *Historiarum naturae libri XXXVII*. Paris: J. Parvus.

———. 1539. *Historia naturalis*. Basel: In off. Frobeniana.

———. 1938—1963. *Natural History*. 10 vols. Translated by H. Rackham, W. H. S. Jones, and D. E. Eichholz. London: Heinemann.

Pliny the Younger. 1969. *Letters and Panegyricus*. 2 vols. Translated by G. Radice. Cambridge, MA: Harvard University Press.

Plumier, Charles. 1693. *Description des plantes de l'Amerique avec leurs figures*. Paris: De l'Imprimerie royale.

Plutarch. 1927—1976. *Moralia*. 14 vols. Translated by Frank Cole Barbitt. London: Heinemann.

Porphyry. 1994. *Isagoge*. In *Five Texts on the Medieval Problem of Universals: Porphyry, Boethius, Abelard, Duns Scotus, Ockham*. Edited by P. V. Spade. Indianapolis and Cambridge: Hackett.

Ptolemy, Claudius. 1482. *Cosmographia*. Translated by Jacobus Angelus. Edited by Nicolaus Germanus. Ulm: L. Holle.

———. 1513. *Geographiae opus*. Strasbourg: J. Schott.

Quintilian. 1921—1922. *Institutio oratoria*. 3 vols. Translated by H. E. Butler. London: Heinemann.

Regiomontanus, Johannes. 1475. *Disputationes contra Cremonensia deliramenta*. Nuremberg: J. Regiomontanus.

Reisch, Gregory. 1503. *Margarita philosophica*. Freiburg i. B: J. Schott.

Rondelet, Guillaume. 1554. *Libri de piscibus marinis*. Lyon: M. Bonhomme.

Rott, Hans. 1933—1938. *Quellen und Forschungen zur südwestdeutschen und schweizerischen Kunstgeschichte im XV. und XVI. Jahrhundert*. 6 vols. Stuttgart: Strecker & Schröder.

Sacrobosco, Johannes. 1482. *Sphaera*. Venice: E. Ratdolt.

———. 1485. *Sphaera*. Venice: E. Ratdolt.

Salviani, Ippolyto. 1554. *Aquatilium animalium historiae liber primus*. Rome: H. Salvianum.

Schedel, Hartmann. 1493. *Liber cronicarum cum figuris et ymaginibus*, Nuremberg: A. Koberger.

Schinz, Salomon. 1774. *Anleitung zu der Pflanzenkenntniss und derselben nützlichsten Anwendung*, Zurich: Waysenhaus.

Schmidt, Franz. 1928. *A Hangman's Diary, Being the Journal of Master Franz Schmidt, Public Executioner of Nuremberg 1573—1617*. Translated by C. Calvert and A. W. Gruner; edited by A. Keller. London: P. Allan.

Schopper, Hartmann. 1568. *PANOPLIA*. Frankfurt: G. Corvinus for S. Feyerabend.

Schott, Peter. 1963—1975. *Works 1460—1490*. 2 vols. Edited by M. A. Cowie. Chapel Hill: University of North Carolina Press.

Serlio, Sebastiano. 1996—2001. *On Architecture*. 2 vols. Translated by V. Hart and P. Hicks. New Haven: Yale University Press.

Silvaticus, Matthaeus. 1499. *Pandectae medicinae.* Venice: B. Stagninus.

Simler, Josias. 1566. *Vita C. Gesneri philosophi et medici clari.* Zurich: C. Froschauer.

Sugita, Gempaku. 1969. *Dawn of Western Science in Japan: Rangaku Kotohajime.* Translated by Ryôzô Matsumoto and Eiichi Kiyooka. Tokyo: Hokuseisha.

Terence. 1970—1972. *Eunuchus.* Translated by Hans Neidhart; edited by P. Amelung. Facsimile of the 1486 edition by C. Dinckmut, Ulm. 2 vols. Dietikon-Zurich: Stocker.

Theophilus Protospatharius. 1537. *De corporis humani fabrica libri quinque.* Edited by J. P. Crassus. Venice: [Heirs of O. Scotus].

———. 1556. *De corporis humani fabrica.* Paris: G. Morelius.

Thesaurus linguae Latinae. 1- vols. Leipzig: Teubner, 1900—.

Thévet, André. 1558. *Les singularitez de la France antarctique.* Antwerp: C. Plantin.

Thurini, Andrea. 1528. *Medici Apostolici ad Matthaeum Curtium de vena in curatione pleuritido incidenda.* Paris: J. Badius Ascenius.

———. 1533. *Medici apostolici.* Bologna: Heirs of H. de Benedictis.

Tortebat, François. [1667]. *Abrégé d'anatomie accommodé aux arts de peinture et de sculpture.* [Paris].

Trithemius, Johannes. 1974. *In Praise of Scribes: De laude scriptorum.* Edited by K. Arnold. Lawrence, KS: Coronado.

Turner, William. 1551. *A New Herball . . .* London: S. Mierdman.

Valverde, Juan de. 1556. *Historia de la composicion del cuerpo human.* Rome: A. Salamanca and A. Lafrery.

———. 1560. *Anatomia del corpo humano.* Rome: A. Salamanca and A. Lafrery.

———. 1566. *Vivae imagines partium corporis humani aereis formis expressae.* Antwerp: Ex officina Christophori Plantini, 1566.

Vassé, Loys. 1541. *In anatomen corporis humani, tabulae quatuor.* Paris: Ex off. M. Faezandat.

———. 1553. *In anatomen corporis humani, tabulae quatuor.* Paris: J. Foucher.

Vesalius, Andreas. 1538. *Tabulae anatomicae sex.* Venice: B. Vitalis for J. S. Calcar.

———. 1539. *Epistola, docens venam axillarem dextri cubiti in dolore laterali secandam melancholicum succum ex venae portae ramis ad sedem pertinentibus, purgari.* Basel: In off. R. Winteri.

———. 1543a. *De humani corporis fabrica librorum epitome.* Basel: Ex officina J. Oporini.

———. 1543b. *De humani corporis fabrica.* Basel: Ex officina J. Oporini, 1543.

———. 1546. *Epistola, rationem modumque propinandi radicis Chynœ decocti.* Basel: Ex officina J. Oporini.

———. 1555. *De humani corporis fabrica.* Basel: Ex officina J. Oporini.

———. 1706. *Desz Ersten, Besten Anatomici Zergliederung desz menschlichen Coerpers.* Augsburg: A. Maschenbaur.

———. 1948. *The Bloodletting Letter of 1539: An Annotated Translation and Study of the Evolution of Vesalius's Scientific Development.* Translated and edited by J. B. de C. M. Saunders and C. Donald O'Malley. London: Schuman.

———. 1969. *The Epitome of Andreas Vesalius.* Translated by L. R. Lind. Cambridge, MA: MIT Press.

———. 1998—. *On the Fabric of the Human Body.* 4- vols. Translated by W. F. Richardson and J. B. Carman. San Francisco: Norman.

Vettori, Benedetto. 1536. *Liber de pleuritide.* Venice: In ed. A. Arrivabeni.

Wickram, Georg. 1968. *Sämtlicher Werke.* Edited by Hans-Gert Roloff. Vol. III. *Knaben Spiegel: Dialog vom ungeratnen Sohn.* Berlin: de Gruyter.

Willich, Jodocus. 1582. *Urinarum probationes.* Basel: S. Henricpetri.

二手文献

Acheson, Katherine. 2010. "Gesner, Topsell, and the Purposes of Pictures in Early Modern Natural Histories." In Hunter, *Printed Images,* 127-144.

Ackerman, James S. 1985a. "Early Renaissance 'Naturalism' and Scientific Illustration." In *The*

Natural Sciences and the Arts, Aspects of Interaction from the Renaissance to the 20th Century, an International Symposium, 1–17. Uppsala: Almqvist & Wiksell.

———. 1985b. "The Involvement of Artists in Renaissance Science." In *Science and the Arts in the Renaissance,* edited by J. W. Shirley and F. D. Hoeniger, 94–129. Washington, DC: Folger Books.

———. 2002. *Origins, Imitation, Conventions: Representation in the Visual Arts.* Cambridge, MA: MIT Press.

Adhémar, Jean. 1954. "La rue Montorgueil et la formation d'un groupe d'imagiers parisiens au XVIe siécle." *Le vieux papier* 167:25–34.

Alexander, Jonathan J. G. 1985. "Artists and the Book in Padua, Venice and Rome in the Second Half of the Fifteenth Century, Sandars Lectures 1984—1985." Typescript: Cambridge University Library shelfmark S405:81.b.9.111.

———. 1992. *Medieval Illuminators and their Methods of Work.* New Haven: Yale University Press.

———. ed. 1994. *The Painted Page: Italian Renaissance Book Illumination 1450—1550.* New York: Prestel.

Allen, Percy Stafford. 1934. *Erasmus: Lectures and Wayfaring Sketches.* Oxford: Clarendon.

Alston, Robin Carfrae, and Brad Sabin Hill. 1996. *Books Printed on Vellum in the Collections of the British Library.* London: British Library.

Altona. 1892. "Aus den Akten des Reichskammergerichts." *Zeitschrift für die gesamte Strafrechtswissenschaft:* 898–913.

Ames-Lewis, Francis. 2000. *Drawing in Early Renaissance Italy.* New Haven: Yale University Press. (Orig. pub. 1981.)

Anderes, Bernhard. 1981. "Glasmalerei in reformierten Zürich." In Naegeli, *Zürcher Kunst,* 15–20.

Anzelewsky, Fedja. 1983. *Dürer-Studien: Untersuchungen zu den ikonographischen und geistesgeschichtlichen Grundlagen seiner Werke zwischen den beiden Italienreisen.* Berlin: Deutscher Verlag für Kunstwissenschaft.

Arber, Agnes. 1990. *Herbals, Their Origin and Evolution: A Chapter in the History of Botany 1470—1670.* Cambridge: Cambridge University Press. (Orig. pub. 1912.)

Archbold, W. A. J. "Lorkin, Thomas (c.1528—1591)," rev. Sarah Bakewell, *Oxford Dictionary of National Biography,* Oxford University Press, 2004 [www.oxforddnb.com/view/article/17019, accessed May 2008].

Areford, David S. 2010. *The Viewer and the Printed Image in Late Medieval Europe.* Aldershot: Ashgate.

Armstrong, Elizabeth. 1979. "English Purchases of Printed Books from the Continent 1465—1526." *English Historical Review* 94, no. 371: 268–90.

———. 1990. *Before Copyright: The French Book-Privilege System 1498—1526.* Cambridge: Cambridge University Press.

Armstrong, Lilian. 1991. "The Impact of Printing on Miniaturists in Venice after 1469." In Hindman, *Printing the Written Word,* 174–202.

———. 1994. "The Hand Illumination of Printed Books in Italy 1465—1515." In Alexander, *The Painted Page,* 35–47.

Arrizabalaga, Jon. 1998. *The Articella in the Early Press c. 1476—1534.* Cambridge: Wellcome Unit for the History of Medicine and CSIC Barcelona, Department of History of Science.

Arrizabalaga, Jon, John Henderson, and Roger K. French. 1997. *The Great Pox: the French Disease in Europe.* New Haven: Yale University Press.

Ausserhofer, Marta. 1992. *Johann Stephan von Calcar: Das Porträt des Melchior von Brauweiler von 1540.* Kleve: Boss.

Baldasso, Renzo. "The Role of Visual Representation in the Scientific Revolution: A Historiographic Inquiry." *Centaurus* 48, no. 2 (2006): 69–88.

Barker, Nicholas. 1994. *Hortus Eystettensis: The Bishop's Garden and Besler's Magnificent Book.* London: British Library.

Bartoli, M. T. 1978. "Orthographia, ichnographia, scaenographia." *Studi e documenti di architettura* 8:197–208.

Bartrum, Giulia. 1995. *The German Renaissance Print*. London: British Museum Press.

Bath, Michael. 2008. *Emblems for a Queen: The Needlework of Mary Queen of Scots*. London: Archetype.

Baudrier, Henri Louis. 1895—1921. *Bibliographie lyonnaise*. 12 vols. Lyon: Librairie ancienne d'Auguste Brun.

Baumann, Brigitte, Helmut Baumann, and Susanne Baumann-Schleihauf. 2001. *Die Kräuterbuchhandschrift des Leonhard Fuchs*. Stuttgart: Ulmer.

Baxandall, Michael. 1980. *The Limewood Sculptors of Renaissance Germany*. New Haven: Yale University Press.

———. 1991. *Giotto and the Orators: Humanist Observers of Painting in Italy and the Discovery of Pictorial Composition 1350—1450*. Oxford: Clarendon. (Orig. pub. 1971.)

Becker, W. 1892. "Zacharias Ursins Briefe an Crato von Crafftheim, nach den in Breslau befindlichen Urschriften." *Theologische Arbeiten aus den rheinischen wissenschaftlichen Prediger-Verein* 12:41–107.

Belloni, Luigi. 1969. "Testimonianze dell'anatomico Bartolomeo Eustachi per la storia del 'compasso geometrico et militare' (con un contributo al problema del luogo e della data di morte dell'Eustachi)" *Physis* 11:69–88.

———. 1981. "Ancora sul manoscritto 'De dissensionibus, et controversiis anatomicis' di Bartolomeo Eustachi." *Physis* 23:581–587.

Bermingham, Ann. 2000. *Learning to Draw: Studies in the Cultural History of a Polite and Useful Art*. New Haven: Yale University Press.

Bialler, Nancy Ann. 1992. *Chiaroscuro Woodcuts: Hendrick Goltzius (1558—1617) and His Time*. Amsterdam: Rijksmuseum.

Białostocki, Jan. 1986. *Dürer and His Critics, 1500—1971: Chapters in the History of Ideas, Including a Collection of Texts*. Baden-Baden: V. Koerner.

Bietenholz, Peter. G. 1971. *Basle and France in the Sixteenth Century: The Basle Humanists and Printers in their Contacts with Francophone Culture*. Geneva: Droz.

Blair, Ann. 1992. "Humanist Methods in Natural Philosophy: The Commonplace Book." *Journal of the History of Ideas* 53:541–551.

———. 2005. "*Historia* in Zwinger's *Theatrum Humanae Vitae*." In Pomata and Siraisi, *Historia*, 269–296.

Blasio, Maria Grazia. 1988. *Cum gratia et privilegio: Programmi editoriali e politica pontificia Roma 1487—1527*. Rome: Associazione Roma nel Rinascimento.

Blickle, P. 1996. "Common Man." In *Oxford Encyclopedia of the Reformation*, 4 vols., edited by H. Hillerbrand, 1: 386–388. New York: Oxford University Press.

Blunt, Wilfrid, and William T. Stearn. 2000. *The Art of Botanical Illustration*. Woodbridge: Antique Collectors' Club. (Orig. pub. 1950.)

Bober, Phyllis Pray. 1995. "Polykles and Polykleitos in the Renaissance: The "Letto di Policreto." " In *Polykleitos, the Dorphyros, and Tradition*, edited by W. G. Moon, 317–326. Minneapolis: University of Wisconsin Press.

Bober, Phyllis Pray, and Ruth Rubinstein. 1987. *Renaissance Artists and Antique Sculpture*. London: Harvey Miller. (Orig. pub. 1986)

Bolzoni, Lina. 1989. "The Play of Images: The Art of Memory from its Origins to the Seicento." In *The Mill of Thought: From the Art of Memory to the Neurosciences*, edited by Pietro Corsi. Milan: Electa.

Bott, Gerhard, Klaus Pechsein, eds. 1985. *Wenzel Jamnitzer und die Nürnberger Goldschmiedekunst 1500—1700: Goldschmiedearbeiten: Entwürfe, Modelle, Medaillen, Ornamentstiche, Schmuck, Porträts*. Munich: Klinkhardt & Biermann.

Bowen, Karen Lee, and Dirk Imhof. 2003. "Reputation and Wage: The Case of Engravers who Worked for the Plantin-Moretus Press." *Simiolus* 30, nos. 3/4: 161–195.

———. 2008. *Christopher Plantin and Engraved Book Illustrations in Sixteenth-Century Europe*. Cambridge: Cambridge University Press.

Bradley, Mark. 2009. *Colour and Meaning in Ancient Rome*. Cambridge: Cambridge University Press.

为自然书籍制图

Bradshaw, Henry. 1889. *Collected Papers*. Cambridge: Cambridge University Press.

Brain, Peter. 1986. *Galen on Bloodletting: A Study of the Origins, Development and Validity of his Opinions, with a Translation of the Three Works*. Cambridge: Cambridge University Press.

Braun, Lucien. 1990. *Gessner*. Geneva: Editions Slatkine.

Bredekamp, Horst. 2007. *Galilei der Künstler. Der Mond. Die Sonne. Die Hand*. Berlin: Akademie Verlag.

Breazeale, William, with Cara Denison, Stacey Sell, and Freyda Spira. 2010. *A Pioneering Collection: Master Drawings from the Crocker Art Museum*. London: P. Holberton.

Brooks, Jerome E. 1937–1952.*Tobacco, its History Illustrated by the Books, Manuscripts, and Engravings in the Library of George Arnets, Jr.* 5 vols. New York: Rosenbach.

Brummer, Hans Henrik. 1970. *The Statue Court in the Vatican Belvedere*. Stockholm: Almqvist & Wiksell.

Bruyère, Nelly. 1984. *Méthode et dialectique dans l'oeuvre de la Ramée: Renaissance et âge Classique*. Paris: Vrin.

Buchwald, Georg. 1933. "Kleine Notizien aus Rechnungsbüchern des Thüringischen Staatsarchivs (Weimar)." *Archiv für Reformationsgeschichte* 30:82-100.

Bühler, Curt F. 1952. "The *Fasciculus Temporum* and Morgan Manuscript 801." *Speculum* 27, no. 2: 178-183.

———. 1960. *The Fifteenth-Century Book, the Scribes, the Printers, the Decorators*. Philadelphia: University of Pennsylvania Press.

Bujanda, Jesùs Martíz de, René Davignon, and Ela Stanek, eds. 1990. *Index de Rome: 1557, 1559, 1564: Les premiers index romains et l'index du Concile de Trente*. Sherbrooke: Centre d'études de la Renaissance.

Bujanda, Jesùs Martíz de, René Davignon, Ela Stanek, and Marcella Richter, eds. 1994. *Index de Rome: 1590, 1593, 1596: Avec étude des index de Parme 1580 et Munich 1582*. Sherbrooke: Centre d'études de la Renaissance.

Burckhardt, Paul, ed. 1945. *Das Tagebuch des Johannes Gast: Ein Beitrag zur schweizerischen Reformationsgeschichte*. Basel: Schwabe.

Burioni, Matteo. 2005. "*Corpus quod est ipsa ruina docet:* Sebastiano Serlios vitruvianisches Architekturtraktat in seinen Strukturäquivalenzen zum Anatomietraktat des Andreas Vesalius." In Schirrmeister, *Zergliederungen*, 50-77.

Burmeister, Karl Heinz. 1970—1975. *Achilles Priminus Gasser 1505-1577: Arzt und Naturforscher, Historiker und Humanist*. 3 vols. Wiesbaden: G. Pressler.

Bury, Michael. 2001. *The Print in Italy 1550-1620*. London: British Museum.

Büttner, J., P. Damerow, J. Renn, and M. Schmmel. 2003. "The Challenging Images of Artillery: Practical Knowledge at the Roots of the Scientific Revolution." In Lefèvre, *The Power of Images*, 3-27.

Butts, Barbara. 2003. "Albrecht Dürer and the Modernization of Stained Glass." *Master Drawings* 41, no. 4: 341-358.

Bylebyl, Jerome J. 1979. "The School of Padua: Humanistic Medicine in the Sixteenth Century." In *Health, Medicine and Mortality in the Sixteenth Century*, edited by Charles Webster, 335-370.Cambridge: Cambridge University Press.

———. 1990. "Interpreting the Fasciculo Anatomy Scene." *Journal of the History of Medicine and Allied Sciences* 45:285-316.

Camerota, Filippo. 2004. "Renaissance Descriptive Geometry: The Codification of Drawing Methods." In Lefèvre, *Picturing Machines*, 175-208.

Camille, Michael. 1985. "Seeing and Reading: Some Visual Implications of Medieval Literacy and Illiteracy." *Art History* 8:26-49.

Cappelli, Adriano. 1999. *Dizionario di abbreviature latine ed italiane*. 6th ed. Milan: U. Hoepl.

Carlino, Andrea. 1995. "'Knowe Thyself': Graphic Communication and Anatomical Knowledge in Early Modern Europe." *Res* 27:52-69.

———. 1999a. *Books of the Body: Anatomical Ritual and Renaissance Learning*. Translated by John Tedeschi and Anne C. Tedeschi. Chicago: University of Chicago Press.

————. 1999b. *Paper Bodies: A Catalogue of Anatomical Fugitive Sheets, 1538—1687*. Translated by Noga Arikha. London: Wellcome Institute for the History of Medicine.

Carpi, Daniel. 1998. "Alcune Nuove considerazioni su Lazzaro di Raphael de Frigiis." *Quaderni per la storia dell'Università di Padova* 30:218-225.

Carpo, Mario. 2001. *Architecture in the Age of Printing: Orality, Writing, Typography, and Printed Images in the History of Architectural Theory*. Translated by S. Benson. Cambridge, MA: MIT Press.

Carruthers, Mary J. 1990. *The Book of Memory: A Study of Memory in Medieval Culture*. Cambridge: Cambridge University Press.

Carter, Victor, Lotte Hellinga, and Tony Parker. 1982. "Printing with Gold in the Fifteenth Century." *British Library Journal* 9, no. 1: 1-13.

Cavanagh, G. S. Terence. 1983. "A New View of the Vesalian Landscape." *Medical History* 27, no. 1: 77-79.

Cave, Roderick. 2010. *Impressions of Nature: A History of Nature Printing*. London: British Library and M. Butty.

Cave, Roderick, and Geoffrey Wakeman. 1967. *Typographia naturalis*. Wymondham: Brewhouse.

Chaplin, Tracy, Robin J. H. Clark, David Jacobs, Kristian Jensen, and Gregory D Smith. 2005. "The Gutenberg Bibles: Analysis of Illuminations and Inks using Raman Spectroscopy." *Analytical Chemistry* 77, no. 11: 3611-3622.

Chazelle, Celia M. 1990. "Pictures, Books, and the Illiterate: Pope Gregory's Letters to Serenus of Marseilles." *Word & Image* 6:138-153.

Chrisman, Miriam U. 1982. *Lay Culture, Learned Culture: Books and Social Change in Strasbourg 1480—1599*. New Haven: Yale University Press.

Church, A. H. 1919. "Brunfels and Fuchs." *The Journal of Botany: British and Foreign* 57:233-244.

Clark, Harry. 1984. "The Publication of the Koran in Latin: a Reformation Dilemma." *Sixteenth Century Journal* 15, no. 1: 3-12.

Clark, Kenneth, and Carlo Pedretti. 1968. *The Drawings of Leonardo da Vinci in the Collection of Her Majesty the Queen at Windsor Castle*. 2nd ed. 3 vols. London: Phaidon.

Clemen, Otto. 1912. "Janus Cornarius." *Neues Archiv für Sächsische Geschichte* 33:40-45.

Clough, Cecil H. 1993. "Italian Renaissance Portraiture and Printed Portraitbooks." In Reidy, *The Italian Book*, 183-223.

Cohen, I. Bernard. 1971. *Introduction to Newton's "Principia."* Cambridge: Cambridge University Press.

Cole, Michael W. forthcoming. "Sculpture before Photography."

Cole, Richard G. 1984. "Reformation Printers: Unsung Heroes." *Sixteenth Century Journal* 15, no. 3: 327-339.

Concasty, Marie-Louise. 1964. *Commentaires de la Faculté de médecine de l'Université de Paris (1516—1560)*. Paris: Imprimerie nationale.

Conway, William Martin. 1884. *The Woodcutters of the Netherlands in the Fifteenth Century*. Cambridge: Cambridge University Press.

Cook, Harold J. 2002. "Time's Bodies: Crafting the Preparation and Preservation of Naturalia." In *Merchants and Marvels: Commerce, Science, and Art in Early Modern Europe*, edited by Pamela H. Smith and P. Findlen, 223-247.London: Routledge.

Cooper, Alix. 2007. *Inventing the Indigenous: Local Knowledge and Natural History in Early Modern Europe*. Cambridge: Cambridge University Press.

Coppens, Chris. 1992. "Sixteenth-Century Octavo Book Publishers' Catalogues Mainly from the Omont Collection." *De Gulden Passer* 70:1-61.

Costa, G. 1916. "Die Rechtseinrichtigung der Zensur in der Reichsstadt Augsburg." *Zeitschrift für historischen Vereins für Schwaben und Neuberg* 42:1-82.

Crummer, Le Roy, and J. B. de C. M. Saunders. 1939. "The Anatomical Compendium of Loys Vassé (1540)." *Annals of Medical History* 3rd ser. 1, no. 4: 351-369.

Cunningham, Andrew. 1997. *The Anatomical Renaissance: The Resurrection of the Anatomical Projects of the Ancients*. Aldershot: Scolar.

为自然书籍制图

Cunningham, Andrew, and Sachiko Kusukawa. 2010. *Natural Philosophy Epitomized.* Aldershot: Ashgate.

Cushing, Harvey W., ed. 1943. *A Bio-bibliography of Andreas Vesalius.* New York: Schuman's.

Dackerman, Susan. 2002. *Painted Prints: The Revelation of Color in Northern Renaissance and Baroque [Engravings, Etchings & Woodcuts].* University Park: Pennsylvania State University Press.

Daly, James. 1978. "The Idea of Absolute Monarchy in Seventeenth-Century England." *Historical Journal* 21:227–250.

Dannenfeldt, Karl H. 1999. *Leonhard Rauwolf: Sixteenth-Century Physician, Botanist, and Traveler.* Cambridge, MA: Harvard University Press. (Orig. pub. 1968).

Daston, Lorraine, and Katherine Park. 1998. *Wonders and the Order of Nature, 1150–1750.* New York: Zone.

Daston, Lorraine, and Peter Galison. 2007. *Objectivity.* New York: Zone.

Davies, Martin. 1997. "Two Book-Lists of Swenheym and Pannarz." In *Libri, tipografi, biblioteche: Ricerche storiche dedicate a Luigi Balsamo,* 25–53. Florence: Olschki.

Davis, Natalie Z. 1956. "Holbein's *Pictures of Death* and the Reformation at Lyons." *Studies in the Renaissance* 3:97–130.

———. 1966. "Publisher Guillaume Rouillé: Businessman and Humanist." In *Editing Sixteenth-Century Texts,* edited by R. J. Schoeck, 72–112. Toronto: University of Toronto Press, 1966.

———. 1983. "Beyond the Market: Books as Gifts in Sixteenth-Century France." *Transactions of the Royal Historical Society,* 5th ser. 33:69–88.

De Roover, Florence Edler. 1968. "Cost Accounting in the Sixteenth Century: The Books of Account of Christopher Plantin, Antwerp, Printer and Publisher." In *Studies in Cost Analysis,* edited by D. Solomons, 50–68. London: Sweet & Maxwell.

De Tolnay, Charles. 1969. *The Sistine Ceiling.* 3rd printing. Princeton, NJ: Princeton University Press.

Delisle, Candice. 2004. "The Letter: Private Text or Public Place? The Mattioli-Gesner Controversy about the aconitum primum." *Gesnerus* 61:161–176.

———. 2008. "Accessing Nature, Circulating Knowledge: Conrad Gessner's Correspondence Networks and his Medical and Naturalist Practices." *History of Universities* 23, no. 2: 35–58.

———. 2009. "Establishing the Facts: Conrad Gessner's *Epistolae Medicinales Libri III* between the Particular and the General." PhD dissertation, University of London.

Dennis, Michael Aaron. 1989. "Graphic Understanding: Instruments and Interpretation in Robert Hooke's *Micrographia.*" *Science in Context* 3, no. 2: 309–364.

Depauw, C. 1993. "Peeter vander Borcht (1535/40—1608): The Artist as Inventor or Creator of Botanical Illustrations?" In Nave and Imhof, *Botany,* 47–56.

Dicke, Gerd, and Klaus Grubmüller, eds. 2003. *Die Gleichzeitigkeit von Handschrift und Buchdruck.* Wiesbaden: Harrassowitz.

Dilg, Peter. 1975. "Die botanische Kommentarliteratur in Italien um 1500 und ihr Einfluß auf Deutschland." In *Der Kommentar in der Renaissance,* edited by A. Buck and O. Herding, 225–252. Bonn-Bad Godesberg: Deutsche Forschungsgemeinschaft.

Distelberger, Rudolf. 1985. "Gold und Silber, Edelsteine und Elfbein." In *Renaissance in Böhmen,* edited by Ferdinand Seibt, 255–287. Munich: Prestel.

Dodgson, Campbell. 1937. *Prints in the Dotted Manner, and Other Metal-Cuts of the XV Century in the Department of Prints and Drawings, British Museum.* London: British Museum.

Donati, Lamberto 1972—1973. "I fregi xilografici stampati a mano negl'incunabuli italiani." *La Bibliofilia* 74:157–164, 303–328; 75:125–174.

———. 1978. "Le iniziale stampate a mano." *Gutenberg Jahrbuch,* 37–42.

Drake, Stillman. 1957. *Discoveries and Opinions of Galileo.* Garden City, NY: Doubleday.

Driver, Martha W. 2004. *The Image in Print: Book Illustration in Late Medieval England and its Sources.* London: British Library.

Duggan, Lawrence G. 1989. "Was Art Really the 'Book of the Illiterate'?" *Word & Image* 5:227–251.

Dundas, Judith. 1990. "The Paragone and the Art of Michaelangelo." *Sixteenth Century Journal* 21, no. 1: 87–92.

Dupré, Sven. 2006. "Vizualisation in Renaissance Optics: The Function of Geometrical Diagrams and Pictures in the Transmission of Practical Knowledge." In Kusukawa and Maclean, *Transmitting Knowledge*, 11–39.

Durling, Richard J. 1961. "A Chronological Census of Renaissance Editions and Translations of Galen." *Journal of the Warburg and Courtauld Institutes* 24:230–305.

———. 1980. "Konrad Gessner's Briefwechsel." In *Humanismus und Naturwissenschaften*, edited by F. Krafft and R. Schmitz. Boppard: Boldt.

———. 1989. "Leonhart Fuchs and his Commentaries on Galen." *Medizinhistorisches Journal* 24:42–47.

Dürst, Arthur. 1997. "The Map-View of Zurich by Jos Murer, 1576." *Cartographica Helvetica* 15:23–37.

Ebstein, E. 1909. "Der Wundarzt Jacob Baumann." *Janus* 141:327–334.

Edgerton, Samuel Y. Jr. 1984. "Galileo, Florentine 'Disegno' and the 'Strange Spottednesse' of the Moon." *Art Journal* 44:225–232.

———. 1991. *The Heritage of Giotto's Geometry: Art and Science on the Eve of the Scientific Revolution*. Ithaca, NY: Cornell University Press.

Edmunds, Sheila. 1991. "From Schoeffer to Vérard: Concerning the Scribes who Became Printers." In Hindman, *Printing the Written Word*, 21–40.

———. 1993. "New Light on Johannes Bamler." *Journal of the Printing Historical Society* 22: 29–53.

Edwards, Mark U. 1994. *Printing, Propaganda and Martin Luther*. Berkeley and Los Angeles: University of California Press.

Egmond, Florike. 2008. "Apothecaries as Experts and Brokers in the Sixteenth-Century Network of the Naturalist Carolus Clusius." *History of Universities* 23, no. 2: 59–91.

Egmond, Florike, P. Hoftijzer, and R. Visser, eds. 2007. *Carolus Clusius: Towards a Cultural History of a Renaissance Naturalist*. Amsterdam: Edita.

Eisenhardt, Ulrich. 1970. *Die kaiserliche Aufsicht über Buchdruck, Buchhandel, und Presse in Heiligen Römischen Reich Deutscher Nation 1496—1806*. Karlsruhe: C.F. Müller.

Elkins, James. 1995. "Art History and Images That Are Not Art." *Art Bulletin* 77, no. 4: 553–571.

———. 2008. *Six Stories from the End of Representation: Images Painting, Photography, Astronomy, Microscopy, Particle Physics, and Quantum Mechanics, 1980—2000*. Stanford: Stanford University Press.

Elsas, Moritz. John. 1936—1940. *Umriss einer Geschichte der Preise und Löhne in Deutschland*. 3 vols. Leiden: A.W. Sijthoff.

Engel, Franz. 1965. *Tabellen alter Münzen, Maße und Gewichte*. Rinteln: Bösendahl.

Erler, Mary C. 1992. "Pasted-in Embellishments in English Mansucripts and Printed Books c.1480—1533." *The Library*, 6th ser. 14, no. 3:185–206.

Evans, Robert J. W. 1975. *The Wechel Presses: Humanism and Calvinism in Central Europe 1572—1627*. Oxford: Past and Present Society.

Evenden, Elizabeth. 2008. *Patents, Pictures and Patronage: John Day and the Tudor Book Trade*. Aldershot: Ashgate.

Fahy, Conor. 1993. "The Venetian Ptolemy of 1548." In Reidy, *The Italian Book*, 89–115.

Farrago, Claire. 1992. *Leonardo da Vinci's Paragone: A Critical Interpretation with a New Edition of the Text in the Codex Urbinas*. Leiden: Brill.

Farrington, Benjamin. 1934. "Vesalius on China-Root." *Transactions of the Royal Society of South Africa* 23:97–106.

Febvre, Lucien, and Henri-Jean Martin. 1990. *The Coming of the Book: The Impact of Printing 1450—1800*. Translated by David Gerard. London: Verso. (Orig. pub. 1958.)

Feingold, Mordechai, Joseph S. Freedman, and Wolfgang Rother, eds. 2001. *The Influence of Petrus Ramus: Studies in Sixteenth and Seventeenth Century Philosophy and Science*. Basel: Schwabe.

Feldhay, Rivkha. 1995. "Producing Sunspots on an Iron Pan: Galileo's Scientific Discourse."

为自然书籍制图

In *Science, Reason and Rhetoric*, edited by H. Krips and others, 119-143. Pittsburgh, PA: University of Pittsburgh Press.

Ferrari, Giovanna. 1996. *L'esperienza del passato: Alessandro Benedetti, filologo e medico umanista*. Florence: Olschki.

Fiamminghi a Roma, 1508—1608: Artisti dei Paesi Bassi e del principato di Liegi a Roma durante il Rinascimento. Milan: Skira, 1995.

Fichtner, G. 1968. "Neues zu Leben und Werk von Leonhart Fuchs aus seinem Briefen an Joachim Camerarius I. und II. in der Trew-Sammlung." *Gesnerus* 25:65-82.

Field, Richard S. 2005. "Early Woodcuts: The Known and the Unknown." In Parshall, *Origins of European Printmaking*, 19-35.

Findlen, Paula. 1990. "Jokes of Nature and Jokes of Knowledge: The Playfulness of Scientific Discourse in Early Modern Europe." *Renaissance Quarterly* 43:292-331.

———. 2000. "The Formation of a Scientific Community: Natural History in Sixteenth-Century Italy." In *Natural Particulars: Natural Philosophy and the Disciplines in Early Modern Europe*, edited by Anthony Grafton and Nancy Siriasi, 369-400. Cambridge, MA: MIT Press, 2000.

———. 2006. "Anatomy Theaters, Botanical Gardens, and Natural History Collections." In *The Cambridge History of Science*, edited by K. Park and L. Daston, 272-289. Cambridge: Cambridge University Press.

Finney, Paul Corby. 1999. "A Note on de Béze's Icones." In *Seeing beyond the Word*, edited by P. C. Finney, 253-266. Grand Rapids: Eerdmans.

Fischel, Angela. 2010. "Collections, Images and Form in Sixteenth-Century Natural History." *Intellectual History Review* 20, no. 1: 147-164.

———. 2009. *Natur im Bild: Zeichnung und Naturerkenntnis bei Conrad Gessner und Ulisse Aldrovandi*. Berlin: Gebr. Mann.

Fischel, Lilli. 1963. *Bilderfolgen im frühen Buchdruck: Studien zur Inkunabel Illustration in Ulm und Strassburg*. Konstanz: Thorbecke.

Fleck, Ludwik. 1986. "To Look, to See, to Know." In *Cognition and Fact: Materials on Ludwik Fleck*, edited by R. S. Cohen and T. Schnelle, 129-151. Dordrecht: D. Reidel.

Flood, John L. 2007. "'Omnium Totius Orbis Emporiorum Compendium': The Frankfurt Fair in the Early Modern Period." In *Fairs, Markets and the Itinerant Book Trade*, edited by Robin Myers, Michael Harris, and Giles Mandelbrote. 1-42. New Castle, DE, and London: Oak Knoll Press and British Library.

Forrer, Robert. 1898. *Die Kunst des Zeugdrucks: Vom Mittelalter bis zur Empirezeit*. Strasbourg: Schlesier und Schweikhardt.

Foust, Clifford M. 1992. *Rhubarb: The Wondrous Drug*. Princeton, NJ: Princeton University Press.

Fowler, Alastair. 2003. *Renaissance Realism: Narrative Images in Literature and Art*. Oxford: Oxford University Press.

Fredericq, Paul. 1899—1903. *Corpus documentorum inquisitionis haereticae pravitatis Neerlandicae*. 5 vols. Gent: Vuylsteke.

Freedberg, David. 1989. *The Power of Images: Studies in the History and Theory of Response*. Chicago: University of Chicago Press.

Freedman, Joseph S. 1993. "The Diffusion of the Writings of Petrus Ramus in Central Europe c. 1570—c.1630." *Renaissance Quarterly* 46:98-152.

Fretz, Diethelm. 1948. *Konrad Gessner als Gärtner*. Zürich: Atlantis.

Gage, John. 1993. *Colour and Culture: Practice and Meaning from Antiquity to Abstraction*. London: Thames and Hudson.

Galluzzi, Paolo, ed. 1991. *Prima di Leonardo: Cultura delle machine a Siena nel Rinascimento*. Milan: Electa.

Ganzinger, Kurt. 1959. "Ein Kraüterbuchmanuskript des Leonhart Fuchs in der Wiener Nationalbibliothek." *Sudhoffs Archiv* 43:213-224.

Garbari, Fabio, and Lucia Tongiorgi Tomasi. 1991. "Le origini del giardino dei semplici." In *Giardino dei semplici: L'orto botanico di Pisa dal XVI al XX secolo*, edited by Fabio

Garbari, Lucia Tongiorgi Tomasi, and Alessandro Tosi, 15-26. Pisa: Cassa di risparmio.

Garber, Marjorie B. and Nancy J. Vickers, eds. 2003. *The Medusa Reader*. London: Routledge.

Gascoigne, Bamber. 1986. *How to Identify Prints: A Complete Guide to Manual and Mechanical Processes from Woodcut to Ink Jet*. London: Thames & Hudson.

———. 1997. *Milestones in Colour Printing 1457—1859: With a Bibliography of Nelson Prints*. Cambridge: Cambridge University Press.

Gaskell, Philip. 1995. *A New Introduction to Bibliography*. Winchester: St. Paul's Bibliographies. (Orig. pub. 1972.)

Geeraedts, Loek. 1980. "Die Straßburger Narrenschiff-Ausgaben und ihre Holzschnitte mit 33 Abbildungen." *Philobiblon* 24:299-327.

Getz, Faye. 1998. *Medicine in the English Middle Ages*. Princeton, NJ: Princeton University Press.

Giesey, Ralph E. 1960. *The Royal Funeral Ceremony in Renaissance France*. Geneva: Droz.

Gil-Sotres, Pedro. 1994. "Derivation and Revulsion: The Theory and Practice of Medieval Phlebotomy." In *Practical Medicine from Salerno to the Black Death*, edited by Luis García-Ballester, Roger. K. French, Jon Arrizabalaga, and Andrew Cunningham, 110-155. Cambridge: Cambridge University Press.

Gingerich, Owen. 1981. "The Censorship of Copernicus' *De Revolutionibus*." *Annali dell'istituto e Museo di Storia della Scienza di Firenze* 6, no. 2: 45-61.

———. 1986. "Copernicus' *De Revolutionibus*: An Example of Renaissance Scientific Printing." In *Print and Culture in the Renaissance: Essays on the Advent of Printing in Europe*, edited by G. R. Tyson and S. S. Wagonheim, 55-73. Newark: University of Delaware Press and Associated University Presses.

———. 2002. *An Annotated Census of Copernicus' "De Revolutionibus" (Nuremberg, 1543 and Basel, 1566)*. Leiden: Brill.

Ginzburg, Carlo. 1985. "Ekphrasis and Quotation." *Tijdschrift voor Filosofie* 50:3-19.

Givens, Jean A. 2005. *Observation and Image-Making in Gothic Art*. Cambridge: Cambridge University Press.

Givens, Jean A., K. Reeds, and Alain Touwaide, eds. 2006. *Visualizing Medieval Medicine and Natural History, 1200—1550*. Aldershot: Ashgate.

Godman, Peter. 1998. *From Poliziano to Machiavelli: Florentine Humanism in the High Renaissance*. Princeton, NJ: Princeton University Press.

Goff, Frederick. R. 1962 "Illuminated Woodcut Borders and Initials in Early Venetian Books (1469—1475)." *Gutenberg Jahrbuch*, 380-389.

Gombrich, Ernst. 1982. *The Image and the Eye: Further Studies in the Psychology of Pictorial Representation*. Oxford: Phaidon.

———. 2000. *Art and Illusion: A Study in the Psychology of Pictorial Representation*. Princeton, NJ: Princeton University Press. (Orig. pub. 1960.)

Goulding, Robert. 2006. "Method and Mathematics: Peter Ramus's Histories of the Sciences." *Journal of the History of Ideas* 67:63-85.

Grafton, Anthony. 1997. *The Footnote: A Curious History*. London: Faber.

Grendler, Paul F. 1977. *The Roman Inquisition and the Venetian Press 1540—1605*. Princeton, NJ: Princeton University Press.

Griffiths, Antony, with Robert A. Gerard. 1998. *The Print in Stuart Britain, 1603—1689*. London: British Museum.

Grimm, Heinrich. 1966. "Die Buchführer der deutschen Kulturbereichs und ihre Niederlassungsorte in der Zeitspanne 1490 bis 1550." *Archiv für Geschichte des Buchwesens* 7:1153-1772.

Grivel, Marianne. 1989. "La réglementation du travail des graveurs en France au XVIe siècle." In *Le livre et l'image en france au XVIe siècle*, 9-27. Paris: Presses de l'Ecole Normale Supérieure.

Grotefend, Hermann. 1881. *Christian Egenolff, der erste ständige Buchdrucker zu Frankfurt. a. M.* Frankfurt: Völcker.

Francisco Guerra, "The Identity of the Artists Involved in Vesalius's Fabrica 1543," *Medical History* 13 (1969): 37-50.

Habert, Jean. 1999. "Le portrait de Melchior von Brauweiler par Calcar (vers 1510—vers 1546). Les leçons d'une restauration." *Revue du Louvre* 3:70–82.

Hahn, O., D. Oltrogge, and H. Bevers. 2004. "Coloured Prints of the Sixteenth Century: Non-Destructive Analyses on Coloured Engravings from Albrecht Dürer and Contemporary Artists." *Archaeometry* 46:273–282.

Hall, Marcia. 1992. *Colour and Meaning: Practice and Theory in Renaissance Painting*. Cambridge: Cambridge University Press.

Hanhart, Johannes. 1824. *Conrad Gessner: Ein Beytrag zur Geschichte des wissenschaftlichen Strebens und der Glaubensverbesserung in 16ten Jahrhundert*. Winterthur: Steiner.

Harbison, Craig. 1995. *The Mirror of the Artist: Northern Renaissance Art in its Historical Context*. Upper Saddle River, NJ: Prentice Hall.

Harcourt, Glenn. 1987. "Andreas Vesalius and the Anatomy of Antique Sculpture." *Representations* 17:28–61.

Harley, Rosamond D. 2001. *Artists' Pigments c. 1600—1835*. London: Archetype. (Orig. pub. 1970.)

Harms, Wolfgang, Michael Schilling et al., eds. 1985—. *Deutsche illustrierte Flugblätter des 16. und 17. Jahrhunderts*. 1– vols. Tübingen: Niemeyer.

Hashimoto, Takehiko.2008. *Egakareta Gijutsu, Kagaku no Katachi*. Tokyo: Tokyo University Press.

Haskell, Francis, and Nicholas Penny. 1981. *Taste and the Antique: The Lure of Classical Sculpture 1500—1900*. New Haven: Yale University Press.

Hayum, Andrée. 1985."Dürer's Portrait of Erasmus and the Ars Typographorum." *Renaissance Quarterly* 38:650–687.

Hecht, Christian. 1997. *Katholische Bildertheologie im Zeitalter von Gegenreformation und Barock: Studien zu Traktaten von Johannes Molanus, Gabriele Paleotti und anderen Autoren*. Berlin: Gebr. Mann.

Hecht, Peter. 1984. "The *Paragone* Debate: Ten Illustrations and Comment." *Simiolus* 14:125–136.

Heckscher, William S. 1958. *Rembrandt's Anatomy*. New York: New York University Press.

Heller, John L., and Frederick G. Meyer. 1983. "Conrad Gessner to Leonhart Fuchs, October 18, 1556." *Huntia* 5:61–75.

Hellinga, Lotte. 1991. "Illustration of Fifteenth-Century Books: A Bird's Eye View of Changes and Techniques." *Bulletin du bibliophile*, 43–61.

Helm, Johannes. 1971. *Johannes Kentmann*. Wiesbaden: Steiner.

Henry, Avril, ed. 1987. *Biblia Pauperum: A Facsimile Edition*. Aldershot: Scolar.

Hernad, Beatrice. 1990. *Die Graphiksammlung des Humanisten Hartmann Schedel*. Munich: Prestel.

Herrlinger, Robert. 1967. "De Dissectione Partium Corporis Humani Libri III by Charles Estienne and Estienne de la Rivière. Paris, 1545." *Clio Medica* 2:275–287.

———. 1970. *History of Medical Illustration from Antiquity to 1600*. Translated by G. Fulton-Smith. London: Pitman Medical.

Herrmann, Walther. 1965. *Das Freiberger Bürgerbuch, 1486—1605*. Dresden [n.p.].

Hieronymus, Frank 1995. "Physicians and Publishers: The Translation of Medical Works in Sixteenth-Century Basle." In *The German Book 1450—1750*, edited by J. L. Flood and W. A. Kelley, 95–109. London: British Library.

Higman, Francis M. 1979. *Censorship and the Sorbonne Aa Bibliographical Study of Books in French Censured by the Faculty of Theology of the University of Paris 1520—1551*. Geneva: Droz.

Hill, Brad Sabin. 1995. *Carta Azzurra: Hebrew Printing on Blue Paper, Exhibition Pamphlet*, London: British Library.

Hind, Arthur M. 1923. *A History of Engraving and Etching from the 15th Century to the Year 1914*. London: Constable.

———. 1935. *An Introduction to a History of Woodcut, with a Detailed Survey of Work Done in the Fifteenth Century*. 2 vols. London: Constable.

————. 1952—1964. *Engraving in England in the Sixteenth & Seventeenth Centuries*. 3 vols. Cambridge: Cambridge University Press.

Hindman, Sandra L. 1983. "The Roles of Author and Artists in the Procedure of Illustrating Late Medieval Texts." In *Text and Image*, edited by D. W. Burchmore, 27–62. Binghamton, NY: State University of New York at Binghamton.

————. ed. 1991. *Printing the Written Word: The Social History of Books circa 1450—1520*. Ithaca, NY: Cornell University Press.

Hindman, Sandra L., and James Douglas Farquhar, eds. 1977. *Pen to Press: Illustrated Manuscripts and Printed Books in the First Century of Printing*. College Park: Art Department, University of Maryland.

Hirsch, Rudolf. 1948. "The Art of Selling Books: Notes on Three Aldus Catalogues, 1586—1592." In *Studies in Bibliography (Virginia)*: 83–101.

————. 1955. "Pre-Reformation Censorship of Printed Books." *Library Chronicle* 21:100–105.

————. 1967. *Printing, Selling and Reading 1450—1550*. Wiesbaden: Harrassowitz.

Hoegger, Peter. 1998. *Die Kunstdenkmäler des Kantons Aargau*. Vol. 8. *Der Bezirk Baden 3. Das ehemalige Zisterzienserkloster Marisstella in Wettingen*. Basel: Birckhäuser.

Hofer, Philip. 1934. "Early Book Illustration in the Intaglio Medium." *The Print Collector's Quarterly*, 203–227, 295–316.

Hoffmann, Leonhard. 1996. "Gutenberg und die Folgen: Zur Entwicklung des Bücherpreises im 15. und 16. Jahrhundert." *Bibliothek und Wissenschaft* 29:5–23.

Hook, Diana H., and Jeremy M. Norman. 1991. *The Haskell F. Norman Library of Science and Medicine*. 2 vols. San Francisco: Norman.

Honemann, Volker, S. Griese, F. Eisermann, and M. Ostermann, eds. 2000. *Einblattdrucke des 15. und frühen 16. Jahrhunderts, Probleme, Perspektiven, Fallstudien*. Tübingen: Niemeyer.

Hotson, Howard. 2007. *Commonplace Learning: Ramism and its German ramifications, 1543—1630*. Oxford: Oxford University Press.

Huisman, Gerda C. 1985. *Rudolph Agricola: A Bibliography of Printed Works and Translations*. Nieuwkoop: de Graaf.

Hunger, F. W. T. 1935. *The Herbal of Pseudo-Apuleius from the Ninth-Century Manuscript in the Abbey of Monte Cassino, Codex Casinensis 97, Together with the First Printed Edition of J. P. de Lignamine, Editio Princeps Romae 1481, both in Facsimile*. Leiden: Brill.

Hunter, Michael, ed. 2010. *Printed Images in Early Modern Britain: Essays in Interpretation*. Farnham: Ashgate.

Isager, Jacob. 1991. *Pliny on Art and Society: The Elder Pliny's Chapters on the History of Art*. Odense: Odense University Press.

Iversen, Erik. 1993. *The Myth of Egypt and its Hieroglyphs in European Tradition*. Princeton, NJ: Princeton University Press. (Orig. pub. 1961.)

Ivins, William M. Jr. 1953. *Prints and Visual Communication*. London: Routledge & K. Paul.

Jardine, Lisa, and Anthony Grafton. 1990. "'Studied for Action': How Gabriel Harvey Read his Livy." *Past and Present* 129:3–51.

Jensen, Kristian. 2003. "Printing the Bible in the Fifteenth Century: Devotion, Philology and Commerce." In *Incunabula and their Readers: Printing, Selling and Using Books in the Fifteenth Century*, edited by K. Jensen, 115–138.London: British Library.

Jex-Blake, K., and E. Sellers. 1896. *The Elder Pliny's Chapters on the History of Art*. London: Macmillan.

Johns, Adrian. 1999. *The Nature of the Book*. Chicago: University of Chicago Press.

Johnson, A. F. 1928. "Oronce Finé as an Illustrator of Books." *Gutenberg Jahrbuch*, 107–109.

Johnson, Francis R. 1950. "Notes on English Retail Book-Prices 1550—1640." *The Library* 5th ser. 5, no.2: 83–112.

Jones, Peter Murray. 1987. "'Sicut Hic Depingitur . . .' John of Ardene and English Medical Illustration in the 14th and 15th Centuries." In *Die Kunst und das Studium der Natur vom XIV. zum XVI. Jahrhundert*, edited by W. Prinz and A. Beyer, 103–126.Weinheim: Acta Humaniora.

————. 1988. "Thomas Lorkyn's Dissections, 1564/1565 and 1566/1567." *Transactions of the Cambridge Bibliographical Society* 9:209–229.

———. 1998. *Medieval Medicine in Illuminated Manuscripts*. London: British Library.

———. 2006. "Image, Word, and Medicine in the Middle Ages." In Givens, *Visualizing Medieval Medicine*, 1–24.

Judson, J. Richard, and Carl Van de Velde. 1978. *Book Illustrations and Title-Pages, Corpus Rubenianum Ludwig Buchard XXI*. 2 vols. London: Harvey Miller.

Kantorowicz, Ernst H. 1957. *The King's Two Bodies: A Study in Mediaeval Political Theology*. Princeton, NJ: Princeton University Press.

Kapp, Friedrich.1886—1923. *Geschichte des deutschen Buchhandels* 5 vols. Leipzig: Verlag des Börsenvereins der Deutschen Buchhändler.

Kaufmann, Thomas DaCosta. 1976. "Hand-Coloured Prints and Pseudo-Manuscripts: The Curious Case of Codex 7906 of the Österreichische Nationalbibliothek Wien." *Codices Manuscripti: Zeitschrift für Handschriftenkunde* 1, no. 2: 26–31.

———. 1989. "The Nature of Imitation: Hoefnagel on Dürer." *Jahrbuch der Kunsthistorischen Sammlungen in Wien* n.s. 82/83:163–177.

———. 2004. *Central European Drawings: In the Collection of the Crocker Art Museum*. Turnhout: Harvey Miller.

———. 2009. *Arcimboldo: Visual Jokes, Natural History, and Still-Life Painting*. Chicago: University of Chicago Press.

Kellett, Charles E. 1957. "A Note on Rosso and the Illustrations to Charles Estienne's *De Dissectione*." *Journal of the History of Medicine and Allied Sciences* 12:325–338.

———. 1961. "Sylvius and the Reform of Anatomy." *Medical History* 5:101–116.

Kemp, Martin. 1970. "A Drawing for the *Fabrica*; and Some Thoughts upon the Vesalius Muscle-Men." *Medical History* 14:277–288.

———. 1981. *Leonardo da Vinci: The Marvellous Works of Nature and Man*. London: Dent.

———. 1990. "Taking it on Trust: Form and Meaning in Naturalistic Representation." *Archives of Natural History* 17:127–188.

———. 1993. "'The Mark of Truth': Looking and Learning in Some Anatomical Illustrations from the Renaissance and Eighteenth Century." In *Medicine and the Five Senses*, edited by S. F. Bynum and R. Porter, 85–122. Cambridge: Cambridge University Press.

———. 1996. "Temples of the Body and Temples of the Cosmos: Vision and Visualization in the Vesalian and Copernican Revolutions." In *Picturing Knowledge: Historical and Philosophical Problems Concerning the Use of Art in Science*, edited by Brian S. Baigrie, 40–85. Toronto: University of Toronto Press.

———. 2000a. "The Handy Work of the Incomprehensible Creator." In Sherman, *Writing on Hands*, 22–27.

———. 2000b. "Vision and Visualisation in the Illustration of Anatomy and Astronomy from Leonardo to Galileo." In *1543 and All That: Image and Word, Change and Continuity in the Proto-scientific Revolution*, edited by Guy Freeland and Anthony Corones, 17–51. Dordrecht: Kluwer.

———. 2004. "Leonardo and the Idea of Naturalism: Leonardo's Hypernaturalism." In *Painters of Reality: The Legacy of Leonardo and Caravaggio in Lombardy*, edited by Andrea Bayer, 64–73. New York: Metropolitan Museum of Art.

———. 2006. *Leonardo da Vinci: Experience, Experiment and Design*. London: V & A Publications.

Kessler, Eckhard, and Ian Maclean, eds. 2002. *Res et Verba in der Renaissance*. Wiesbaden: Harrassowitz.

Kiening, Christian. 2003. *Das andere Selbst: Figuren des Todes an der Schwelle zur Neuzeit*. Munich: W. Fink.

King, Donald. 1962. "Textiles and the Origins of Printing in Europe." *Pantheon* 20:23–50.

Kirchhoff, Albrecht. 1880. "Zur Geschichte des Straßburger Buchdrucks und Buchhandels." *Archiv für Geschichte des Deutschen Buchhandels* 5:1–146.

Klemperer, Victor von. 1927. "Johann Bämler, der Augsburger Drucken als Rubricator." *Gutenberg Jahrbuch*, 50–52.

Klestinec, Cynthia. 2004. "A History of Anatomy Theaters in Sixteenth-Century Padua." *Journal of the History of Medicine and Allied Sciences* 59:375–412.

————. 2005. "Juan Valverde de (H)Amusco and Print Culture: The Editorial Apparatus in Vernacular Anatomical Texts." In Schirrmeister, *Zergliederungen*, 78–94.

Koelner, Paul. 1953. *Die Zunft zum Schlüssel in Basel*. Basel: Schwabe.

Koerner, Joseph Leo. 1993. *The Moment of Self-Portraiture in German Renaissance Art*. Chicago: University of Chicago Press.

Köhler, Hans-Joachim, ed. 1981. *Flugschriften als Massenmedium der Reformationszeit*. Stuttgart.: Klett-Cotta.

Kolb, Werner. 1951. *Geschichte des anatomischen Unterrichtes an der Universität zu Basel, 1460—1900*. Basel: Schwabe.

König, Eberhard. 1983. "A Leaf from a Gutenberg Bible Illuminated in England." *British Library Journal* 9:32–50.

————. 1987. "The History of Art and the History of the Book at the Time of Transition from Manuscript to Print." In *Bibliography and the Study of 15th-Century Civilisation*, edited by L. Hellinga, 154–184. London: British Library.

————. 1991. "New Perspectives on the History of Mainz Printing: A Fresh Look at Illuminated Imprints." In Hindman, *Printing the Written Word*, 143–173.

Koreny, Fritz. 1988. *Albrecht Dürer and the Animal and Plant Studies of the Renaissance*. Translated by Pamela Marwood and Yehuda Shapiro. Boston: Little, Brown.

Krieg, Walter. 1953. *Materialien zu einer Entwicklungsgeschichte der Bücherpreise und des Autoren-Honorars vom 15. bis 20. Jahrhundert*. Vienna: H. Stubenrauch.

Kunze, Horst. 1975. *Geschichte der Buchillustration in Deutschland. Das 15. Jahrhundert*. 2 vols. Leipzig: Insel.

————. 1993. *Geschichte der Buchillustration in Deutschland. Das 16. und 17. Jahrhundert*. 2 vols. Frankfurt a. M.: Insel.

Kuriyama, Shigehisa. 1995. "Visual Knowledge in Classical Chinese Medicine." In *Knowledge and the Scholarly Medical Traditions*, edited by Don Bates, 205–234. Cambridge: Cambridge University Press.

Kusukawa, Sachiko. 1997. "Leonhart Fuchs on the Importance of Pictures." *Journal of the History of Ideas* 58:403–427.

————. 2000. "A Manual Computer for Reckoning Time." In Sherman, *Writing on Hands*, 28–34; 162–173.

————. 2007. "Uses of Pictures in Printed Books: The Case of Clusius' *Exoticorum Libri Decem*." In Egmond, *Carolus Clusius* 221–246.

————. 2009. "Image, Text and 'Observatio': The Codex kentmanus." *Early Science and Medicine* 14:445–475.

————. 2010. "The Sources of Gessner's Pictures for the *Historia Animalium*." *Annals of Science* 67:303–328.

————. Forthcoming. "Conrad Gessner on an 'Ad Vivum' Image."

Kusukawa, Sachiko, and Ian Maclean, eds. 2006. *Transmitting Knowledge: Words, Images and Instruments in Early Modern Europe*. Oxford: Oxford University Press.

Kyriss, Ernst. 1953. "Schenkungsexemplare bekannter Drucker des fünfzehnten Jahrhunderts." *Gutenberg Jahrbuch*, 36–38.

Laclotte, Michel, et al. 2005. *Splendeur de Venise, 1500—1600: Peintures et dessins des collections publiques françaises*. Paris: Somogy.

Lambert, Samuel W. 1952. "The Initial Letters of the Anatomical Treatise, *De Humani Cororis Fabrica*, of Vesalius." In Lambert et al., *Three Vesalian Essays*, 3–24.

Lambert, Samuel W., Willy Wiegand, and William W. Ivins Jr., eds. 1952. *Three Vesalian Essays to Accompany the "Icones Anatomicae" of 1934*. New York: MacMillan.

Landau, David, and Peter Parshall. 1994. *The Renaissance Print: 1470—1550*. New Haven: Yale University Press.

Lange, Wilhelm H. 1948. "Briefmaler." In *Reallexikon zur Deutschen Kunstgeschichte*, 7- vols., edited by O. Schmitt, 2:1172–1178; 5:1408–1417. Stuttgart: Metzler, 1933—.

Layard, George Somes. 1907. *Suppressed Plates, Wood Engravings, &c*. London: Black.

————. 1922. *The Headless Horseman: Pierre Lombart's Engraving, Charles or Cromwell?* London: Allan.

为自然书籍制图

Leedham-Green, Elisabeth S. 1986. *Books in Cambridge Inventories: Book-Lists from the Vice-Chancellor's Court Probate Inventories in the Tudor and Stuart Periods.* 2 vols. Cambridge: Cambridge University Press.

Leeflang, Huigen, Ger Luijten, and Lawrence W. Nichols. 2003. *Hendrick Goltzius (1558—1617): Drawings, Prints and Paintings.* Zwolle: Waanders.

Leemann van Elck, Paul. 1935. *Der Buchschmuck in Conrad Gessners naturgeschichtlichen Werken.* Bern: Verlag Paul Haupt.

———. 1952. *Die zürcherische Buchillustration von den Anfängen bis um 1850.* Zurich.

Lefèvre, Wolfgang, ed. 2004. *Picturing Machines 1400—1700.* Cambridge, MA: MIT Press.

Lefèvre, Wolfgang, Jürgen Renn, and Urs Schoepflin, eds. 2003. *The Power of Images in Early Modern Science.* Basel: Birckhäuser.

Lehmann Haupt, Hellmut. 1929. *Schwäbische Federzeichnungen. Studien zur Buchillustration Augsburgs im XV. Jahrhundert.* Berlin: de Gruyter.

———. 1950. *Peter Schoeffer of Gernsheim and Mainz; With a List of his Surviving Books and Broadsides.* Rochester, NY: Printing House of L. Hart.

Lestringant, Frank. 1994. *Mapping the Renaissance World: The Geographical Imagination in the Age of Discovery.* Translated by David Fausett. Cambridge: Polity.

Leu, Urs B. 1990. *Conrad Gesner als Theologe: Ein Beitrag zur Zürcher Geistesgeschichte des 16. Jahrhunderts.* Bern: P. Lang.

———. 1992. "Konrad Gessner und die Neue Welt." *Gesnerus* 49:279-309.

Leu, Urs B., and Sandra Weidmann. 2004. *Heinrich Bullingers Werke.* Vol. 3. Heinrich Bullingers Privatbibliothek. Zurich: Theologischer Verlag.

Leu, Urs B., Raffael Keller, and Sandra Weidmann. 2008. *Conrad Gessner's Private Library.* Leiden: Brill.

Levis, Howard Coppuck. 1917. *Notes on the Early British Engraved Royal Portraits Issued in Various Series from 1521 to the End of the Eighteenth Century.* London: Chiswick.

Lewis, Gillian. 2007. "Clusius in Montepellier, 1551—1554: A Humanist Education Completed?" In Egmond, *Carolus Clusius,* 65-98.

Lincoln, Evelyn. 1997. "Making a Good impression: Diana Mantuana's Printmaking Career." *Renaissance Quarterly* 50:1101—1147.

Lind, Levi Robert. 1975. *Studies in Pre-Vesalian Anatomy: Biography, Translations, Documents.* Philadelphia: American Philosophical Society.

Lindberg, David C. 1978. *Science in the Middle Ages.* Chicago: University of Chicago Press.

Lindberg, Sten G. 1979. "Mobiles in Books, Volvelles, Inserts, Pyramids, Divinations and Children's Games." *The Private Library* 3rd ser. 2, no. 2: 49-82.

Long, Pamela O. 2002. "Objects of Art/Objects of Nature: Visual Representation and the Investigation of Nature." In *Merchants and Marvels: Commerce, Science and Art in Early Modern Europe,* edited by P. H. Smith and P. Findlen, 63-82. London: Routledge.

Lonie, Iain M. 1985. "The 'Paris Hippocrates': Teaching and Research in Paris in the Second Half of the Sixteenth Century." In Wear, *Medical Renaissance,* 155-174.

Loose, Wilhelm, ed. 1877. *Anton Tucher's Haushaltbuch.* Stuttgart: Litterar. Verein.

Lötscher, Valentin. 1975. *Felix Platter und seine Familie.* Basel: Helbing and Lichtenhahn.

Louthan, Howard. 1994. *Johannis Crato and the Austrian Habsburgs: Reforming a Counter-Reform Court.* Princeton, NJ: Princeton Theological Seminary.

Love, Harold. 1993. *Scribal Publication in Seventeenth-Century England.* Oxford: Oxford University Press.

Lowry, Martin. 1979. *The World of Aldus Manutius: Business and Scholarship in Renaissance Venice.* Oxford: Blackwell.

———. 1991. *Book Prices in Venice: The Stockbook of Bernardo Giunti.* Los Angeles: University Research Library, University of California, Los Angeles.

———. 1992. "La produzione del libro." In *Produzione e commercio della carta e del libro secc. XIII-XVIII,* edited by Simonetta Cavaciocchi, 365-387. Florence: Le Monnier.

Luborsky, Ruth Samson. 1987. "Connections and Disconnections between Images and Texts: The Case of Secular Tudor Book Illustration." *Word & Image* 3:74-85.

Lüthy, Christoph, and Alexis Smets. 2009. "Words, Lines, Diagrams, Images: Towards a History of Scientific Imagery." *Early Science and Medicine* 14:398-439.

Mack, Peter. 1993. *Renaissance Argument: Valla and Agricola in the Traditions of Rhetoric and Dialectic*. Leiden: Brill.

Maclean, Ian. 2001a. *Logic, Signs and Nature: Learned Medicine in the Renaissance*. Cambridge: Cambridge University Press.

———. 2001b. "Logical Division and Visual Dichotomies: Ramus in the Context of Legal and Medical Writing." In Feingold, *Influence of Petrus Ramus*, 228-247.

———. 2005a. "Heterodoxy in Natural Philosophy and Medicine: Pietro Pomponazzi, Guglielmo Gratarolo, Girolamo Cardano." In *Heterodoxy in Early Modern Science and Religion*, edited by John Hedley Brooke and Ian Maclean, 1-30. Oxford: Oxford University Press.

———. 2005b. "White Crows, Greying Hair and Eyelashes: Problems for Natural Historians in the Reception of Aristotelian Logic and Biology from Pomponazzi to Bacon." In Pomata, *Historia*, 147-179.

———. 2006. "Diagrams in the Defence of Galen: Medical Uses of Tables, Squares, Dichotomies, Wheels and Latitudes, 1480—1574." In Kusukawa and Maclean, *Transmitting Knowledge*, 135-164.

———. 2008. "Expressing Nature's Regularities and Their Determinations in the Late Renaissance." In *Natural Law and Laws of Nature in Early Modern Europe: Jurisprudence, Theology, Moral and Natural Philosophy*, edited by L. Daston and M. Stolleis, 29-44. Aldershot: Ashgate.

Mandelbrote, Scott. 2004. "Morison, Robert (1620—1683)", *Oxford Dictionary of National Biography*. Oxford: Oxford University Press [www.oxforddnb.com/view/article/19275, accessed May 2008].

Mani, Nikolaus. 1956. "Die griechische *Editio princeps* des Galenos (1525), ihre Entstehung und ihre Wirkung." *Gesnerus* 13:29-52.

Marenbon, John. 2003. *Boethius*. Oxford: Oxford University Press.

Margolin, Jean-Claude. 1998. "Érasme et le 'Collegium Trilingue Lovaniense'." In *Les origines du Collège de France (1500-1560)*, edited by Marc Fumaroli, 257-278. Paris: Collège de France.

Marks, P. J. M. 1998. *The British Library Guide to Bookbinding: History and Techniques*. London: British Library.

Massing, Jean Michel. 1984. "Schongauer's *Tribulations of St. Anthony*: Its Iconography and Influence on German Art." *Print Quarterly* 1:220-236.

The Mattioli Woodblocks. London: Hazlitt, Gooden & Fox, Bernard Quaritch, 1989.

Mayor, A. Hyatt. 1971. *Prints and People: A Social History of Printed Pictures*. New York: Metropolitan Museum of Art.

Mazzini, Giovanni. 1953. *Libri stampati Palatini Vaticani latini 2670-2830*. Vatican City: Tipografia Poliglotta Vaticana.

McKitterick, David. 2003. *Print, Manuscript and the Search for Order, 1450—1830*. Cambridge: Cambridge University Press.

McVaugh, Michael R. 2006. *The Rational Surgery of the Middle Ages*. Florence: Sismel.

Meerhoff, Kees. 2004. "Ramus et l'Université: De Paris à Heidelberg (1569—1570)." In *Ramus et l'université*, edited by Kees Meerhoff and Michel Magnien, 89-120. Paris: Editions Rue d'Ulm.

Meyer, Frederick G., Emily Emmart Trueblood, and John L. Heller. 1999. *The Great Herbal of Leonhart Fuchs: "De Historia Stirpium Commentarii Insignes," 1542*. 2 vols. Stanford: Stanford University Press.

Michael, Erika. 1992. "The Iconography of Hans Holbein the Younger's *Icones* and Their Reception in the Later Sixteenth Century." *Harvard Library Bulletin* 3, no. 3:28-47.

Michaelis, Adolf. 1892. "Römische Skizzenbücher nordischer Künstler des XVI. Jahrhunderts." *Jahrbuch des Kaiserlich-Deutschen Archäologischen Instituts* 7, no. 2: 83-105.

Miedema, Hessel. 1968. "The Term *Emblema* in Alciati." *Journal of the Warburg and Courtauld Institutes* 31:234-250.

为自然书籍制图

Mielke, Hans, Ursula Mielke, and Ger Luijten, eds. 2004. *Peeter van der Borcht*. Rotterdam: Sound & Vision.

Miller, John, ed. 1990. *Absolutism in Seventeenth-Century Europe*. Basingstoke: Macmillan.

Mitchell, W. J. T., ed. 1994. *Picture Theory: Essays on Verbal and Visual Representation*. Chicago: University of Chicago Press.

Monfasani, John. 1988. "The First Call for Press Censorship: Niccolò Perotti, Giovanni Andrea Bussi, Antonio Moreto, and the editing of Pliny's Natural History." *Renaissance Quarterly* 41:1–31.

Mortimer, Ruth. 1964. *Harvard College Library; Department of Printing and Graphic Arts: Catalogue of Books and Manuscripts; French 16th Century Books*. 2 vols. Cambridge: Belknap.

———. 1974. *Harvard College Library; Department of Printing and Graphic Arts: Catalogue of Books and Manuscripts; Italian 16th Century Books*. 2 vols. Cambridge: Belknap.

———. 1996. "The Author's Image: Italian Sixteenth-Century Printed Portraits." *Harvard Library Bulletin* 7, no. 2: 7–87.

Mosley, Adam. 2007. *Bearing the Heavens: Tycho Brahe and the Astronomical Community of the Late Sixteenth Century*. Cambridge: Cambridge University Press.

Moss, Ann. 1996. *Printed Commonplace-Books and the Structuring of Renaissance Thought*. Oxford: Oxford University Press.

Moyer, Ann. 2001. *The Philosophers' Game: Rithmomachia in Medieval and Renaissance Europe*. Ann Arbor: University of Michigan Press.

Munro, John H. 1983. "The Medieval Scarlet and Economies of Sartorial Splendour." In *Cloth and Clothing in Medieval Europe: Essays in Memory of Professor E.M. Carus-Wilson*, edited by Negley B. Harte and Kenneth G. Ponting, 13–70. London: Heinemann Educational.

Murdoch, John Emery. 1984. *Album of Science: Antiquity and the Middle Ages*. New York: Scribner.

Naegeli, Marianne, ed. 1981. *Zürcher Kunst nach der Reformation: Hans Asper und seine Zeit*. Zurich: Schweizerisches Institut für Kunstwissenschaft.

Nauert, Charles G. Jr. 1980. "Caius Plinius Secundus." *Catalogus translationum et commentariorum* 4:297–422.

Nave, Francine de, and Dirk Imhof, eds. 1993. *Botany in the Low Countries (End of the 15th century—ca. 1650)*. Antwerp: Snoeck-Ducaju & Zoon.

Nef, John U., 1941. "Silver Production in Central Europe, 1450—1618," *Journal of Political Economy* 49:575–1591.

Neher, Gabriele, and Rupert Shepherd, eds. *Revaluing Renaissance Art*. Aldershot: Ashgate, 2000.

Netz, Raviel. 1999. *The Shaping of Deduction in Greek Mathematics: A Study in Cognitive History*. Cambridge: Cambridge University Press.

Neuschel, Kirsten B. 1989. *Word of Honor: Interpreting Noble Culture in Sixteenth-Century France*. Ithaca, NY: Cornell University Press.

Nevinson, John. 1975. "An Elizabethan Herbarium: Embroideries by Bess of Hardwick after the Woodcuts of Mattioli." *National Trust Yearbook*, 65–69.

Nissen, Claus. 1951. *Die botanische Buchillustration: Ihre Geschichte und Bibliographie*. 2 vols. Stuttgart: Hiersemann. *Supplement*. Stuttgart: Hiersemann, 1966.

Nordenfalk, Carl. 1985. "The Five Senses in Late Medieval and Renaissance Art." *Journal of the Warburg and Courtauld Institutes* 48:1–22.

Nova, Alessandro. 2005. "'La Dolce Morte.' Die anatomischen Zeichnungen Leonardo da Vincis als Erkenntnismittel und reflektierte Kunstpraxis." In Schirrmeister, *Zergliederungen*, 136–163.

Nuti, Lucia. 1994. "The Perspective Plan of the Sixteenth Century: The Invention of a Representational Language." *Art Bulletin* 76:105–128.

Nutton, Vivian. 1983. "Montanus, Vesalius and the Haemorrhoidal Veins." *Clio Medica* 18:33–36.

———. 1985. "Conrad Gessner and the English Naturalists." *Medical History* 29:93–97.

———. 1986. "*De Placitis Hippocratis et Platonis* in the Renaissance." In *Le opere psicologiche di Galeno*, edited by Paola Manuli and Mario Vegetti, 281–309. Naples: Bibliopolis.

———. 1988. "'Prisci dissectionum professores': Greek Texts and Renaissance Anatomists." In *The Uses of Greek and Latin: Historical Essays*, edited by A.C. Dionisotti, Anthony Grafton, and Jill Kraye, 111–126. London: Warburg Institute.

———. 1997a. "Hellenism Postponed: Some Aspects of Renaissance Medicine 1490—1530." *Sudhoffs Archiv* 81:158–170.

———. 1997b. "The Rise of Medical Humanism: Ferrara, 1464—1555." *Renaissance Studies* 11, no. 1: 2–19.

———. 2001. "Representation and Memory in Renaissance Anatomical Illustration." In *Immagini per conoscere: Dal Rinascimento alla Rivoluzione scientifica*, edited by F. Meroi and C. Pogliano, 61–80. Florence: Olschki.

———. 2004a. *Ancient Medicine*. London: Routledge.

———. 2004b. "Mattioli and the Art of Commentary." In *La complessa scienza dei semplici: atti delle celebrazioni per il v centenario della nascita di Pietro Andrea Mattioli*, edited by Daniela Fausti, 133–147. Siena: Accademia dei Fisiocritici onlus.

Nutton, Vivian, and Christine Nutton. 2004. "Noël du Fail, Cardano, and the Paris Medical Faculty." *Medical History* 48:367–172.

O'Malley, Charles D. 1958. "The Anatomical Sketches of Vitus Tritionius Athesinus and Their Relationship to Vesalius' *Tabulae Anatomicae*." *Journal of the History of Medicine* 13:395-397.

———. 1964. *Andreas Vesalius of Brussels, 1514—1564*. Berkeley and Los Angeles: University of California Press.

Oberman, Heiko A. 1963. *The Harvest of Medieval Theology: Gabriel Biel and Late Medieval Nominalism*. Cambridge, MA: Harvard University Press.

Ockenden, R. E. 1939 "A Note on Hyoscyamus Luteus." *Isis* 30:273–276.

Ogilvie, Brian W. 2003. "Image and Text in Natural History, 1500—1700." In Lefèvre, *The Power of Images*, 141–166.

———. 2006. *The Science of Describing: Natural History in Renaissance Europe*. Chicago: University of Chicago Press.

Oldenbourg, M. Consuelo. 1973. *Hortulus animae (1494)—1523: Bibliographie und Illustration*. Hamburg: Hauswedell.

Olivier, Eugène. 1951. "Les années Lausannoises (1537—1540) de Conrad Gesner." *Revue Suisse d'histoire* 1:369–428.

Ong, Walter. J. 2004. *Ramus, Method, and the Decay of Dialogue*. Chicago: University of Chicago Press. (Orig. pub. 1958.)

Orlandi, Giovanni. 1975. *Aldo Manuzio editore: Dediche, prefazioni, note ai testi*. 2 vols. Milan: Il polifilo.

Orth, Myra. D. 1998. "The Master of François de Rohan: A Familiar French Renaissance Miniaturist with a New Name." In *Illuminating the Book: Makers and Interpreters: Essays in Honour of Janet Backhouse*, edited by M. P. Brown and S. Mckendrick, 69–91. London: British Library.

Ott, Norbert H. 1999. "Leitmedium Holzschnitt; Tendenzen und Entwicklungslinien der Druckillustration im Mittelalter und früher Neuzeit." In *Die Buchkultur im 15. und 16. Jahrhundert*, edited by the Maximilian-Gesellschaft and Barbara Tiemann, 163–252. Hamburg: Maximilian-Gesellschaft.

Overbeck, Johannes Adolf. 1868. *Die antiken Schriftquellen zur Geschichte der bildenden Künste bei den Griechen*. Berlin: Engelmann.

Pabel, Hilmar M. 2005. "Credit, Paratexts, and Editorial Strategies in Erasmus of Rotterdam's Editions of Jerome." In *Cognition and the Book: Typologies of Formal Organisation of Knowledge in the Printed Book of the Early Modern Period*, edited by Karl A. E. Enenkel and Wolfgang Neuber, 217–256. Leiden: Brill.

Pagel, Walter. 1958. *Paracelsus: An Introduction to Philosophical Medicine in the Era of the Renaissance*. Basel: S. Karger.

Pallmann, Heinrich 1884. "Ein Meßregister Sigmund Feyerabend's aus dem Jahre 1565." *Archiv für Geschichte des Deutschen Buchhandels* 9:5–46.

为自然书籍制图

Palmer, Nigel F. 1993. "Ars moriendi und Totentanz: Zur Verbildlichung des Todes im Spätmittelalter." In *Tod im Mittelalter*, edited by A. Borst, Gerhart von Graevenitz, Alexander Patschovsky and Karlheinz Stierle, 313–329. Konstanz: Universitätsverlag Konstanz.

Palmer, Richard. (1984). "The Influence of Botanical Research on Pharmacists in Sixteenth-Century Venice." *NTM* 21:69–80.

———. 1985."Medical Botany in Northern Italy in the Renaissance." *Journal of the Royal Society of Medicine* 78:149–157.

Panofsky, Erwin. 1951. "'Nebulae in Pariete': Notes on Erasmus' Eulogy on Dürer." *Journal of the Warburg and Courtauld Institutes* 14:34–41.

———. 1956. "Galileo as a Critic of the Arts: Aesthetic Attitude and Scientific Thought." *Isis* 47:3–15.

———. 1971. *The Life and Art of Albrecht Dürer.* 4th ed. Princeton, NJ: Princeton University Press.

Pantin, Isabelle. 1987. "La Lettre de Melanchthon à S. Grynaeus: Les avatars d'une apologie de l'astrologie." In *Divination et controverse religieuse en France au XVIᵉ siècle*, edited by R. Aulotte, 85–101. Paris: École normale supérieure de jeunes filles.

Park, Katherine. 1994. "The Criminal and the Saintly Body: Autopsy and Dissection in Renaissance Italy." *Renaissance Quarterly* 47:1–33.

———. 2006. *Secrets of Women: Gender, Generation, and the Origins of Human Dissection.* New York: Zone.

Parshall, Peter. 1993. "*Imago Contrafacta*: Images and Facts in the Northern Renaissance." *Art History* 16, no. 4:554–579.

Parshall, Peter, Rainer Schoch, David S. Areford, Richard S. Field, and Peter Schmidt. 2005. *Origins of European Printmaking: Fifteenth-Century Woodcuts and Their Public.* Washington, DC: National Gallery of Art: Nuremberg: Germanisches National museum; New Haven: Yale University Press.

Pedersen, Olaf. 1978. "The Decline and Fall of the *Theorica Planetarum.*" *Studia Copernicana* 16:157–185.

Peiffer, Jeanne. 2004. "Projections Embodied in Technical Drawings: Dürer and His Followers." In Lefèvre, *Picturing Machines*, 245–275.

Pelc, Milan. 2002. *Illustrium imagines: Das Porträtbuch in der Renaissance.* Leiden: Brill.

Pettas, William. 1980. *The Giunti of Florence: Merchant Publishers of the Sixteenth Century.* San Francisco: Rosenthal.

———. 1995. "A Sixteenth-Century Spanish Bookstore: The Inventory of Juan de Junta," *Transactions and Proceedings of the American Philological Association* 86.

Pigeaud, Jackie. 1990. "Formes et normes dans le 'De fabrica' de Vesale." In *Le corps à la Renaissance*, edited by J. Céard, Marie-Madeleine Fontaine and Jean-Claude Margolin, 399–421. Paris: Aux amateurs de livres.

Pinon, Laurent. 2002. "Clématite bleue contre poissons séchés: Sept lettres inédites d'Ippolito Salviani à Ulisse Aldrovandi," *Mélanges de l'école française de Rome* 114:477–492.

———. 2003. "Entre compilation et observation: L'écriture de l'*Ornithologie* d'Ulisse Aldrovandi," *Genesis* 20:53–70.

———. 2005. "Conrad Gessner and the Historical Depth of Renaissance Natural History." In Pomata, *Historia*, 241–267.

Pinto, John A. 1976. "Origins and Development of the Ichnographic City Plan." *Journal of the Society of Architectural Historians* 35:35–50.

Piovan, Francesco. 1988. "Nuovi documenti sul medico ebreo Lazzaro 'de Frigeis', collabora-tore di Andrea Vesalio." *Quaderni per la storia dell'Università di Padova* 21:67–74.

Pollard, Graham, and Ehrman, Albert, 1965. *The Distribution of Books by Catalogue from the Invention of Printing to A.D.1800.* Cambridge: Roxburghe Club.

Pomata, Gianna. 2011. "A Word of the Empirics: The Ancient Concept of Observation and its Recovery in Early Modern Medicine." *Annals of Science* 68, no. 1: 1–25.

Pomata, Gianna, and Nancy Siraisi, eds. 2005. *Historia: Empiricism and Erudition in Early Modern Europe.* Cambridge, MA: MIT Press.

Pomata, Gianna, and Nancy Siraisi. 2005. "Introduction." In Pomata, *Historia*, 1–38.

Pon, Lisa. 2004. *Raphael, Dürer, and Marcantonio Raimondi: Copying and the Italian Renaissance Print*. New Haven: Yale University Press.

Poseq, Avigdor W. G. 2002. "On Mirror Copying of the Sistine Vault and Mannerist 'Invenzioni.'" *Artibus et historiae* 23, no. 45: 117-138.

Praet, Joseph Basile Bernard van. 1822—1828. *Catalogue des livres imprimés sur velin de la Bibliothèque du Roi*. 6 vols. Paris: De Bure.

Preston, Claire. 2007. "Ekphrasis: Painting in Words." In *Renaissance Figures of Speech*, edited by Sylvia Adamson, Gavin Alexander, and Katrin Ettenhuber, 115—129.Cambridge: Cambridge University Press.

Pyle, Cynthia M. 1996. "The Art and Science of Renaissance Natural History: Thomas of Cantimpré, Pier Candido Decembrio." *Viator* 27:265-321.

Rath, Gernot. 1950. "Die Briefe Konrad Geßners aus der Trewschen Sammlung." *Gesnerus* 7:140-215.

Redgrave, Gilbert Richard. 1894. *Erhard Ratdolt and His Work at Venice*. London: Chiswick.

Reeds, Karen M. 1976. "Renaissance Humanism and Botany." *Annals of Science* 33:519-542.

———. 1980. "Albert on the Natural Philosophy of Plant Life." In *Albertus Magnus and the Sciences: Commemorative Essays*, edited by J. Weisheipl, 341-342.Toronto: Pontifical Institute of Mediaeval Studies, 1980.

———. 1983. "Publishing Scholarly Books in the Sixteenth Century." *Scholarly Publishing* 14:259-274.

———. 1990. "Review of Fritz Koreny, *Albrecht Dürer and the Animal and Plant Studies of the Renaissance*." *Isis* 81:766-768.

———. 1991. *Botany in Medieval and Renaissance Universities*. New York: Garland.

———. 2004. "When the Botanist Can't Draw: The Case of Linnaeus." *Interdisciplinary Science Reviews* 29, no. 3: 248-258.

———. 2006. "Leonardo da Vinci and Botanical Illustration: Nature Prints, Drawings, and Woodcuts Circa 1500." In Givens, *Visualizing Medieval Medicine*, 205-237.

Reeve, Michael D. 1983. "Manuscripts Copied from Printed Books." In *Manuscripts in the Fifty Years after the Invention of Printing*, edited by J. B. Trapp, 12-20. London: Warburg Institute.

Reeves, Eileen. 1999. "Old Wives' Tales and the New World System: Gilbert, Galileo and Kepler." *Configurations* 7:301-354.

Reidy, Denis V. ed. 1993. *The Italian Book 1465—1800: Studies Presented to Dennis E. Rhodes on his 70th Birthday*. London: British Library.

Remmert, Volker R. 2005. *Widmung, Welterklärung und Wissenschaftslegitimierung : Titelbilder und ihre Funktionen in der Wissenschaftlichen Revolution*. Wiesbaden: Harrassowitz.

Richardson, Brian. 1999. *Printing, Writers and Readers in Renaissance Italy*. Cambridge: Cambridge University Press.

Richter, Günther. 1965. *Verlegerplakate des XV. und XVI. Jahrhunderts*. Wiesbaden: Pressler.

———. 1974. "Bibliographische Beiträge zur Geschichte buchhändlerischer Kataloge im 16. und 17. Jahrhunderts." In *Beiträge zur Geschichte des Buches und seiner Funktion in der Gesellschaft, Festschrift für Hans Widmann zum 65 Geburtstag am 28 Marz 1973*, edited by A. Šwierck, 183-229. Stuttgart: Hiersemann.

———. 1985. "Buchhändlerische Kataloge von 15. bis um die Mitte des 17. Jahrhunderts." In *Bücherkataloge als buchgeschichtliche Quellen in der frühen Neuzeit*, edited by R. Wittmann, 33-65. Wisebaden: Harrassowitz.

Riddle, John M. 1980. "Dioscorides." *Catalogus translationum et commentariorum* 4:1-143.

———. 1985. *Dioscorides on Pharmacy and Medicine*. Austin, TX: University of Texas Press.

Riggs, Timothy, and Larry Silver. 1993. *Graven Images: The Rise of Professional Printmakers in Antwerp and Haarlem 1540—1640*. Evanston, IL: Northwestern University Press.

Roberts, Kenneth B., and J. D. W. Tomlinson. 1992. *The Fabric of the Body: European Traditions of Anatomical Illustrations*. Oxford: Clarendon.

Robinson, Francis J. G., and Peter John Wallis. 1975. *Book Subscription Lists: A Revised Guide*. Newcastle upon Tyne: Hill.

Rodakiewicz, Erla. 1940. "The Editio Princeps of Roberto Valturio's *De Re Militari* in Relation to the Dresden and Munich Manuscripts." *Maso Finiguerra: Rivista della stampa incisa e del libro illustrato fondata e diretta da Lamberto Donati* 5:14-82.

Rodari, Florian. 1996. *Anatomie de la couleur: L'invention de l'estampe en couleurs*. Paris: Bibliothèque Nationale de France; Lausanne: Musee Olympique.

Rogers, Mary. 2000. "Evaluating Textiles in Renaissance Venice." In Neher, *Revaluing Renaissance Art*, 121-133.

Roper, Lyndal. 1987. "'The Common Man,' 'The Common Good,' 'Common Women': Gender and Meaning in the German Reformation Commune." *Social History* 12, no. 1: 1-21.

Rosand, David. 2002. *Drawing Acts: Studies in Graphic Expression and Representation*. Cambridge: Cambridge University Press.

Rosand, David, and Michelangelo Muraro. 1976. *Titian and the Venetian Woodcut*. Washington, DC: International Exhibitions Foundation.

Rosenthal, Erwin. 1928. "Dürer's Buchmalereien für Pirckheimers Bibliothek." *Jahrbuch der Preussischen Kunstsammlungen* 49:1-54.

———. 1930. "Dürer's Buchmalereien für Pirckheimers Bibliothek. Ein Nachtrag." *Jahrbuch der Preussischen Kunstsammlungen* 51:175-178.

Rostenberg, Leona. 1943. "The Libraries of Three Nuremberg Patricians, 1491—1568." *The Library Quarterly* 13:21-33.

Roth, Moritz. 1892. *Andreas Vesalius Bruxellensis*. Berlin: G. Reimer.

Rother, Wolfgang. 2001. "Ramus and Ramism in Switzerland." In Feingold, *Influence of Petrus Ramus*, 9-37.

Rothstein, Marian. 1990. "Disjunctive Images in Renaissance Books." *Renaissance and Reformation* 26:101-120.

Rouse, Richard H., and Mary A. Rouse. 2000. *Manuscripts and Their Makers: Commercial Book Producers in Medieval Paris*. 2 vols. London: Harvey Miller.

Ruby, Jane E. 1986. "The Origins of Scientific Law." *Journal of the History of Ideas* 47:341-359.

Rudolf, Friedrich. 1943. "Ein Erinnerungsblatt an Andreas Vesalius." *Basler Jahrbuch*, 113-121.

Rudwick, Martin J. S. 1976a. "The Emergence of a Visual Language for Geological Science 1740—1840." *History of Science* 14:149-195.

———. 1976b. *The Meaning of Fossils: Episodes in the History of Palaeontology*. New York: Science History Publications. (Orig. pub. 1972.)

Rutkow, Ira M. 1993. *Surgery: An Illustrated History*. St. Louis: Mosby.

Salzmann, C. 1959. "Francesco Calzolari, der Erforscher der Flora des Monte Baldo, und seine Pflanzensendung an C. Gessner in Zürich." *Gesnerus* 16:81-103.

San Juan, Rose Marie. 2008. "Restoration and Translation in Juan de Valverde's *Historia de la composicion del cuerpo humano*." In Zorach, *The Virtual Tourist*, 53-61.

Saunders, Alison. 1982. "Alciati and Greek Anthology." *Journal of Medieval and Renaissance Studies* 12:1-18.

Saunders, Gill. 1995. *Picturing Plants: An Analytical History of Botanical Illustration*. London: Zwemmer and Victoria and Albert Museum.

Saunders, J. B. de C. M., and Charles D. O'Malley. 1983. *The Anatomical Drawings of Andreas Vesalius*. New York: Bonanza. (Orig. pub. 1950.)

Sayle, Charles. 1921. "The Library of T. Lorkyn." *Annals of Medical History* 3:310-323.

Scarborough, John., and Vivian Nutton. 1982. "The Preface of Dioscorides' 'Materia Medica': Introduction, Translation, and Commentary." *Transactions and Studies of the College of Physicians of Philadelphia* 5th ser., 4: 187-227.

Schang, Pierre, and Georges Livet, eds. 1988. *Histoire du Gymnase Jean Sturm: Berceau de l'Université de Strasbourg, 1538—1988*. Strasbourg: Éditions Oberlin.

Scheicher, Elisabeth. 1985. "The Collection of Archduke Ferdinand II at Schloss Ambras: Its Purpose, Compilation and Evolution." In *The Origins of Museums: The Cabinet of Curiosities in Sixteenth- and Seventeenth-Century Europe*, edited by Oliver Impey and

Arthur MacGregor, 29–38. Oxford: Clarendon.

Scheller, Robert W. 1995. *Exemplum: Model-Book Drawings and the Practice of Artistic Transmission in the Middle Ages (ca. 900—ca.1470).* Translated by M. Hoyle. Amsterdam: Amsterdam University Press.

Schenda, Rudolf. 1988. "Der 'gemeine Mann' und sein medikales Verhalten im 16. und 17. Jahrhundert." In *Pharmazie und der gemeine Mann: Hausarznei und Apotheke in der frühen Neuzeit,* edited by Joachim Telle and Erika Hickel, 9–20. Weinheim: Acta Humaniora.

Schirrmeister, Albert, and Mathias Pozsgai, eds. 2005. *Zergliederungen: Anatomie und Wahrnehmung in der Frühen Neuzeit,* Frankfurt a. M.: V. Klostermann.

Schmidt, Peter. 2003. *Gedruckte Bilder in handgeschriebenen Büchern: Zum Gebrauch von Druckgraphik im 15. Jahrhundert.* Cologne: Böhlau.

———. 2005. "The Multiple Image: The Beginnings of Printmaking, between Old Theories and New Approaches." In Parshall, *Origins of European Printmaking,* 37–56.

Scholderer, Victor. 1958. "Red Printing in Early Books." *Gutenberg Jahrbuch,* 105–107.

———. 1959. "A Further Note on Red Printing in Early Books." *Gutenberg Jahrbuch,* 59–60.

Schönherr, David. 1888. "Wenzel Jamnitzers Arbeiten für Erzhzg. Ferdinand," *Mitteilungen des Instituts für Österreichische Geschichtsforschungen* 9:289–305.

Schottenloher, Karl. 1920. *Das Regensburger Buchgewerbe im 15. and 16. Jahrhunderts.* Mainz: Gutenberg-Gesellschaft.

———. 1933. "Die Druckprivilegien des 16. Jahrhunderts." *Gutenberg Jahrbuch,* 94–110.

———. 1953. *Die Widmungsvorrede im Buch des 16. Jahrhunderts.* Münster: Aschendorff.

Schreiber, Fred, ed. 1995. *Simon de Colines: An Annotated Catalogue of 230 Examples of His Press, 1520—1546.* Provo, UT: Friends of the Brigham Young University Library.

Schreiber, Wilhelm Ludwig. 1932. "Die Briefmaler und ihre Mitarbeiter." *Gutenberg Jahrbuch,* 53–54.

Schupbach, William. 1982. *The Paradox of Rembrandt's "Anatomy of Dr. Tulp."* London: Wellcome Institute.

Schwarz, Ignaz. 1924. "Die Memorabilien des Augsburger Buchdruckers Erhard Ratdolt (1462—1523)." In *Werden und Wirken: Ein Festgruß, Karl W. Hiersemann zugesandt* edited by Martin Breslauer and Kurt Koehler, 399–496. Leipzig: K. F. Koehler.

Schwinn, Christa. 1973. *Die Bedeutung des Torso von Belvedere für Theorie und Praxis der bildenden Kunst vom 16. Jahrhundert bis Winckelmann.* Bern: H. and P. Lang.

Scott, Dominic. 1995. *Recollection and Experience: Plato's Theory of Learning and its Successors.* Cambridge: Cambridge University Press.

Scott, Kathleen. 1989. "Caveat Lector: Ownership and Standardization in the Illustration of Fifteenth-Century English Manuscripts." *English Manuscript Studies 1100—1700* 1:19–63.

Scribner, Robert. W. 1981. *For the Sake of Simple Folk: Popular Propaganda for the German Reformation.* Cambridge: Cambridge University Press.

Seelig, Gero.1995. "Inkunabelillustration mit beweglichen Bildteilen." *Gutenberg Jahrbuch,* 102–134.

Segre Rutz, Vera. 2000. *Il giardino magico degli alchimisti: Un erbario illustrato trecentesco della Biblioteca Universitaria di Pavia e la sua tradizione.* Milan: Il Polifilo.

Séguenny, André, Jean Rott, and Frank Muller. 2001. *Bibliotheca dissidentium: Répertoire des non-conformistes religieux des seizième et dix-septième siècles.* Vol. 21, *Lautensack, Vogtherr, Weiditz.* Baden-Baden: Koerner.

Seidensticker, Peter. 2010. *Wahrnehmung der Farben in den Pflanzenbeschreibungen der frühen deutschen Kräuterbücher.* Stuttgart: F. Steiner.

Seipel, Wilifred, ed. 2006. *Die Entdeckung der Natur: Naturalien in den Kunstkammern des 16. und 17. Jahrhunderts.* Vienna: Kunstaistorisches Museum.

Serrai, Alfredo, and Maria Cochetti. 1990. *Conrad Gesner.* Rome: Bulzoni Editore.

Shapin, Steven. 1984. "Pump and Circumstance: Robert Boyle's Literary Technology." *Social Studies of Science* 14:481–520.

Shaw, S. Diane. 1986. "A Study of the Collaboration between Erasmus of Rotterdam and His

Printer Johann Froben at Basel during the Years 1514 to 1527." *Erasmus of Rotterdam Society Yearbook* 6:31-124.

Sherman, Claire Richter. 1995. *Imaging Aristotle: Verbal and Visual Representation in Fourteenth-Century France*. Berkeley and Los Angeles: University of California Press.

Sherman, Claire Richter, ed. 2000. *Writing on Hands: Memory and Knowledge in Early Modern Europe*. Seattle: Washington University Press.

Sherman, William H. 2005. "Toward a History of the Manicule." In *Owners, Annotators and Signs of Reading*, edited by Robin Myers, Michael Harris, and Giles Mandelbrote, 19-48. London: British Library, and New Castle, DE: Oake Knoll.

———. 1995. *John Dee: The Politics of Reading and Writing in the English Renaissance*. Amherst: University of Massachusetts Press.

Siegel, Steffen. 2009. *Tabula: Figuren der Ordnung um 1600*. Berlin: Akademie Verlag.

Simons, Patricia, and Monique Kornell. 2008. "Annibal Caro's After-Dinner Speech (1536) and the Question of Titian as Vesalius's Illustrator." *Renaissance Quarterly* 61:1069-1097.

Singer, Charles. 1952. "Galen's Elementary Course on Bones." *Proceedings of the Royal Society of Medicine Section of the History of Medicine* 45:767-776.

Singer, Charles, and Coleman B. Rabin. 1946. *A Prelude to Modern Science: Being a Discussion of the History, Sources and Circumstances of the "Tabulae Anatomicae Sex" of Vesalius*. Cambridge: Cambridge University Press.

Siraisi, Nancy G. 1981. *Taddeo Alderotti and His Pupils: Two Generations of Italian Medical Learning*. Princeton, NJ: Princeton University Press.

———. 1990. *Medieval and Early Renaissance Medicine: An Introduction to Knowledge and Practice*. Chicago: University of Chicago Press.

———. 1994. "Vesalius and Human Diversity in *De Humani Corporis Fabrica*." *Journal of the Warburg and Courtauld Institutes* 57:60-88.

———. 1997a. *The Clock and the Mirror: Girolamo Cardano and Renaissance medicine*. Princeton, NJ: Princeton University Press.

———. 1997b. "Vesalius and the Reading of Galen's Teleology." *Renaissance Quarterly* 50:1-37.

———. 2007. *History, Medicine, and the Traditions of Renaissance Learning*. Ann Arbor: University of Michigan Press.

Smith, Pamela H. 2004. *The Body of the Artisan: Art and Experience in the Scientific Revolution*. Chicago: University of Chicago Press.

Snyder, Joel. 1980. "Picturing Vision." *Critical Inquiry* 6:499-526.

Soetbeer, Adolf. 1879. *Edelmetall-Produktion. Werthverhältnis zwischen Gold und Silber seit der Entdeckung Amerika's bis zur Gegenwart*, Gotha: J. Perthes.

Spicer, Joaneath. 1991. "The Renaissance Elbow." In *A Cultural History of Gesture*, edited by Jan Bremmer and Herman Roodenburg, 84-128. Oxford: Polity.

Sporhan-Krempel, Lore. 1966. "Kartenmaler und Briefmaler in Nürnberg." *Philobiblon* 10-3:138-149.

Sprague, Thomas A. 1928. "The Herbal of Otto Brunfels." *Journal of the Linnean Society of London. Botany* 48:79-124.

Stannard, Jerry. 1969. "P. A. Mattioli: Sixteenth-Century Commentator on Dioscorides." *University of Kansas Bibliographical Contributions* 1:59-81.

———. 1978. "Natural History." In Lindberg, *Science in the Middle Ages*, 433-460.

———. 1999. *Herbs and Herbalism in the Middle Ages and Renaissance*. Aldershot: Ashgate.

Stauber, Richard. 1969. *Die Schedelsche Bibliothek: Ein Beitrag zur Geschichte der Ausbereitung der italienischen Renaissance, des deustchen Humanismus und der medizinischen Literatur*. Nieuwkoop: de Graaf. (Orig. pub. 1908.)

Steiger, Rudolf. 1968. "Erschließung des Conrad-Geßner-Materials der Zentralbibliothek Zürich." *Gesnerus* 25:29-64.

———. 1978. "Conrad Gessners Itinerar seiner Bündner Reise von 1561." *Gesnerus* 35:214-223.

Steinmann, Martin. 1967. *Johannes Oporinus: Ein Basler Buchdrucker um die Mitte des 16. Jahrhunderts*. Basle and Stuttgart: Helbing & Lichtenhahn.

———. 1969. "Aus dem Briefwechsel des Basler Druckers Johannes Oporinus." *Basler*

Zeitschrift für Geschichte und Altertumskunde 69:103-203.

Stewart, Andrew. 1978. "The Canon of Polykleitos: A Question of Evidence." *Journal of Hellenic Studies* 98:122-131.

Straus, William L. Jr, and Owsei Temkin. 1943. "Vesalius and the Problem of Variability." *Bulletin of the History of Medicine* 14:609-633.

Strehlke, Carl Brandon, ed. 2004. *Pontormo, Bronzino, and the Medici: The Transformation of the Renaissance Portrait in Florence*. Philadelphia, PA: Philadelphia Museum of Art in association with the Pennsylvania State University Press.

Streider, Peter. 1967. "Erzstufe." In *Reallexikon zur deutschen Kunstgeschichte*, edited by Otto Schmitt et al., 5:1408-1417.7- vols. Stuttgart: Metzler, 1933—.

Stübler, Eberhard. 1928. *Leonhart Fuchs: Leben und Werk*. Munich: Verlag der Münchner Drucke.

Sudhoff, Karl. 1908a. *Ein Beitrag zur Geschichte der Anatomie im Mittelalter: Speziell der anatomischen Graphik nach Handschriften des 9. bis 15. Jahrhunderts*. Leipzig: Barth.

———. 1908b. "Brunschwigs Anatomie." *Archiv für Geschichte der Medizin* 1:41-66; 141-156.

Summers, David. 1987. *The Judgment of Sense: Renaissance Naturalism and the Rise of Aesthetics*. Cambridge: Cambridge University Press.

Sutherland Harris, A., and A. Nochlin. 1978. *Women Artists 1550-1950*. Los Angeles and New York: Los Angeles County Museum of Art and A. A. Knopf.

Swan, Claudia. 1995. "*Ad Vivum, Naer Het Leven*, From the Life: Defining a Mode of Representation." *Word & Image* 11:353-372.

Szépe, Helen K. 1998. "Bordon, Dürer and Modes of Illuminating Aldines." In *Aldus Manutius and Renaissance Culture: Essays in Memory of Franklin D. Murphy*, edited by D. S. Zeidberg, 185-200. Florence: Olschki.

Talbot, Charles H. 1967. *Medicine in Medieval England*. London: Oldbourne.

Tedeschi, Martha. 1991. "Publish and Perish: The Career of Lienhart Holle in Ulm." In Hindman, *Printing the Written Word*, 41-67.

Tennant, Elaine C. 1989. "'Understanding with Eyes': The Visual Gloss to Maximilian's *Theuerdank*." In *Entzauberung der Welt: Deutsche Literatur 1200—1500*, edited by James F. Poag and Thomas C. Fox, 211-271. Tübingen: Francke.

Thieme, Ulirch and Felix Becker, eds. 1907—1950. *Allgemeines Lexikon der bildenden Künstler von der Antike bis zur Gegenwart*. 37 vols. Leipzig: Engelmann.

Thomas-Stanford, Charles. 1926. *Early Editions of Euclid's Elements*. London: Bibliographical Society.

Tognoni, Federico. 2005. "Nature Described: Fabio Colonna and Natural History Illustration." *Nuncius* 20:347-370.

Tongiorgi Tomasi, Lucia. 1989. "Gherardo Cibo: Visions of Landscape and the Botanical Sciences in a Sixteenth-Century Srtist." *Journal of Garden History* 9:199-216.

Trapp, Joseph B. 1999. "Illustrations of Petrarch's *Trionfi* from Manuscript to Print and from Print to Manuscript." In *Incunabula: Studies in Fifteenth-Century Printed Books Presented to Lotte Hellinga*, edited by Martin Davies, 507—547. London: British Library.

Trevisan, Renata. 1995. "Giacomo Antonio Cortuso." In *The Botanical Garden of Padua 1545—1995*, edited by Alessandro Minelli, 62-65. Venice: Marsilio.

Valls, Helen. 1996. "Illustrations as Abstracts: The Illustrative Programme in a Montpellier Manuscript of Roger Frugardi's Chirurgia." *Medicina nei secoli arte e scienza* 8:67-83.

Van der Stock, Jan. 1998. *Printing Images in Antwerp: The Introduction of Printmaking in a City, Fifteenth Century to 1585*. Rotterdam: Sound & Vision.

Van Helden, Albert. 1996. "Galileo and Scheiner on Sunspots: A Case Study in the Visual Language of Astronomy." *Proceedings of the American Philosophical Society* 140:358-396.

Veltman, Kim. H., with Kenneth D. Keele. 1986. *Linear Perspective and the Visual Dimensions of Science and Art*. Munich: Deutscher Kunstverlag.

Verlinden, Charles. 1959. *Dokumenten voor de geschiedenis van prijzen en lonen in Vlaanderen en Brabant (XVe-XVIIIe eeuw)*. Brugge: de Tempel.

Vickers, Brian. 1983. "Epideictic Rhetoric in Galileo's *Dialogo*." *Annali dell'Istituto e Museo di Storia della Scienza di Firenze* 8:69-102.

Vocht, Henry de. 1951—1955. *History of the Foundation and the Rise of the Collegium Trilingue Lovaniense, 1517—1550.* 4 vols. Louvain: Bibliothèque de l'Université, Bureaux du Recueil.

Voet, Leon. 1969—1972. *The Golden Compasses: A History and Evaluation of the Printing and Publishing Activities of the Officiana Plantinana at Antwerp.* 2 vols. Amsterdam and London: Vagendt and Routledge & K. Paul.

———. 1980—1983.*The Plantin Press (1555—1589): A Bibliography of the Works Printed and Published by Christopher Plantin at Antwerp and Leiden.* 6 vols. Amsterdam: van Hoeve.

Vöge, Wilhelm. 1931. *Niclas Hagnower: Der Meister des Isenheimer Hochaltars und seine Frühwerke.* Freiburg i. B.: Urban Verlag.

Vogel, Georg Heinrich Arthur Walter. 1933. *Der Reichsvizekanzler Georg Sigmund Seld, sein Leben und Wirken.* Leipzig: Fischer.

Vogel, Martin. 1978. "Deutsche Urheber- und Verlags- rechtsgeschichte zwischen 1450 und 1850." *Archiv für Geschichte des Buchwesens* 9:1–190.

Von Staden, Heinrich. 1995. "Anatomy as Rhetoric: Galen on Dissection and Persuasion." *Journal of the History of Medicine* 50:47–66.

Wackernagel, Martin. 1981. *The World of the Florentine Renaissance Artist: Projects and Patrons, Workshop and Art Market.* Translated by Alison Luchs. Princeton, NJ: Princeton University Press.

Wackernagel, Rudolf, ed. 1881. *Rechnungsbuch der Froben & Episcopius, Buchdrucker und Buchhändler zu Basel, 1557—1564.* Basel: Schwabe, 1881.

Waquet, Françoise. 2003. *Parler comme un livre: L'oralité et le savoir, XVIe–XXe siècle.* Paris: A. Michel, 2003.

Wattenberg, Diedrich. 1967. "Peter Apianus und sein Astronomicum Caesareum." In P. Apian, *Astronomicum Caesareum.* Leipzig: Edition Leipzig.

Wear, Andrew. 1983. "William Harvey and the 'Way of the Anatomists,'" *History of Science* 21:223–249.

Wear, Andrew, R. K. French, and Iain M. Ionie, eds. 1985. *The Medical Renaissance of the Sixteenth Century.* Cambridge: Cambridge University Press.

Weber, Bruno. 1981. "Die zürcherische Buchillustration im 16. Jahrhundert." In Naegeli, *Zürcher Kunst,* 21–26.

Weisheipl, James A. 1978. "The Nature, Scope and Classification of the Sciences." In Lindberg, *Science in the Middle Ages,* 461–482.

Weiss, Wisso. 1959. "Blaues Papier für Druckzwecke." *Gutenberg Jahrbuch,* 26–35.

Welch, Evelyn. 2000. "New, Old and Second-Hand Culture: The Case of the Renaissance Sleeve." In Neher, *Revaluing Renaissance Art,* 101–119.

Wellisch, Hans H. 1975. "Conrad Gessner: A Bio-bibliography." *Journal of the Society of the Bibliography of Natural History* 7:151–247.

———. 1981. "How to Make an Index—16th Century Style: Conrad Gessner on Indexes and Catalogs." *International Classification* 8:10–15.

Wells-Cole, Anthony. 1997. *Art of Decoration in Elizabethan and Jacobean England: The Influence of Continental Prints, 1558—1625.* New Haven: Yale University Press.

Wendland, Henning. 1980. *Deutsche Holzschnitte bis zum Ende des 17. Jahrhundert.* Königstein: Langewiesche.

Westman, Robert S. 1980. "The Astronomer's Role in the Sixteenth Century: A Preliminary Study." *History of Science* 18:105–147.

Wickersheimer, Ernst. 1979. *Dictionnaire biographique des médecins en France au moyen âge.* 2 vols. Geneva: Droz, 1979. (Orig. pub. 1936.)

Wiegand, Willy. 1952. "Marginal Notes by the Printer of the *Icones.*" In Lambert, *Three Vesalian Essays,* 25–42.

Williams, Richard L. 2010. "Censorship and Self-Censorship in Late Sixteenth-Century English Book Illustration." In Hunter, *Printed Images,* 43–63.

Wilson, Adrian 1976. *The Making of the Nuremberg Chronicle.* Amsterdam: Nico Israel.

Wilson, Catherine. 1995. *The Invisible World: Early Modern Philosophy and the Invention of the Microscope.* Princeton, NJ: Princeton University Press.

Wingen-Trennhaus, A. 1991. "Regiomontanus als Frühdrucker in Nürnberg." *Mitteilungen des Vereins für die Geschichte der Stadt Nürnberg* 78:17-87.

Winn, Mary Beth. 1997. *Anthoine Vérard: Parisian Publisher 1485—1512: Prologues, Poems, and Presentations.* Geneva: Droz.

———. 2009. "Vérard's Editions of *Tristan.*" *Arthuriana* 19:47-73.

Witcombe, Christopher L. C. E. 1991. "Christopher Plantin's Papal Privileges: Documents in the Vatican Archives." *De Gulden Passer* 69:133-143.

———. 2004. *Copyright in the Renaissance: Prints and the Privilegio in Sixteenth-Century Venice and Rome.* Leiden: Brill.

Wittkower, Rudolf. 1977. *Allegory and Migration of Symbols.* London: Thames and Hudson.

Wittmer, Charles, and J. Charles Meyer. 1948—1961. *Le livre de bourgeoisie de la ville de Strasbourg, 1440—1530.* 3 vols. Strasbourg: Heitz.

Wolf-Heidegger, Gerhard. 1943. "Über Vesals Aufenthalt in Basel im Jahre 1547." *Gesnerus* 1:207-211.

———, and Anna Maria Cetto. 1967. *Die anatomische Sektion in bildlicher Darstellung.* Basel: Karger.

Wood, Christopher S. 2008. *Forgery, Replica, Fiction: Temporalities of German Renaissance Art.* Chicago: University of Chicago Press.

Woodward, David. 1996. *Maps as Prints in the Italian Renaissance: Makers, Distributors and Consumers.* London: British Library.

———. 2007. "Techniques of Map Engraving, Printing and Coloring in the European Renaissance." In *The History of Cartography,* vol. 3.1, edited by David Woodward, 591-610. Chicago: University of Chicago Press.

Yates, Frances A. 1992. *The Art of Memory.* London: Routledge. (Orig. pub.1966.)

Zimmermann, Werner G. 1981. "Conrad Geßner: Die Entdeckung eines großen Zürcher Künstlers." Naegeli, *Zürcher Kunst,* 39-43.

Zinner, Ernst. 1990. *Regiomontanus: His Life and Work.* Translated by Ezra Brown. Amsterdam: North-Holland.

Zorach, Rebecca. 2008. "The Public Utility of Prints." In Zorach, ed., *The Virtual Tourist,* 63-83.

Zorach, Rebecca, ed. *The Virtual Tourist in Renaissance Rome: Printing and Collecting the Speculum Romanae Magnificentiae.* Chicago: University of Chicago Library, Special Collections Center, 2008.

索　引

（索引页码均指本书边码）

反对图像，184–185，211，233–237

Durante, Castore，卡斯托雷·杜兰特，45

Dürer, Albrecht，阿尔布雷希特·丢勒，6–8，45，47，76，81，85，87，148，175

Eustachi, Bartolomeo，巴尔托洛梅奥·欧斯塔基，4，20，233，237–241，247，250，252

Eustathius, of Antioch，安条克的欧斯塔修斯 56

E

Echter, Julius，尤里乌斯·埃希特，46

Egenolff, Christian，克里斯蒂安·埃格诺尔夫，47，84–85，87–90，113，125–126，131，134，251

Elizabeth I（Queen of England），伊丽莎白一世（英格兰女王），56

engravers，雕版刻工。See under craftsmen 参见"工匠"词条中有关内容

engraving，雕刻术，32–37；comparison with etching，与蚀刻术比较，32–33；comparison with woodcuts，与木刻比较，33，37；cost of，成本，37，53–54

Episcopius, Nicholas，尼古拉斯·埃皮斯科皮厄斯，55

Erasmus, Desiderius，德西德里乌斯·伊拉斯谟，24，47，55–56，160，174，184，225

Estienne, Charles，夏尔·艾蒂尔，59，94–96，213

Euclid，欧几里得，23，44，69，72，193

F

Fabricius, Georg，格奥尔格·法布里丘斯，171–175

Fail, Noël du，诺埃尔·迪法伊，233

Falloppio, Gabriele，加布里瓦·法罗皮奥，167–168

Ferdinand I（Holy Roman Emperor），斐迪南一世（神圣罗马帝国皇帝），84–86，132，170

Ferdinand II, Archduke of Tyrol，蒂罗尔大公斐迪南二世 86，171

Feyerabend, Sigmund，西格蒙德·法伊尔阿本德，76

Findlen, Paula，保拉·芬德伦，130

Finé, Oronce，奥龙斯·菲内，24

Fleck, Ludwik，卢德维克·弗莱克，20

François, cardinal of Tournon，图尔农枢机主教弗朗索瓦，38

Frankfurt Book Fair，法兰克福书展，54–56，126

I

images 图像: as adjudicating authority, 作为可裁决争议的权威, 122, 221; *ad vivum*, 栩栩如生, 37–38, 143, 171–175, 251; for aiding memory, 辅助记忆 15–19, 111–112, 188; correction of, 修正, 94–97, 144; "counterfeit," "仿造品", 8–19, 127, 129, 176, 192, 221, 250; *icon absoluta*, 完整的图像, 147–152, 160; for identifying a plant, 用于植物鉴定, 152–159; "in the manner of the mathematicians", "以数学家的方式", 192–194, 213; as part of an argument, 作为论证的一部分, 120–122, 190–197; *picture absolutissima*, 完整无缺的图画, 114–120; relationship with object, 与物体的关联, 113–114, 122, 159, 170–175, 229–233; relationship with text, 与文本的关联, 65, 78–79, 167–170, 229–233

Imhof, Dirk, 德克·英霍夫, 32

instruments, 工具, 232, 236, 239

Isengrin, Michael, 迈克尔·伊桑格兰, 47, 49, 107, 131–132, 141

Isidore of Seville, 圣伊西多禄, 18

J

Jamnitzer, Wenzel, 文策尔·雅姆尼策, 99, 170–175

Joachim II, Margrave of Brandenburg, 勃兰登堡藩侯约阿希姆二世, 107, 109

Jobin, Bernhart, 伯恩哈特·若班, 45

John Frederick, the Elector of Saxony, 萨克森选侯约翰·腓特烈, 56

John of Arderne, 约翰·阿德恩, 231

Jones, Peter, 彼得·琼斯, 231

Joubert, Laurent, 茹贝尔, 257

Junta, Juan de, 胡安·德洪塔, 91

Justinian, 查士丁尼, 192

K

Kalbe, Ulrich Rülein von, 乌尔里希·鲁莱茵·冯·卡尔贝, 77

Karlstadt, Andreas Bodenstein von, 安德烈亚斯·卡尔施塔特, 91

Kaufmann, Thomas DaCosta, 托马斯·德克斯塔·考夫曼, 206

Kemp, Martin, 马丁·肯普, 209

Kentmann, Johannes, 约翰尼斯·肯特曼, 38–39, 141, 168

为自然书籍制图

Kentmann, Theophilus, 特奥菲卢斯·肯特曼, 39

Ketham, Johannes, 约翰内斯·克塔姆, 202

Koberger, Anton, 安东·科贝格, 49

Koberger, Hans, 汉斯·科贝格, 43, 76

Koran, 古兰经, 91

Kreich, Joachim, 约阿希姆·克赖希, 147

L

Lachner, Wolfgang, 沃尔夫冈·拉赫纳, 49

Lafrery, Antonio, 安东尼奥·拉弗雷利, 34, 52, 64

Laurens, André du, 安德烈·迪洛朗斯, 247

laws of nature, 自然法则, 4, 105, 217–218, 243

L'Ecluse, Charles, 夏尔·莱克吕兹, 94, 145

Leonardo da Vinci, 达芬奇, 4–6, 8, 46

Leoniceno, Niccolo, 尼科洛·莱奥尼切诺, 102–103, 106, 182

Leo X, 利奥十世, 84

Liberale, Giorgio, 乔治·利贝拉莱, 169

Liefrinck, Mijncken, 米因肯·莱夫林克, 76

Linacre, Thomas, 托马斯·利纳克尔, 182

L'Obel, Matthias de, 马蒂亚斯·德洛贝尔, 55, 75

Long, Pamela, 帕梅拉·朗, 209

Lonicer, Adam, 亚当·洛尼策, 141

Lorkyn, Thomas, 托马斯·洛金, *129, 230, 234, 252–257*

Lúcio, Antonio, 安东尼奥·卢西奥, 182

Lusitanus, Amatus, 阿马图斯·卢西塔努斯, 130

Luther, Martin, 马丁·路德, 19, 58, 90–91, 93

Lysippus, 留西波斯, 43

M

Maluetius, Johannes Franciscus, 约翰内斯·弗朗西斯库斯·马卢埃蒂乌斯, 167

Manardi, Giovanni, 乔瓦尼·马纳尔迪, 103, 183

Manutius, Aldus, 奥尔德斯·马努蒂尔乌斯, 49–50, 54, 58, 76

Marti Aretius, Benedikt, 贝内迪克特·马蒂·阿雷蒂乌斯, 143

Mary, Queen of Scots, 苏格兰女王玛丽一世, 67

Mattioli, Pietro Andrea, 彼得罗·安德烈亚·马蒂奥利, 4, 99, 141, 170, 252–253; against Cornarius, 反对科尔纳瑞斯, 130; cost of his commentary, 所著评注的费用, 253; against Fuchs,

为自然书籍制图

O

Occo, Adolf, III, 阿道夫·奥科三世, 147, 164

Odysseus, 奥德修斯, 106

Ogilvie, Brian, 布莱恩·奥格尔维, 109, 176

O'Malley, C.D., C. D. 奥马利, 203–204

Oporinus, Johannes, 约翰内斯·奥波里努斯, 49, 55–56, 59, 65, 86, 199, 230–231

Osiander, Andreas, 安德烈亚斯·奥西安德尔, 93–94

P

Pachymeres, George, 乔治·帕西迈利, 第二章注⑮

Padua, University of, 帕多瓦大学, 183, 185, 213

"pain in the side" (*dolor lateralis*), 一侧胁痛, 181–197

Paleotti, Gabriele, 加布里埃尔·帕莱奥蒂, 91

Pandectarius, 潘代克塔留斯, 102

paper 纸张: colored, 彩色, 69; for coloring, 上色用, 71; cost of, 成本, 37, 50–54; manikin, 人体模型, 211; pop-ups, 立体纸雕, 24; royal, 绘图用纸, 126

Parasole, Leonardo, 莱奥纳尔多·帕罗索莱, 45

Paré, Ambroise, 安布鲁瓦兹·帕雷, 164

Paris, University of, 巴黎大学, 93–94, 134, 141, 181, 183–185

Parker, Matthew, 马修·帕克, 58

Parmentier, Michel, 米歇尔·帕尔芒捷, 49

Parrhasius, 巴赫西斯, 173–174

Parshall, Peter, 彼得·帕歇尔, 8

Paul II, 保罗二世, 90

Paul IV, 保禄四世, 85, 91

Paul of Aegina, 埃伊纳岛的保罗, 122, 127

Paul of Middelburg, 米德尔堡的保罗 85

Penny, Thomas, 托马斯·彭妮, 153

Perotti, Niccolò, 尼科洛·佩罗蒂, 90

Petit, Jean, 让·珀蒂, 49

Petrarca, Francesco, 弗朗切斯科·彼特拉克, 41, 43, 51

Pico della Mirandola, Giovanni, 乔瓦尼·皮科·德拉·米兰多拉, 90

pictures, 图画。See images, 参见"图像"词条

Pigeaud, Jackie, 杰基·皮若, 215, 217

Pini, Pier Matteo, 皮尔·马泰奥·皮尼, 241

Pirckheimer, Willibald, 维利巴尔德·皮克海默, 76

为自然书籍制图

图书在版编目（CIP）数据

为自然书籍制图：16世纪人体解剖和医用植物书籍中的图像、文本与论证 /
（日）楠川幸子著；王彦之译 . —杭州：浙江大学出版社，2021.2

书名原文：Picturing the Book of Nature: Image, Text and Argument in Sixteenth-
Century Human Anatomy and Medical Botany

ISBN 978-7-308-20694-5

Ⅰ.①为… Ⅱ.①楠…②王… Ⅲ.①人体解剖学—图书—插图—研究—世界—
16世纪②药用植物—图书—插图—研究—世界— 16世纪 Ⅳ.① G256.1

中国版本图书馆 CIP 数据核字（2020）第 204479 号

为自然书籍制图：16世纪人体解剖和医用植物书籍中的图像、文本与论证
[日] 楠川幸子　著　王彦之　译

责任编辑	王志毅
文字编辑	孙华硕
责任校对	黄梦瑶
装帧设计	周伟伟
出版发行	浙江大学出版社
	（杭州天目山路 148 号　邮政编码 310007）
	（网址：http://www.zjupress.com）
排　　版	北京辰轩文化传媒有限公司
印　　刷	河北华商印刷有限公司
开　　本	635mm×965mm　1/16
印　　张	24
字　　数	322 千
版 印 次	2021 年 2 月第 1 版　2021 年 2 月第 1 次印刷
书　　号	ISBN 978-7-308-20694-5
定　　价	118.00 元